Pesquisa de Marketing

www.saraivauni.com.br

Autores

Salvatore Benito Virgillito (Org.)
Fátima Guardani
Hélio Morrone Cosentino
José Claudio dos Santos Pinheiro
Maria Campos Lage
Maria Luisa Mendes Teixeira
Nelson Destro Fragoso
Vânia Maria Jorge Nassif

Pesquisa de Marketing

2ª edição

Uma abordagem quantitativa e qualitativa

saraiva uni

ISBN 978-85-02-472-2093-8

DADOS INTERNACIONAIS DE CATALOGAÇÃO NA PUBLICAÇÃO (CIP)
ALINE GRAZIELE BENITEZ CRB-1/3129

P565   Pesquisa de marketing: uma abordagem quantitativa
       e qualitativa / [org]. 2.ed. Salvatore Benito Virgillito;
       [coautores] Fátima Guardani ... [et al.]. – 2. ed. – São
       Paulo: Saraiva Educação, 2018.

       Inclui bibliografia.
       ISBN: 978-85-02-472-2093-8

       1. Marketing. 2. Pesquisa quantitativa e qualitativa.
    I. Virgillito, Salvatore Benito. II. Guardani, Fátima.
    III. Título.

                                       CDD 658.8
                                       CDD 658.8

Índices para catálogo sistemático:
1. Marketing
2. Pesquisa quantitativa: pesquisa qualitativa

Copyright © Salvatore Benito Virgillito (org.)
2018 Saraiva Educação
Todos os direitos reservados.

2ª edição

Nenhuma parte desta publicação poderá ser reproduzida por qualquer meio ou forma sem a prévia autorização da Saraiva Educação. A violação dos direitos autorais é crime estabelecido na lei nº 9.610/98 e punido pelo artigo 184 do Código Penal.

CL   651187   Editar   9466   CAE   622644

SOMOS EDUCAÇÃO | **saraiva** uni

Av. das Nações Unidas, 7221, 1º Andar, Setor B
Pinheiros – São Paulo – SP – CEP: 05425-902

SAC | **0800-0117875**
De 2ª a 6ª, das 8h às 18h
www.editorasaraiva.com.br/contato

Presidente	Eduardo Mufarej
Vice-presidente	Claudio Lensing
Diretora editorial	Flávia Alves Bravin
Planejamento editorial	Rita de Cássia S. Puoço
Aquisições	Fernando Alves
	Julia D'Allevo
Editores	Ana Laura Valerio
	Lígia Maria Marques
	Thiago Fraga
Produtoras editoriais	Alline Garcia Bullara
	Amanda M. Loyola
	Daniela Nogueira Secondo
Suporte editorial	Juliana Bojczuk Fermino

Preparação	Marcela Prada Neublum
Revisão	Marcela Prada Neublum
	Rosângela Barbosa
Diagramação	Join Bureau
Capa	Aero Comunicação
Impressão e acabamento	Corprint Gráfica e Editora Ltda.

361.172.002.001

Às nossas famílias.

Agradecimentos

À parceria do Editorial Universitário da Saraiva Educação que, com grande empenho e dedicação, leva adiante o nosso desejo de contribuir sempre – e cada vez mais – com a educação no Brasil.

Sobre os autores

■ Salvatore Benito Virgillito (Organizador)

Mestre em Administração e Planejamento pela Pontifícia Universidade Católica de São Paulo (PUC/SP) e bacharel em Administração de Empresas pelo Instituto Educacional Seminário Paulopolitano (FAI). Atualmente é professor nas disciplinas de Estatística (Descritiva, Inferência e Multivariada), Gestão de Risco, Modelagem Matemática e Matemática Financeira nos cursos de graduação em Administração, Economia e Comércio Exterior da Universidade São Judas Tadeu. Ministrou essas mesmas disciplinas nos cursos de graduação e pós-graduação em Administração e Finanças da Universidade Presbiteriana Mackenzie durante cinco anos e no curso de Administração da Escola Superior de Administração e Gestão (Esags-FGV) durante três anos. Sua dissertação de mestrado, *Uma abordagem estatística estruturada na construção de modelos de análise de risco e previsão de insolvência de empresas:* um estudo exploratório, abordou a construção de modelos para previsão de dificuldades financeiras de empresas baseados na análise multivariada dos coeficientes financeiros. Por 27 anos atuou como profissional da aviação comercial em diversas empresas internacionais, ocupando cargos gerenciais nas áreas de serviços ao cliente, vendas e marketing. Nos últimos 13 anos, o autor vem se dedicando exclusivamente ao magistério.

■ Fátima Guardani

Fátima Guardani é doutora em Administração de Empresas pela Universidade Presbiteriana Mackenzie, mestre em Ciências da Comunicação pela Universidade de São Paulo (USP) e graduada em Ciências Sociais pela mesma instituição. Atualmente, é professora da Universidade Presbiteriana Mackenzie e da Fundação Armando Álvares Penteado. Tem experiência na área de

Administração, com ênfase em Mercadologia, atuando principalmente nos seguintes temas: comportamento do consumidor, valores humanos, valores organizacionais, estratégias mercadológicas, empreendedorismo e gestão.

■ Hélio Morrone Cosentino

Doutor em Tecnologia pela USP/Ipen, mestre em Saneamento Ambiental pela Universidade Presbiteriana Mackenzie e graduado inicialmente na área de exatas. Possui experiência de 21 anos em instituições acadêmicas, iniciada no Ensino Médio e continuada no Ensino Superior, tendo atuado mais especificamente nos últimos oito anos como professor na área de Métodos Quantitativos e coordenador didático no curso de Administração de Empresas da Universidade Presbiteriana Mackenzie. Nessa instituição também é membro do Núcleo de Estudo e Pesquisa em Estratégias e Inovação (Nepei), cuja linha temática de estudo é inovação e internacionalização de empresas.

■ José Claudio dos Santos Pinheiro

Mestre em Administração de Empresas, pós-graduado em Finanças Corporativas pela Faculdade Getulio Vargas (FGV), MBA Executivo Internacional pela Universidade da Califórnia, MBA Inteligência de Mercado pela Escola Superior de Propaganda e Marketing (ESPM) e graduado em Administração de Empresas pela Universidade Municipal de São Caetano do Sul (USCS).

Profissional com dez anos de experiência em desenvolvimento de soluções analíticas de mineração de dados e implementação de sistemas estatísticos, professor de Administração/Pesquisa de Mercado do Senac e palestrante em eventos de tecnologia no Brasil e no exterior. Atua também como instrutor em treinamentos de aplicações analíticas computacionais, consultor em aplicações analíticas de redes neurais e lógica *fuzzy*, além de realizar cursos para aprimoramento técnico no Brasil e no exterior.

■ Maria Campos Lage

Doutoranda em Educação pela Universidade Estadual de Campinas (Unicamp), na qual pesquisa a aplicação das tecnologias de informação e comunicação na educação, e mestre em Administração de Empresas pela Faculdade de Ciências Econômicas de São Paulo (Facesp). Possui 30 anos de experiência na área de Administração e Tecnologia da Informação. Atualmente, é professora pesquisadora do Centro de Ciências Sociais e Aplicadas da Universidade Presbiteriana Mackenzie e professora convidada em cursos de pós-graduação do Centro Estadual de Educação Tecnológica Paula Souza (Fatec/Ceeteps).

Maria Luisa Mendes Teixeira

Pós-doutorada pela Universidad Complutense de Madrid, doutora em Administração de Empresas pela Faculdade de Economia, Administração e Contabilidade da Universidade de São Paulo (FEA/USP) e mestre pela Pontifícia Universidade Católica do Rio de Janeiro (PUC/RJ). Professora do Programa de Pós-Graduação em Administração de Empresas da Universidade Presbiteriana Mackenzie, da linha de Gestão Humana e Social, coordenadora do núcleo de Gestão Baseada em Valores, tem-se dedicado ao estudo das relações entre empresa e *stakeholders*, com foco na pesquisa de valores humanos, organizacionais e relações de confiança. Atualmente, desenvolve o projeto Dignidade Organizacional: proposta e validação de um modelo, financiado pela Capes, além de participar de projetos com a Universidad Autónoma de Madrid, Georgia State University e University of Hong Kong, que envolve valores, axiomas sociais e supervisão abusiva.

Além disso, tem publicado seus trabalhos em periódicos nacionais e internacionais, bem como organizou o livro *Valores humanos e gestão* e, com outros autores, o livro *Gestão do fator humano: uma visão baseada em stakeholders*. Também desenvolve trabalhos de consultoria relacionados à gestão e à mudança organizacional baseada em valores. Atuou como gestora de recursos humanos em empresa de grande porte do ramo de serviços durante 12 anos e como consultora em gestão estratégica de pessoas.

Nelson Destro Fragoso

Doutorando na área de Psiquiatria com ênfase em Saúde Pública pela Universidade Federal de São Paulo (Unifesp), mestre em Administração de Empresas pela Universidade Presbiteriana Mackenzie e graduado em Administração pela Faculdade Tibiriçá e em Psicologia pela Universidade Guarulhos, com especialização em Didática do Ensino Superior pela Universidade Presbiteriana Mackenzie. Especialista em Terapia Comportamental Cognitiva pela Universidade de São Paulo (USP). Atualmente, é professor e pesquisador na Universidade Presbiteriana Mackenzie, assessor do Núcleo de Inovação e Tecnologia (NIT) do Mackenzie e revisor do periódico do Programa Institucional de Bolsas de Iniciação Científica (Pibic Mackenzie), do periódico da *Revista de Administração Mackenzie* (RAM) e da *Revista Jovens Pesquisadores*. Foi coordenador de Estágio dos cursos de Administração, Comércio Exterior, Economia e Ciências Contábeis. Membro do comitê de ética da Universidade Presbiteriana Mackenzie e membro do Conselho Editorial Científico da *Revista de Administração da Unimep*. Possui experiência na área de Administração, atuando por 20 anos em empresas de grande porte e há 14 anos como Psicólogo Clínico, com palestras e treinamentos em prefeituras, hospital universitário, sindicatos e para profissionais em empresas. Atua nas áreas de Relações Interpessoais, Conflitos e Processos de Motivação e Automotivação.

Vânia Maria Jorge Nassif

Livre-Docente na área de Recursos Humanos pela FEARP/USP. Tem pós-doutorado em Empreendedorismo e Competências Empreendedoras pela FGV-SP. Doutora em Administração de Empresas pela Universidade Presbiteriana Mackenzie, mestrado em Educação pela Universidade de Ribeirão Preto (Unaerp) e Graduação em Psicologia pela FFCL-RAP/USP. É pesquisadora pela Fapesp-SP. Professora e pesquisadora do Programa de Pós-Graduação em Administração da Universidade Nove de Julho (Uninove/SP). Líder do Grupo de Pesquisa da CNPq/GENOVE – Estratégia e Governança. Avaliadora de periódicos científicos, de projetos de diferentes fontes de fomento à pesquisa e de congressos nacionais e internacionais. Autora de artigos científicos e de capítulos de livros. Atuou como presidente da Associação Nacional de Estudos em Empreendedorismo e Gestão de Pequenas Empresas (Anegepe) de 2011 até 2016. É editora da *Revista de Empreendedorismo e Gestão de Pequenas Empresas* (REGEPE), 2017.

Prefácio

É com imensa satisfação que aceitei participar, escrevendo capítulos, e revisar tecnicamente o livro *Pesquisa de marketing: uma abordagem quantitativa e qualitativa*, dos professores da área de métodos quantitativos e qualitativos da Universidade São Judas Tadeu e da Universidade Presbiteriana Mackenzie. O livro chama a atenção pela simplicidade na forma dialética, que, aliada à fidelidade teórica da técnica estatística, confere ao texto poder de explicação até para aqueles que não possuem fortes habilidades matemáticas. Sugeri que a sequência de exposição das técnicas multivariadas fosse revista de forma a aproximá-la da abordagem necessária nas pesquisas de marketing. Os professores participantes deste trabalho têm por hábito escrever apenas a respeito das disciplinas que ministram, e muitos dos exemplos aqui mostrados foram construídos com base nas demandas de entendimento dos alunos durante as aulas, portanto, atendem bem ao que se propõem. Como todas as outras obras que escrevemos, esta também consegue mostrar de forma clara como unir a teoria à prática, fator essencial para o bom profissional de marketing. O conteúdo do livro alinha-se às necessidades curriculares dos cursos de graduação, pós-graduação e de mestrado de diversas áreas do conhecimento. *Pesquisa de marketing: uma abordagem quantitativa e qualitativa* é um livro importante para a área de pesquisa de marketing, pois oferece ao estudante a oportunidade de atingir níveis de conhecimento em pesquisas operacionais que serão exigidos profissionalmente e antes mesmo do término de sua graduação. Aos profissionais da área, oferece a oportunidade de conhecerem técnicas novas não comumente utilizadas, as quais, aliadas à utilização de programas estatísticos de última geração (quantitativo e qualitativo) e líderes mundiais de mercado nesse assunto, adicionam à obra um fator de diferenciação e uma vantagem competitiva. Espero que o leitor consiga se beneficiar com o conteúdo desta obra em sua vida acadêmica e profissional.

Prof. Dr. Hélio Morrone Cosentino

Apresentação

A vida empresarial é condicionada por fatores endógenos e exógenos à empresa, e nenhum deles deve ser tratado somente de maneira dialética simples, como erroneamente são entendidos os "estudos de caso". A combinação de técnicas é essencial para a condução da empresa, pois estudar um caso e encontrar soluções passam, necessariamente, por avaliações qualitativas e quantitativas (numéricas), e não apenas pelas percepções oriundas da experiência subjetiva individual ou de equipes multidisciplinares. Contudo, nossa intenção neste livro é apresentar as técnicas para a pesquisa de marketing da maneira mais simples possível, considerando que elas, inevitavelmente, utilizam o ferramental estatístico. Problemas de marketing têm origem em questões ligadas à produção, à logística, à imagem da marca e do produto, às finanças e, assim, algumas das técnicas que veremos estão relacionadas com esses campos. Não seria possível, aqui, abordar nem construir exemplos para todas as situações. A vida moderna e as formas atuais de gerenciamento por meio de ferramentas eletrônicas, como a internet, criaram nos profissionais, de maneira geral, a falsa impressão de que a informação é fácil de se obter e "está a um clicar de *mouse*". Isso não é sempre verdade. As informações que ajudam a gerenciar o ciclo de vida de um ou de vários produtos têm alto custo e demoram a ser obtidas, o que impacta diretamente no preço final dos produtos ou serviços. Para que o trabalho de obter informações seja bem-sucedido em termos de custos e processos operacionais, são necessários profissionais de marketing com conhecimento do método, da técnica empregada, da condução e da análise das pesquisas que eles recebem em relatórios nos quais baseiam suas decisões. A maioria das empresas de médio e pequeno porte no Brasil está carente de tais profissionais e, por isso, enfrentam dificuldades para gerenciar de forma científica os aspectos mercadológicos que envolvem as relações entre seus clientes e o mercado. Para formar esses profissionais, é necessário motivar o estudante, apresentando as técnicas da pesquisa de marketing da forma mais aplicada e direta possível, mas fazendo notar o referencial teórico de onde se originam. Com este trabalho, pretendemos preencher essa lacuna e propiciar tanto aos estudantes quanto aos profissionais da área de marketing uma visão mais abrangente das bases analíticas para que estes possam enfrentar desafios maiores e tomar decisões dentro de suas empresas de forma mais científica. Esperamos que o livro, escrito com imensa satisfação e alegria, agrade, seja útil e ajude a todos que o lerem.

O que há de novo nesta edição?

Nesta segunda edição, o Capítulo 7 teve todos os exemplos adaptados para a versão 11 do NVivo (estava na versão 8 na primeira edição) e, consequentemente, o texto foi todo readequado para contemplar as novas características.

O Capítulo 9 foi atualizado com o novo visual da ferramenta eletrônica de construção de formulários de pesquisa da Qualtrics.com.

O Capítulo 11 foi reescrito na sua totalidade, com maior ênfase aos aspectos práticos nas situações mercadológicas que demandam a comparação de médias populacionais, baseando-se nas amostras disponíveis. Mantivemos as demonstrações dos cálculos teóricos manuais em situações reais em que, na maioria das vezes, as amostras não possuem a mesma quantidade de dados levantados. Assim, as demonstrações sobre a ANOVA unifatorial, a ANOVA de dois fatores e de dois fatores com repetições foram reescritas ilustrando um **estudo de caso** de situações mercadológicas vividas pelo gerente de marketing da Empresa de cosméticos Jurubinha, bem como suas respectivas resoluções com a utilização, passo a passo, do programa STATISTICA. Como na vida empresarial as decisões não são tomadas considerando-se apenas uma variável, foi introduzido também um **apêndice** a esse capítulo, no qual destacamos os aspectos básicos da Análise Multivariada da Variância (MANOVA).

Ao Capítulo 18 foi acrescentado um estudo de caso da empresa Mercado Certo para melhor exemplificar a análise de conglomerados ou agrupamentos.

No Capítulo 21 também foi adicionado um estudo de caso, o da empresa Dizzy de móveis planejados para cozinhas, para exemplificar e auxiliar na compreensão de um plano de regressão múltipla.

O Capítulo 23 foi atualizado tendo em vista alterações de menus do programa estatístico e exemplos foram refeitos com outras bases de dados para mostrar as mudanças dessas funcionalidades.

Para acompanhar os exemplos e estudos de caso ilustrados na segunda edição, este livro oferece também a possibilidade de baixar, além do programa STATISTICA versão 13.2, em inglês (que possui prazo de validade de 30 dias a contar da instalação), a versão 6.0, que apesar de **não possibilitar** a resolução das técnicas multivariadas e **ser limitado a arquivos com menos de 100 linhas**, permite sua utilização nas técnicas de estatística básica por tempo indeterminado. Para baixar as duas versões, siga as instruções da seção **Materiais auxiliares**.

Os autores

Organização do livro

Este livro possui diferenças importantes em relação aos atuais trabalhos de pesquisa de marketing presentes no mercado, pois oferece o contato com técnicas quantitativas e qualitativas em um só tomo, e o conhecimento de como funcionam dois *softwares*, NVivo e STATISTICA[1], líderes mundiais de mercado em seu segmento.

Este trabalho oferece a base teórica necessária para a compreensão das técnicas aplicadas em situações comumente encontradas nas empresas, demonstrando essa aplicação de maneira empírica, com o programa estatístico STATISTICA da StatSoft® e com o NVivo 11.

Enquanto outros livros se preocupam apenas em explanar as técnicas quantitativas e apresentar os resultados finais em tabelas elaboradas por métodos editoriais, mostramos a utilização do STATISTICA passo a passo e direcionamos a atenção do leitor para as estatísticas apresentadas nos quadros de respostas do programa – exatamente como deve acontecer no dia a dia. Essa é a maior dificuldade dos profissionais e dos alunos ao lerem livros que não abordam de maneira abrangente os métodos de pesquisa.

As técnicas foram abordadas na sequência em que normalmente delas se necessita. Iniciamos a parte quantitativa do livro com os problemas ligados às formas de coleta e ao tamanho das amostras necessárias no início do processo de pesquisa de marketing. A fase seguinte é a de construção dos formulários de pesquisa presencial e também pela internet, bem como das escalas numéricas associadas às respostas que são mais utilizadas para se extrair do entrevistado o significado latente que ele tem em relação ao produto ou serviço em foco.

Inicialmente, encontra-se neste livro técnicas básicas de acompanhamento da evolução de vendas por meio dos números-índices. Logo depois, são apresentadas as tabelas de tabulação cruzada, responsáveis por mais de 60% das pesquisas de marketing. Na sequência, falamos do problema da comparação de médias populacionais feita com amostras que foram delas retiradas – destaque especial para a ANOVA unidirecional, de fator duplo e duplo com repetição –, bem como da aplicação básica da MANOVA, que

---

[1] Ambos os softwares estão disponíveis somente em inglês.

ajudam o analista a verificar de que maneira as suas campanhas afetam, ou deveriam afetar, suas vendas. Os testes de qui-quadrado ocupam lugar especial entre os testes de hipótese, pois ajudam o analista a detectar e quantificar também o relacionamento entre frequências quantitativas e qualitativas dos atributos de seus produtos e compará-los com seus concorrentes. Em seguida, introduzimos as técnicas simples de regressão e uma técnica mais avançada, como a ARIMA (média móvel autorregressiva integrada), que consegue projetar valores futuros de uma variável em períodos mais longos considerando a probabilidade de 95% na estimação de seus limites inferiores e superiores em cada mês.

As técnicas multivariadas não poderiam ficar fora deste trabalho, uma vez que o mundo não é linear nem univariado em sua natureza e as vontades e formas de agir dos consumidores dependem de múltiplos fatores, os quais podem ser identificados usando-se essas técnicas. Assim, foram mostrados detalhes metodológicos interessantes de técnicas como: Validação de Escalas, Análise Fatorial, Análise de Conglomerados, Análise de Escala Multidimensional, Análise de Correspondência, Regressão Múltipla e Análise Discriminante Múltipla, *Data Mining* (mineração de dados) e ferramentas de pesquisa pela internet como o Text Miner e o *Web Crawling*.

O Capítulo 23 oferece ao analista a gravação de todas as sequências das técnicas escolhidas e das abordagens de uma pesquisa para depois reutilizá-las, substituindo apenas o banco de dados inicial. Além disso, incluem-se neste livro um exemplo de pesquisa qualitativa conduzida pelo Text Miner e o *Web Crawling*, que o programa STATISTICA oferece (na versão profissional) e trata-se simplesmente da mais recente palavra tecnológica em pesquisa remota pela internet, tendo sido tais pesquisas adicionadas ao *software* há pouco mais de 5 anos. Alertamos que as rotinas do Text Miner e *Web Crawling* **não estão disponíveis na versão do programa oferecido neste livro**, por tratar-se de rotinas exclusivas da StatSoft, fabricante do *software*.

O livro não possui lista de exercícios, porque as técnicas aqui apresentadas somente podem ser reproduzidas com o auxílio do programa estatístico que pode ser baixado (ver seção **Materiais auxiliares**) e acompanha o livro, ou com auxílio de professores em aulas oferecidas em laboratórios de informática. Uma vez demonstrada a técnica aplicada a determinada situação, deixamos a cargo do aluno a formulação análoga dentro das situações mais comuns na especialidade de cada profissão.

Materiais auxiliares

Este livro aborda as técnicas básicas e avançadas de pesquisa de marketing por meio de dois programas eletrônicos (NVivo 11, da QSR International da Austrália, e o STATISTICA da StatSoft®, dos Estados Unidos da América) líderes mundiais em suas respectivas tecnologias, sendo ambos parceiros da Microsoft.

O programa NVivo 11 se destina às análises qualitativas enquanto o STATISTICA às quantitativas, sendo que este último inclui ainda a possibilidade de análises qualitativas por meio do Text Miner e do *Web Crawling*.

Organização do livro XIX

Para que o leitor possa praticar e reproduzir as resoluções de cada técnica, estabelecemos um acordo com as empresas QSR International e a StatSoft que concordaram em permitir aos adquirentes desta obra baixar cópias dos respectivos programas, que estão em idioma inglês para o NVivo e para o STATISTICA, diretamente de seus *sites*, em versões limitadas com prazo de utilização de 14 dias para o primeiro e 30 dias para o segundo. Os arquivos com os quais construímos os exemplos deste livro podem ser baixados diretamente do *site* da editora Saraiva Educação no endereço: <http://www.saraivauni.com.br/9788547220938>.

Descrevemos, a seguir, os procedimentos completos para baixar os programas NVivo 11 e STATISTICA e os requisitos básicos que seu computador deve ter para o correto funcionamento deles.

É necessário que seu computador tenha acesso à internet.

Pré-requisitos comuns aos dois programas

Componente	Recomendação de configuração mínima
Processador	1.6GHz Pentium 4 ou mais moderno
Memória RAM	1GB RAM ou mais
Display (tela)	Resolução 1280 × 1024 ou maior
Sistema Operacional	Microsoft Windows XP Service Pack 2 ou Windows Vista para o NVivo 11 e STATISTICA 13.2. (Para o programa DEMO do STATISTICA 6.0 no máximo o Windows XP)
Disco rígido	Pelo menos 2GB de espaço livre no HD

Fonte: elaborada pelos autores.

Instruções para *download* e instalação do NVivo 11 da QSR International

1. Acesse o *link* <http://www.qsrinternational.com/trial-nvivo> para baixar a versão Trial (demonstração) do NVivo 11 com todas as suas funcionalidades (válido por um período de 14 dias a partir da instalação).

2. Grave o arquivo de instalação **NVivo11.exe** em seu computador em um diretório de fácil acesso ou na área de trabalho (desktop).

3. Quando o *download* terminar, dê um duplo clique no arquivo executável do NVivo11 e o Windows mostrará o guia de instalação.

4. Siga as etapas dessas instruções para instalar o programa NVivo 11. Se preferir ter acesso a um guia completo de instruções de instalação, clique no *link* <http://www.qsrinternational.com/learning/getting-started/win11> para baixar o manual NVIVO_GETTING_STARTED_GUIDE_PRO-EDITION_PORTUGUESE.pdf e leia o tópico "Instalar e ativar o NVivo para Windows".

Instruções para *download* do STATISTICA Trial

Acesse o portal da StatSoft South América para download direto do STATISTICA com validade de 30 dias, por meio do link: <http://www.statsoft.com.br/ftp/Trial_livro.zip> e o programa será baixado automaticamente.

Opcionalmente a editora Saraiva Educação também disponibiliza o programa STATISTICA junto com os materiais de apoio (bancos de dados dos exemplos do livro e apresentações em slides) que podem ser baixados a partir do endereço da editora Saraiva Educação: <http://www.saraivauni.com.br/9788547220938>.

1. Executar o arquivo descompactado **Trial_livroPM.exe**

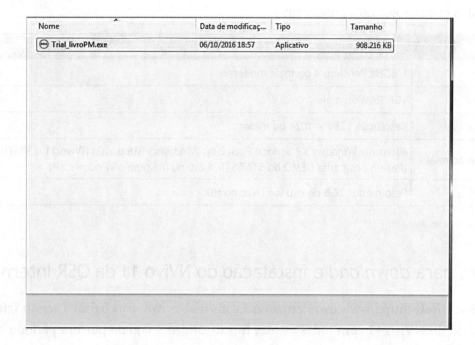

2. Clicar no botão INSTALL.

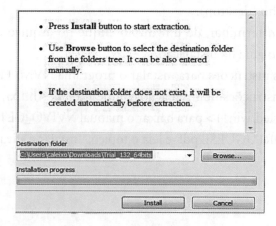

3. Clicar no botão NEXT.

4. Aceitar os termos e clicar no botão NEXT.

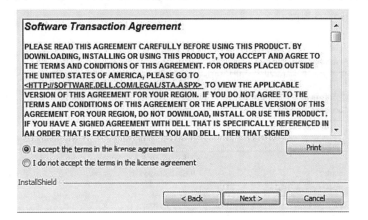

5. Escolher a opção de instalação "Typical" e clicar no botão NEXT.

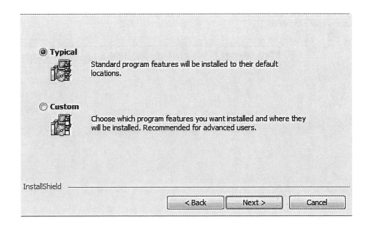

6. Se desejar alterar o nome da pasta, coloque o nome desejado, marque o *checkbox* se desejar criar um ícone de acesso direto no desktop de seu computador e clique no botão Next.

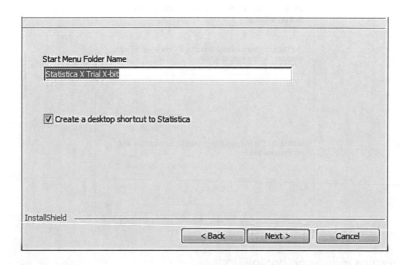

7. Preencher os campos abaixo com seus dados pessoais para registro do STATISTICA e depois basta clicar no botão Next.

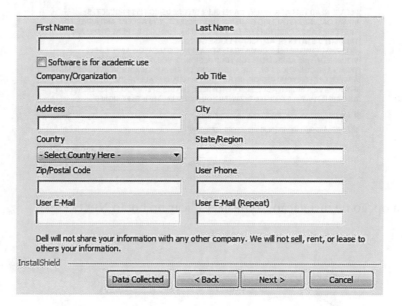

Organização do livro   XXIII

8. Responder aos questionamentos e depois clicar no botão NEXT.

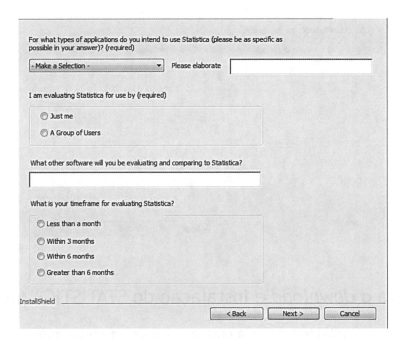

9. Será encaminhado *e-mail* de confirmação para o endereço de *e-mail* informado no item 7, acesse seu *e-mail* e clique no link de confirmação, após seu *e-mail* ser validado, volte a instalação e clique em CONTINUE.

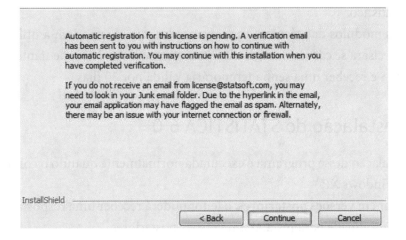

10. Clicar em INSTALL e aguardar o final da instalação.

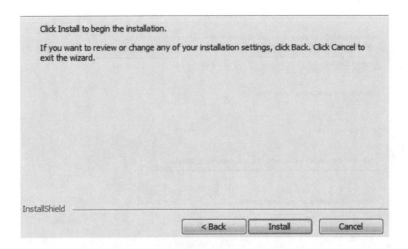

Instruções para o *download* e instalação do STATISTICA 6.0

O programa estatístico STATISTICA 6.0 (em português) pode ser obtido pelo *site* da StatSoft South América, cujo *link* é <http://www.statsoft.com.br/ftp/STATISTICA_6.rar>.

O programa estatístico de demonstração STATISTICA versão 6.0 possibilita repetir as técnicas de estatística básica que vão desde a estatística descritiva até a regressão linear simples e regressão múltipla. Outras técnicas mais avançadas de estatística multivariada **não poderão ser executadas** com a versão 6.0 do programa estatístico.

Para praticar os módulos das técnicas mais avançadas, que demandam a utilização do programa completo, o leitor precisará se cadastrar no *site* da StatSoft South América mediante registro no <http://www.statsoft.com.br> e receber uma senha temporária válida por 30 dias.

Cuidados na instalação do STATISTICA 6.0

Originalmente a instalação desse programa é executada normalmente quando o computador de destino possui a versão do Windows XP.

Ao tentar instalar em **versões posteriores**, o leitor poderá receber uma resposta do sistema dizendo que não existe compatibilidade para instalar em versões posteriores.

A solução é simples e abaixo está o passo a passo de como compatibilizar as versões posteriores do Windows.

É necessário que seu computador tenha o programa de descompactação WinRar.

Baixar o STATISTICA 6.0 no *link* <http://www.statsoft.com.br/ftp/STATISTICA_6.rar>:

1. Clique duas vezes para abrir a pasta que foi baixada.

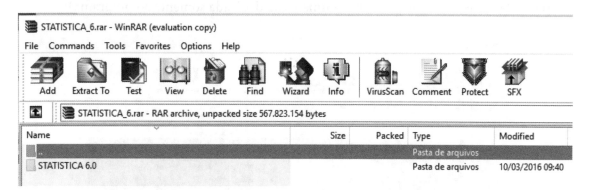

2. Dar um duplo clique na pasta **STATISTICA 6.0** para abri-la:

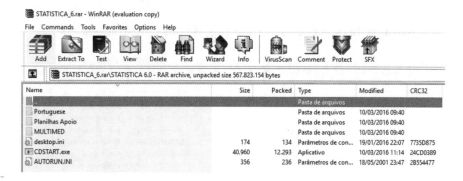

3. NÃO execute o programa **CDSTART.exe**, pois você poderá receber a seguinte resposta:

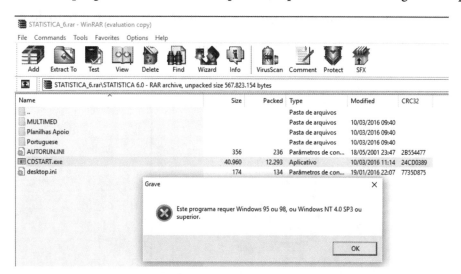

Você deverá gravar todas as pastas mostradas acima em uma **nova pasta** em seu computador ou selecionar **todos os arquivos e pastas** como indicado a seguir.

4. Clicar com o botão direito do *mouse* sobre a tela de resposta e extrair os arquivos para uma pasta de sua escolha (de preferência uma pasta dedicada somente ao programa):

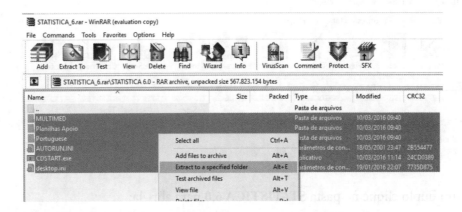

5. Feito isto, a **Nova pasta** deverá conter os arquivos como mostrado abaixo:

6. Apontar para o arquivo executável ▦ CDSTART.exe e clicar com o botão direito do *mouse*:

Organização do livro   XXVII

7. Clicar em P**ROPRIEDADES** e o sistema responderá:

8. Clicar na aba C**OMPATIBILIDADE**:

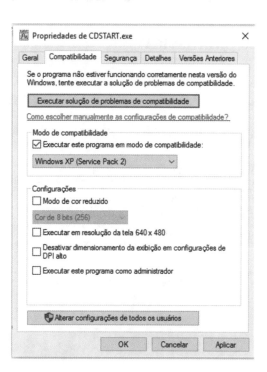

9. No campo **Modo de compatibilidade,** habilitar o campo **Executar este programa em modo de compatibilidade** e aceitar a opção **Windows XP (Service Pack 2)**.

10. Em seguida, clicar no botão APLICAR e depois em OK.

11. Dar um duplo clique no mesmo programa **Executável** 🔳 CDSTART.exe e o programa iniciará a instalação com a seguinte tela:

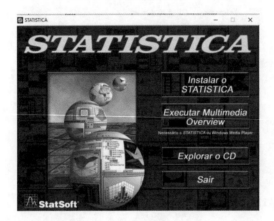

12. Clicar no botão INSTALAR O **STATISTICA**:

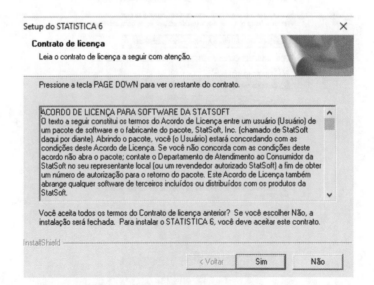

13. Clicar em SIM:

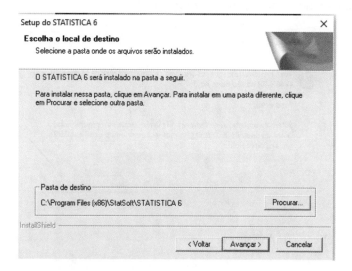

14. Clicar em AVANÇAR e a seguir em SIM:

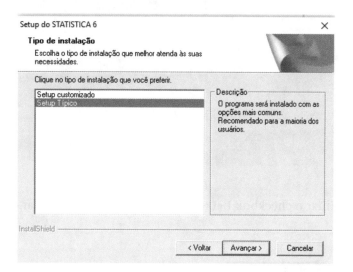

15. Selecione SETUP TÍPICO e clique em AVANÇAR.

Nota: no quadro a seguir, clicar em Não, caso contrário serão instaladas apresentações que nada têm a ver com o programa e demorará muito para instalar.

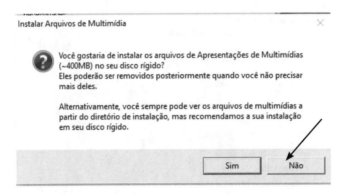

16. Na tela seguinte clicar em Avançar:

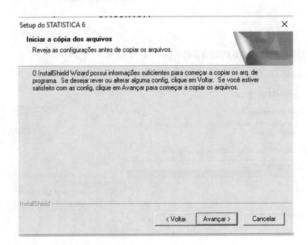

17. Agora basta habilitar o checkbox Launch statistica 6 e depois clicar em Concluir:

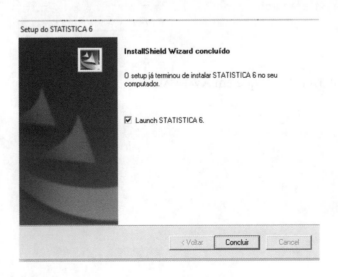

Sumário

Parte I

1. Introdução à pesquisa qualitativa e quantitativa em marketing 3

    1.1 Pesquisa qualitativa 3

    1.2 Pesquisa quantitativa 4

2. Entrevistas 7

    Introdução 7

    2.1 Tipos de entrevistas 10

    2.2 Preparação e condução da entrevista 13

    2.3 Transcrição e tratamento de dados 15

    2.4 Papel do entrevistador 15

3. Grupos de foco 19

    Introdução 19

    3.1 Caracterização 19

    3.2 Composição dos grupos de foco 20

    3.3 Condução dos grupos de foco 22

    3.4 Análise dos resultados 23

    Conclusão 25

4.	**Técnica de observação**	27
	Introdução	27
4.1	Definição	27
4.2	Utilizações da técnica	28
4.3	O observador	29
4.4	Roteiro de observação	30
4.5	Ambientes de observação	31
4.6	Levantamentos de informações	32
4.7	Análises e interpretação dos dados	32
4.8	Finalização	33
	Conclusão	33
5.	**Técnicas projetivas**	35
	Introdução	35
5.1	Definição	35
5.2	Utilizações da técnica	36
5.3	Tipos de testes projetivos	36
5.4	Avaliações dos resultados	40
5.5	Finalização da pesquisa	40
	Conclusão	40
6.	**Técnica Delphi**	41
	Introdução	41
6.1	Procedimentos para aplicação da técnica Delphi	42
6.2	A escolha dos especialistas	46
6.3	Elaboração das perguntas	47
6.4	Evolução do consenso	48
6.5	Vantagens e desvantagens da técnica Delphi	48
	Conclusão	49
7.	**Utilização de *software* para apoio à pesquisa qualitativa**	51
	Introdução	51
7.1	A análise de dado na pesquisa qualitativa	52
7.2	O formato dos dados textuais na pesquisa qualitativa	52

7.3	O processo típico de análise de dados textuais	53
7.4	Visão geral das ferramentas de apoio à análise de dados qualitativos	56
7.5	O *software* NVivo11	57
7.6	Analisando dados com o suporte do NVivo11	63
7.7	Benefícios do uso dos CAQDAS na pesquisa de marketing	83
7.8	Alguns cuidados quando se usa CAQDAS em pesquisa de marketing	84
	Conclusão	85

Parte II

8.	**Princípios de amostragem**	89
	Introdução	89
8.1	Importância da amostragem	90
8.2	Tipos de amostragem	91
8.3	Dimensionamento das amostras	103
8.4	Tamanho das amostras para estimar médias populacionais	103
8.5	Tamanho das amostras para estimar proporções populacionais	106
	Conclusão	109

9.	**Escalas, perguntas e formulários**	111
	Introdução	111
9.1	Tipos de perguntas	112
9.2	Tipos de escala	116
9.3	Técnicas escalares	123
9.4	Escalas comparativas	125
9.5	Escalas não comparativas	129
9.6	Escalas de múltiplos itens	130
9.7	Formulários de pesquisa	134
9.8	Tabulação dos dados para obtenção de estatísticas	139
9.9	Formulários de pesquisa pela internet	142
	Conclusão	170

10. Contagens, frequências e índices 171

Introdução 171

10.1 Tabelas de distribuição de frequências 171

10.2 Utilização de programas eletrônicos 172

10.3 Índices 193

Conclusão 196

11. Comparando médias populacionais 199

Introdução 199

11.1 Hipóteses da ANOVA 199

11.2 Explorando a composição das médias populacionais 200

11.3 Graus de liberdade 200

11.4 ANOVA fator único 201

11.5 ANOVA fator duplo sem repetições 209

11.6 ANOVA dois fatores com repetições 215

Conclusão 225

Apêndice do Capítulo 11 – MANOVA: análise multivariada da variância 227

A11.1 Utilidade da MANOVA 227

A11.2 Notas sobre a operação do programa STATISTICA 228

A11.3 ANOVA unifatorial (análise de variância) – extensão 240

A11.4 MANOVA/ANCOVA – análise multivariada da variância e análise das covariações 249

Conclusão 269

12. Análise de frequências e correlações qualitativas 271

Introdução 271

12.1 Estudando a correlação de variáveis qualitativas 272

12.2 Frequências esperadas e observadas 275

12.3 Tabulação cruzada para estudar as frequências 277

12.4 A estatística qui-quadrado 281

12.5 Utilização de programas eletrônicos 290

Conclusão 292

13. Métodos de projeção e previsão 293

Introdução 293

13.1 Métodos de regressão aplicados ao marketing 294

13.2 Previsão de vendas ou de gastos, um problema mercadológico 305

13.3 Utilização de programas eletrônicos 305

Conclusão 317

14. Método avançado de projeção e previsão — ARIMA 319

Introdução 319

14.1 Generalidades da ARIMA 320

14.2 Utilização de programas eletrônicos 321

Conclusão 335

15. Análise multivariada em pesquisa de marketing 337

Introdução 337

15.1 Pesquisa multivariada em marketing 338

15.2 Técnicas de análise multivariada 340

Conclusão 347

16. Validação de escalas 349

Introdução 349

16.1 Considerações e erros associados às escalas 350

16.2 Medindo a confiabilidade da escala 350

16.3 Utilização do STATISTICA 352

Conclusão 359

17. Análise fatorial 361

Introdução 361

17.1 Análise fatorial 362

17.2 Como tabular as variáveis para análise 366

17.3 Métodos de associação das variáveis em fatores 367

17.4 Análise de componentes principais com o STATISTICA 368

17.5 Rotação dos fatores 380

17.6 Análise de fator principal com o STATISTICA 384

Conclusão 388

18. Análise de grupos (conglomerados) 389

Introdução 389

18.1 Técnicas de agrupamento e ligação 390

18.2 Utilização de programas eletrônicos 392

Conclusão 408

19. Análise de escala multidimensional 409

Introdução 409

19.1 A lógica da técnica 410

19.2 Aplicação em marketing 411

19.3 Utilização de programas eletrônicos 412

Conclusão 420

20. Análise de correspondência 423

Introdução 423

20.1 Aplicação em marketing 423

20.2 A lógica computacional dessa técnica 425

20.3 Utilização de programas eletrônicos 425

Conclusão 431

21. Regressão múltipla 433

Introdução 433

21.1 Equação de regressão múltipla 434

21.2 Aplicação em marketing 435

21.3 Utilização de programas eletrônicos 447

22. Análise discriminante múltipla 459

Introdução 459

22.1 Significado gráfico da discriminação 461

22.2 Relação com outras técnicas multivariadas 463

22.3 Normalidade dos dados 464

22.4 Funções discriminantes e funções de classificação 464

22.5 Discriminação múltipla 465

22.6 Utilização de programas eletrônicos 466

Conclusão 480

23. *Data Mining* (Mineração de Dados) 481

    Introdução 481

    23.1 Utilização do STATISTICA 481

    23.2 Projetos de estatística multivariada com o Minerador de Dados (*Data Mining*) 493

    Conclusão 516

24. Pesquisas pela internet (*Text Mining* e *Web Crawling*) 517

    Introdução 517

    24.1 Aplicações do *Text Mining* 517

    24.2 Abordagens do *Text Mining* 519

    24.3 Utilização do STATISTICA 521

    24.4 Pesquisa de opinião com proprietários de automóveis 522

    Conclusão 545

Referências 547

Índice remissivo 553

Parte I

1 Introdução à pesquisa qualitativa e quantitativa em marketing

1.1 Pesquisa qualitativa

A pesquisa qualitativa tem como objetivo a identificação das opiniões dos indivíduos, sem a preocupação de transformar seus resultados em números, visando porém entender as associações que os entrevistados fazem entre suas ideias e os aspectos relacionados aos conceitos que se pretende estudar. Podem ser utilizadas antes ou depois do emprego de técnicas quantitativas, como isoladamente. Cabe ao pesquisador identificar, conforme seus objetivos, quais são as técnicas mais interessantes para serem aplicadas, e a melhor forma de utilizá-las.

A pesquisa qualitativa costuma ser usada para auxiliar na identificação de atributos importantes para produtos e serviços, de ideias relacionadas à divulgação de marcas e campanhas publicitárias, além de características comportamentais dos consumidores. Entre estas, podem-se citar: suas formas de pensar e agir em diversas situações, seus hábitos de consumo, estilos de vida, atividades preferidas, atitudes no que se refere às marcas e às inovações apresentadas ao mercado, assim como seus critérios para a escolha, avaliação e utilização de produtos e serviços.

Os conhecimentos obtidos com o emprego das técnicas de pesquisa qualitativa propiciam que o pesquisador consiga entender os aspectos que pretende descobrir e analisar sem a utilização de formulários e questionários, empregados na pesquisa quantitativa. As técnicas de pesquisa qualitativa são muito importantes quando se pretende entender melhor algum assunto sobre o qual não se tem conhecimento prévio suficiente ou para explorar conceitos pouco estudados ou novas ideias. Também são de grande utilidade quando associadas a técnicas quantitativas, uma vez que possibilitam a criação de questionários mais precisos e adequados ao público-alvo, auxiliando o pesquisador para que este não esqueça aspectos importantes a serem considerados nas questões que irão compor os instrumentos de pesquisa quantitativa – em especial, os itens que formarão as escalas aplicadas aos consumidores, sejam elas escalas que meçam grau de concordância com relação a assertivas ou grau de satisfação quanto aos atributos de produtos e serviços.

Os principais motivos para utilizar técnicas de pesquisa qualitativa decorrem de sua riqueza para a interpretação dos aspectos relacionados ao comportamento dos consumidores, possibilitando entender seus critérios de preferência e escolha quanto a produtos, marcas, como suas formas de comprar e utilizar os produtos e os serviços. Também são de grande utilidade no processo de segmentação de mercado, propiciando um conhecimento rico no que tange à caracterização psicográfica dos consumidores. Tais técnicas permitem obter um conhecimento mais aprofundado, contribuindo, inclusive, com o aprimoramento de eventuais instrumentos quantitativos usados concomitantemente.

No entanto, o emprego de técnicas de pesquisa qualitativa implica certos cuidados do pesquisador no que se refere à escolha do perfil dos entrevistados e à preocupação com fatores que possam interferir na condução das técnicas, entre os quais o perfil daqueles que estarão em contato com os indivíduos pesquisados, mesmo que sejam os próprios pesquisadores, como interferências suscitadas por características do ambiente onde se encontram esses indivíduos, por exemplo, iluminação, sons, aromas e a própria presença de outras pessoas e de objetos. Deve-se lembrar que é importante observar esses aspectos também durante a aplicação de instrumentos quantitativos, mas o grau de interferência, dependendo da técnica empregada, pode ser bem maior quando se trata de pesquisa qualitativa.

A escolha de uma entre várias técnicas qualitativas depende dos objetivos do pesquisador, de seus recursos financeiros, do tempo disponível para o estudo e do seu conhecimento na aplicação das técnicas. Algumas técnicas implicam contratar especialistas para sua condução e análise. Em outros casos, o próprio pesquisador pode aplicar a técnica e analisar os resultados, sem o auxílio de um especialista.

Na área de marketing, as técnicas de pesquisa qualitativa mais comumente utilizadas são as entrevistas, os grupos de foco, a observação, as técnicas projetivas e a técnica Delphi. Cada uma delas é adequada a diferentes objetivos de pesquisa e demanda cuidados específicos por parte do pesquisador. Elas serão explicadas nos capítulos seguintes, e também seus objetivos, suas formas de aplicação, e os cuidados a serem tomados na sua condução e análise.

No Capítulo 7, é apresentada a forma de se proceder à análise de resultados com o uso do *software* NVivo, utilizando-se exemplos e explicações detalhadas sobre o processo de análise auxiliado por essa tecnologia.

1.2 Pesquisa quantitativa

A pesquisa quantitativa, como o nome sugere, estuda as sequências numéricas utilizadas para representar os fenômenos naturais. Estudos que envolvem a detecção e graduação dos sentimentos latentes dos indivíduos em relação a marcas, imagens e outros objetos sob análise também utilizam números para medir sua intensidade.

A princípio, podemos questionar se números são os meios apropriados para capturar a essência dos diversos sentimentos. Entretanto, eles estão associados às escalas cientificamente construídas e amplamente testadas, que graduam esses sentimentos e que são utilizadas nos formulários de pesquisa para tal finalidade.

Dentre elas podemos citar a Escala de Rensis Likert, Stapel (Jan Stapel) e de Louis Thrustone, esta última mais utilizada no campo da psicologia para mediar atitudes (daí sua aplicação em marketing).

Desta forma pode-se afirmar que os números podem medir e graduar, não apenas as necessidades objetivas dos seres humanos, mas também as subjetivas.

As pesquisas no campo da administração, do qual o marketing faz parte, devem seguir um roteiro lógico para que se configure um *constructo* que propicie identificar e responder as diversas indagações com as quais um pesquisador se depara antes de tomar decisões gerenciais.

A sequência dos capítulos deste livro tenta sugerir um roteiro para que pesquisadores possam abordar seus problemas e elucidá-los.

Muitos fenômenos naturais podem ser explicados por apenas uma característica cujas medidas efetuadas para cada indivíduo, configuram uma variável aleatória (conjunto de dados). Entretanto, quase a totalidade dos fenômenos é mais bem explicada por múltiplas variáveis. Por esse motivo se diz que o mundo é multivariado em sua essência e, assim, as pesquisas necessitam do suporte da Estatística Multivariada para responder às questões ligadas aos fenômenos que se tem interesse em estudar.

Neste trabalho, quando necessário, os cálculos são apresentados com ajuda do programa estatístico devido ao fato de que a Matemática envolvida nas técnicas multivariadas transcende em muito o nível e o objetivo deste livro. Para o entendimento da Estatística Multivariada é desejável que o leitor tenha alguma familiaridade com os conceitos da estatística básica (principalmente a Estatística Descritiva e a Inferencial), pois as deduções e conclusões baseiam-se constantemente nesses conceitos para raciocínios que direcionam a entendimentos e conclusões mais avançadas.

De maneira geral, a estatística multivariada é composta por técnicas de classificação, de associação e de discriminação. Em sua maioria, todas utilizam equações de regressão múltipla. Estas técnicas têm pressupostos distintos para suas aplicações. Em algumas delas, as variáveis independentes (preditoras) devem ser métricas e as dependentes também, muitas vezes restringindo esta última a uma apenas. Já em outras, podem existir diversas variáveis independentes para explicar o comportamento das variáveis dependentes.

Por exemplo, a análise discriminante multivariada consegue identificar se certo indivíduo pode pertencer a este ou àquele grupo. Assim, por meio de diversas características pessoais ou de comportamento, é possível saber se determinado indivíduo pertence a determinado grupo (ex: cliente potencial ou não).

A Análise de Conglomerados agrupa objetos (convertidos em variáveis) pela similaridade ou dissimilaridade de suas características. Desta forma, podemos saber se um cliente associa dois tipos de automóveis pelo seu desempenho e esportividade ou pela exclusividade e conforto.

A Análise Fatorial vai um pouco mais longe agrupando os objetos em fatores (grupo de variáveis) pela semelhança dos sentimentos ou utilidade que os entrevistados sentem a seu respeito. Assim, identifica-se se os clientes de um shopping center classificam a praça de alimentação como parte de seu lazer ou associam a manutenção das escadas rolantes ao conforto ou à segurança.

Por meio da Análise Multidimensional Escalar se pode estudar as distâncias entre um objeto ou atributo em estudo e o sentimento ou imagem que o entrevistado faz a seu respeito. Desta forma pode-se descobrir qual empresa ou produto é realmente o competidor de outro produto ou qual marca é mais bem avaliada do que a que encomendou a pesquisa.

Desta forma, a estatística consegue representar e estudar os fenômenos naturais pela associação dos diversos tipos de escalas mencionados anteriormente.

No decorrer deste livro o leitor poderá encontrar estas e muitas outras técnicas multivariadas com explicações detalhadas para sua aplicação.

O leitor notará que, assim como ocorre nos capítulos de análise qualitativa, as técnicas quantitativas são baseadas em algoritmos matemáticos amplamente aceitos no campo das pesquisas, mas combinam um toque de extrema modernidade pela utilização do programa estatístico STATISTICA da StatSoft, que é líder mundial nesse campo.

Esta obra não pretende esgotar o assunto, mas temos a convicção de que, a exposição de técnicas qualitativas e quantitativas ajudará a todos que a lerem a modificar a sua concepção sobre a elaboração, aplicação, condução e tomada de decisão em pesquisa.

2 Entrevistas

Introdução

Este capítulo tem por objetivo abordar a importância das entrevistas como técnica de coleta de dados. Para tanto, comenta-se o que são as entrevistas, como realizá-las, os tipos de entrevistas mais utilizados e como trabalhar seus resultados.

As pesquisas se originam de ideias ou da curiosidade que os pesquisadores têm acerca de um fenômeno. Inicialmente, essas ideias são vagas e requerem elaboração cuidadosa para que sejam transformadas em um projeto ou em questões para estudo. É importante, nessa fase, conhecer os estudos, pesquisas e trabalhos anteriores, quem são os pesquisadores mais reconhecidos e quais as contribuições que esse tema pode oferecer. A partir daí, é preciso estruturar mais formalmente a ideia a ser pesquisada.

As boas ideias, de acordo com Sampieri,[1] são aquelas que intrigam o pesquisador. Não são necessariamente novas, mas uma novidade, e podem servir para elaborar teorias ou solucionar problemas. No contexto social, são vários os problemas que demandam pesquisa, e alguns passos devem ser seguidos no seu desenvolvimento:

- Conceber a ideia da pesquisa, elaborar o problema ou hipóteses a serem pesquisados.
- Identificar e construir o referencial teórico.
- Definir os procedimentos de pesquisa, como natureza, métodos, técnicas e instrumento de coleta de dados, participantes da pesquisa, tratamento de dados.
- Discutir os resultados e apresentar as conclusões e contribuições da pesquisa.
- Apresentar as limitações e sugestões de novos estudos.

---

[1] SAMPIERI, R. H.; COLLADO, C. F.; LUCIO, P. B. *Metodologia de la investigación*. México: McGraw-Hill, 1998.

Esses passos propiciam uma visão geral do que se pretende fazer; para cada uma dessas etapas, o pesquisador precisa de dedicação e foco para não se desviar da ideia central que se propôs estudar. Entretanto, vale salientar que nada é mais importante para a realização e os resultados de uma pesquisa do que o compromisso do pesquisador. O percurso por que passa o conhecimento nem sempre é linear e previsível.

Estando o problema delineado e estruturado, Luna[2] nos adverte para a necessidade de estudar quais são os procedimentos metodológicos que podem nos levar aos resultados, enfatizando que há uma profunda relação entre "problema de pesquisa e procedimentos empregados".

Existem várias alternativas para realizar o levantamento de dados. Porém, não se deve fazer uma escolha aleatória, sem embasamento que a justifique, até porque a técnica escolhida e utilizada deve oferecer consistência e relevância aos dados coletados, garantindo a qualidade das respostas e a profundidade de análise dos resultados. Além disso, entre os aspectos que mais contribuem na definição da escolha da técnica, estão os conhecimentos e a segurança do pesquisador em saber conduzi-la e manuseá-la.

Portanto, para a escolha da técnica de pesquisa, alguns requisitos são fundamentais:

- estar bem familiarizado com a questão da pesquisa e verificar se poderá ser respondida com a técnica escolhida;
- estudar, entre as técnicas de coleta de dados existentes, qual é a mais adequada e que contribuirá com o desenvolvimento da pesquisa;
- avaliar se a técnica escolhida leva aos melhores resultados, facilita a análise e oferece, por meio dos resultados, um conhecimento consistente e confiável;
- o pesquisador deve ter domínio de uso e manuseio da técnica, como ser capacitado para aplicá-la;
- ter como princípio que não se aplica uma técnica pela técnica, mas para obter resultados que poderão mudar o rumo dos acontecimentos e dos eventos.

De acordo com Goode e Hatt,[3] a entrevista consiste no desenvolvimento de precisão, focalização, fidedignidade e validade de certo ato social comum à conversação. No cotidiano, quando interagimos com outras pessoas respondendo e perguntando, buscando e recebendo informações, realizamos uma espécie de entrevista. Ao analisarmos os resultados, estes podem ser suficientes pelos propósitos estabelecidos ou podem deixar lacunas, não completando as informações desejadas. A entrevista é definida como uma conversa entre uma pessoa (entrevistador) e outra (entrevistado). Não se trata, porém, de um simples diálogo entre pessoas; ela é uma discussão orientada para um objetivo específico.[4]

---

[2] LUNA, S. V. *O falso conflito entre tendências metodológicas*. São Paulo: EPU, 1998. p. 73.

[3] GOODE, W. J.; HATT, P. K. *Método em pesquisa social*. São Paulo: Editora Nacional, 1979.

[4] SAMPIERI, R. H.; COLLADO, C. F.; LUCIO, P. B. *Metodologia de pesquisa*. São Paulo: McGraw-Hill, 2006.

Para Booth[5] é difícil explicar a complexidade de uma entrevista, mas eles observam que, "quanto mais separarmos o que sabemos do que queremos saber, mais eficazmente encontramos aquilo de que precisamos". Os autores mencionam a necessidade de planejar o que se pretende conquistar por meio da entrevista, de modo a não usar as pessoas sem um propósito definido. Alegam que sempre é possível voltar aos livros, mas pessoas não são fontes a que se possa recorrer várias vezes só porque não houve preparo adequado para se conseguir o planejado.

Bleger[6] aprofunda a discussão de dois temas importantes para compor uma entrevista. O primeiro é a comunicação, entendida como um processo que implica trocas e influências mútuas e contínuas entre entrevistador e entrevistado, tanto no nível verbal como no que ele denominou **pré- -verbal** (atitude, timbre, tonalidade afetiva da voz). O segundo tema é o da diferenciação dos papéis de entrevistador (técnico) e entrevistado.

As ações do entrevistador compõem um processo dialético porque estão envolvidos, concomitante e sistematicamente, "o observador, o pensar e o imaginar" sobre si, sobre o outro e sobre a relação que se instala. Nesse sentido, o entrevistador, em um processo de comunicação, não só participa e observa mas também investiga, demonstrando ser capaz de captar, entender e agir a partir desse entendimento, facilitando, com o seu agir, a percepção do sujeito.[7]

Queiróz[8] detalha com muita propriedade as ações que ocorrem durante uma entrevista cujo objetivo é reconstituir uma história, narrar fatos ou emitir opiniões. Argumenta que, embora o pesquisador dirija o colóquio, quem decide o que vai relatar é o narrador, diante do qual o pesquisador deve se conservar, tanto quanto possível, silencioso. Não que permaneça ausente do contexto, porém suas interferências devem ser reduzidas, pois o importante é que sejam captadas as experiências do entrevistado.

Österaker[9] afirma que a entrevista é um meio poderoso para se buscar entender as pessoas, visto que possibilita "descobrir o que está e o que passa na mente de alguém" e ter acesso à perspectiva de quem está sendo entrevistado. A autora comenta que, especialmente em pesquisas de caráter exploratório, o objetivo é que os entrevistados contem suas histórias, suas versões, e não que respondam questões que limitem as respostas.

O entrevistado deve "conduzir o pesquisador ao mundo dele", e o que se deseja é ter "informantes ao invés de respondentes", porque, enquanto os respondentes simplesmente respondem a questões estruturadas, os informantes atuam em um nível superior, uma vez que conhecem a cultura e a utilizam para, em palavras, descrever para o pesquisador aquilo que acontece.[10] Essas constatações confirmam a grande importância que a entrevista assumiu na pesquisa contemporânea e, em especial, o aumento da sua aplicabilidade em diferentes contextos.

---

[5] BOOTH, W. C.; COLOMB, G. G.; WILLIAMS, J. M. *A arte da pesquisa*. São Paulo: Martins Fontes, 2005. p. 93.

[6] BLEGER, J. *Temas de psicologia*: entrevistas e grupos. São Paulo: Martins Fontes, 1993.

[7] BLEGER, 1993.

[8] QUEIRÓZ, M. I. P. *Relatos orais*: do indizível ao dizível. Ciência e Cultural, São Paulo, n. 39, v. 3, 1987.

[9] ÖSTERAKER, M. To put your cards on the table: collection of data through silent interviews. *Management Decision*, Vasa, Finlândia, v. 39, n. 7, p. 578, 2001. Disponível em: <http://www.ecsocman.edu.ru/images/pubs/2002/12/27/0000034593/phenomenography.pdf>. Acesso em: 21 ago. 2017.

[10] ÖSTERAKER, 2001, p. 578.

Pesquisa de marketing

A estrutura das entrevistas é organizada da seguinte forma, conforme Gorden:[11]

- **elementos internos**: perfazem a combinação entre o entrevistador, o entrevistado e o tema em questão;
- **elementos externos**: consideram a sociedade, a comunidade e a cultura;
- **macrossituação**: relaciona-se à contextualização local, social e cultural;
- **microssituação**: considera os fatores psicológicos e sociais que afetam positiva ou negativamente o processo comunicativo.

Ao pesquisador cabe, portanto, a responsabilidade de conduzir a entrevista tomando como referência os elementos citados de tal modo que nenhum deles seja negligenciado. Em outras palavras, é preciso ficar atento às pessoas, às influências dos fatores psicológicos e sociais e, não menos importante, aos contextos internos e externos.

2.1 Tipos de entrevistas

Basicamente, são cinco os tipos de entrevistas: estruturada, semiestruturada, aberta ou livre, com grupos de foco e projetiva.

A **entrevista estruturada** tem como suporte um roteiro com perguntas previamente formuladas que seguem uma sequência padronizada. Quando conduzida com esse rigor e elaborada com o mesmo conjunto de perguntas, permite comparações, esperando-se, assim, que as diferenças sejam encontradas somente entre os respondentes. É comum esse tipo de entrevista ser aplicado nas pesquisas de opinião e nas pesquisas mercadológicas. As perguntas devem ser bem elaboradas e claras, evitando-se diferentes interpretações, capazes de levar os respondentes a entendimentos diversos. Sugere-se a realização de uma aplicação prévia, em um número restrito de entrevistados, para verificar se as perguntas estão claras e são de fácil entendimento a todos para, posteriormente, serem dirigidas aos demais selecionados.

A **entrevista semiestruturada** combina perguntas de forma a permitir que os participantes discorram e verbalizem sobre seus pensamentos, tendências e reflexões acerca do fenômeno estudado. Ao preparar o roteiro, cabe ao pesquisador ter o cuidado de colocar as perguntas em uma sequência lógica, porém proporcionando aos entrevistados uma flexibilidade para responderem fora da sequência estabelecida. O contexto deve ser isento de pressão e informal, visando deixar o entrevistado tranquilo para responder às perguntas. Cabe ao entrevistador a condução da entrevista, que deve ser realizada de modo tranquilo e com atenção a eventuais intervenções com o objetivo de não perder o foco do estudo.

A **entrevista aberta ou livre**, de acordo com Minayo,[12] tem por objetivo atingir uma maior profundidade, e é utilizada para o detalhamento de questões e formulações mais precisas dos conceitos relacionados. A condução é livre, propiciando liberdade ao entrevistado para discorrer sobre o tema sugerido.

---

[11] GORDEN, R. *Interviewing*: strategy, techiniques and tactics. Illinois: Dorsey Press, 1975.

[12] MINAYO, M. C. S. *O desafio do conhecimento científico*: pesquisa qualitativa em saúde. Rio de Janeiro: Hucitec-Abrasco, 1993.

É pautada por um objetivo ou um tema, mas não segue um roteiro ou um esquema para investigar, e o entrevistador assume o papel de ouvinte. É colocado um estímulo em forma de um tema e o respondente assume a condução, relatando o que lhe vem à memória ou o que se recorda de tal temática, trazendo, para seu relato, contexto, pessoas ou outras variáveis integrantes da cena vivida. De maneira geral, há grande liberdade, ausência de padrões e as perguntas são respondidas em uma conversação informal. As entrevistas abertas ou livres são fundamentadas em um guia geral com assuntos não específicos, pautadas por objetivos a serem investigados. Podem ser realizadas por meio de um relato oral, ou uma narrativa, fazendo valer as informações a partir de ideias dos entrevistados, quase sem a interferência do entrevistador.

A **entrevista com grupos de foco** é uma técnica de coleta de dados cujo objetivo é estimular participantes de um grupo convidado para debater determinado assunto, procurando investigar pontos comuns e divergentes acerca do fenômeno estudado. A condução é feita por um moderador com amplo conhecimento do projeto em estudo. Cabe a ele facilitar a interação entre os participantes, organizar as discussões, cuidar de eventuais situações desconfortáveis, estimular o debate e resgatar o foco quando disperso entre os participantes. O moderador ou condutor do grupo de foco deve ter um bom preparo e se valer de supervisão quando se encontrar em período de adaptação com a técnica. Esse tipo de entrevista será explicado com mais detalhes no capítulo seguinte.

A **entrevista projetiva** tem como principal característica a apresentação de uma tarefa relativamente não estruturada, que permite variedade quase ilimitada de respostas possíveis. Para possibilitar o livre jogo da imaginação do entrevistado, são apresentadas ilustrações, técnicas visuais cujos resultados permitem o entendimento de aspectos emocionais, sociais, interesses, atitudes e, ainda, aspectos intelectuais e comportamentais.[13] A técnica permite respostas diretas e é utilizada para aprofundar informações sobre determinado grupo ou local.[14] As técnicas projetivas são explicadas mais adiante, de forma detalhada, em um capítulo dedicado a esse assunto.

Easterby-Smith, Thorpe e Lowe[15] sugerem que as entrevistas são técnicas apropriadas quando:

- é necessário entender o que o entrevistado usa como base para suas opiniões e visões sobre determinada questão ou situação;
- o objetivo da entrevista é desenvolver um entendimento do "mundo" do respondente;
- a lógica passo a passo de uma situação não está clara;
- o assunto é altamente confidencial ou comercialmente sensível;
- o entrevistado pode ser relutante em ser sincero sobre o assunto em outras situações.

O Quadro 2.1 apresenta as principais vantagens e desvantagens das entrevistas.

---

[13] ANASTASI, A. *O teste psicológico*. São Paulo: EPU, 1976.

[14] HONNIGMANN, 1954, apud MINAYO, M. C. S. *O desafio do conhecimento científico*: pesquisa qualitativa em saúde. Rio de Janeiro: Hucitec-Abrasco, 1993.

[15] EASTERBY-SMITH, M.; THORPE, R.; LOWE, A. *Management research*: an introduction. London: Sage, 1991.

Quadro 2.1 Vantagens e desvantagens das entrevistas

Vantagens	Desvantagens
O rol de perguntas pode ser reduzido ou expandido no momento da entrevista com o objetivo de abreviar ou aprofundar o assunto ou elucidar questões.	A entrevista não planejada pode induzir o pesquisador a encaminhar a entrevista de forma errada, gerando perguntas fora do contexto.
A escolha dos respondentes da pesquisa é feita de maneira criteriosa e voltada efetivamente aos interesses da pesquisa.	Os entrevistados, por algum motivo, podem não se sentir confiantes e, assim, reter informações importantes.
O pesquisador presente consegue intervir quando o respondente perde o contexto do tema ou quando apresenta dificuldade para responder algo.	O entrevistador não capacitado para conduzir uma entrevista pode fazer intervenções inadequadas.
Não é raro encontrar pessoas com dificuldades para responder uma pesquisa por escrito. A entrevista abre perspectivas para esses respondentes, pois não depende do grau de escolaridade.	Algumas pessoas não acostumadas a participar desse tipo de atividade podem se sentir inseguras, principalmente em relação ao seu anonimato.
Tem mais flexibilidade de horário, podendo ser expandida ou reduzida, de acordo com a participação dos respondentes.	Não é raro os participantes terem suas agendas com horários restritos, ou mesmo insuficientes, para a completa realização da entrevista.
É possível trazer os respondentes para o tema quando não entendem ou desviam o assunto, voltando às perguntas e explicando de outra maneira.	A qualidade das entrevistas depende muito do planejamento feito pelo entrevistador, o que pode dificultar o alcance dos objetivos.
A interação entrevistador e entrevistado pode gerar um clima favorável que facilita a obtenção de respostas livres e espontâneas que podem ser valiosas para o pesquisador.	A interação entrevistador e entrevistado pode gerar um clima de desconforto por inabilidade na condução do entrevistador ou por falta de vontade do entrevistado em participar. O fator pressa é relevante para essa questão.
Pode-se fazer uso de recursos visuais, como fotos e textos, favorecendo o remonte de situações ou cenas importantes para a pesquisa.	A escassez de recursos financeiros e o dispêndio de tempo podem alterar os planos de seleção dos entrevistados, ou mesmo dificultar o deslocamento até o contexto da entrevista.

Fonte: inspirado em SELLTIZ, 1987.

Collins e Hussey[16] pontuam que um aspecto das entrevistas "é que os assuntos discutidos, as perguntas levantadas e os tópicos explorados mudam de uma entrevista para a seguinte, à medida que novos aspectos são revelados". Enfatizam ainda que esse processo de descoberta é a força das entrevistas, mas é importante reconhecer que a ênfase e o equilíbrio das questões emergentes dependem da ordem da entrevista e dos participantes.

É preciso ficar claro que, independentemente do tipo de entrevista escolhida para levantamento de dados, ela deve estar alinhada aos objetivos da pesquisa com o propósito de responder à questão elaborada para entendimento do fenômeno; e, para isso, é fundamental a presença de um entrevistador capacitado. Bourdieu[17] indica que a escolha do método não deve ser rígida, mas rigorosa, isto é, o pesquisador

---

[16] COLLINS, J.; HUSSEY, R. *Pesquisa em administração.* Porto Alegre: Bookman, 2005. p. 160.

[17] BOURDIEU, P. *A miséria do mundo.* Petrópolis: Vozes, 1999.

Capítulo 2 · **Entrevistas** 13

não necessita seguir um método só com rigidez, mas qualquer método ou conjunto de métodos que for utilizar deve ser aplicado com rigor. Segundo Goode e Hatt,[18] a variável mais simples para classificar entrevistas é a **profundidade,** ou seja, quão profundamente a entrevista tenta alcançar o tema estudado, e isso depende do objetivo da pesquisa.

2.2 Preparação e condução da entrevista

A **preparação** de uma entrevista abrange os seguintes passos:

- elaborar um projeto de pesquisa, com base na ideia central e na construção do problema de pesquisa, delineando cuidadosamente o objetivo a ser alcançado;
- levantar o aporte teórico para conhecer o que está sendo estudado e por quem;
- identificar, com base no projeto, o número de pessoas potencialmente necessárias para participar da pesquisa, com vistas a assegurar número suficiente;
- obter o consentimento esclarecido dos participantes;
- elaborar um roteiro alinhado ao projeto;
- desenvolver o roteiro de perguntas, elaborando uma lista de tópicos com os objetivos do estudo, incluindo todos os assuntos importantes e relevantes para o entendimento do fenômeno pesquisado;
- formar perguntas abertas que abordem cada um desses tópicos e ordená-las de modo que se inicie com aqueles tópicos menos importantes ou polêmicos para proporcionar um aquecimento do entrevistado;
- definir o número de participantes da pesquisa. A quantidade não é regra, oscilando, geralmente, entre 6 e 12 entrevistados; entretanto, dependendo da heterogeneidade do público cujos comportamentos e opiniões se deseja conhecer, pode ser adequado realizar uma quantidade maior ou menor de entrevistas. Por exemplo, quando em um estudo se pretende identificar a opinião de consumidoras de um produto e tem-se o objetivo de entender os pensamentos e opiniões de uma única faixa etária, ou nível socioeconômico, provavelmente serão necessárias menos entrevistas do que se o objetivo é entender as ideias de consumidoras de diversas faixas etárias ou níveis socioeconômicos;
- selecionar entrevistados é uma tarefa muito importante, principalmente por se tratar de poucos casos, o que os torna decisivos para o estudo. Assim, o pesquisador precisa ter uma ideia exata do perfil de entrevistado que deve incluir na sua seleção e se informar adequadamente sobre todas as possibilidades de seleção. Quando se busca entender opiniões, ideias e pensamentos de um segmento de mercado mais homogêneo, é mais fácil a escolha dos selecionados para as entrevistas. No entanto, quando se pretende entender o comportamento de um público mais heterogêneo, deve-se tentar selecionar entrevistados que sejam representativos do perfil de cada segmento que compõe esse público;

---

[18] GOODE, W. J.; HATT, P. K. *Método em pesquisa social*. São Paulo: Editora Nacional, 1979.

- preparar o esquema para registrar os dados, podendo utilizar gravações, com a devida permissão do entrevistado, além de ter em mãos um bloco de anotações para suprir eventualidades;
- ficar atento se a presença do gravador causar inibição ou constrangimento ao entrevistado;
- lembrar que o roteiro de perguntas é um instrumento do pesquisador, não devendo ser apresentado ao entrevistado, pois ele, ao ler o roteiro de perguntas, pode ter suas respostas influenciadas;
- organizar o lugar, o momento e os meios para realizar a entrevista para evitar interferências positivas ou negativas na obtenção das respostas, de preferência sendo tudo familiar ao entrevistado para que ele preste atenção aos assuntos abordados, e não ao ambiente ao redor. Além disso, deve-se evitar a presença de outras pessoas ou de objetos que possam atrapalhar a gravação das entrevistas ou dispersar a atenção dos entrevistados;
- montar uma agenda com dia, hora e local para a realização das entrevistas;
- lembrar que a entrevista pode ter uma duração de 40 a 90 minutos, dependendo do número de tópicos a serem abordados e da disposição de cada entrevistado. Porém, é necessário que o entrevistador consiga manter o entrevistado focado no assunto, evitando eventuais dispersões capazes de prolongar a entrevista desnecessariamente e cansar o entrevistado antes mesmo de todos os tópicos serem considerados.

Para a **condução** da entrevista, conforme algumas sugestões de Brenner,[19] é necessário:

- ler as perguntas, pausadamente e com entonação e ênfase corretas, conforme estão escritas no roteiro e utilizando a mesma linguagem do entrevistado;
- seguir a ordem das questões, tendo em vista que o roteiro foi preparado com uma lógica focada nos objetivos;
- evitar pular perguntas ou ficar em um processo de idas e vindas no roteiro, pois essa situação pode confundir o entrevistado;
- gravar ou registrar exatamente o que o entrevistado diz;
- mostrar interesse nas respostas dadas pelo entrevistado e não emitir julgamentos nem responder a nenhuma pergunta por ele;
- certificar-se de que entendeu todas as respostas emitidas, pois o segundo encontro para possíveis esclarecimentos pode ser inviabilizado;
- ter o cuidado para não demonstrar aprovação ou crítica a qualquer resposta e se preparar para enviar sinais de entendimento e de estímulo, como gestos, acenos de cabeça, olhares e também sinais verbais, como de agradecimento, de incentivo;
- acompanhar um estilo mais formal ou informal de acordo com o perfil e o comportamento do entrevistado, de tal modo a não destoar muito do entrevistado.

---

[19] BRENNER, M. *The research interview*: uses and approaches. London: Academic Press, 1985.

2.3 Transcrição e tratamento de dados

Filmar as entrevistas pode auxiliar no momento de analisá-las, uma vez que torna possível identificar aspectos relativos à linguagem corporal dos entrevistados, indicando emoções presentes no momento em que fazem suas verbalizações. Porém, filmar as entrevistas também pode trazer grande constrangimento aos entrevistados, interferindo em suas respostas, principalmente em situações relacionadas a assuntos mais polêmicos.

Em qualquer um dos casos, é sempre importante pedir a autorização dos entrevistados e informá-los de que se pretende gravar ou filmar as entrevistas. No caso de não poder gravar uma entrevista, o pesquisador deve anotar as respostas e ficar atento para não dispersar sua atenção na aplicação das perguntas nem se atrapalhar com o tempo da entrevista, ou perder sua capacidade de estar atento aos detalhes que poderiam auxiliar na posterior análise.

Após a elaboração e gravação das entrevistas, elas devem ser transcritas e, posteriormente, analisadas. A transcrição não deve ser vista como um mero ato mecânico, de passar para o papel o que está "falado e gravado" no aparelho. Fazem parte do discurso os silêncios, os gestos, os risos, a entonação da voz, ou seja, os sentimentos presentes na fala do entrevistado. Cada entrevista pode ser transformada em texto, com parágrafos. O trabalho de transcrição deve ser elaborado atenciosamente, de maneira rigorosa e fiel ao discurso do respondente, para que o texto traga todas as suas verbalizações e sejam sinalizadas suas emoções ao falar.

Uma etapa posterior é a organização dos dados, e Sampieri[20] afirma que, nos estudos qualitativos, a análise dos dados não está completamente determinada, mas é esboçada, ou seja, começa-se a efetuar sob um plano geral, mas seu desenvolvimento vai sofrendo modificações de acordo com os resultados. Os textos gerados nas transcrições são então analisados conforme o conteúdo referente aos tópicos do roteiro. Nessa análise, as frases dos entrevistados são separadas de acordo com os assuntos ou ideias às quais se referem. Esse trabalho, chamado **análise de conteúdo**, permite identificar todas as ideias associadas às falas dos entrevistados, como semelhanças e diferenças entre suas diversas ideias.

2.4 Papel do entrevistador

O papel do entrevistador no contexto da pesquisa é fundamental. Ele é a peça-chave para conduzir o processo da entrevista e o grande responsável pelos resultados obtidos no percurso. A seguir, são citados alguns pontos de atenção em relação à posição do entrevistador, ao papel por ele desempenhado, a suas responsabilidades e deveres com o entrevistado, e quanto à pesquisa e aos resultados:

- conquistar um clima de confiança (*rapport*) e desenvolver empatia com o entrevistado;
- ficar atento ao aceite do entrevistado com o objetivo de buscar a sua colaboração no sentido de auxiliar com as informações necessárias;

---

[20] SAMPIERI, 2006.

- ser um bom ouvinte;
- estar alerta para o que está trazendo à situação de entrevista: sua aparência, sua face, seus gestos com as mãos, sua entonação, seus medos e ansiedade, e procurar entender como eles afetam o entrevistado;
- começar a entrevista com confiança, independentemente do nervosismo, tendo em mente que a confiança deriva da segurança e da calma e que se firmará com a experiência e maturidade;
- lembrar que a entrevista não é uma simples conversa. Para ter êxito, é preciso calor humano, troca e postura de pesquisador, sem se perder tornando-se amigo;
- lembrar que alguns entrevistados podem temer participar por considerarem a situação difícil. É preciso tranquilizar o entrevistado, dando-lhe a segurança de que será capaz de participar;
- ter em mente que pode haver, entre os respondentes, uma pessoa desconfiada, e por isso será necessário ter consigo uma carta ou um cartão de identificação;
- usar sua engenhosidade para evitar assumir uma posição de poder na entrevista;
- evitar clichês que são usados para encobrir motivos;
- evitar que as perguntas elaboradas pareçam já ter sido respondidas como comentário da questão anterior;
- lembrar que não se pode julgar as respostas ou mesmo supor que o entrevistado tem uma má opinião sobre o assunto;
- ficar atento caso a pergunta suscite emoções fortes no entrevistado;
- aguardar com um silêncio atento e interessado, incentivando o respondente a falar sobre aborrecimentos, sem denotar curiosidade, mas, sim, sendo ouvinte;
- levar em conta que, no momento da entrevista, estará convivendo com sentimentos, afetos pessoais, fragilidades, tendo respeito à pessoa entrevistada;
- lembrar que cada um dos entrevistados é singular, cada um possui uma história de vida, tem suas particularidades;
- aprender a ler nas entrelinhas e reconhecer as estruturas invisíveis que organizam o discurso do entrevistado;
- ficar atento, pois o entrevistado poderá tentar passar uma imagem diferente de si mesmo para "enganar" o pesquisador;
- lembrar que, eventualmente, o entrevistado poderá assumir um papel que não é o seu, por exemplo, um personagem que nada tem a ver com ele, mas que acredita ser o que o pesquisador gostaria de encontrar;
- atentar para não demonstrar espanto quando o respondente falar "não sei sobre esse assunto";
- procurar entender se ele não conhece de fato o assunto ou se é incapaz de pensar rapidamente, se apresenta medo de responder ou, ainda, não entendeu a pergunta.

Entre esses aspectos citados, é preciso ficar claro que talento e experiência são requeridos do pesquisador para revelar a história do entrevistado sem influenciá-lo com suas palavras, seus sentimentos, pensamentos, relação interpessoal, linguagem corporal, além de outros fatores. O segredo está em permitir que o respondente faça a maior parte do trabalho e lembrar que as suas repostas podem mexer com seus sentimentos e, de alguma forma, afetar seu estado de espírito no ato da entrevista.

Fazer pesquisa e utilizar a entrevista como instrumento de coleta de dados é um exercício. É necessário que o pesquisador aprenda a olhar o outro, colocando-se em seu lugar e procurando assimilar os problemas do entrevistado como se fossem seus. Não é raro observar mudanças de rumo nos estudos ou mesmo nos objetivos da pesquisa ao se ouvir histórias, experiências e relatos de entrevistados.

Para que a entrevista seja bem-sucedida, o total domínio do entrevistador e uma posição correta frente ao fenômeno estudado são fundamentais. Somente assim ele se familiarizará com as adversidades decorrentes de dificuldades ou embaraços que poderão ocorrer no processo de entrevistar.

3 Grupos de foco

Introdução

Discutir o assunto grupos de foco é trazer à tona uma investigação com a premissa de entender com profundidade o investigado, saber exatamente o que ele pensa referente a determinado assunto. Os grupos de foco consistem em um tipo de entrevista que obedece a critérios específicos. Não se trata apenas de uma entrevista em grupo, os integrantes dos grupos não ficam sentados em círculo, respondendo às perguntas, eles são conduzidas por um moderador na discussão de temas que alcancem os objetivos propostos na pesquisa, os quais são considerados em um roteiro de discussão.

Assim como nas demais técnicas de pesquisa qualitativa, o que se pretende é entender determinado fenômeno do ponto de vista dos sujeitos pesquisados.[1] Neste capítulo, são elucidados a forma de composição e os cuidados na elaboração dos grupos de foco. Explicando os passos para preparação e execução de um grupo de focos para obter o melhor conjunto de informações possíveis.

3.1 Caracterização

Em sua utilização na área de marketing, os grupos de foco caracterizam-se por reuniões de indivíduos selecionados de acordo com seus perfis sociodemográficos e comportamentais, com o objetivo de entender seus pensamentos, suas percepções, ideias e opiniões referentes a determinado assunto.

Essa técnica pode ser utilizada para: geração de ideias para o desenvolvimento de um novo produto ou serviço; criação de uma nova marca ou logotipo; desenvolvimento de uma nova campanha publicitária e de diferentes formas de distribuição e vendas, como para gerar ideias e discutir diversos aspectos referentes às estratégias mercadológicas de serviços ou produtos. Os grupos de foco são

---

[1] GODOY, A. S. Pesquisa qualitativa: tipos fundamentais. *Revista de Administração de Empresas*, São Paulo, v. 35, n. 3, p. 20-29, 1995.

utilizados não apenas em temas correlatos à área de marketing, mas também por pesquisadores de diferentes áreas, tanto para suas pesquisas profissionais como acadêmicas.

Na aplicação dos grupos de foco, devem-se observar as seguintes etapas:

Gráfico 3.1   Grupos de foco

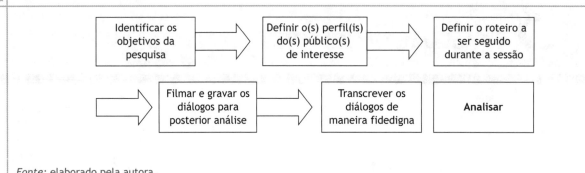

Fonte: elaborado pela autora.

3.2   Composição dos grupos de foco

Os grupos de foco são compostos, geralmente, por um número de integrantes que varia de 6 a 12 indivíduos e são conduzidos por pelo menos um moderador. Grupos formados por indivíduos que apresentem perfil parecido podem ser compostos por um número menor de integrantes, uma vez que estes terão muito conteúdo para discutir, e grupos maiores poderiam impedir uma discussão mais rica. Nesses casos, no lugar de um grupo de 12 pessoas, o ideal será formar dois grupos, cada um com 6 integrantes. Aaker, Kumar e Day[2] observam que grupos com menor quantidade de integrantes costumam ser mais produtivos, por ser possível um maior aprofundamento das questões tratadas e uma melhor condução por parte do facilitador. Nesse sentido, Cooper e Schindler[3] sugerem que a composição de cada grupo envolva de 6 a 10 integrantes.

Já no caso da condução de temas relativos à utilização de produtos ou serviços por determinado público-alvo, a composição dos grupos com o maior número de integrantes pode ser recomendável para se atingir os objetivos propostos em termos de diversidade nas discussões. Nesses casos, tais grupos costumam ter no mínimo 8 e no máximo 12 pessoas. É importante ter em mente que grupos maiores diminuem a participação individual dos integrantes, devido à escassez de tempo. No que diz respeito ao perfil dos participantes dos grupos, é primordial, como salienta Malhotra,[4] que tenham experiência com o assunto em discussão.

Os indivíduos convidados para participar dos grupos não devem ser informados sobre o tema de discussão, ou seja, sobre os assuntos que serão tratados. Além disso, eles devem receber algo em troca

---

[2]   AAKER, D. A.; KUMAR, V.; DAY, G. S. *Pesquisa de marketing*. São Paulo: Atlas, 2001.
[3]   COOPER, D. R.; SCHINDLER, P. S. *Métodos de pesquisa em administração*. Porto Alegre: Bookman, 2003.
[4]   MALHOTRA, N. *Pesquisa de marketing*: uma orientação aplicada. Porto Alegre: Bookman, 2001.

como agradecimento pelo tempo que será disponibilizado na reunião com os demais integrantes do grupo. Quando há necessidade de se ouvir profissionais, como médicos, engenheiros, advogados, é comum remunerá-los com um valor – referente às horas dedicadas à presença na reunião – proporcional ao que receberiam como proventos.

Dependendo dos objetivos de cada estudo, os grupos podem ser montados para que se identifiquem aspectos específicos de determinado assunto. Por exemplo, para entender hábitos de consumidores jovens e de classe média referentes à utilização de diferentes tipos de calçados, o pesquisador pode deixar claro aos integrantes que o grupo será de discussões sobre o assunto calçados.

Em outros casos, não é aconselhável que os integrantes dos grupos tenham a percepção dos principais temas que se pretende entender, pois isso pode influenciá-los em suas ideias e posicionamentos. Por exemplo, para identificar o que leva os consumidores a se tornarem fiéis a uma empresa de serviços, podem ser abordados vários aspectos relacionados a critérios de escolha e comportamento perante as empresas, sem que necessariamente se informe que a intenção é discutir ideias relativas à fidelidade às empresas de serviços.

Os objetivos da pesquisa devem orientar o pesquisador na decisão de formar grupos mais homogêneos, reunindo integrantes mais parecidos entre si em termos demográficos e comportamentais, ou mais heterogêneos. Grupos mais homogêneos permitem maior detalhamento de ideias e comportamentos, como uma empatia maior entre seus integrantes. Já a formação de grupos mais heterogêneos pode propiciar maior diversidade e riqueza de ideias. Nos dois casos, o pesquisador deve lembrar que os integrantes dos grupos sempre provocam interferências no comportamento uns dos outros. Assim, quando possível, é adequado evitar integrantes polêmicos, com tendência a dominar a discussão, monopolizando as ideias, ou que, notoriamente, sejam capazes de influenciar de maneira demasiada o comportamento dos demais membros do grupo; quando isso não for possível, cabe ao moderador evitar esse domínio de ideias.

Em grandes centros urbanos, onde o deslocamento e os imprevistos são constantes, o agendamento dos integrantes para a reunião dos grupos deve ser feito com antecedência, e é importante a seleção de algumas pessoas como reservas, pois há o risco, ao se convidar o número exato de participantes, de que alguns venham a faltar, impossibilitando a condução do grupo no dia e local marcados. Esse problema se agrava pelo fato de que o moderador do grupo deverá ser remunerado, e as pessoas que comparecerem também deverão receber como se o grupo tivesse se reunido. Além disso, também há o custo do espaço locado para a reunião e o tempo desperdiçado até um novo agendamento. Dessa forma, para a formação de um grupo de 6 participantes, costuma-se convidar, pelo menos, até 9 pessoas. Se todos os integrantes comparecerem, pode-se optar por formar o grupo com todos eles, ou então os indivíduos reservas receberão a remuneração e serão dispensados.

Em suma, a utilização de grupos de foco em uma pesquisa deve ser muito bem avaliada pelo pesquisador interessado, pois seu custo de aplicação é significativo. Além da locação da sala onde serão realizadas as reuniões, há o custo com alimentos e bebidas a serem fornecidos aos participantes, como suas remunerações, presentes e gastos com transporte. E há também os gastos com o serviço do moderador, com a posterior transcrição e análise dos dados.

3.3 Condução dos grupos de foco

A realização de grupos de foco proporciona riqueza de ideias e informações, permitindo conhecer os consumidores e suas percepções relativas aos produtos e serviços. Como reúnem vários integrantes, tais grupos, quando bem conduzidos, possibilitam ao pesquisador um bom entendimento da forma de pensar de determinado público e contribuem com inúmeras e variadas ideias referentes aos temas abordados no estudo.

De acordo com Cooper e Schindler,[5] a condução dos grupos de foco deve ser feita por um moderador especializado, o qual, mediante um processo de dinâmica de grupo, busca considerar a troca de ideias e experiências entre os participantes. Para Aaker, Kumar e Day,[6] os objetivos devem ser estabelecidos antes do início dos trabalhos, entre o pesquisador e o moderador do grupo, para que este possa conduzir adequadamente a discussão.

A **seleção do moderador** é muito importante e seu profissionalismo pode fazer diferença nos resultados e na riqueza dos grupos. Esse profissional deve ter, basicamente, duas características: experiência na moderação de grupos e bom conhecimento mercadológico. Antes da realização dos grupos de foco, é muito importante que o pesquisador saiba explicar ao moderador o que quer descobrir, seus objetivos na pesquisa e os temas que devem ser abordados na condução dos grupos. Entregar ao moderador um material contendo informações sobre o assunto a ser discutido possibilita uma melhor moderação.

É importante observar que uma moderação inadequada poderá provocar uma série de problemas, como: pobreza de informações geradas pelo grupo, desvios dos objetivos propostos pelo pesquisador, discussões desproporcionais entre os elementos do grupo, excesso de informação gerada pelo moderador, falta de exploração de assuntos surgidos ao longo das discussões, e, muitas vezes, direcionamento inadequado do moderador nos temas tratados. Na condução dos grupos, o mais comum é apenas um único moderador atuar junto aos integrantes; outros moderadores e até o pesquisador interessado nos resultados podem assistir às reuniões, desde que apenas o moderador principal converse com os participantes dos grupos e os demais observadores se comuniquem com ele somente por escrito.

Durante a condução do grupo, o moderador faz uso de um **roteiro de discussão**, que é o instrumento que lhe possibilitará perceber se a discussão está dentro das propostas esperadas ou se está havendo desvios importantes. O roteiro geralmente é elaborado pelo próprio moderador, levando em conta os objetivos traçados para a pesquisa, e é importante que o pesquisador tenha conhecimento do seu conteúdo para que se garantam os resultados do estudo.

No roteiro de discussão, além dos objetivos propostos, o moderador também deve ter traçado um plano de aquecimento do grupo e, posteriormente à discussão, um plano de verificação de todas as ideias levantadas e as conclusões finais, para fazer uma amarração das ideias e verificar se nenhuma questão importante deixou de ser abordada.

---

[5] COOPER; SCHINDLER, 2003.
[6] AAKER; KUMAR; DAY, 2001.

Outro elemento que precisa estar contido no roteiro são as informações que devem ser fornecidas aos membros do grupo durante as discussões, como outras que não podem ser fornecidas para não comprometer a pesquisa.

Alguns profissionais preparam um roteiro detalhado, outros preferem apenas desenhá-lo em tópicos. Com os tópicos, é possível visualizar rapidamente todas as questões envolvidas na pesquisa e, assim, aproveitar os detalhes que porventura surjam no discurso de um dos membros do grupo e possam suscitar o debate de outra questão. Cada moderador tem suas características, não há uma forma certa ou errada de atuar, mas formas diferentes, entre as quais o moderador deve escolher a que mais lhe convenha.

Em termos de **tempo de duração**, os grupos de foco se reúnem por, no máximo, duas horas, porém o tempo considerado adequado, para não cansar e não ocasionar uma diminuição no interesse pela discussão, geralmente é de uma hora e meia, como recomendam Cooper e Schindler.[7]

No que diz respeito ao **local de reunião dos grupos de foco**, é comum ser em salas específicas para esse fim, as quais têm aspectos neutros e um espelho (chamada sala de espelho). Esta sala permite que a condução dos grupos seja presenciada pelo pesquisador e outros observadores, podendo-se, em decorrência disso, observar não apenas a condução dos temas pelo moderador, mas o comportamento dos integrantes ao interagirem com os demais membros e verbalizarem as próprias ideias. Malhotra[8] recomenda que os grupos de foco sejam conduzidos em um ambiente calmo, livre de ruídos, e que, no decorrer da sessão, sejam servidos sucos e refrigerantes.

Os grupos de foco devem ser gravados e, de preferência, também filmados. Algumas empresas procuram criar ambientes informais com sofás, geladeira e sem a presença do recurso com espelho, mas com filmagens em vários ângulos, ocorrendo a transmissão simultânea para uma sala de conferência onde os observadores ficam realizando suas anotações. A finalidade dessa ambientação é permitir uma maior descontração do grupo, fazendo com que seus integrantes consigam se desprender da ideia de obrigação e transmitam informações reais.

No que se refere à **quantidade de grupos de foco** a serem realizados, geralmente é de quatro a seis grupos. Aaker, Kumar e Day[9] recomendam a realização de três a quatro grupos, pois, após a terceira ou quarta sessões, cada grupo pode representar pouco ganho adicional de informações, visto que várias das ideias apresentadas começam a se repetir.

3.4 Análise dos resultados

As gravações de cada grupo, como suas filmagens, são então analisadas. As falas são transcritas e procede-se à análise de conteúdo, separando-se as ideias em categorias diferentes e analisando-as de forma comparativa. Na análise também se utilizam as imagens para um estudo das reações fisionômicas quando determinado assunto passa a ser abordado. Este estudo é particularmente importante para identificar se os integrantes do grupo estão realmente interessados na discussão e se estão verbalizando

---

[7] COOPER; SCHINDLER, 2003.

[8] MALHOTRA, 2001.

[9] AAKER; KUMAR; DAY, 2001.

seus sentimentos, ou se apresentam um comportamento de defesa ou mesmo uma posição de concordância com o grupo.

Geralmente, na análise, são seguidas as etapas propostas por Bryman[10] e Queiroz:[11] primeiro se faz a transcrição dos dados e, posteriormente, a análise de conteúdo, buscando-se estabelecer as categorias, que são exemplificadas por trechos das falas dos integrantes dos grupos.

No decorrer da análise, com frequência se percebe uma falta de simetria no discurso dos sujeitos, ou uma contradição de ideias de um mesmo integrante. Nesses casos, o indivíduo começa fazendo algumas afirmações em certas questões e, no avançar da discussão, muda de ideia diversas vezes. Isso é possível perceber se a análise for executada de uma maneira profunda e com a observação atenta das reações dos membros do grupo.

Deve-se evitar a análise ao final de cada grupo, pois conclusões precipitadas podem gerar ideias capazes de desviar os demais grupos do roteiro previamente traçado. A ansiedade do pesquisador nesse momento tem de ser controlada para o bem da pesquisa.

Um profissional específico deve transcrever o conteúdo de todas as fitas. No entanto, cada uma das fitas deve, junto com as suas respectivas transcrições, ser guardada até que o último grupo tenha sido transcrito, e só a partir desse momento a análise será efetivada com todo o material preparado.

De acordo com Silverman,[12] para se garantir a confiabilidade da pesquisa, além da definição de critérios adequados na seleção dos integrantes dos grupos, é preciso haver fidelidade na transcrição das falas e consideração dos elementos que compõem o contexto. Além disso, na elaboração da análise de conteúdo, é comum seguir os três procedimentos metodológicos sugeridos por Bardin (2004), os quais envolvem: a pré-análise, a exploração do material e o tratamento dos resultados. A pré-análise consiste na organização das ideias iniciais e no planejamento da análise; a exploração do material refere-se ao processo de codificação conforme as regras formuladas na pré-análise; e o tratamento dos dados diz respeito à interpretação dos resultados obtidos de acordo com os objetivos do trabalho, comparando-se as falas dos integrantes.

Alguns profissionais acreditam que, após a realização do primeiro grupo, deve-se preparar uma análise para uma primeira impressão das informações obtidas e, com isso, realizar ajustes para os próximos grupos. Porém, se os objetivos da pesquisa forem traçados de forma correta, se o roteiro de discussão for preparado adequadamente, se for escolhido um moderador capacitado e os grupos forem formados de acordo com o perfil necessário para a obtenção das informações, não há motivo para essa intervenção preliminar no levantamento de dados.

---

[10] BRYMAN, A. *Social research methods.* Oxford: University Press, 2004.

[11] QUEIRÓZ, M. I. P. *Variações sobre a técnica de gravador no registro da informação viva.* São Paulo: T.A., 1991.

[12] SILVERMAN, D. *Interpreting qualitative data:* methods of analyzing talk, text, and interactions. Thousand Oaks: Sage Publications, 2001.

Conclusão

Esperamos que você tenha entendido o processo de pensar um grupo de foco, a importância desta forma de coletar informações e, principalmente, quando esta técnica de coleta de dados deve ser utilizada.

Este capítulo procurou mostrar, passo a passo, o processo de uma boa coleta de dados. Porém, o pesquisador deve se preocupar de maneira especial com o perfil do moderador do grupo. De maneira geral, as pessoas tendem a achar que podem moderar tranquilamente um grupo destes, sobretudo pesquisadores habituados a fazer coleta de dados qualitativos. No entanto, há diversas preocupações que o moderador deve ter durante o processo, além de conhecer e entender o tema discutido. Apenas para reflexão: um dos problemas mais comuns é o envolvimento intenso do moderador na discussão do assunto, trazendo contribuições muitas vezes fora de hora, sem perceber que integrantes do grupo não participaram ou pouco fizeram. Desta forma, houve perda na qualidade das informações coletadas ou mesmo a não captação de dados que seriam pertinentes nesse momento da discussão do grupo.

4 Técnica de observação

Introdução

Neste capítulo, discutiremos sobre a técnica de observação quanto ao processo de decisão, em que boa parte das vezes o pesquisado não sabe que está sendo monitorado. Alguns poderiam argumentar o quão ético é esse sistema de coleta de dados. Porém, o questionamento inverso também poderia existir: caso o indivíduo seja avisado, será que fará a escolha de maneira natural? O mais importante dessa técnica é entendermos que o mais relevante não é saber a identidade do indivíduo observado, mas sim analisarmos sua atitude frente a aspectos determinados pelo ambiente em que o produto a ser escolhido ou a ser observado se encontra.

Neste capítulo, conheceremos as fases dessa técnica e, como naquelas apresentadas neste livro, entenderemos quais serão as melhores aplicações para conseguir mais dados de melhor qualidade.

4.1 Definição

A técnica de observação é basicamente um sistema de registro de fatos, comportamentos e ações em que nada é questionado ao sujeito e nenhum tipo de comunicação ocorre. O elemento mais importante dessa técnica é a possibilidade de entender exatamente como se comporta o sujeito em uma situação específica.

Esses registros podem ser feitos por pesquisadores colocados em pontos estratégicos para anotar determinadas situações pré-selecionadas, ou ocorrer mediante captação de imagens ou apenas por marcadores luminosos de presença. Hoje em dia também pode ser utilizado registro por fotocélulas, que determinarão, por exemplo, uma relação entre a quantidade de pessoas que passam pela gôndola de um produto e a quantidade de pessoas que efetivamente tocam nele, podendo-se também estabelecer uma relação com a quantidade do produto vendido. Quanto mais detalhes for necessário observar, mais

28 Pesquisa de marketing

sofisticadas serão as técnicas de observação. Uma simples contagem de passagem de ônibus em um corredor específico e uma análise de aceitação de brinquedos novos por crianças observadas em uma sala de espelho servem como parâmetro para percebermos a amplitude de aplicação dessa técnica.

4.2 Utilizações da técnica

Como qualquer outra, essa técnica tem suas limitações, e com sua aplicação não conseguiremos entender o porquê de uma decisão ou de um comportamento, mas apenas captar a forma como o sujeito observado se comporta. Ela facilita entender, por exemplo, se um produto colocado em determinadas localizações de um supermercado será mais ou menos escolhido. Também permite observar quais atributos são considerados no momento da compra; por exemplo, podemos medir quanto, em determinadas categorias de produtos, o preço é analisado preferencialmente, ou se isso não acontece.

Para sua utilização, é preciso considerar um aspecto que parece óbvio, mas às vezes desprezado: as informações têm de ser observáveis, e analisáveis depois da observação de um fenômeno. Essa forma de levantamento de informações só serve para produtos de utilização constante; em produtos de consumo eventual, não é recomendada pela demora em se conseguir os dados suficientes. Por exemplo, se formos medir a frequência com que consumidores olham para os carros da vitrine de uma loja em relação aos consumidores que entram na loja, ou se um consumidor que olha na vitrine entra imediatamente na loja, a demora para alcançar uma amostra apenas razoável será muito grande, tornando inviável o trabalho; porém, quando consideramos um produto como açúcar, refrigerante, óleo de cozinha, fralda descartável, podemos verificar que a prática é possível e recomendável.

Essa técnica é das mais baratas em um levantamento de informações, pois toda a coleta deve ser feita sem que o sujeito observado saiba, e, dessa forma realizada em um intervalo em determinado lugar e a quantidade de informações é limitada aos objetivos propostos, sem demanda, não há custos para deslocar o entrevistado. Não é necessário um grande número de pesquisadores, porque a coleta é realizada em um intervalo e em determinado lugar, e a quantidade de informações é limitada aos objetivos propostos, sem demandar dados profundos.

No levantamento de informações, alguns passos devem ser respeitados para uma coleta perfeita:

- em primeiro lugar, deve-se considerar os objetivos da pesquisa, evitando-se esforços equivocados, que geram informações desnecessárias e pouco precisas;
- em segundo lugar, é importante desenvolver um roteiro de dados (roteiro de observação), que deverão ser observados durante o processo de coleta de informações;
- em terceiro lugar, deve-se identificar os lugares em que a observação será efetuada, para ser possível dimensionar a equipe e o equipamento necessários. Nessa etapa, é importante a equipe ter calculado o tempo disponível para coleta de dados e possuir noção adequada dos equipamentos que executarão os registros. Os horários também dependem dos objetivos a serem alcançados;

- em quarto lugar, determina-se quantos observadores serão necessários e se, em vez de pessoas contratadas para observar, será melhor substituí-las por equipamentos de filmagem, e até, em alguns casos, utilizar equipamentos e observadores;
- em seguida, vem o levantamento de informações propriamente dito – é o momento da captação dos dados;
- após o levantamento das informações, a última fase é a análise e interpretação dos dados, sempre apoiados nos objetivos traçados inicialmente, verificando o que ocorre. Nesta fase, todos os dados coletados são trabalhados para se determinar quais comportamentos o produto gera na sociedade.

A técnica de observação tende a ser utilizada com mais frequência em especial pelas conquistas tecnológicas alcançadas para a área de logística. Atualmente, está em prática como teste de pontos comerciais inteligentes: os clientes, ao entrarem em um ponto comercial, são identificados pelo chip do seu cartão de crédito. Assim, a loja mapeia todos os dados do cliente, inclusive seu comportamento de compra quanto a produto e frequência de consumo. E os produtos distribuídos nas prateleiras estão sendo desenvolvidos para possuírem chip com todos os dados do produto e de localização do ponto de venda, informações que facilitam ao produtor identificar os locais onde seu produto vende mais e locais onde não há procura. Dessa forma, a empresa pode identificar regiões e classes sociais que necessitam de mais ou menos investimento de comunicação, por exemplo, facilitando a identificação das características do consumidor do produto A ou B.

Hoje em dia, as técnicas de observação e de grupos de foco são as duas ferramentas mais interessantes para o marketing conseguir entender como o cliente se comporta no momento crucial da escolha do produto. Juntas, essas ferramentas possibilitam o entendimento sobre o consumidor sem possibilidades – ou com poucas possibilidades – de manipulação do sujeito nos dados fornecidos diretamente por ele, diminuindo a distância habitual entre empresa e consumidor. Tais técnicas são canais diretos que permitem saber outras características do produto que a empresa não adquire com as técnicas de pesquisa mais conhecidas.

4.3 O observador

O observador, elemento-chave nesse processo, vai registrar todas as informações necessárias nos locais determinados e nos horários estabelecidos. Qualquer alteração provocada por esse profissional pode alterar os dados coletados e, assim, provocar a aplicação de estratégias inadequadas para o mercado, produto ou cliente estudado.

Hoje em dia, está disponível no mercado tecnologia suficiente para substituir a possibilidade de erro humano, porém montar uma estação de pesquisa para levantamentos eventuais não é uma decisão sábia, pois os custos dos equipamentos tornariam o levantamento de informações uma opção extremamente cara, inviabilizando a coleta. Então, é importante entender o papel do observador. Ele deverá ser uma pessoa treinada para a situação, porque em um supermercado deverá fazer anotações, por exemplo, de como o cliente se comporta na escolha de determinada marca.

Exemplificaremos com o produto café. Cada cliente deverá ter seu comportamento observado, e, pelo roteiro previamente preparado e entregue, o observador deverá anotar se o cliente foi direto para determinada marca, se pegou marcas diferentes na mão (quais) e se levou a embalagem ou apenas comparou preço. Também deve anotar se há diferença na colocação do café, mais abaixo, mais acima, no meio da gôndola. Outros elementos a serem anotados são sexo, se o cliente decidiu sozinho ou se estava acompanhado, o sexo da companhia, se quem tomou a decisão é alto, baixo ou de estatura mediana, a faixa etária de quem compra e de quem decide a compra. Como podemos perceber nessa simulação de coleta de dados, vários fatores estão sendo anotados.

A observação, em alguns momentos, deverá ser feita por até duas ou mais pessoas simultaneamente, pois clientes diferentes surgem ao mesmo tempo e compram ou analisam o produto também ao mesmo tempo, e então cada observador será responsável por um comprador ou cada observador ficará responsável por categorias de informações. Aqui cabe uma ressalva: se o movimento a ser observado for muito intenso, é importante haver mais do que um observador, e eles deverão trabalhar sincronizados para evitar anotarem dados sobre o mesmo cliente e outro passar sem ser observado.

Com frequência, vemos em corredores de trânsito de automóvel algumas pessoas com máquinas de contagem e pranchetas no meio de praças ou em semáforos. Esses pesquisadores estão observando e contando o número ou o tipo de veículos que passam naquele corredor por hora. Contam o número de caminhões, ônibus, táxis, carros particulares com uma, duas, três ou mais pessoas, a depender sempre dos objetivos. Nesses casos, é comum cada pesquisador ter uma observação diferente a fazer: um cuida somente de ônibus e caminhões, outro apenas de carro de passeio com uma pessoa, e assim por diante.

Algumas empresas de pesquisa utilizam equipamentos para as coletas internas de informações: elas colocam câmeras que registram por horas e dias dados dos clientes e depois analisam essas informações.

Também é preciso mencionar o observador profissional com formação mais técnica da empresa produtora do bem, que pode ser um engenheiro, um psicólogo, um especialista em comportamento de consumo. Esse profissional tende a coletar dados mais técnicos e específicos quanto ao seu universo de conhecimento e, assim, ajudar na aplicação de mudanças no processo de contato com o cliente. Exemplo: mudança do formato ou da cor da caixa de determinado produto.

4.4 Roteiro de observação

O roteiro de observação pode ser elaborado de diversas formas. Em uma coleta dirigida, o pesquisador prepara o roteiro com uma estrutura semelhante a um questionário fechado. Todos os itens a serem observados estarão mencionados no formulário e terão campos que deverão ser preenchidos. Em alguns casos, esse preenchimento é com um risco em cima de determinada opção, e em outros, com números e dados a serem escritos pelo observador. Quanto maior o movimento, mais simples deverá ser a forma de preenchimento para não dificultar o trabalho do observador, conforme se vê na Figura 4.1.

Figura 4.1   Roteiro de observação

Cliente	Sexo (M ou F)	Olhou e não tocou o produto	Olhou e tocou	Olhou produto e concorrentes, mas não tocou nenhum	Olhou e tocou todos os produtos; visualizou preços	Comparou preços e comprou concorrente	Comparou produtos e dados de embalagem	Comparou embalagem e comprou concorrente	Comparou embalagem e comprou produto
1									
2									
3									
4									
5									
6									
7									
8									
9									
10									

Fonte: elaborada pela autora.

Este procedimento também pode ser um formulário com itens abertos, em que o observador escreverá o que acontece. A opção mais adequada é um procedimento aberto à filmagem, pois há menos chance de se perder detalhes.

O roteiro deve ser discutido antecipadamente com o pesquisador, que deverá ter domínio total dos procedimentos que deverá seguir; só depois de isso estar bem claro é que o levantamento dos dados começará.

4.5   Ambientes de observação

Há vários ambientes diferentes para um campo de observação. Quando se quer entender o momento de decisão de compra, o que o consumidor percebe, como ele decide, se os atributos são determinados na hora, se o consumidor já vem de casa com a decisão do produto e da marca, o ambiente mais adequado é o ponto de venda. O consumidor será monitorado no momento de colocar o produto no carrinho, ou se não colocou, e quais foram as suas atitudes.

Quando o elemento a ser analisado é a convivência social da população de uma cidade para, a partir daí, um produto ser desenvolvido, toda a população deve estar em foco; se for o caso de um produto para um segmento específico, então este é que será observado em suas rotinas sociais. O campo de trabalho será shopping, casas de show, cinema, trânsito e qualquer outra possibilidade que consiga demonstrar como essa população age no convívio social.

Também podem ser observados quais são os atributos que uma criança considera na escolha do produto com o qual se relacionará; nesse caso mais específico, geralmente a pesquisa é feita em sala de espelho, e também é gravada e filmada. Alguns clientes não têm possibilidade de transmitir seus desejos e impressões a não ser pela observação. Então, faz-se uma coleta mais trabalhada, com um campo de observação preparado. O levantamento de dados com crianças referentes a brinquedos permite entender e conhecer como elas agem, pois não há como saber o que pensam crianças de 1 ano, de 5 anos. Nesses casos, essa pesquisa é a melhor forma de avaliação.

4.6 Levantamentos de informações

No momento do levantamento das informações, é de suma importância o sujeito observado não perceber qualquer movimentação, pois isso pode atrapalhar a naturalidade do comportamento que se observa. Para que isso possa acontecer em algumas situações impossíveis de evitar que o observado tenha a informação, deverá ser preparado um ambiente que tenha semelhança com situações reais de vida, evitando-se manipulação de comportamento. Essa situação pode ocorrer com crianças que serão deslocadas para ambientes estranhos de sua rotina. O processo ideal é a total ignorância do pesquisado.

Os observadores deverão ter formulários disponíveis em volume suficiente para que não se afastem do seu posto de atuação – posto esse que deverá ser discreto de maneira a não ser descoberto. Também é importante haver um observador extra para fazer um rodízio para atender as necessidades naturais que surgem ao longo do tempo, por exemplo, alimentação.

O levantamento de dados em ambiente externo demanda cuidados também com segurança, além de uma quantidade de observadores extras para não haver quebra na coleta de dados.

Alguns levantamentos de informações são feitos por meio de equipamentos de monitoramento, cada vez mais presentes por dois motivos: com o avanço da tecnologia, o preço tem diminuído significativamente, e eles eliminam o problema do erro humano. Várias são as situações em que o equipamento de monitoramento é utilizado, e podemos citar os aparelhos de monitoramento médico contínuo, o controle de segurança de agências bancárias e o controle de fluxo de veículos em rodovias e ruas.

4.7 Análises e interpretação dos dados

Essa técnica é mais do que ver e ouvir, ela depende sobretudo do exame que deverá ser efetuado nesse momento nas informações coletadas.

Não devemos confundir análise com interpretação; primeiro, deve-se analisar os dados coletados com o objetivo de perceber, identificar a sua relação com os objetivos estabelecidos para a pesquisa. Na análise, trabalha-se com os dados coletados e com o projeto de pesquisa elaborado. Após essa fase, chega o momento de interpretar os dados: é quando se comparam os dados com as informações de outros estudos sobre o tema, e se inter-relacionam os dados com outros conhecimentos existentes.

Nesse momento, com os dados coletados e registrados de uma maneira organizada, as informações serão processadas, possibilitando que uma análise seja feita para se confirmar os fatos levantados. É importante ficar claro que, se os objetivos da pesquisa não foram bem desenhados, e o tema a ser pesquisado não era adequado para se chegar a alguma conclusão ou proporcionar o levantamento de informações úteis, tudo terá sido inútil, e todo material, dinheiro e tempo foram desperdiçados.

Os dados podem ser avaliados pelo método de análise de conteúdo, em que serão categorizados e depois estudados por tipo de ocorrência, permitindo também uma análise quantitativa de algumas situações específicas. Não se deve esquecer que esta técnica é utilizada no levantamento de informações da fase de pesquisa exploratória, quando se quer principalmente conhecer como age o objeto de pesquisa.

Após o estudo dos dados, deve-se gerar um relatório apontando os resultados encontrados e cruzá-los com os objetivos propostos, mostrando o alcance destes com os resultados encontrados.

4.8 Finalização

Com os dados analisados e com uma interpretação deles à luz do mercado pesquisado, chegou o momento de a pesquisa gerar as conclusões do que ocorre nas relações que envolvem o objeto estudado. Nessa fase do relatório, o pesquisador deverá incluir as sugestões dos passos a serem seguidos para o alcance das melhorias necessárias objetivando o alcance satisfatório do público estudado.

Ao se tratar de uma pesquisa de marketing, o pesquisador poderá sugerir estratégias a ser aplicadas para resolver os problemas e as limitações encontrados na relação do consumidor com o produto. Também deverão ser apresentadas sugestões outras pesquisadas que porventura complementem as ações a serem tomadas.

Conclusão

Neste capítulo, mostramos como funciona uma pesquisa de observação em todos os aspectos – a figura do profissional observador, o registro das informações, o estudo e a análise desses dados para finalizar o relatório evitando ruídos na pesquisa –, diminuindo a possibilidade de as informações serem perdidas ou deturpadas e evitando provocar tomadas de decisão equivocadas.

O profissional observador mereceu especial atenção, pois pode ser a figura chave entre uma pesquisa relevante e apenas um levantamento de informações que não servem para a tomada de decisão.

Acreditamos que, seguindo o roteiro aqui proposto, o pesquisador poderá coletar uma quantidade de informações no comportamento natural do pesquisado sem invadir sua privacidade, sem expor suas atitudes comportamentais e, ainda assim, saber como seu cliente ou sujeito da pesquisa se comporta no dia a dia.

5 Técnicas projetivas

Introdução

Esta técnica procura fazer com que o respondente se projete ante os estímulos oferecidos e revele seus sentimentos e opiniões sem os controles emocionais, eliminando os processos de defesas estruturados na formação da personalidade e, dessa forma, demonstrando os sentimentos mais primitivos existentes em cada ser humano.

Neste capítulo pretendemos mostrar como funciona esse processo e quais serão as melhores aplicações para esta forma de coleta de informações.

5.1 Definição

Técnicas projetivas são uma forma não estruturada e indireta de entrevista em que os pesquisados são incentivados a projetar motivações, crenças, emoções e sensações. Com origem na psicologia, de forma geral tais técnicas devem ser utilizadas com entrevistas pessoais não direcionadas, realizadas mediante testes em que o sujeito investigado é colocado em situações nas quais seus mecanismos de defesa sejam superados e sentimentos e atitudes reais surjam. Autores mencionam vários testes possíveis de serem usados no marketing, e comentaremos sobre eles e sua utilidade.

5.2 Utilizações da técnica

Os testes de projeção são de fácil aplicação, e a transcrição dos dados coletados segue os mesmos princípios de uma pesquisa de perguntas abertas. A diferença entre os testes de projeção e uma pesquisa não-projetiva é a riqueza de dados transmitidos. As pesquisas projetivas trazem informações emocionais primitivas dos entrevistados e servem para entender com profundidade suas questões emocionais.

Uma mesma pesquisa pode utilizar testes diferentes, de maneira que complete a quantidade de informações para que se entenda o processo de decisão ou o registro de um produto em determinada parcela da população. A técnica projetiva deve ser utilizada quando não for possível conseguir informações por meio de uma pesquisa direta, e é indicada para ser aplicada em pesquisa exploratória.

Como comentado anteriormente, a aplicação da técnica é muito simples, porém a avaliação dos dados obtidos deve ser feita por pessoa com competência na análise subjetiva, pois em nenhum momento as informações serão trazidas diretamente pelo pesquisado. Este talvez seja o grande problema dessa técnica, pois uma pessoa não preparada poderá interpretar de maneira tendenciosa os dados e, assim, direcionar a empresa para uma tomada de decisão equivocada por estar baseada em uma distorção das informações. Também é comum haver uma diferença de interpretação a depender do profissional que analisa os dados. Mas se as análises forem executadas por dois profissionais em conjunto, esse problema tende a ser superado, e a confiabilidade dos resultados alcançados será maior, evitando-se um viés pessoal de análise.

5.3 Tipos de testes projetivos

Cada teste projetivo possui uma finalidade de aplicação e uma forma de despertar no entrevistado sensações e emoções que provoquem expressões que são captadas e trabalhadas quanto ao objeto investigado, o que possibilita o entendimento de como funciona o indivíduo em determinada situação. Entre os diversos tipos de testes projetivos utilizados para alcançar informações importantes na tomada de decisão em marketing, abordaremos os seguintes: teste de figuras; teste de associação de palavras; complementação de sentenças ou histórias; desenho de um tema; contar histórias; associação de fotografias; e técnica da terceira pessoa.

5.3.1 Teste de figuras

Usado para entender o que o sujeito entrevistado pensa ou sente entre dois produtos diferentes ou duas empresas concorrentes (ver Figura 5.1). Também mede a intensidade de atitude em relação ao item analisado. O teste consiste na apresentação de uma tira semelhante à de uma revista em quadrinhos, na qual dois personagens são colocados e apenas um deles faz um comentário; o outro personagem, que é o sujeito avaliado, deve completar uma frase de acordo com seu sentimento e percepção (ver Figura 5.2).

Capítulo 5 · **Técnicas projetivas**

Figura 5.1 Teste de figuras 1

Quando pensamos em sair, pensamos em pintar as unhas...

Quando penso em pintar as unhas, penso na seguinte marca de esmalte: _____.

Fonte: elaborada pelos autores.

Figura 5.2 Teste de figuras 2

Passageiro pergunta se você, que está observando, quer dar um passeio; se aceitar, o que gostaria de levar junto? _____. Por quê? _____

Fonte: elaborada pelos autores.

5.3.2 Teste de associação de palavras

O teste de associação de palavras é utilizado na seleção de *slogans*, temas publicitários, marcas para um produto. É simples: o pesquisador faz uma lista de palavras e solicita ao sujeito entrevistado que associe livremente uma palavra à palavra lida por ele. A leitura é rápida e pede-se que a associação seja rápida também para evitar que as respostas sejam racionalizadas. É importante salientar que o entrevistado não deve ter acesso às palavras que serão lidas para ele e que as respostas devem ser imediatas, pois, se houver tempo para pensar, o raciocínio será executado e se fará uma análise crítica.

Exemplo de uma lista de palavras, que devem ter uma associação livre por parte do entrevistado:

Liberdade _____ Praticidade _____

Segurança _____ Tranquilidade _____

Prazer _____ Conforto _____

Tempo _____ Futuro _____

5.3.3 Complementação de sentenças ou histórias

A complementação de sentenças ou histórias funciona da mesma maneira que o Teste de Associação de Palavras; a utilização é a mesma, porém, em vez de uma associação rápida entre palavras, o entrevistador coloca em um texto sentenças incompletas ou uma história incompleta e pede-se que o sujeito complete de acordo com sua vontade e percepção. Ao colocar o entrevistado nesta situação, o pesquisador consegue direcionar o foco de raciocínio para o que é mais importante para ele sem provocar uma resposta específica e, assim, evita interferir diretamente no resultado. Quando o objetivo é saber o que o entrevistado pensa sobre viagens aéreas, basta inserir textos que reproduzam ambientes vividos apenas por quem viaja em avião, como o interior de um avião, o saguão de um aeroporto, a sala de embarque ou apenas dois pilotos em um corredor se deslocando, o que evita que as respostas sejam pensadas para viagens rodoviárias ou ferroviárias, por exemplo.

5.3.4 Desenho de um tema

Desenho de um tema é utilizado para identificar a percepção e/ou os sentimentos que determinado objetivo ou situação provocam no sujeito entrevistado. O sujeito deve fazer um desenho referente ao tema pesquisado, e o entrevistador produz um diálogo com a finalidade de entender o desenho preparado. Também se pode utilizar uma foto ou um desenho ligado ao produto (ver Figura 5.3), e da mesma forma solicita-se ao entrevistado que conte uma história a partir dessa figura. Observe-se que aqui também se dirige o tema que deverá ser desenhado, mas não há nenhuma outra solicitação justamente para evitar direcionar o entrevistado para uma situação que poderia interferir no resultado.

Figura 5.3   Festa de aniversário

Aniversário. Conte uma história a partir deste tema focando os produtos que você gosta de consumir em uma festa...

Fonte: elaborada pelos autores.

5.3.5 Contar histórias

Contar histórias é uma técnica em que os entrevistados expõem suas experiências em relação a determinado produto, empresa ou situação. Também pode servir para entender suas necessidades diárias e possibilitar que a empresa identifique quais itens podem ser desenvolvidos para satisfazer determinado segmento da população. Esse teste projetivo busca referência de experiências vividas. O processo de aplicação também é simples, pois basta indicar um tema e propiciar um ambiente em que o entrevistado possa se sentir à vontade e se concentrar no tema proposto, sem desvios de atenção.

5.3.6 Associação de fotografias

A associação de fotografias utiliza uma ação de comparação ou de ligação entre imagens. Uma forma é entregar ao sujeito dois jogos de fotografias e pedir que se realize uma associação entre elas. Um jogo pode ter, por exemplo, foto de pessoas com roupas e em situações diferentes (fotos apenas com uma pessoa no plano principal), outro jogo pode ser com fotos de objetos e lugares. Quando o sujeito faz uma associação livre, podemos perceber quais são seus valores e sentimentos em relação a determinados produtos ou locais.

Essa técnica pode ser utilizada de diversas formas, a depender dos objetivos a serem alcançados. A BBDO Worldwide desenvolveu uma técnica patenteada como *Photosort,* em que os clientes expressam seus sentimentos por produtos ou marcas mediante um conjunto de fotos que mostram pessoas diversas que serão associadas a produtos e marcas pelo entrevistado. Apesar das várias maneiras de se aplicar esse teste, o importante é não perder o foco, que é entender como o consumidor ou provável consumidor percebe determinadas relações.

5.3.7 Técnica da terceira pessoa

A técnica da terceira pessoa serve para identificar sentimentos ou desejos por meio de perguntas dirigidas ao sujeito, porém solicitando-lhe que responda como se estivesse falando por outra pessoa ou até em nome de um grupo. Essa técnica evita situações mais delicadas para perguntar diretamente e por isso são mais vulneráveis nas respostas sinceras. De maneira geral, todas as pessoas acreditam que há, em uma entrevista, a resposta correta para determinada pergunta, o que provoca uma pressão desnecessária no entrevistado em busca do certo. Nesse caso, esta variável é eliminada, pois a resposta esperada é como se fosse de terceiros.

5.4 Avaliações dos resultados

Para cada técnica utilizada, há uma forma específica de avaliar os resultados, mas em todos os testes deve-se entender no discurso as informações transmitidas subjetivamente.

A qualificação do profissional que vai avaliar essas informações é muito importante, pois os dados transmitidos estão incutidos nas mensagens, muitas vezes, disfarçadas no contexto de uma história, ou nos sentimentos do sujeito pesquisado. Emoções, impressões e sensações são variáveis constantes nesse tipo de pesquisa.

Diferenças de análise entre dois avaliadores são frequentes, mas somente nos detalhes, e é importante que mais de um profissional analise os dados justamente para que se percebam todas as nuances que possam estar inseridas no contexto.

Não podemos esquecer que esse tipo de técnica é muito importante em assuntos complexos e também tabus na sociedade, pois a pesquisa disfarçada consegue trazer informações que o pesquisado não forneceria se entrevistado em uma pesquisa estruturada e direta.

5.5 Finalização da pesquisa

Após a análise dos dados, estamos aptos para sugerir, na comparação com os estudos existentes com públicos e mercados similares, quais as ações que devem ser tomadas para atingir os desejos e as necessidades do mercado em questão. Na finalização da análise dos dados, pode-se identificar as carências do público-alvo pesquisado e, assim, ajudar as áreas de desenvolvimento de novos produtos e projetos a identificar o caminho a seguir.

Conclusão

Essa técnica é uma das mais complexas, no sentido em que trabalha suas informações ao longo do tempo, pois envolvem questões emocionais latentes. Isso implica uma mudança de resultados de acordo com questões situacionais do sujeito. Em seu princípio de valores e crenças, essas mudanças são mais complexas, porém, no que diz respeito às questões emocionais diárias, a mutação é constante. Dessa forma, este capítulo teve como finalidade ajudar na coleta de informações em um universo de subjetividade alta e, ao mesmo tempo, importante e profundo.

6 Técnica Delphi

Introdução

A técnica Delphi foi formulada e empregada, inicialmente, em 1963, por Dalkey e Helmer, na RAND Corporation, com o objetivo de obter consenso na realização de prognósticos.[1] Desde essa data até hoje, a Delphi foi aplicada a milhares de situações e é mencionada na literatura especializada basicamente como uma técnica de prognóstico. Porém, outras utilidades foram exploradas ao longo do tempo. Em 1969, Mandanis sugeriu a sua utilização para a explicação de eventos já ocorridos, e cujos fatores explicativos não estivessem devidamente consolidados. E, em 2001, Victoria Story, Louise Hurdlley, Gareth Smith e James Saker apontaram que, embora originalmente desenvolvida como uma ferramenta de prognóstico para eventos futuros, a técnica Delphi tem sido adaptada para atender a diversas necessidades e aplicada em várias áreas do conhecimento, ultrapassando, assim, os limites da área de marketing.

As características da técnica Delphi permitem-nos dizer que se trata de uma técnica de natureza qualitativa, utilizada quando se visa conhecer ou obter consenso de um grupo de especialistas sobre determinado assunto, o qual envolve incerteza, ausência de dados ou dados insuficientes, aspectos implícitos de uma realidade ou, ainda, desejabilidade social.

Em situações pautadas pela incerteza, em que, por algum motivo, não há dados do passado — ou os dados são inadequados — para projetar o futuro, tem-se um espaço adequado para a utilização da técnica Delphi. Da mesma forma, podemos usá-la se quisermos investigar as possíveis razões pelas quais determinado fato ocorreu no passado, ou algo que esteja ocorrendo no presente, e nos faltam dados confiáveis.

---

[1] GRANGER, C. W. J. *Forecasting in business and economics*. New York: Academic Press, 1980.

A difícil tarefa de conhecer aspectos implícitos em uma realidade ou que envolvem um fenômeno e que são de difícil explicitação, por exemplo, quanto o consumidor é sensível a determinado assunto, pode ser informação adequadamente facilitada pela aplicação da Delphi. Esse pode ser o caso quando se deseja conhecer usos não convencionais de um produto, os quais possam estar associados a alguma esfera da vida considerada privada e íntima em uma sociedade ou em um grupo social, sendo de difícil abordagem. Situações caracterizadas pela desejabilidade social, em que os sujeitos tendem a responder segundo o que acreditam que a sociedade espera deles, também são propícias à coleta e tratamento de dados mediante a técnica Delphi.

Algumas aplicações da técnica Delphi, no entanto, são de natureza quantitativa, quando são aplicadas para coletar opiniões avaliativas ou preferenciais acerca de um fenômeno ou objeto sobre os quais se tem conhecimento de indicadores ou atributos, por exemplo, para avaliar um serviço ou preferência sobre atributos de produtos.

A técnica Delphi permite obter consenso por maioria em relação a determinado assunto, de forma que, embora os participantes conheçam as respostas dos demais, não chegam a saber a qual participante pertencem, porque os respondentes têm o seu anonimato preservado e a interação não é permitida. Por esse motivo, a técnica é particularmente útil quando se quer obter decisão em grupo, evitando influências que algumas pessoas podem exercer sobre outras, decorrentes de habilidade de argumentação ou de outros fatores, como posição social, nível de instrução, gênero, etnia, papel desempenhado em alguma instituição etc. Com a técnica Delphi, o resultado será uma decisão que levará em conta a opinião da maioria, porém sem os efeitos da interação social.

Vários têm sido os benefícios dessa técnica, apontados por diversos autores, mas também há alguns limites, os quais serão expostos mais adiante. Antes serão apresentados os procedimentos que compõem a aplicação da técnica para que o leitor tenha melhores condições de refletir sobre os seus benefícios e as críticas a ela referidas.

6.1 Procedimentos para aplicação da técnica Delphi

A técnica Delphi consiste, em essência, na coleta de opiniões de um grupo de especialistas, anonimamente expressadas, as quais são apresentadas ao próprio grupo para que, mediante a sua análise, cada pessoa possa refazer a própria opinião, processo executado até que se obtenha um consenso por maioria. A articulação das opiniões dos especialistas é feita com a aplicação de questionário ou formulário, em rodadas sucessivas, sempre com alguém administrando a aplicação dessas rodadas.

Na primeira rodada, apresentam-se aos especialistas as questões a serem respondidas, e o objetivo é obter as respostas de cada um. Nas outras rodadas, são enviadas a cada especialista as opiniões emitidas pelos demais, sem identificá-los, como a opinião do especialista entrevistado. A partir da segunda rodada, o objetivo consiste em fazer com que cada especialista, diante das opiniões dos demais, reconsidere a sua, obtendo-se alterações em direção ao consenso.

Várias são as maneiras de aplicar a técnica Delphi, tanto de forma presencial quanto por meio eletrônico. Na aplicação presencial, adota-se o seguinte procedimento: solicita-se aos participantes que se disponham na sala em semicírculo e se distribui a questão a ser respondida; as respostas são recolhidas e colocadas em ordem, considerando em que posição está no semicírculo quem entregou primeiro, de modo que o pesquisador possa identificar qual é a resposta de cada participante. Assim, se é recolhida primeiro a resposta do participante número 5, seguindo-se o sentido da direita para a esquerda, pode-se colocar as respostas dos quatro participantes anteriores à frente da do número 5, e as demais, atrás – então, a resposta do número 1 será a primeira que o pesquisador terá em mãos, e assim por diante.

Após coletadas as respostas, lançam-se os resultados em uma planilha, de forma que a coluna número 1 corresponderá ao participante número 1, e assim sucessivamente. Depois de seu preenchimento, a planilha é apresentada aos participantes, os quais naturalmente identificarão qual coluna tem os seus próprios resultados, porém não saberão quais resultados correspondem aos demais. Solicita-se, em seguida, que cada entrevistado analise as respostas dos demais, tendo em vista se chegar a um consenso, avaliando se querem fazer alguma mudança em suas respostas. Realizam-se tantas rodadas quantas forem necessárias até a obtenção do consenso entre as respostas dos entrevistados.

Por meio eletrônico, seguem-se os mesmos princípios, podendo empregar-se tanto *homepage* quanto *e-mail*. Não se pode esquecer, entretanto, que o pesquisador precisa ter como identificar de quem é cada uma das respostas, e que os participantes, ao terem acesso às respostas de todos, só podem identificar as suas próprias, não podendo saber quem são os autores das demais.

Para que o leitor possa compreender como proceder ao aplicar a técnica, é dada a seguir uma breve explicação acompanhada de um exemplo. Imagine que uma empresa com filiais em cinco capitais de diferentes regiões do País esteja interessada em conhecer e comparar a importância que os consumidores atribuem aos fatores da qualidade dos serviços prestados. Ela poderá realizar a técnica Delphi com os seus próprios clientes, com clientes de concorrentes, ou com ambos. O exemplo a seguir refere-se a um caso semelhante, porém considerando apenas uma das filiais, situada no Rio de Janeiro, de uma empresa de consultoria de serviços de treinamento.

Inicialmente, selecionaram-se 15 clientes que consumiam serviços de apenas um tipo de treinamento, o qual era dirigido a gerentes de nível médio, uma vez que este era o "carro-chefe" do faturamento da empresa. Os clientes foram reunidos em um ambiente neutro, isto é, fora da empresa, em uma sala de eventos. Distribuiu-se um questionário solicitando que atribuíssem pesos aos atributos de qualidade de serviços apresentados, considerando 0, 5 ou múltiplos de 5, de forma que a soma dos pesos fosse igual a 100,[2] gerando a primeira rodada da Delphi (ver Tabela 6.1).

---

[2] Técnica de atribuição de pesos de Motta (1987) citada por Teixeira (1988). Motta (1987) sugere que os pesos atribuídos sejam 0,5 ou múltiplos de 5, portanto, em intervalos de 5.

Tabela 6.1 Primeira rodada Delphi

Fatores	I1	I2	I3	I4	I5	I6	I7	I8	I9	I10	I11	I12	I13	I14	I15	Md	Mo
Confiabilidade	15	10	20	15	10	10	25	20	15	15	05	10	20	10	10	15	10
Credibilidade	15	0	20	15	10	10	10	20	20	05	20	20	0	10	10	10	10
Competência	15	15	15	15	40	15	20	15	10	20	10	20	25	20	30	15	15
Receptividade	10	15	10	05	0	05	05	10	10	05	05	05	10	10	05	05	05
Entendimento de necessidades	10	15	20	10	20	05	15	10	25	15	20	20	20	10	20	15	20
Segurança	05	05	0	05	0	10	05	0	0	10	10	05	0	05	0	05	0
Acesso	05	10	05	10	0	10	0	05	0	05	05	05	10	10	0	05	05
Cordialidade	10	10	05	05	0	10	05	10	05	05	05	05	0	05	05	05	05
Comunicação	10	15	0	10	10	15	10	05	10	15	10	05	10	10	10	10	10
Aspectos físicos	05	05	05	10	10	10	05	05	05	05	10	05	05	10	10	05	05
Total	100	100	100	100	100	100	100	100	100	100	100	100	100	100	100	90	85

Fonte: dados da pesquisa.

Pelo fato de a soma das medianas e das médias estar distante de 100, optou-se pela segunda rodada. Nesta, dos 15 participantes, seis alteraram os pesos atribuídos: cinco alteraram, cada um, dois pesos; dois alteraram três pesos; e um outro alterou quatro pesos (ver Tabela 6.2).

Tabela 6.2 Segunda rodada Delphi

Fatores	I1	I2	I3	I4	I5	I6	I7	I8	I9	I10	I11	I12	I13	I14	I15	Md	Mo
Confiabilidade	15	10	20	15	10	10	25	20	15	15	10	10	20	15	10	15	10
Credibilidade	15	0	15	15	10	10	10	20	10	05	20	20	10	10	10	10	10
Competência	15	15	15	15	30	15	20	15	20	20	15	20	15	15	30	15	15
Receptividade	10	15	10	10	05	10	05	10	10	05	05	05	10	10	05	10	05
Entendimento de necessidades	10	15	20	10	20	05	15	10	25	15	15	20	20	10	20	15	20
Segurança	05	05	0	05	0	05	05	0	0	10	05	05	0	05	0	05	05
Acesso	05	10	05	10	0	10	0	05	0	05	05	05	10	10	0	05	05
Cordialidade	10	10	05	05	05	10	05	10	05	05	05	05	0	05	05	05	05
Comunicação	10	15	05	10	10	15	10	05	10	15	10	05	10	10	10	10	10
Aspectos físicos	05	05	05	05	10	10	05	05	05	05	10	05	05	10	10	05	05
Total	100	100	100	100	100	100	100	100	100	100	100	100	100	100	100	95	90

Fonte: dados da pesquisa.

Tendo em vista o resultado da segunda rodada, houve necessidade de proceder à terceira rodada Delphi, quando cinco entrevistados alteraram dois pesos envolvendo seis determinantes (ver Tabela 6.3).

Tabela 6.3 Terceira rodada Delphi

Fatores	I1	I2	I3	I4	I5	I6	I7	I8	I9	I10	I11	I12	I13	I14	I15	Md	Mo
Confiabilidade	15	10	20	15	10	10	25	20	15	15	10	10	20	15	15	15	15
Credibilidade	15	05	15	15	10	10	10	20	10	05	20	20	10	10	10	10	10
Competência	15	15	15	15	30	15	20	15	20	20	15	20	15	15	30	15	15
Receptividade	10	10	10	10	05	10	05	10	10	05	05	05	10	10	05	10	10
Entendimento de necessidades	10	15	20	10	20	05	15	10	20	15	20	20	20	10	20	20	20
Segurança	05	05	0	05	0	05	05	0	0	10	05	05	0	05	0	05	05
Acesso	05	10	05	10	0	10	0	05	0	05	05	05	10	10	0	05	05
Cordialidade	10	10	05	05	05	10	05	10	05	05	05	05	0	05	05	05	05
Comunicação	10	15	05	10	10	15	10	05	10	15	10	05	10	10	10	10	10
Aspectos físicos	05	05	05	05	10	10	05	05	10	05	05	05	05	10	05	05	05
Total	100	100	100	100	100	100	100	100	100	100	100	100	100	100	100	100	100

Fonte: dados da pesquisa.

Os resultados evidenciaram que 50% do peso atribuído à qualidade dos serviços correspondiam, no entendimento das necessidades dos clientes, à competência e à confiabilidade. Os diretores da empresa de consultoria, que na época da pesquisa pensavam em investir na modernização de suas instalações, desistiram do investimento, pois perceberam que não era esse o fator que afetava positiva e significativamente a percepção da qualidade dos serviços por parte dos clientes.

Esse é um exemplo de aplicação da Delphi para verificar a atribuição de pesos a um conjunto de itens, porém outras formas são possíveis. Entre elas, se quisermos saber quanto os consumidores podem estar dispostos a pagar por um novo produto que se pretende lançar. Nesse caso, os especialistas indicam o valor.

Outra maneira de aplicação consiste em apontar a opinião em relação a algo, por exemplo, se quiséssemos conhecer a opinião dos consumidores, em uma lista de serviços, quanto ao que mais depende de confiança. Agora os respondentes apenas marcam um "X" no item que se refere ao serviço que, na sua opinião, mais depende de confiança. O procedimento funciona como uma votação: da mesma forma, estrutura-se a planilha com os votos e, tendo em vista chegar a um consenso, solicita-se que reexaminem os seus votos e vejam se querem alterar algum deles.

Outra aplicação possível é, por exemplo, quando queremos conhecer a opinião das pessoas sobre algo que aconteceu no passado. Neste e em outros casos nos quais não dispomos de uma relação de itens necessários para serem submetidos à análise dos respondentes, solicita-se que mencionem a sua opinião por escrito e individualmente, sempre seguindo o princípio de não interação social entre os participantes. Imaginemos que uma empresa está perdendo vendas e deseja conhecer a opinião dos vendedores e/ou gerentes e/ou outros empregados sobre as razões do fenômeno. Reúne-se o grupo de pessoas das quais se deseja ouvir a opinião, solicita-se que relacionem os prováveis motivos que justifiquem a queda das vendas, e recolhem-se as respostas, sem a preocupação de a quem pertence cada uma. Listam-se todas em um formulário e, em seguida, solicita-se que cada participante aponte três, por ordem de importância, marcando 1º, 2º e 3º lugar, por exemplo. A partir desse momento, é fundamental saber de quem é cada resposta, mantendo entre os entrevistados o impedimento de interação, como em qualquer outra Delphi. Eliminam-se, na segunda rodada, aqueles itens que não ganharam votos e pede-se que os entrevistados atribuam pesos de 0, 5 ou múltiplos de 5 aos itens, de forma que o total seja igual a 100. E assim sucessivamente, como no exemplo anterior, buscando-se um consenso.

6.2 A escolha dos especialistas

Um dos pontos fundamentais da técnica Delphi consiste no conceito e na escolha de especialistas, de quem serão colhidas as opiniões. Os estudos sobre a técnica, como suas aplicações, não tendem a especificar o que se considera um especialista. Helmer e Rescher,[3] no entanto, procuram clarificar a questão, apontando-os como pessoas que conhecem profundamente determinado assunto e cujas previsões são bem-sucedidas, quando comparadas à margem de acerto de não especialistas. Contudo, no experimento de Granger,[4] verificou-se que a técnica permite um razoável consenso, mesmo que os participantes não sejam especialistas.

Por sua vez, North e Pyke,[5] em uma aplicação de Delphi em uma empresa industrial para verificar tendências de futuro quanto a demanda e possibilidades de oferecer novos produtos e serviços, referem-se ao fato de que, apesar de na empresa em questão os executivos já estarem treinados para realizarem prognósticos financeiros havia três anos, isso não os habilitava a fazer prospecções no futuro sobre aqueles eventos. Isso deixa transparecer que, na opinião desses autores, não é o treinamento em prognósticos que decide quem deve ser considerado ou não especialista.

North e Pyke[6] consideraram especialistas, para o experimento realizado, *experts* em tendências tecnológicas, visto que destas dependeriam a demanda e a possibilidade de oferecer novos serviços e produtos. Já para Teixeira[7] pode-se considerar especialista alguém que conhece profundamente o assunto sobre o qual se pretende obter a convergência de opiniões para um consenso.

Para que se possa decidir o perfil de especialista a ser convidado para participar da aplicação da técnica, é fundamental que os objetivos a serem alcançados estejam claros[8] – no exemplo apresentado, os consumidores foram considerados especialistas.

Também quanto à escolha dos especialistas, os relatos das aplicações de Delphi não têm como norma clarificar o processo utilizado. Uma das questões pertinentes à escolha é se o consenso a ser obtido é passível de variação de acordo com o grupo de especialistas escolhido.

---

[3] HELMER, O.; RESCHER, N. On the epistemology of the inexact sciences. *Management Science*, v. 6, n. 1, 1959.

[4] GRANGER, C. W. J. *Forecasting in business and economics*. New York: Academic Press, 1980.

[5] NORTH, Q.; PYKE, D. Probes' of the technological future. *Harvard Business Review*, v. 47, n. 3, May/Jun. 1969.

[6] NORTH; PYKE, 1969.

[7] TEIXEIRA, M. L. M. *Utilização de determinantes de qualidade de serviços para desenvolvimento de metodologia de avaliação de serviços de treinamento*. Dissertação (Mestrado) — Pontifícia Universidade Católica do Rio de Janeiro, Rio de Janeiro, 1988.

[8] STORY, V.; HURDLEY, L.; SMITH, G.; SAKER, J. Methodological and practical implications of the Delphi technique in marketing decision making: a re-assessment. *The Marketing Review*, London, v. 1, 2001.

Souza, Souza e Silva[9] mencionam que o processo mais usual de escolha consiste, primeiro, na eleição de um grupo de juízes, pessoas fortemente qualificadas e com elevado nível de conhecimento do pessoal disponível, que assumem como tarefa a escolha de especialistas; depois há a escolha propriamente dita. Os juízes apontam especialistas por ordem de competência, e os votos atribuídos a cada especialista são contabilizados e calculados à razão de um ponto por voto, selecionando-se aqueles que adquiriram o maior número de pontos.

Contudo, outros critérios de seleção podem ser adotados. O importante é que a seleção obedeça a regras que considerem o grau de conhecimento dos especialistas. Rowe e Wright[10] mencionam que uma das formas de seleção dos especialistas pode ser consultar pessoas que a princípio são percebidas como qualificadas para opinar sobre o assunto em pauta, perguntando-lhes se acham que podem opinar sobre o tema, tendo em vista os objetivos da pesquisa.

Outro aspecto relevante é o número de especialistas a ser escolhido, em torno do qual não se verifica uma tendência em relatos de experiências realizadas. Speed[11] refere-se a estudos que envolveram de 5 até 20 participantes. A experiência tem mostrado que, para aplicação presencial, um bom número é entre 12 e 15 participantes. Quando o número de participantes é pequeno, e eles já se conhecem previamente, há o risco de imaginarem de quem são as respostas, ferindo o princípio básico da técnica, que é o da não interação social. No entanto, um número grande de especialistas pode dificultar a aplicação, porque o pesquisador precisa memorizar ou contar com uma maneira de identificar a quem pertencem as respostas.

6.3 Elaboração das perguntas

A elaboração das perguntas deve ser feita de forma precisa para não gerar ambiguidade no entendimento das questões e, consequentemente, distorções nas respostas. Devem-se evitar questões compostas por aspectos com os quais os especialistas possam concordar e por outros dos quais possam discordar além disso, aconselha-se não usar expressões como "geralmente", "comum", "normal" e similares.

Exemplo: Até o ano_____ será **normal** as pessoas usarem a bicicleta como transporte nas grandes cidades. A palavra "normal" na questão pode dar margem a diferentes interpretações por parte dos especialistas.

Outro aspecto a ser considerado na elaboração das perguntas diz respeito ao emprego de gírias, de jargão técnico ou de palavras de difícil compreensão, pois podem comprometer o entendimento dos especialistas.

---

[9] ROWE, G.; WRIGHT, G. The impact of task characteristics on the performance of structured group forecasting techniques. *International Journal of Forecasting*, Glasgow, v. 12, 1996. Disponível em: <http://www.forecastingprinciples.com/paperpdf/delphi%20technique%20Rowe%20Wright.pdf>. Acesso em: 21 ago. 2017.

[10] ROWE; WRIGHT, 1996.

[11] SPEED, R. *Marketing strategy and performance in UK retail financial service industry.* Unpublished doctoral thesis. Loughborug: University of Techonology, Loughborug, 1991.

6.4 Evolução do consenso

A tabulação das respostas utiliza o cálculo de medidas de tendência central e quartis. Quando a variável com a qual se trabalha é discreta, sugere-se o emprego da mediana; nada impede, porém, que se empregue também a moda. Quando é contínua, deve-se empregar a média. Quanto ao número de rodadas Delphi, devem ser tantas quantas forem necessárias até se obter um consenso satisfatório. Teixeira[12] indica que a evolução do consenso é obtida à medida que o primeiro e o terceiro quartis convergem para a mediana. A quantidade de rodadas, embora possa exceder o número de três, não deve ultrapassá-lo, pois a aplicação se torna cansativa para os especialistas e pode afetar os resultados, levando a um consenso por maioria enviesado.

Quando o objetivo da pesquisa é encontrar a importância relativa de itens e é utilizada a atribuição de pesos percentuais, na forma de 0, 5 e múltiplos de 5, Motta[13] sugere que, além da mediana, também se calcule a média, para se encontrar o peso consensual: quando a mediana apresentar uma proximidade da média em até 2,5 pontos, opta-se pela mediana como valor consensual, e quando a discrepância for superior a 2,5 pontos, será utilizado o múltiplo de 5 mais próximo da média como valor consensual. Encerra-se a aplicação no momento em que a soma dos pesos for igual a 100.

Granger[14] verificou algumas tendências na evolução de consenso por meio da Delphi, entre elas, que a tendência de convergência afeta mais a distância entre quartis do que a mediana, e que os especialistas que têm posições fora dos quartis tendem mais a mudar de opinião do que os outros.

6.5 Vantagens e desvantagens da técnica Delphi

Já foram abordadas, ao longo do capítulo, diversas vantagens da utilização da técnica Delphi. Nessa ordem de ideias, é importante trazer ao leitor mais algumas e também suas desvantagens, de forma que se possa contribuir para a análise e a adequada escolha de técnica de acordo com os objetivos de pesquisa a serem alcançados.

De acordo com Masser e Foley,[15] uma das principais vantagens da técnica está em encorajar a autêntica participação individual. A despeito das influências que a interação social proporciona, é possível considerar a opinião de todos sem a influência do poder de uns sobre outros. A técnica Delphi promove a independência de pensamento e o alcance gradual de consenso.[16] Em contrapartida, a influência das opiniões de uns sobre as de outros surge à medida que as rodadas Delphi acontecem e os participantes tomam conhecimento dos demais pontos de vista, o que Bowden[17] considera ser a filosofia subjacente ao processo: o todo é maior do que a soma das partes.

---

[12] TEIXEIRA, 1988.

[13] MOTTA apud TEIXEIRA, 1988.

[14] GRANGER, 1980.

[15] MASSER, I.; FOLEY, P. Delphi revisited: expert opinion in urban analysis. *Urban Studies*, Londres, v. 24, 1987. Disponível em: <http://journals.sagepub.com/doi/pdf/10.1080/00420988720080351>. Acesso em: 21 ago. 2017.

[16] GUTIERREZ, O. Experimental techniques for information requirement analysis. *Information and Management*, Amsterdam, v. 16, 1989. Disponível em: <http://portal.acm.org/citation.cfm?id=68211.68215&coll=GUIDE&dl=GUIDE>. Acesso em: 21 ago. 2017.

[17] BOWDEN, R. Feedback forecasting games: an overview. *Journal of Forecasting*, Kensington, Australia, v. 8, 1989. Disponível em: <http://onlinelibrary.wiley.com/doi/10.1002/for.3980080205/full>. Acesso em: 21 ago. 2017.

Entre as desvantagens da técnica, Churchill[18] destaca o fato de a amostra de especialistas não ser probabilística, enquanto Dajani[19] menciona a dificuldade em selecioná-los. Outro aspecto é o de que as rodadas Delphi podem se tornar cansativas,[20] e o anonimato pode resultar em concessão, mais do que em consenso.[21] Críticas também são feitas por Dajani, Sincoff e Talley[22] quanto à dificuldade de acessar a validade e a confiabilidade. Woudenberg[23] sugere, para obter maior confiabilidade, a aplicação Delphi em dois grupos, sem que haja comunicação entre ambos, desde que estejam sob circunstâncias e períodos semelhantes.

A despeito das desvantagens, a técnica Delphi tem se mostrado útil para investigar diversos fenômenos de marketing, em especial aqueles relacionados à elaboração de prognósticos, à tomada de decisão estratégica e ao levantamento de possíveis variáveis que exercem influência sobre fenômenos. No Brasil, a técnica Delphi é amplamente divulgada e empregada em diversas áreas do conhecimento. Constitui-se em uma metodologia simples, porém é necessário tomar todos os cuidados, sobretudo no que se refere à escolha dos especialistas, porque os resultados dependem essencialmente deles, da estrutura das questões e da habilidade do pesquisador.

Conclusão

A técnica Delphi tem se mostrado útil para investigar diversos fenômenos de marketing, especialmente aqueles relacionados à elaboração de prognósticos, à tomada de decisão estratégica e ao levantamento de possíveis variáveis que exercem ou possam vir a exercer influência sobre fenômenos. Além dessas finalidades, a técnica Delphi tem sido utilizada na construção de indicadores possibilitando o emprego da técnica não apenas para previsão, mas também para avaliação.

Como técnica de avaliação, ela tem se mostrado útil, tanto como técnica de pesquisa qualitativa, como quantitativa, quando o objetivo é obter opiniões consistentes sobre determinado objeto de pesquisa. Outra utilidade refere-se à avaliação da validação de conteúdo, da semântica e de face. Na validação de conteúdo, para obter convergência dos pareceres de juízes. Na validade semântica, para obter consenso de sujeitos de uma amostra com relação à clareza da elaboração de itens do questionário, até obter uma redação efetivamente clara. Na validade de face, para analisar a adequação do questionário à população da pesquisa.

Constitui-se em uma metodologia simples, porém, é necessário tomar todos os cuidados, especialmente no que se refere à escolha dos especialistas, porque os resultados dependem essencialmente deles, da estrutura das questões e da habilidade do pesquisador.

---

[18] CHURCHILL, G. A. *Marketing research*: methodological foundations. 3. ed. New York: The Dryden Press, 1998.

[19] DAJANI, J. S.; SINCOFF, M. Z.; TALLEY, W. K. Stability and agreement criteria for the termination of delphi studies. *Technological Forecasting and Social Change*, v. 13, 1979.

[20] SACKMAN, H. *Delphi critique*. Massachussets: Lexington Books, 1975.

[21] GECHELE, G. B. Evaluating industrial technology forecasting. *Long Fange Planning*, Nanaimo, Canada, v. 9, n. 4, 1976.

[22] DAJANI; SINCOFF; TALLEY, 1979.

[23] WOUDENBERG, F. An evaluation of Delphi. *Techonological Forecasting and Social Change*, v. 40, 1991.

7 Utilização de *software* para apoio à pesquisa qualitativa

Introdução

Os *softwares* para apoio à análise qualitativa de dados têm sido utilizados nas pesquisas sociais desde os anos 1980, notadamente na Europa e nos Estados Unidos, sendo conhecidos pela sigla CAQDAS (Computer Aided Qualitative Data Analysis Software). Atualmente podem ser encontrados *softwares* para as mais diversas atividades relacionadas à análise de dados em pesquisa qualitativa.

Inicialmente, os CAQDAS eram utilizados apenas em pesquisas acadêmicas. Mais recentemente, a partir de meados dos anos 1990, esses *softwares* passaram a ser utilizados também por pesquisas de marketing, seja pelas empresas prestadoras de serviços de pesquisa, seja pelas áreas de marketing das empresas que demandam a pesquisa.

Este capítulo trata do uso dos CAQDAS como apoio na análise de dados qualitativos em pesquisa de marketing. Na primeira edição deste livro, os *softwares* NVivo8 e XSigth foram escolhidos para exemplificar a aplicação de CAQDAS, em especial porque o XSigth era voltado especificamente para pesquisas de marketing e o NVivo8 porque fazia parte da mesma família de *softwares* e atendia as necessidades de pesquisa que demandavam recursos mais sofisticados, não suportados pelo XSigth. Nos últimos anos, a QSR International, fabricante dos aplicativos, implantou inúmeros recursos no *software* NVivo, atualmente na versão 11, tornando desnecessária a manutenção do XSigth. Dessa forma, nesta versão revisada do livro, é utilizado o NVivo11 para exemplificar a aplicação de CAQDAS na pesquisa qualitativa em marketing.

Para os pesquisadores usuários de ferramentas de apoio à análise quantitativa de dados, é importante notar que o uso de um CAQDAS leva a outro modelo cognitivo de análise. No caso de *softwares* para análise quantitativa, após a entrada dos dados, são feitas "rodadas" que emitem resultados (relatórios) que são analisados pelo pesquisador. Se necessário, o pesquisador fará alguma alteração na massa de dados e efetuará outra "rodada" *do software*, voltando em seguida para a análise e interpretação dos resultados. Isto é, toda a análise é feita sobre dados gerados pelo *software*.

Já com CAQDAS, o processo é bastante diferente. Não existe o conceito de "rodar" ou executar o *software* para emitir um relatório com resultados a serem analisados. Os aplicativos do tipo CAQDAS, especialmente aqueles voltados para codificação de textos e geração de teorias, são projetados para *apoiar a análise*, funcionando como facilitador de tarefas para o pesquisador.

Para entender o funcionamento de um CAQDAS e de que forma ele pode apoiar na pesquisa de marketing, é necessário um entendimento inicial das metodologias de análise de dados em pesquisas qualitativas.

7.1 A análise de dado na pesquisa qualitativa

Na pesquisa qualitativa, é bastante comum o uso da análise de conteúdo, em que se busca nos textos os significados que fazem sentido para os questionamentos da pesquisa. Atualmente, os pesquisadores têm investido em diferentes abordagens e técnicas em pesquisas qualitativas, como a história de vida (para avaliar mudanças de comportamento do consumidor), a semiótica (quando se trabalha com significados individuais), entre outras.

Independentemente da técnica de coleta dos dados qualitativos, em geral o que se tem com dados brutos para análise são:

- textos – resultado das transcrições das entrevistas, observações, respostas das técnicas projetivas, diálogos de grupos de foco etc.;
- imagens – fotos significativas para a pesquisa, como expressões de bebês ao experimentar um novo suco, ou filmes, que podem ser resultado de observações que foram filmadas (e não descritas em texto) ou quaisquer outros movimentos alvo da pesquisa;
- sons – podem ser as gravações das entrevistas ou diálogos dos grupos de foco não transcritos para texto ou quaisquer outros sons significativos.

O texto é a forma mais comum de dados qualitativos nas pesquisas atuais, mas existem diversos exemplos de pesquisas trabalhando com formatos mistos (por exemplo, textos e fotos) ou apenas com imagens ou sons. Tecnicamente, em termos metodológicos, as etapas de análise para textos, imagens ou sons são similares. Assim, neste capítulo será abordado o formato texto, sendo feita referência aos demais formatos, quando necessário.

7.2 O formato dos dados textuais na pesquisa qualitativa

O dado textual pode estar no formato estruturado, semi-estruturado ou não estruturado. Por exemplo, se as entrevistas seguiram um roteiro rígido, em que todos os entrevistados responderam às mesmas perguntas, provavelmente todas as transcrições vão conter essas perguntas, na mesma ordem, variando apenas as respostas dos entrevistados. Por outro lado, se as entrevistas foram abertas, sem um roteiro predefinido, será comum que as transcrições não tenham um formato similar entre si. O mesmo ocorre com as observações, que podem seguir um formato estruturado (o que observar, em que ordem) ou não estruturado. Já o dado textual resultante da transcrição dos diálogos dos grupos de foco, em geral, é não estruturado.

É importante observar que tal fato também ocorre com imagens. Por exemplo, pode-se ter filmado a reação de crianças experimentando um novo sabor de sorvete. Os filmes poderiam seguir a mesma sequência, para todas as crianças (criança pega sorvete, criança experimenta o sorvete, criança emite expressão – som e imagem) ou ser filmado de forma aleatória, por exemplo, filmando um grupo de crianças no horário do recreio, onde pegar sorvete, experimentar e expressar sentimento aconteça em paralelo, de forma assíncrona, dentro do grupo.

7.3 O processo típico de análise de dados textuais

A sequência de etapas para análise dos dados na pesquisa qualitativa depende, em muito, da metodologia de pesquisa adotada. No entanto, na área de marketing, a grande maioria passa pelas mesmas etapas. Em geral, o pesquisador está procurando no texto evidências de alguma categoria de informações. Como exemplo, vamos observar uma pesquisa que se propõe a identificar dois aspectos junto aos clientes de um supermercado:

- quais os novos serviços demandados pelos clientes;
- qual a impressão atual que os clientes têm de suas lojas.

Para a área de marketing desse supermercado, é importante ter as respostas de forma segmentada: por gênero e por faixa etária. Os dados foram coletados de três formas:

- um grupo de foco com clientes de ambos os sexos, nas diversas faixas etárias;
- entrevistas estruturadas com clientes escolhidos de forma aleatória;
- técnicas projetivas, em que os clientes foram convidados a associar o supermercado a imagens positivas, negativas e neutras.

Os diálogos foram gravados e posteriormente transcritos para arquivos Microsoft Word, assim como as respostas da coleta a partir de técnicas projetivas, gerando um conjunto de arquivos texto. Em um processo comum de análise, o pesquisador leu todo o material, marcando e separando os trechos dos textos que trazem as informações procuradas. Novamente, aqui os passos seguintes dependem das técnicas de análise, mas um caminho comum seria separar, de cada texto, todos os segmentos com informações relacionadas, reagrupando-os segundo categorias de informação e/ou de amostra, como pode ser observado na Figura 7.1 a seguir.

Figura 7.1   Exemplo de codificação de dados textuais

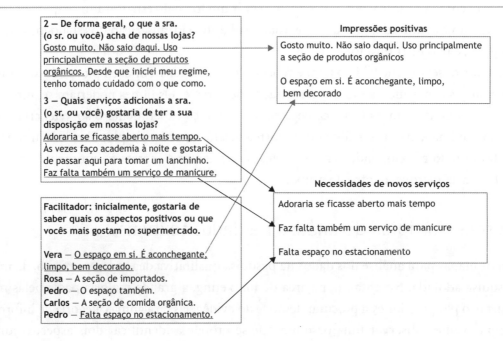

Fonte: elaborada pela autora.

Esse processo de recorte de textos, em geral, é feito a partir dos recursos de **cortar/colar** do Microsoft Word (ou outro editor de texto) e é chamado **codificação**, onde cada segmento de texto separado é chamado **código**. Dependendo da metodologia adotada, a codificação pode ser executada em diversos níveis e com diferentes abordagens.

Durante o processo de codificação, o pesquisador poderia perceber que as impressões sobre o supermercado podem ser separadas em dois grupos: positivas e negativas. Além disso, seria necessário separar as impressões positivas e negativas em outros grupos, de acordo com o gênero e a faixa etária. Assim, poderiam ser criados, entre outros, agrupamentos de textos com:

- impressões positivas do grupo masculino e do grupo feminino;
- impressões negativas do grupo masculino e do grupo feminino;
- impressões por faixa etária;
- novos serviços demandados pelo público masculino;
- novos serviços demandados pelo público feminino;
- novos serviços demandados por faixa etária.

No entanto, outras perguntas vão surgir durante o processo de análise, como: quais novos serviços são demandados pelos homens (ou mulheres) satisfeitos com o supermercado? Existem diferenças entre as demandas de mulheres, dependendo da faixa etária? As mulheres (ou homens) insatisfeitas demandam novos serviços? Quais? Isto é, toda e qualquer combinação de questionamentos envolvendo os grupos de códigos.

Caso se esteja trabalhando com editores de texto, como o Word, é comum que cada agrupamento seja um arquivo individual, o que dificulta cruzar todas as informações. Relendo os códigos (procedimento normal no processo de análise), o pesquisador pode perceber, por exemplo, que os serviços demandados pelo público feminino poderiam ser classificados em serviços relacionados com o gerenciamento doméstico (como lavanderia, entrega de encomendas, entre outros) e com cuidados femininos (como manicure no ambiente do supermercado, sessão para limpeza de pele, ginástica no pátio do estacionamento, entre outros).

O mesmo poderia acontecer com o público masculino e tudo isso precisaria ser também classificado por faixa etária. Esse processo de releitura e refinamento dos códigos normalmente é executado até que se esgote e nada de novo apareça. A partir daí, é possível avaliar as descobertas e fechar a análise.

Neste exemplo, a área de marketing receberia um relatório evidenciando a existência de diferentes impressões relativas ao supermercado, assim como as demandas de serviço de acordo com o público-alvo. É usual que gráficos e tabelas ilustrem o relatório da pesquisa, que precisa ser sucinto, objetivo e conclusivo, na medida do possível.

Outra técnica bastante comum de análise qualitativa em marketing acontece quando já se sabe de antemão quais são as principais categorias de informação que deverão ser procuradas nos textos. O pesquisador então prepara um conjunto de categorias de códigos e, ao ler os textos, vai separando (eventualmente num processo de **cortar/colar** do Word) os trechos para as categorias previamente estabelecidas. Esse grupo de categorias predefinidas normalmente é chamado *framework* ou *template* de análise. O *framework* pode ser construído a partir de outra pesquisa qualitativa de cunho exploratório inicial, a partir da literatura especializada, a partir da opinião de especialistas ou, ainda, a partir da experiência anterior dos pesquisadores.

Figura 7.2   Exemplo de *framework*

Impressões positivas
- Aspectos relacionados à loja
- Aspectos relacionados aos produtos
- Aspectos relacionados aos serviços prestados

Impressões negativas
- Aspectos relacionados à loja
- Aspectos relacionados aos produtos
- Aspectos relacionados aos serviços prestados

Demanda por novos serviços
- Público feminino
- Público masculino

Exemplo de *framework*
No processo de análise, o pesquisador iria procurar nos textos as expressões que pudessem se encaixar em algum dos itens listados.

Fonte: elaborada pela autora.

Mesmo usando um *framework* que tem como objetivo nortear a leitura dos textos, pode acontecer (dependendo da metodologia de análise adotada), de ser percebido nos textos a existência de categorias não planejadas. Caberá ao pesquisador (dependendo do objetivo da pesquisa) incluir ou não essa nova categoria.

É importante enfatizar que, para efeitos didáticos, o exemplo ilustra uma das formas mais comuns para se realizar análise de dados na pesquisa qualitativa. Outras formas existem e são bastante utilizadas, especialmente em pesquisas acadêmicas.

Em algumas situações, a análise de textos é executada de forma artesanal, com tesoura, cola (ou *post-it*), painéis etc. Esse processo ainda é bastante comum em pesquisas acadêmicas, mas, no caso de pesquisa de marketing, em que o pesquisador normalmente precisa trabalhar sob pressão de resultados reveladores e tempo reduzido, o mais comum é que se trabalhe pelo menos com apoio de editores de texto computadorizados.

É fácil deduzir que a análise de dados qualitativos pode ser trabalhosa e depende, de forma significativa, do bom senso, conhecimento, discernimento e trabalho árduo do pesquisador. Ao executar a análise com suporte apenas de editores de texto, o pesquisador necessita criar inúmeros arquivos com diversas visões de agrupamento de códigos. Esse processo dificulta um maior aprofundamento ou detalhamento das categorias criadas. Isso se torna especialmente crítico quando se trabalha com grandes volumes de texto.

7.4 Visão geral das ferramentas de apoio à análise de dados qualitativos

O escopo de funcionalidades disponíveis nos CAQDAS varia desde atividades simples, como contagem da ocorrência de palavras em textos analisados, até atividades complexas de gerenciamento de documentos, codificações/segmentações de textos, relacionamento entre documentos e geração de mapas analíticos para elaboração de teorias. Entre os *softwares* mais utilizados em ciências sociais aplicadas estão, em ordem alfabética: Atlas.ti, Dedoose, Ethnograph, HiperResearch, MaxQDA, NVivo e QDA-Miner. É possível ainda encontrar *softwares* desenvolvidos em plataforma livre e distribuídos gratuitamente como o LibreQDA, desenvolvido pela Universidade Autônoma de Barcelona, o Coding Analysis Toolkit (CAT), o Transana, entre outros.

Grande parte desses *softwares* foi originalmente desenvolvida para apoiar pesquisas acadêmicas. A partir da década de 2000, os *softwares* incorporaram recursos bastante úteis para as pesquisas de marketing, com a possibilidade de trabalhar com tabelas para *survey* qualitativa, análise de redes sociais, recursos para trabalhar com grande volume de dados, entre outros. Assim, do ponto de vista técnico, as ferramentas tradicionalmente acadêmicas se aplicam também à pesquisa de marketing, pois são genéricas e com um número significativo de recursos para o pesquisador.

Um grupo especial de CAQDAS são aqueles destinados à "construção de teorias". Esses *softwares* foram desenvolvidos com base nos processos e procedimentos da *grounded theory*.[1] Os procedimentos

---

[1] Na língua portuguesa, esse termo foi traduzido para "teoria fundamentada", também sendo encontrado o termo "teoria embasada".

dessa metodologia permitem ao pesquisador elaborar teorias, necessárias para explicar novos fenômenos ou entender fenômenos ainda obscuros. É utilizada desde os anos 1980 nas áreas das Ciências Sociais e, desde o início dos anos 2000, passou a ser utilizada também em pesquisas da área de Administração, notadamente na área de marketing.

Os *softwares* destinados à construção de teorias mais utilizadas no mercado mundial são o Atlas.ti e NVivo. Pela complexidade dos procedimentos necessários para execução da *grounded theory*, esses *softwares* permitem diversos tipos de codificação e apresentam funcionalidades importantes para gerenciamento de textos, imagem e som. Por isso, também são muito utilizados em pesquisas de marketing, independentemente da metodologia aplicada.

A despeito do sucesso na comunidade acadêmica e também junto à pesquisadores de marketing, os CAQDAS, notadamente aqueles voltados para codificação de textos e geração de teorias, têm sido alvo de preocupações e críticas. Alguns autores entendem que o uso de computadores para análise de dados qualitativos pode afastar o pesquisador de seus dados. Outros acreditam que as facilidades para codificação de textos podem provocar excesso de códigos, dificultando o processo de análise. Existem ainda aqueles que acreditam que os métodos de analise implícitos em algumas ferramentas podem provocar viés nos resultados.

No entanto, esse tipo de *software* ainda não toma decisões e apenas executa os comandos que são solicitados pelo pesquisador. Cabe ao pesquisador decidir qual a melhor forma de organização dos dados, os critérios para codificação e organização dos códigos, o momento de parar de codificar e agrupar códigos em categorias e partir para a análise. É o pesquisador quem vai perceber, analisar, justificar e questionar, se necessário, os resultados que emergiram dos dados.

7.5 O *software* NVivo11

A história do NVivo foi iniciada em 1993, quando a QSR International Pte Ltda (neste capítulo referenciada como QSR) lançou o NUD*IST (Non-Numerical, Unstructured Data Indexing, Searching and Theorinzing). Nos anos seguintes, o *software* sofreu diversas atualizações, e chegou em 2006 com o nome de N6. Em paralelo, a QSR lançou o *software* NVivo1, com funções parecidas com o N6, mas com funcionalidades mais flexíveis para análise (porém com limitações em volume de dados).

Em 2006, a QSR optou por juntar os dois *softwares* e lançou o NVivo7, que consolidou as funcionalidades das duas ferramentas, implementando ainda interface Windows, além de incorporar diversas facilidades para os processos de análise. Desde então, o NVivo vem recebendo constantes atualizações e, em março de 2015, foi lançado o NVivo11. A despeito do lançamento das novas versões de *softwares*, a QSR não descontinuou as versões anteriores, sendo possível encontrar no Brasil e exterior instituições que ainda utilizam o NVivo10, NVivo9 e até versões mais antigas.

Considerando as características típicas da pesquisa de marketing no ambiente corporativo, a QSR lançou em 2003 o *software* XSigth. Este CAQDAS incorporava os principais conceitos da linha de produtos NVivo2, mas foi construído para implementar a linguagem e os procedimentos usuais das pesquisas de marketing e poderia ser aplicado na maioria das situações. No entanto, com a evolução do NVivo, que passou a incorporar recursos não existentes no XSigth, as empresas de pesquisa foram naturalmente optando por ele, levando à descontinuidade do XSight.

7.5.1 Visão geral do NVivo11

A QSR possui uma parceria com a Microsoft que permite a utilização dos principais paradigmas relacionados com representação gráfica, lógica de operação do *software* e vocabulário. Dessa forma, usuários familiarizados com o Microsoft Word, Excel e Outlook normalmente sentem-se confortáveis com os recursos do NVivo11.[2] Para gerenciamento dos documentos, o NVivo11 utiliza o Microsoft SQL Server (licença para uso exclusivo do *software*, que faz parte do pacote, quando se adquire o NVivo11).

Uma importante característica do *software* é aceitar todos os tipos de alfabeto aceitos pelo Word e permitir a importação de qualquer documento Word ou planilha Excel. Devido a essa capacidade, textos em Word ou planilhas podem ser editados normalmente no ambiente NVivo11, facilitando a geração de relatórios.

O NVivo11 trabalha com o conceito de projeto de pesquisa. Cada projeto é uma coleção de itens que são importados para o ambiente do NVivo11 ou gerados pelo pesquisador, no ambiente do *software*. Abaixo, a tela de abertura do NVivo11 PRO (uma das versões do NVivo11):

Figura 7.3   Tela de abertura do NVivo11 PRO

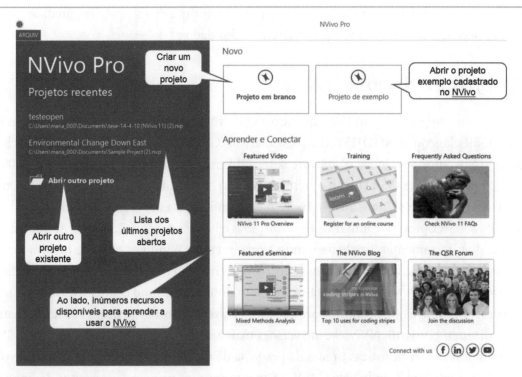

Fonte: elaborada pela autora.

---

[2] As versões mais antigas, como N6, NVivo2 e NUD*IST não foram desenvolvidas com essa parceria. Por isso, a navegação nessas versões é diferente, sendo que algumas delas apresentam restrições no formato do texto.

Os itens de projeto correspondem a arquivos Windows e na maioria das vezes podem ser manuseados como tal. Isto é, textos, imagens e sons podem ser recortados, copiados, colados, movidos, removidos e "arrastados" (com movimento de *mouse*) de uma pasta para outra. O Quadro 7.1 ilustra os principais componentes de um projeto no NVivo11.

Quadro 7.1   Principais componentes de um projeto NVivo11

Itens do projeto	Descrição
Fontes	São os documentos do projeto ou *links* para dados externos. Os documentos podem ser importados para o NVivo ou criados pelo processador Word nativo do *software*. Exemplos de **fontes** são as transcrições de entrevistas, relatos de observações, notas de projeto, roteiros de entrevistas, entre outros.
Nós	São agrupamentos de dados que são criados pelo pesquisador durante o processo de analise e podem representar características, fenômenos, atitudes, entre outros, que são significativos no contexto da pesquisa. Os **nós** podem ser livres ou fazer parte de uma hierarquia, chamada de **árvore de nós (ou nós de árvore)**.
Casos	**Casos** são unidades de observação. Pode ser uma pessoa, um lugar, uma empresa, entre outros, dependendo dos objetivos do projeto. Os casos são na realidade um tipo de nó, podendo receber códigos durante o processo de codificação e também atributos.
Códigos	São segmentos de texto associados a um ou mais **nós**. Os **códigos** são criados e associados a **nós** pelo pesquisador. O *software* possui algumas opções para geração automática de códigos.
Classificações de fonte ou de casos	São características associadas aos arquivos-**fonte** ou aos **casos**. Por exemplo, se as fontes são transcrições de entrevistas, uma forma de classificar poderia ser utilizando dados demográficos dos entrevistados.
Memos	São documentos associados a outros documentos. São importantes para registro de ideias, *insights* e sua associação com partes do projeto. Podem funcionar como anotações às margens de um livro, por exemplo.
Consultas	São consultas elaboradas em algum momento e que são armazenadas para uso futuro.
Links	Existem vários tipos de *links*. Eles existem para relacionar itens do projeto entre si.

Fonte: elaborado pela autora.

O espaço de trabalho do NVivo11 permite visualizar os principais itens de projeto.

Conforme ilustrado na imagem a seguir, o NVivo apresenta uma caixa à esquerda da tela com os ícones para acessos a todos os itens do projeto (**1**). Nesta área é selecionada a pasta que será aberta na área acima (**2**). Neste caso, foi aberta a pasta **Fontes**. Após clicar em alguma subpasta (no caso, a pasta **Entrevistas**), todos os itens da pasta serão mostrados em formato lista na área à direita (**3**), chamada de **Exibição em lista**. Ao dar um duplo clique em um desses itens, o conteúdo será mostrado na área de trabalho (**4**), chamada de **Exibição em detalhes**. Vários documentos podem ser abertos ao mesmo tempo. A tela principal do NVivo11 também é chamada de *NVivo workspace* ou **Espaço de trabalho NVivo**:

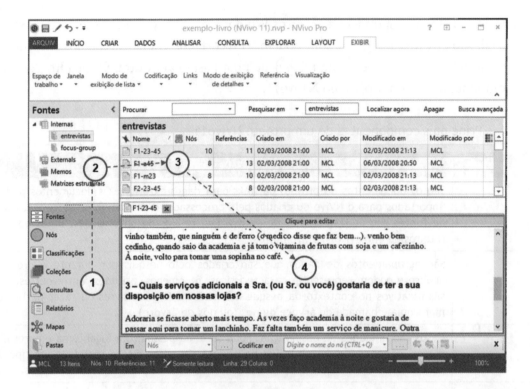

O pesquisador pode ainda visualizar mapas conceituais a partir do relacionamento entre os itens do projeto, em qualquer momento da análise e também armazená-los para futura análise comparativa, como ilustrado na Figura 7.4.

Figura 7.4   Exemplo de mapa conceitual

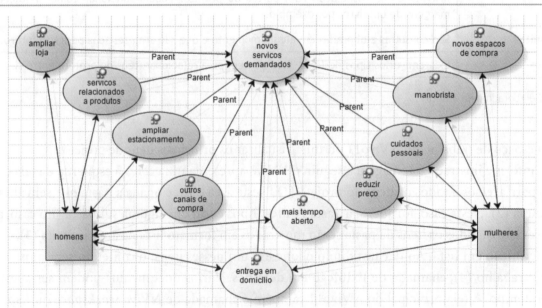

Fonte: elaborada pela autora com base no projeto exemplo.

7.5.2 Como decidir entre as diferentes versões do NVivo11

O NVivo11 é apresentado em cinco versões, sendo uma delas para usuários de Mac (Apple) e as outras quatro para usuários Windows. Quando da elaboração deste livro, a versão para Mac ainda não apresentava todos os recursos da versão Windows, como interface em diferentes idiomas.

As outras quatro versões para Windows apresentam recursos crescentes, sendo que a versão inicial (NVivo Starter) trabalha apenas com dados no formato de textos, mas suficiente para grande parte das atuais pesquisas. A versão NVivo PRO apresenta todos os recursos da versão anterior (NVivo10) e a versão NVivo PLUS traz importantes recursos adicionais para análise de dados de redes sociais. A versão NVivo FOR TEAM é voltada para pesquisas em equipe, com recursos poderosos para colaboração entre pesquisadores. É necessário destacar que o NVivo PRO possui recursos para facilitar a pesquisa em grupo, como a consulta de comparação de códigos.

O Quadro 7.2 apresenta as principais características de cada uma das opções do NVivo11.

Quadro 7.2   Comparativo entre as versões do NVivo11

NVIVO FOR MAC	NVIVO 11 STARTER FOR WINDOWS	NVIVO 11 PRO FOR WINDOWS	NVIVO 11 PLUS FOR WINDOWS	NVIVO FOR TEAMS
Software de análise qualitativa de dados para usuários MAC	Recursos poderosos para análise de dados com base em texto	Maior gama de tipos de dados e recursos para análises complexas	Recursos adicionais para análise de dados em redes sociais	Solução segura para pesquisas em grupo
Importar e analisar documentos, imagens, PDF, áudio, vídeo, planilhas, páginas web, e dados do Twitter e Facebook	Importar e analisar texto Codificação de tema, caso *e in-vivo*	Todas as funcionalidades do NVIVO STARTER, mais Importar e analisar imagens, vídeo, *e-mails*, planilhas, pesquisas *on-line*, de dados da web e informações do Facebook, Twitter e YouTube	Todas as funcionalidades do NVIVO PRO, mais Análise de redes sociais	Solução segura para pesquisa realizada por grupos de pesquisadores de forma colaborativa Colaboração em tempo real
Codificação de tema, caso *e in-vivo* Avaliação de codificação com *coding stripes* e destaques	Avaliação de codificação com *coding stripes* e destaques Consultas sobre frequência das palavras de codificação	Codificar relacionamentos Autocodificar pela estrutura do texto	Sociogramas de redes Métricas de rede Percepções (*insigths*) automatizadas	Permissão de uso baseada em funções ou papéis dos pesquisadores
Mesclar NVivo para projetos de Mac Importar e criar transcrições	Gráficos, nuvens de palavras, árvores de palavra, diagramas para explorar e comparar dados	Mesclar projetos		

(continua)

(continuação)

NVIVO FOR MAC	NVIVO 11 STARTER FOR WINDOWS	NVIVO 11 PRO FOR WINDOWS	NVIVO 11 PLUS FOR WINDOWS	NVIVO FOR TEAMS
Importar informações do EndNote	Importar artigos de *software* de gerenciamento de referencias	Consultas em matriz e de comparação de códigos	Codificação baseada em padrões	Armazenamento seguro de dados de forma centralizada. Recursos de *backup*
Funções de codificação automática	Importar de *software* de anotações	Importar diretamente de SurveyMonkey		
Memos e anotações	Importar notas do Evernote	Importar, criar ou comprar transcrições NVivo		Trabalhar com maior volume de dados
Consultas tipo Matrix, frequência de palavras, pesquisa de texto e comparação de códigos	Memos e anotações

Conectar-se a NVIVO FOR TEAMS | Análise de *Framework*

Visualizações hierárquicas, análise de *cluster,* projeto, mapas conceituais e mentais | | |
Árvores e nuvens de palavras	Exportar e compartilhar itens			
Exportar e compartilhar itens	Trabalhar dados em qualquer idioma	Importar referência de *software* de gerenciamento de referência		
Trabalhar dados em qualquer idioma	Interface em Inglês, Chinês, Alemão, Francês, Japonês, Espanhol e Português	Acesso ao NVIVO FOR MAC sem custo adicional		

Fonte: QSR International (tradução da autora).

7.5.3 Como comprar o NVivo11 ou adquirir uma cópia em demonstração

A aquisição do NVivo11 pode ser feita diretamente na página da QSR (www.qsrinternational.com) na internet. Existem opções de compra de licenças individuais e algumas opções para múltiplos usuários. No caso da licença individual, é possível trabalhar com preço *standard* ou preço para a área educacional. Se o usuário for da área educacional, existe a opção **student**, que dá acesso completo ao *software* pelo período de um ano. Esse tipo de licença pode ser ideal para elaboração de projetos de conclusão de curso, quando o usuário trabalhará com o *software* por pouco tempo.

Caso o usuário queira testar o *software* antes da compra, existe a opção de baixar todo o pacote para uso em demonstração pelo período de 14 dias. Será necessário preencher um pequeno cadastro e informar um endereço de *e-mail* para receber a permissão para *download* e um código de licença para instalação do produto. A partir daí, basta fazer o *download* do *software* e proceder a instalação. O período de 14 dias corridos passa a ser contado a partir da instalação.

7.5.4 Como aprender a trabalhar com o *software*

O principal pré-requisito para usar qualquer CAQDAS, especialmente aqueles com recursos de codificação e geração de teoria, é dominar os processos e procedimentos para análise dos dados em pesquisa qualitativa, em especial sobre a metodologia que faz parte do desenho da pesquisa.

Havendo domínio das técnicas, os novos usuários encontram alguns facilitadores para a aprendizagem do NVivo:

- o *software* possui tutoriais que permitem acompanhar passo a passo a execução das principais funcionalidades. Tutoriais mais simples estão disponíveis no *site* da QSR;
- o *software* traz um projeto real cadastrado, com todos os itens de projeto e passos de análise, que se transformam em exemplos significativos durante o processo de aprendizagem;
- existe o recurso de **Help** e um detalhado manual *on-line* que podem ser acessados paralelamente ao uso das funcionalidades;
- devido à popularidade desse aplicativo no mercado internacional, existe um volume significativo de artigos acadêmicos e casos divulgados nas bases de dados de pesquisa, debatendo, ilustrando e exemplificando sua utilização;
- é possível encontrar livros atualizados sobre como usar o NVivo em pesquisas acadêmicas ou não, sendo que a QSR disponibiliza a venda de diversos livros em sua página da internet;
- no *site* da QSR existe um calendário de cursos oferecidos e a possibilidade de contratação de serviços de consultoria específicos para as necessidades dos usuários.

Além desses recursos, o Brasil já possui profissionais aptos a treinar e dar consultoria na utilização dos principais *softwares*, em geral no meio acadêmico. Algumas das grandes universidades brasileiras já incluíram os CAQDAS como ferramentas de apoio em seus programas de pós-graduação e os aplicativos mais encontrados são o Atlas.ti e NVivo.

7.6 Analisando dados com o suporte do NVivo11

O NVivo, pela facilidade de utilização, mesmo por pesquisadores não habituados a utilizar CAQDAS, foi escolhido para exemplificar a utilização do *software* de apoio na análise de dados em pesquisa qualitativa de marketing. São apresentadas as etapas seguidas para análise dos dados da pesquisa exemplo, referenciada na Seção 7.3 deste capítulo.

O NVivo11 está fundamentado no conceito de projeto. Por isso, o primeiro passo para analisar os dados da pesquisa exemplo foi criar um novo projeto. Isto é feito a partir da tela inicial do *software*, onde o usuário deve selecionar (com clique do *mouse*) a caixa **Projeto em branco.** O usuário receberá então uma caixa de diálogo para cadastrar o novo projeto:

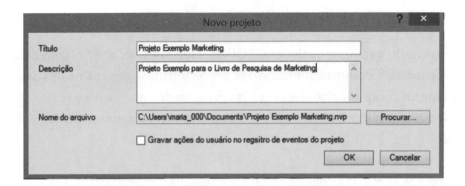

Nesta caixa de diálogo deve ser informado o nome do projeto (no caso, Projeto Exemplo, marketing) e, opcionalmente, uma descrição em formato livre pode ser incluída. Caso queira, o pesquisador poderá também alterar o local onde o projeto será armazenado e optar por registrar ou não as ações do usuário nesse projeto. Para finalizar, deverá clicar em **OK**. A próxima tela mostrada pelo *software* será a tela principal, já com o projeto aberto.

7.6.1 Organizando arquivos de dados no NVivo11

Antes de carregar seus arquivos para as bases de dados do NVivo11, o pesquisador precisa planejar a melhor organização para suas fontes de dados. Os arquivos podem ser armazenados diretamente nas pastas já cadastradas no item **Fontes**, mas o usuário pode criar subpastas, conforme necessário. No projeto exemplo, temos dois grupos de dados: as transcrições das entrevistas e a transcrição do grupo de foco. Para armazenar esses dados, foram criadas duas subpastas na pasta **Internas** (onde deve ser armazenado esse tipo de dado). Para criar subpastas, alguns passos devem ser executados.

Em primeiro lugar, na lista de opções de navegação do lado esquerdo da tela, clicar em FONTES → INTERNAS. Na barra de ferramentas, clicar em CRIAR, e em seguida, em PASTA:

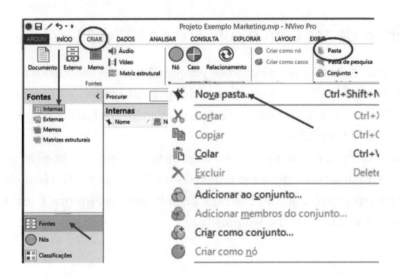

O *software* vai abrir uma caixa de diálogo para que seja informado o nome da subpasta. No caso, foi criada a pasta **Entrevistas**. A seguir, é possível visualizar o resultado:

Após preencher nome, descrição e clicar em **OK**, a pasta **Entrevistas** será criada, subordinada à pasta **Internas**. A mesma sequência de comandos foi executada para criar a pasta **Grupo de Foco**. O resultado está ilustrado a seguir:

7.6.2 Criando atributos para identificar respondentes

No NVivo11, os arquivos **Fontes** e os **Casos** são entidades que podem ser identificadas por atributos. No projeto exemplo, os respondentes possuem dois atributos que permitiram a segmentação das respostas: o sexo e a faixa etária. Houve a opção por trabalhar com atributos para **Casos** e não **Fontes**, pois o mesmo cliente pode ter sido entrevistado e atuado no Grupo de Foco. Como o **Caso** é na realidade um **Nó**, onde se pode carregar diferentes fontes e códigos, a opção foi trabalhar com **Casos**. Para que esses atributos possam ser associados aos entrevistados é necessário que sejam cadastrados antecipadamente. Os passos para criar os atributos são:

- na lista de **Itens de Projeto**, clicar em Classificações;
- na lista de detalhe do **Item Classificações**, clicar em Classificações de caso;
- na área de **Exibição em Lista**, clicar em Classificação de caso e, com o botão direito do *mouse*, clicar em qualquer lugar na área abaixo. O NVivo mostrará uma caixa de diálogo. Clicar, nesta mesma caixa, em Nova classificação conforme ilustrado a seguir:

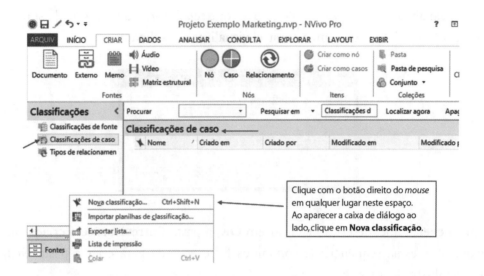

Ao clicar em NOVA CLASSIFICAÇÃO, o NVivo abrirá uma caixa de diálogo para que a classificação (que na realidade é o nome de um conjunto de atributos) seja cadastrada. Nesse momento, é possível carregar algumas das classificações previamente definidas ou criar uma própria. No caso do projeto exemplo, foi criada a classificação chamada **Entrevistado**, como ilustrado a seguir:

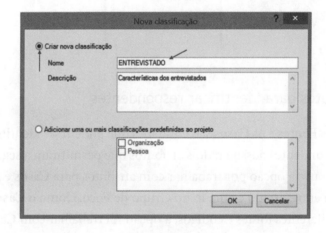

Após a criação da Classificação, é necessário informar quais atributos fazem parte dela. No caso, sexo e faixa etária (que chamamos de idade no projeto exemplo). A criação de Atributos para uma Classificação é uma tarefa bastante simples: basta clicar com o botão direito do *mouse* em qualquer espaço abaixo do nome da classificação, na área de **Exibição em lista**:

Capítulo 7 · Utilização de *software* para apoio à pesquisa qualitativa   67

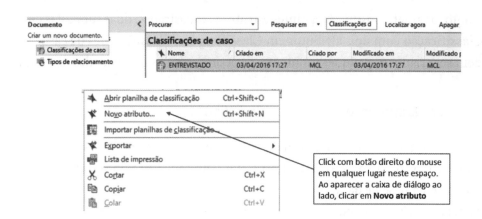

Após essa sequência de comandos, o NVivo11 mostrará uma caixa de diálogo com duas abas: uma para o cadastro do atributo (seu nome e descrição) e outra para informar os valores que poderá assumir. A sequência abaixo mostra o cadastro do atributo sexo:

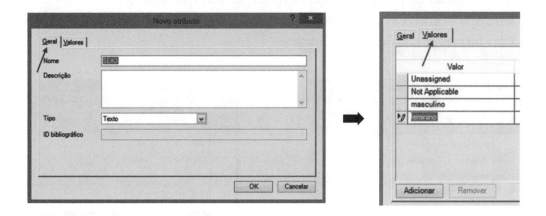

A mesma sequência de comandos foi seguida para cadastrar o atributo idade. Ao final, ao clicar em CLASSIFICAÇÕES DE CASO, pode-se observar na **Exibição em lista** a Classificação e os dois atributos criados:

Nesse ponto, o projeto possui as seguintes estruturas cadastradas: duas subpastas em **Fontes/Internas** e uma **Classificação** com dois atributos em **Classificações/Classificações de caso**. Novos atributos e pastas podem ser criados a qualquer momento, de acordo com as necessidades da pesquisa.

7.6.3 A carga de documentos nas bases do NVivo11

A pesquisa do projeto exemplo trabalha com dois tipos de documentos: a transcrição das entrevistas e a transcrição dos grupos de foco. Após a criação das estruturas, o próximo passo é trazer esses documentos para dentro da base de dados do NVivo11.

A preparação prévia dos documentos é uma etapa delicada e cercada de cuidados quando se pretende usar os recursos de codificação automática do *software*. No caso da pesquisa exemplo, essa funcionalidade foi utilizada para reagrupar as respostas por tipo de pergunta. Na pesquisa do projeto exemplo, as entrevistas foram estruturadas com três questões. Na primeira, foram obtidas as características dos respondentes. Na segunda, foi perguntado sobre a impressão que o cliente tem da loja e, na terceira, sobre as novas demandas de serviços. Durante a transcrição, as respostas foram escritas no Microsoft Word com letra tipo Normal e as perguntas ficaram com letra tipo **Título1** (**heading 1**). Isto viabiliza o uso de **uma das formas** de codificação automática:

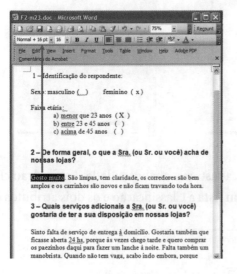 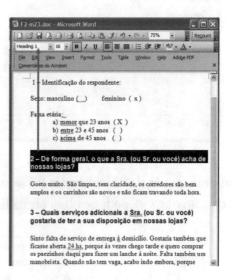

Na pesquisa exemplo foram entrevistadas 13 pessoas (seis homens e sete mulheres) em todas as faixas etárias propostas. As entrevistas foram transcritas no formato descrito no parágrafo anterior, sendo que cada transcrição gerou um arquivo Word.

Para carregar os arquivos com as transcrições das entrevistas do projeto exemplo, deve ser usada a sequência de comandos apresentada a seguir:

- Na lista de opções de navegação do lado esquerdo da tela, clicar em FONTES → INTERNAS → ENTREVISTAS.

- Na barra de ferramentas, clicar em DADOS.
- Clicar com o botão esquerdo na visão de lista que se abriu do lado direito da tela.
- Clicar em IMPORTAR e, em seguida, clicar em IMPORTAR DOCUMENTOS.

- Ao clicar em IMPORTAR DOCUMENTOS, o NVivo vai abrir uma caixa de diálogo similar ao Microsoft Explorer, para que o pesquisador indique onde estão armazenados os documentos (no caso, as entrevistas).
- Localizada a pasta, poderão ser "marcadas" todas as entrevistas para que ocorra a carga em um único comando.
- Depois de marcar todas, clicar em ABRIR.

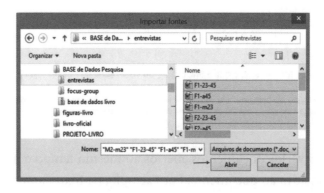

- Após executar essas operações, a pasta **Entrevistas** conterá todas as entrevistas carregadas, podendo ser visualizadas com a sequência de cliques em FONTES → INTERNAS → ENTREVISTAS.

Documentos armazenados na pasta ENTREVISTAS

- Quando o pesquisador quiser ler qualquer um dos documentos carregados, bastará dar um duplo clique na linha correspondente da **visão de lista**. O documento será então aberto na **visão de detalhe**.

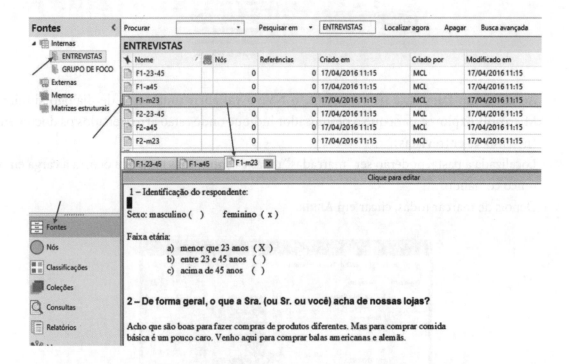

- É possível manter vários documentos abertos ao mesmo tempo e navegar entre eles com um clique na "aba" relativa ao documento. Por exemplo, na figura anterior estão abertos os documentos de três entrevistas.

Os mesmos passos foram seguidos para carregar a transcrição do grupo de foco na subpasta **Grupo de foco**.

7.6.4 Associação de atributos aos entrevistados

O NVivo permite a associação de atributos a documentos e a Casos. O Caso é um tipo de nó que pode receber vários documentos ou outros tipos de arquivos, como fotos, filmes, entre outros. Os documentos de entrevistas identificam os respondentes nesse projeto exemplo. Porém, a opção foi criar uma estrutura de Caso para cada respondente, associando inicialmente suas entrevistas. Em um momento futuro, poderá ser possível alocar outros arquivos a cada Caso (ou seja, a cada respondente).

Para criar os Casos na pesquisa exemplo é necessário executar os seguintes comandos:

- Em **Fontes**, marcar a pasta **Entrevistas**.
- Na visão de lista, marcar todas as entrevistas mostradas (cada uma corresponde a um entrevistado, nesse caso).
- Clicar com o botão direito na área marcada.
- Na caixa de opções mostrada pelo NVivo, clicar em CRIAR COMO e, em seguida, clicar em CRIAR COMO CASOS.

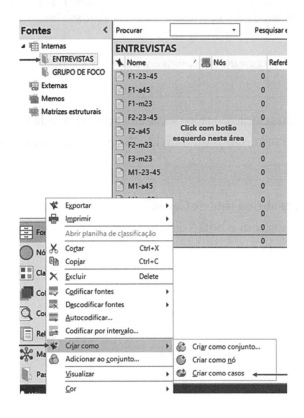

Após essa sequência de comandos, o NVivo vai criar os Casos solicitados. Para verificar, basta clicar em NÓS, em seguida em CASOS à esquerda da tela. O NVivo mostrará todos os casos cadastrados:

Casos criados. Cada Caso é um Nó que pode receber outros documentos

A próxima etapa será a associação do tipo de classificação para cada Caso. Essa é uma atividade que pode ser feita usando recursos otimizados ou individualmente para cada documento, conforme o passo a passo abaixo.

- Clicar em CASOS para abrir a lista de Casos.
- Clicar em um dos casos com o botão direito do *mouse* e depois com o botão esquerdo.
- Na lista de opções aberta pelo NVivo, clicar em CLASSIFICAÇÃO.
- Na lista de opções abertas a seguir, aparecerá a opção **Sem classificação** e **Entrevistado**. Este é o nome da Classificação criada na Seção 7.6.2 deste capítulo.
- Clicar em ENTREVISTADO como ilustrado em "4" na figura.
- Para não ter de fazer o procedimento individualmente para cada entrevistado, repetir o processo acima marcando inicialmente **Todos os casos.**

Após identificar o tipo de Classificação para os Casos, é possível atribuir valores aos atributos. Os passos para iniciar a associação de valores dos atributos aos casos (neste projeto, casos são os respondentes) estão detalhados a seguir.

- Clicar com o botão direito no Caso para o qual se vai escolher os valores dos atributos.
- Na lista de opções apresentada pelo NVivo, escolher a opção **Propriedades do caso**.

- Após essa sequência de comandos, será aberta uma caixa de respostas com os dois atributos cadastrados. Ao clicar à direita, serão abertas as opções para escolha do pesquisador.
- Depois de escolher o valor adequado para a entrevista, deve ser repetido o processo para o segundo atributo. Finalizado, clicar em **OK**.
- O processo deve ser repetido para cada **Caso**.

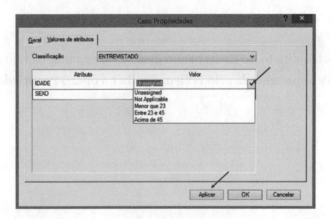

7.6.5 Codificação automática – agrupando respostas

Na pesquisa exemplo, as questões centrais (impressões dos clientes e demanda por novos serviços) estão focadas em duas perguntas. Para efeito de análise, é adequado agrupar todas as respostas da pergunta de número 2 (relativa às impressões dos clientes) e todas as respostas da pergunta 3 (sobre novas demandas de serviços). Sem uso de ferramentas de apoio, em geral nesse momento ocorre um processo de **cortar/colar** para separar as respostas e gerar novos agrupamentos.

No caso da pesquisa exemplo, os dois agrupamentos de textos necessários foram criados a partir do recurso de codificação automática com base no tipo de fonte Word (fonte Normal e Título 1). Para executar essa codificação com os dados da pesquisa, veja os passos abaixo.

- Clicar em ENTREVISTAS, para visualizar todas as entrevistas na visão de lista.
- Marcar **todas** as entrevistas.
- Com o botão direito, clicar sobre a área marcada.
- Nas caixas de opções, clicar em AUTOCODIFICAR.

- Na caixa de **Assistente de Autocodificação**, foi escolhido **Heading 1** (Título 1) como parâmetro de codificação. Nesse caso, Heading 1 foi marcado na caixa **Estilos de parágrafos disponíveis** e movido com o comando ">>" para a caixa "Estilos de parágrafos selecionados".
- Na **Etapa 2** deve ainda ser informado o nome do código sendo criado e sua localização. No caso, foi criado como uma árvore de nós, chamada **Agrupamento**.

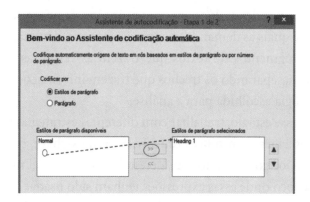

Ao se clicar em Nós, o NVivo apresenta todas as árvores de nós já criadas. É importante notar que neste exemplo cada nó tem como nome o segmento de texto que foi marcado como **Título 1** e 13 ocorrências, que corresponde ao número de entrevistas. Isto é, neste caso, todos os respondentes responderam às duas perguntas. Para visualizar o conteúdo de cada um dos nós, basta um duplo clique sobre o nó que se deseja ler. O ambiente permite que vários nós sejam abertos ao mesmo tempo. Neste exemplo, o nó aberto contém todas as respostas da pergunta 2:

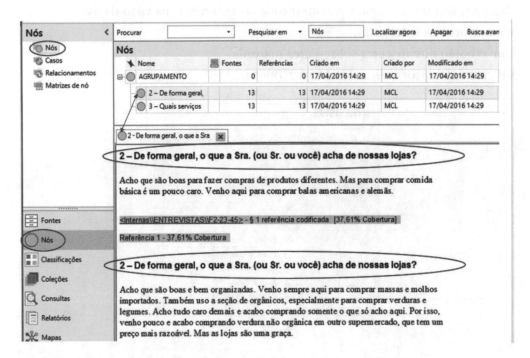

7.6.6 Buscando respostas e evidências – o processo de codificação

Nesse ponto do processo de análise, os arquivos com as transcrições já estão cadastrados, sendo possível elaborar consultas básicas, como identificar os respondentes homens ou mulheres, quantos em cada faixa etária ou ainda elaborar consultas com a combinação de todos os parâmetros.

A próxima etapa para responder às duas questões propostas na pesquisa exemplo (quais as impressões sobre o supermercado e quais as demandas por novos serviços) é buscar nas transcrições das entrevistas e grupo de foco os segmentos de textos que trazem as respostas procuradas. Para isso, será necessário codificar os textos, separando os trechos que trazem informações significativas e reagrupando-as, conforme a metodologia escolhida para a análise.

O pesquisador pode, nesse estágio, trabalhar com diferentes estratégias para buscar as informações de que necessita. Uma delas é fazer consultas à procura de termos-chave, como identificar onde os respondentes usaram a expressão "gosto muito" ou "detesto". O *software* vai mostrar todos os trechos das entrevistas ou do grupo de foco onde essas expressões tenham sido usadas. Esse processo é bastante útil quando se tem antecipadamente os termos-chave. As respostas das consultas poderão ser tratadas como

Nós que são agrupamentos de códigos com algum significado para a pesquisa. Os códigos podem ser agrupados, para a formação dos nós, que, por sua vez, podem formar árvores de nós.

Para ilustrar, podemos supor que o pesquisador, ao buscar impressões positivas, tenha feito uma consulta para identificar quais entrevistados utilizaram a expressão "gosto muito". No NVivo11, essa é uma consulta do tipo **Pesquisa de texto** (existem diferentes tipos de consultas disponibilizadas no *software*). Para executá-la são necessários os comandos apresentados a seguir.

- Na barra de ferramentas, clicar em CONSULTAS.
- Em seguida, clicar em PESQUISA DE TEXTO.

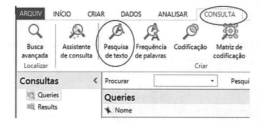

- A sequência de comandos vai mostrar uma caixa de diálogo com três abas, onde deverá ser informado o texto que se procura, assim como o nome do **Nó** que será criado para conter todos os trechos com a expressão.

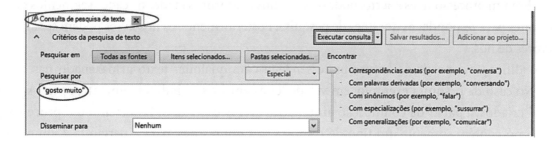

- Para executar, é necessário clicar no comando EXECUTAR CONSULTA, escolhendo a opção EXECUTAR E SALVAR RESULTADOS (para que o nó seja efetivamente criado).
- Como resultado da execução da consulta, o NVivo vai gerar um nó com todos os trechos de entrevistas (**códigos**) em que ocorre a expressão "gosto muito".

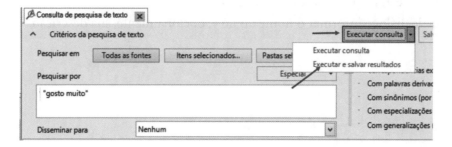

É importante notar que uma das ocorrências de texto é "não gosto muito", e ela pode ser eliminada do nó pelo pesquisador:

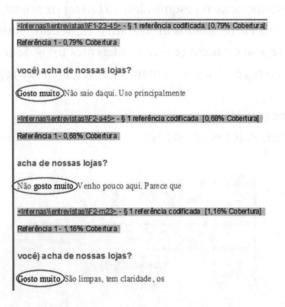

Outra forma de busca bastante utilizada é o processo de codificação a partir da leitura dos textos ou uma combinação entre leitura e realização de consultas. Durante a codificação, o pesquisador pode utilizar árvores de nós previamente definidas (um *framework* em geral é cadastrado como uma árvore de nós). Em um processo mais aberto, pode-se criar nós conforme são identificados segmentos de textos importantes para responder às questões de pesquisa. Posteriormente, os nós livres podem ser agrupados em árvores de nós.

A codificação a partir da leitura pode ser feita com qualquer texto armazenado nas bases do NVivo. No caso da pesquisa exemplo, em vez de ler as entrevistas individualmente, optou-se por ler os nós já criados, a partir da codificação automática (ver Seção 7.6.5). Isso facilitou o processo, porque cada nó contém somente um tipo de resposta (ou impressões, para a pergunta 2, ou novas demandas, no caso da pergunta 3). Como se sabia que as impressões poderiam ser positivas ou negativas, foi inicialmente criado um nó para conter todos os códigos com impressões positivas. Os passos para criar estão descritos a seguir.

- Na lista de opções de navegação do lado esquerdo da tela, clicar em Nós.
- Na barra de ferramentas, marcar CRIAR e NÓ.
- Na caixa de diálogo informar o nome do nó e, opcionalmente, sua descrição.

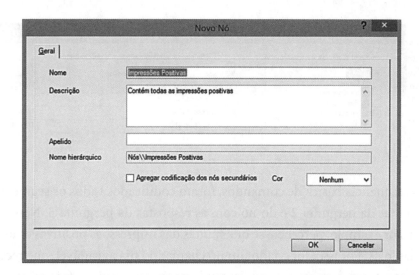

Observe que outros dois nós foram criados: **Impressões negativas** e **Novos serviços demandados**:

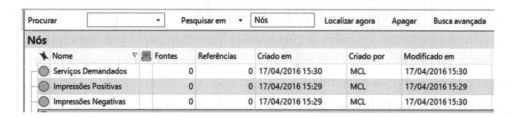

Deve-se observar que a criação antecipada dos nós livres foi opção do pesquisador, pois os nós podem também ser criados durante o processo de codificação. A partir da criação dos nós livres, foi aberto o nó que contém as respostas da pergunta 2. Logo no início da leitura, foi observado o trecho "gosto muito", entendido como uma impressão positiva. Para codificar esse trecho, é necessário se guiar pela sequência de comandos a seguir.

- Inicialmente, "marcar" o fragmento de texto que se deseja codificar.
- Em seguida, clicar sobre o fragmento marcado com o botão direito do *mouse*.
- Clicar em CODIFICAR SELEÇÃO → CODIFICAR SELEÇÃO EM NÓS EXISTENTES.

Nota: caso o pesquisador precise criar outro nó, por entender que o fragmento não se encaixe em nenhum dos nós já criados, deveria clicar em CODIFICAR SELEÇÃO → CODIFICAR SELEÇÃO EM NOVO NÓ. Seria então aberta uma caixa de diálogo para identificação do novo código.

- o NVivo vai mostrar a lista de nós existentes. Deve-se então marcar em qual (ou quais) nó(s) o trecho deve ser codificado. Em seguida, clicar em **OK**.

A partir dessa sequência básica de comandos, foram codificados todos os segmentos significativos do nó com as respostas da pergunta 2 e do nó com as respostas da pergunta 3. Nesse processo, outros nós foram criados. Por exemplo, percebeu-se que muitas das impressões positivas estavam relacionadas com o ambiente das lojas. Por isso, foi criado um nó chamado **Loja agradável**, que recebeu 18 segmentos de textos. Da mesma forma, ao se avaliar a demanda por novos serviços, foi verificado que as demandas poderiam ser agrupadas em categorias, como **Ampliar estacionamento**. Ao final do processo, haviam sido criados 23 nós, ainda sem nenhum agrupamento.

O próximo passo foi agrupar os nós, de forma a obter uma visão consolidada das respostas. Esse agrupamento é feito a partir de comandos de **cortar/colar** (movendo para a estrutura apropriada de **Nós**).

Inicialmente, foram movidos os nós aderentes aos agrupamentos **Impressões positivas**, **Impressões negativas** e **Novos serviços demandados**. Os próximos nós foram movidos como subordinados a esses três, formando assim uma hierarquia de árvore (ou *framework*).

Como última etapa, foi criada a árvore **Impressão**, que recebeu os dois grupos relativos (impressões positivas e negativas). Isso pode ser feito pelo processo **cortar/colar** ou por movimento de arrastar com o *mouse*, pois todos estarão na mesma pasta:

Para expandir (ou fechar) o conteúdo de cada árvore de nós, basta clicar no sinal de "+" ou de "–" ao lado do nome da árvore.

Ao lado de cada nó, o *software* mostra quantos arquivos-fonte (no caso, entrevistas transcritas) foram incluídos em cada nó e quantos códigos foram encontrados. Por exemplo, o nó **Loja agradável** foi encontrado em nove arquivos-fonte e possui 18 códigos, conforme apresentado a seguir:

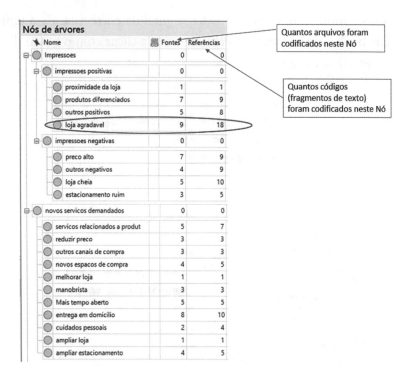

Para ler o conteúdo de cada nó, basta um duplo clique em seu nome na área de exibição em lista. O conteúdo do nó será mostrado na área de exibição de detalhes:

É possível, a qualquer momento, voltar ao texto original da entrevista. Para tanto, o pesquisador deverá posicionar o cursor do *mouse* sobre o trecho de texto e clicar com o botão direito. Em seguida, clicar em Abrir fonte referenciada:

Com esse comando, o NVivo vai abrir outra janela na área de exibição de detalhes e mostrar todo o conteúdo da entrevista. Todos os demais fragmentos de texto que tenham sido codificados aparecerão marcados:

Além dos recursos básicos de codificação apresentados neste item, o NVivo possui outros recursos avançados, como as consultas compostas ou ainda as matrizes de informações. É possível também associar textos aos **códigos** e **Nós** e criar relações entre as diversas estruturas. Outra possibilidade bastante útil é consultar a frequência de ocorrências de palavras no texto.

7.6.7 Representação das estruturas por meio de modelos

O NVivo possui facilidades para a elaboração de representações gráficas das estruturas armazenadas, assim como do relacionamento entre elas. As representações gráficas são chamadas de **Mapas,** que podem ser: mapa mental, mapa do projeto e mapa conceitual. Os passos para criar um **Mapa** estão apresentados a seguir.

- Na lista de opções de navegação do lado esquerdo da tela, clicar em MAPAS.
- Clicar com o botão direito do *mouse* na área de exibição em lista e escolher o tipo de mapa desejado. No caso do projeto exemplo, foi escolhido mapa do projeto.
- Na caixa de diálogo aberta, informar o nome do modelo (no exemplo, o modelo "impressões").
- Na próxima caixa de diálogo aberta, escolher os itens do projeto que farão parte do mapa.

O **Mapa** criado poderá ser editado pelo pesquisador a partir dos recursos de edição disponibilizados pelo NVivo. É possível mover os itens de lugar com movimentos do *mouse*, mudar o formato e a cor das figuras, incluir ou excluir itens, criar relacionamentos, entre outros.

Na pesquisa exemplo, foram criados dois modelos. Um deles mostra as novas demandas de serviços por homens e mulheres (ver Seção 7.3), e o segundo representa as impressões positivas e negativas.

Figura 7.5   Representação gráfica das impressões positivas e negativas

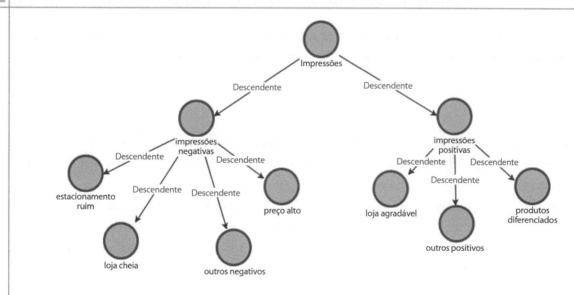

Fonte: elaborada pela autora, com base no *software* NVivo11 PRO.

O **Mapa** é uma forma gráfica de visualização das entidades e relações obtidas no processo de análise. Caso o pesquisador queira obter detalhes do conteúdo de cada item, basta um duplo clique sobre o item para que o NVivo abra o documento relacionado na área de visão de detalhe. Esse procedimento é bastante interessante em apresentações de resultados, que podem ser feitas a partir do próprio *software*.

7.7 Benefícios do uso dos CAQDAS na pesquisa de marketing

Além da agilidade e redução do tempo de análise, a utilização de *softwares* para apoio à análise de dados em pesquisas qualitativas na área de marketing possibilita outros benefícios, como apresentado a seguir.

- **Facilidades para *debriefing* e apresentações para clientes** – os projetos cadastrados na base de dados do *software* podem ser usados diretamente em apresentações para clientes. Os mapas de correlação e resultados dos agrupamentos de dados nos *frameworks* são formas simples e diretas de apresentação dos resultados.
- **Pesquisa contínua** – esta é uma possibilidade cada vez mais explorada. A partir das amostras cadastradas nas bases de dados, outras amostras podem ser coletadas, permitindo a comparação de situações em diferentes momentos do tempo. Isto é especialmente útil para se avaliar mudanças de percepção e de comportamento do cliente.
- **Compartilhamento das análises e interpretações com clientes ou equipes de pesquisa** – como os dados estão *on-line*, é possível compartilhar o que for interessante com clientes, num processo que permite estreitar relacionamentos.

7.8 Alguns cuidados quando se usa CAQDAS em pesquisa de marketing

O uso de CAQDAS em pesquisa qualitativa exige alguns cuidados por parte do pesquisador, especialmente aquele não habituado com a utilização de ferramentas informatizadas.

7.8.1 Salva do projeto

Qualquer ferramenta de *software* pode apresentar problemas, seja devido a pane nos equipamentos, seja por erro (*bugs*) da própria ferramenta. Por isso, é essencial que o pesquisador se habitue a fazer cópias frequentes do projeto para outras mídias.

Outro problema comum envolvendo salvas é fechar o aplicativo sem salvar o trabalho em andamento. Pode ser terrivelmente frustrante trabalhar em um processo de análise durante horas e perder tudo. Para evitar essa situação, o NVivo possui opção de salvas automáticas do trabalho em andamento. Cabe ao usuário determinar a periodicidade. O padrão é salvar a cada 15 minutos.

7.8.2 Estratégia de análise

A maioria dos aplicativos do tipo CAQDAS é construída com base em algum paradigma de análise. Os mais utilizados, NVivo e Atlas.ti, têm como pano de fundo a *grounded theory*. No entanto, todos eles são suficientemente flexíveis para que o pesquisador implemente a estratégia de análise mais apropriada para a pesquisa em andamento.

O grande risco (e motivo de resistências) é o pesquisador moldar sua pesquisa à estratégia de análise natural da ferramenta. Para que isso não aconteça, é necessário que a metodologia adequada esteja definida e planejada antes do cadastramento do projeto no *software*.

7.8.3 Processo de codificação

O uso de CAQDAS como NVivo facilita o processo de codificação dos dados. Um risco apontado por críticos ao uso das ferramentas é a perda de foco devido a codificação além do necessário para responder aos problemas de pesquisa. As facilidades de codificação e de consultas aos textos permitem liberar o tempo do pesquisador para os processos de análise. Porém, cabe a ele decidir quando já tem material suficiente para encerrar o processo.

Em pesquisas de marketing, em geral existe um processo macro de codificação, em que os primeiros *insights* são elaborados e discutidos com o cliente. Em um segundo momento, se necessário, a codificação é detalhada para um refinamento das descobertas. Novamente aqui, um planejamento prévio e foco nas questões de pesquisa podem evitar a codificação em excesso.

Conclusão

O uso de CAQDAS ainda é pequeno no Brasil, seja em pesquisas de marketing ou pesquisas acadêmicas. Porém, o cenário onde ocorrem as pesquisas está mudando rapidamente. Os recursos atuais de redes de comunicações, internet e videoconferência, entre outros, viabilizam a comunicação interativa entre pesquisadores e clientes. Talvez a principal vantagem do uso de CAQDAS em pesquisas de marketing seja a possibilidade de comunicação rápida de resultados parciais. Diferentemente da pesquisa acadêmica, em que o relatório de pesquisa é o principal produto, na pesquisa de marketing o mais importante são as respostas rápidas às inquietações do mercado.

Contudo, o *software* não pode ser visto como o senhor da pesquisa. Os pesquisadores são os atores do processo. A ferramenta é apenas um recurso que pode, **se bem utilizado**, facilitar o gerenciamento dos arquivos, agilizar a codificação e a busca de respostas, além de facilitar a comunicação. No entanto, quem decide o que fazer, quando fazer e por que fazer continua sendo o pesquisador.

Parte II

8 Princípios de amostragem

Introdução

A amostragem é um dos principais elementos da pesquisa de marketing. Com o seu uso, o pesquisador procura estudar certos aspectos (variáveis) para entender como é o seu comportamento na população de onde a amostra foi retirada.

As problemáticas mais frequentes em pesquisas nos campos do marketing, finanças, contabilidade, administração e economia são duas:

- É preciso justificar que a(s) amostra(s) retirada(s) de populações representa(m) as características delas e que, portanto, pode(m) ser utilizada(s) em testes, como que seus resultados e conclusões são estatisticamente aceitos como os da respectiva população.
- Deve-se justificar qual tamanho deve ter a amostra para garantir que suas características realmente sejam aquelas da população original.

Ao calcularmos a média de uma amostra, não nos perguntamos se ela é realmente válida para o estudo da característica em questão. A **estatística descritiva** se ocupa da classificação e tabulação dos dados coletados de forma coerente, deixando-os prontos para outros cálculos. Nesse ponto, a **inferência estatística** entra no processo por meio das técnicas de amostragem para que estas assegurem ao pesquisador o direito de inferir os resultados alcançados para o restante da população.

Entretanto, como garantir que as amostras sejam obtidas por pelo menos um processo sistematizado, e não puramente por casualidade, para que sejam consideradas representativas?

Antes de iniciarmos a descrição de tais técnicas, é recomendável relembrar duas definições.

A população é um conjunto de elementos com pelo menos uma característica em comum entre eles. A amostra, por sua vez, é uma fração da população, um subconjunto de seus elementos que mantém pelo menos uma característica em comum com a população da qual foi extraída. Por exemplo, uma amostra representada pelos consumidores de certo produto com idade igual ou superior a 40 anos.

8.1 Importância da amostragem

Em qualquer pesquisa, é impossível entrevistar toda a população (censo). Então, o que mais ocorre é o estudo das características populacionais por meio de amostras.

Cada amostra possui características singulares e comuns em relação à população da qual foi extraída. Dependendo da finalidade da pesquisa, o tamanho da amostra e a maneira como ela foi obtida têm grande relevância para as conclusões finais.

Amostragem é um processo de seleção das observações (medições individuais) existentes na população para formar uma ou mais amostras com a finalidade de estudar algum fenômeno de interesse do pesquisador. Entre as características que poderão ser estudadas, encontramos: a média da população, a sua variância, seu desvio-padrão e a proporção populacional que possui a mesma característica da proporção revelada pela amostra.

As técnicas estatísticas apropriadas para essa finalidade são os intervalos de confiança e os testes de hipóteses. Essas duas abordagens são essenciais para o pesquisador na definição do erro-padrão associado à pesquisa.

Amostras mal projetadas ou mal colhidas – viesadas – podem comprometer a validade científica de todo o processo de pesquisa e confundir aqueles que têm a responsabilidade de tomar decisões em relação à empresa e ao mercado. Em qualquer situação, a aleatoriedade na amostragem é desejada, pois garante a integridade da pesquisa.

Independentemente da vontade do pesquisador, o número de observações incluídas na amostra e a forma de coleta e sua finalidade acarretarão um erro-padrão, o qual significa que nem todas as observações estão próximas da medida média da amostra como normalmente se deseja.

Os tamanhos das amostras condicionam as pesquisas, chegando às vezes a limitá-las por demandarem pessoal habilitado e treinado, como por revelarem qual deve ser o tamanho destas amostras para minimizar o erro-padrão da estimativa, o qual deve ser aceito ou rejeitado pelo pesquisador. Por sua vez, o erro-padrão de estimativa tem relação com o nível de significância (alfa) e com o nível de certeza que o analista pretende (1 – alfa).[1] Essa terminologia é utilizada em estatística para indicar a possibilidade de se retirar da população outra amostra que não tenha as características iguais às da presente.

---

[1] Recomenda-se a leitura do livro *Estatística aplicada* (2017) do professor Virgillito Salvatore.

Assim, adequar uma amostra ao erro-padrão máximo pretendido pelo observador é o que estudaremos neste capítulo.

8.2 Tipos de amostragem

Como dissemos, as amostras ajudam a detectar a característica populacional alvo do estudo. Os dois tipos básicos de amostragem são as amostras probabilísticas e as não probabilísticas.

Em alguns casos, a aleatoriedade é o item essencial para a validação da pesquisa, enquanto, em outros, deve-se escolher duas ou mais características em comum para os mesmos elementos, o que restringe a amostra a grupos previamente determinados. Por exemplo, se desejamos saber a opinião das mulheres com mais de 35 anos que ocupam cargos diretivos em empresas de grande porte, devemos antes definir o que é empresa de grande porte na pesquisa, para depois focalizarmos nas mulheres, em seguida nas que tenham idade superior à indicada e, finalmente, dentro destas, aquelas que ocupam cargos diretivos. Esse será o nosso público-alvo da pesquisa.

Ilustram-se a seguir (veja Figura 8.1) os tipos mais comuns de amostragem.

Figura 8.1 Classificação das técnicas de amostragem

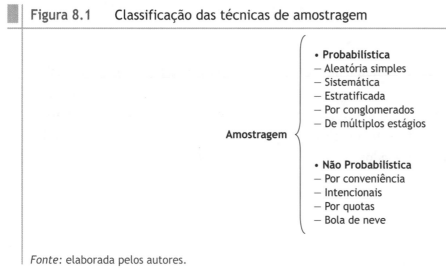

Fonte: elaborada pelos autores.

8.2.1 Amostragem probabilística

Amostragem probabilística é aquela em que cada unidade amostral tem uma possibilidade zero de não pertencer à amostra, pois todas as variáveis fazem parte da população e não há, portanto, variáveis que não sejam desse universo.

Nesse caso, a probabilidade de cada unidade (observação ou elemento) ser escolhida obedece à definição clássica de probabilidade de Laplace, ou seja, $1/N$.

Se o tamanho da população for $N = 40$, cada uma das observações terá probabilidade 1/40 de ser escolhida para integrar a amostra probabilística.

Na amostragem probabilística existe ainda a possibilidade de que a amostra seja estabelecida com e sem reposição, na população de origem, dos elementos retirados para formar cada amostra. Assim, na amostra com reposição, um mesmo elemento tem a possibilidade de ser sorteado mais de uma vez, enquanto na amostra sem reposição um elemento só poderá ser sorteado uma única vez. Normalmente, em pesquisas de mercado, não faz sentido perguntar duas vezes à mesma pessoa o quesito em análise, a não ser que entre essas duas situações ocorra algum agente modificador.

8.2.2 Amostragem aleatória simples

Esse tipo de amostragem pressupõe que todos os membros tenham a característica procurada na pesquisa e que todos tenham igual chance de serem selecionados e/ou indagados.

É essencialmente a definição de amostragem probabilística. Os elementos são classificados por números e, depois, sorteados aleatoriamente em número desejado pelo analista para que seja constituída a amostra de análise e posterior generalização dos resultados.

Outra forma de escolher os elementos que irão compor a amostra aleatória simples é fazer a escolha mediante tabelas de números aleatórios.

8.2.2.1 Amostragem aleatória simples no Excel

No Excel, basta selecionar na barra de menu: **Ferramentas/Análise de Dados/Geração de números aleatórios**.

Escolha **Distribuição Uniforme** e indique o número de **Variáveis** (colunas) e **Número de números aleatórios** (linhas); no campo **Intervalo de saída**, indique a partir de que célula (nesse caso, célula B3) deseja que o sistema escreva os resultados.

O aspecto final do quadro se assemelhará a este:

A seguir selecione **OK** e o sistema responderá com um quadro semelhante ao da Tabela 8.1, contendo 7 colunas e 25 linhas.

Tabela 8.1 Tabela de números aleatórios

Linhas	Colunas						
	1	2	3	4	5	6	7
1	2246	4549	3040	1610	5787	4147	3472
2	4884	6164	2835	3533	4045	1522	4332
3	5257	1941	4986	3846	3534	3420	5366
4	1909	1419	3239	4072	4056	1513	4899
5	5202	2690	4853	1633	1736	1272	5344
6	1401	3303	5698	6067	1598	5473	2158
7	4634	5534	2234	4617	4563	1702	2850
8	2303	4971	3023	1597	2654	5103	5788
9	4533	5284	1540	1237	5634	5056	4405
10	1619	6248	3766	4429	4318	5929	4615
11	4012	3975	2446	5391	3306	1710	5609
12	6097	3368	3936	5709	4695	4224	5837
13	3320	2808	3746	3045	5522	4918	5779
14	6170	3386	2304	2606	4713	4278	1859
15	1446	3073	6172	4228	3906	3709	2851
16	1607	2978	3993	4194	1771	3521	4367
17	2139	5720	3164	2420	4398	1636	5940
18	6250	5281	4706	5610	5987	5129	1237
19	5853	3207	4908	5326	4093	1387	4357
20	4839	6122	6056	2408	4926	3406	4179
21	3460	2084	5758	2069	1301	4699	5098
22	4552	1408	5580	3845	4465	2009	5714
23	4061	3093	4923	5626	4111	2957	2061
24	3039	6181	3779	3523	3715	4815	4305
25	2099	3464	5783	5069	1379	4033	4589

Fonte: elaborada pelos autores.

Vamos supor que o analista deseja selecionar uma amostra de 50 elementos. Uma vez que os clientes ou respondentes tenham já sido classificados por números, a primeira e a segunda colunas ou um número suficiente de linhas deverão ser escolhidos.

O analista deverá escolher os respondentes que tenham classificação conforme os primeiros dois dígitos de cada coluna, a não ser que haja repetições, as quais serão excluídas. Os respondentes selecionados serão, então, os números 22, 48, 52, 19, 14, 46, 23 etc. até o número total da amostra desejada, que, nesse caso, é 50.

8.2.2.2 Amostragem aleatória simples com o STATISTICA

O programa STATISTICA possui opções para a escolha de amostras. Abra o arquivo **Rede de Lojas_mod_2.sta** disponível no *site* da editora Saraiva Educação em: <http://www.saraivauni.com.br/ 9788547220938>. Essa base de dados contém 297 respondentes. Vamos retirar dela uma amostra de 25% dos respondentes de maneira aleatória simples.[2]

Selecione: Dados/Amostragem Aleatória Subconjunto. Habilite Amostragem randômica (aleatória) simples. Em **Casos**, selecione **Tudo** e, na janela Aproximar, escreva 25 para que o programa entenda que se pretende uma amostra aleatória de 25% do total das variáveis. O aspecto deverá ser como:

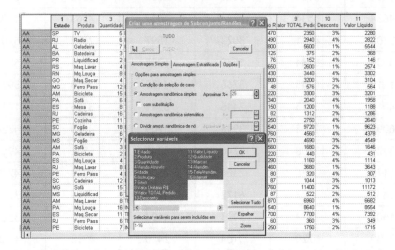

Perceba que, ao clicar em **OK**, o programa escolherá aleatoriamente 25% dos casos da base de dados principal e criará automaticamente um segundo arquivo com a amostra aleatória solicitada, o qual poderá ser gravado e salvo com outro nome para futuras análises.

8.2.3 Amostragem sistemática

Esse tipo de amostragem supõe que haja um critério predeterminado para a escolha dos elementos que irão compor a amostra. A esse critério denomina-se fator de sistematização, que descreveremos a seguir.

8.2.3.1 Amostragem sistemática no Excel

Suponhamos uma população de clientes de uma rede de lojas de $N = 219$, e que o analista queira retirar dela uma amostra sistemática de tamanho $n = 20$.

Define-se como fator de sistematização a relação: $s = \dfrac{N}{n}$; no nosso exemplo, o fator de sistematização seria $s = \dfrac{219}{20} \cong 11$.

---

[2] Alerta-se que o arquivo mencionado produzirá resultados diferentes, pois possui um número de linhas inferior a 25.

Sorteia-se, então, um número que esteja entre 1 e o valor 11, por exemplo, o 6.

Reproduz-se a seguir a população de 219 clientes considerada e sua característica em análise (valor médio de compras). Observe que, nesse caso, a escolha é induzida pelo método anteriormente descrito e que será escolhida uma delas a cada grupo de seis casos.

Tabela 8.2 Valor médio de compras por cliente

Cliente	Compra média	Cliente	Compra média	Cliente	Compra média	Cliente	Compra média	Cliente	Compra média	Cliente	Compra média	Cliente	Compra média	Cliente	Compra média	Cliente	Compra média
1	1,69	31	1,99	61	2,21	91	1,41	121	2,23	151	1,86	181	1,97	210	2,27		
2	1,18	32	1,65	62	1,59	92	1,26	122	1,21	152	2,80	182	1,83	211	2,21		
3	2,07	33	2,79	63	2,46	93	1,22	123	1,27	153	1,66	183	1,17	212	1,83		
4	2,62	34	1,38	64	1,71	94	1,37	124	1,53	154	1,32	184	1,87	213	1,80		
5	2,59	35	2,58	65	2,67	95	2,41	125	2,79	155	1,49	185	2,00	214	2,16		
6	2,73	36	1,90	66	2,59	96	1,85	126	1,73	156	1,16	186	2,40	215	2,03		
7	1,03	37	1,90	67	2,27	97	2,71	127	1,59	157	2,47	187	2,34	216	2,32		
8	1,73	38	1,19	68	2,21	98	2,68	128	1,84	158	1,33	188	2,02	217	1,54		
9	2,55	39	1,61	69	1,83	99	1,17	129	2,33	159	2,29	189	2,05	218	1,64		
10	1,25	40	1,71	70	1,80	100	2,24	130	1,24	160	2,65	190	2,08	219	1,67		
11	1,44	41	2,15	71	2,16	101	2,63	131	1,04	161	1,57	191	1,56				
12	1,08	42	1,37	72	2,03	102	1,06	132	1,99	162	1,73	192	1,94				
13	1,06	43	1,92	73	2,32	103	1,95	133	2,26	163	2,58	193	1,78				
14	1,30	44	1,53	74	1,54	104	1,38	134	1,95	164	2,54	194	2,45				
15	1,40	45	1,54	75	1,61	105	2,34	135	1,54	165	1,80	195	2,24				
16	1,03	46	1,72	76	2,57	106	2,33	136	1,85	166	1,85	196	2,04				
17	1,51	47	2,19	77	1,46	107	1,82	137	1,25	167	1,73	197	1,37				
18	1,62	48	2,74	78	2,42	108	1,50	138	1,32	168	2,69	198	1,44				
19	2,00	49	2,57	79	2,10	109	1,18	139	2,35	169	2,27	199	1,72				
20	1,64	50	2,73	80	2,76	110	2,00	140	1,05	170	2,12	200	1,77				
21	1,67	51	1,05	81	2,07	111	1,94	141	1,98	171	2,32	201	1,80				
22	1,64	52	1,24	82	1,84	112	2,56	142	1,86	172	2,53	202	2,60				
23	2,64	53	1,86	83	2,15	113	2,62	143	1,28	173	2,08	203	1,49				
24	1,84	54	1,22	84	1,86	114	2,34	144	1,68	174	1,39	204	2,65				
25	1,77	55	2,07	85	1,41	115	1,85	145	1,52	175	2,37	205	1,44				
26	1,55	56	1,23	86	2,03	116	2,35	146	1,35	176	1,89	206	1,14				
27	2,76	57	2,25	87	1,07	117	1,42	147	2,78	177	1,06	207	2,43				
28	2,45	58	2,80	88	2,54	118	1,34	148	1,57	178	1,10	208	1,84				
29	2,78	59	1,21	89	1,21	119	1,96	149	2,76	179	2,68	209	1,07				
30	1,46	60	1,10	90	2,00	120	1,06	150	1,27	180	1,75	210	2,60				

Fonte: elaborada pelos autores.

Então, o 1º elemento da amostra dos valores médios de compras será o 6º elemento da população, o 2º elemento da amostra será o 12º elemento da população, e assim por diante, até que tenhamos os 20 elementos desejados. O último será o 120º elemento.

Tabela 8.3 Amostra sistemática dos valores médios de compra

Cliente	Compra média	Cliente	Compra média
6	2,73	66	2,59
12	1,08	72	2,03
18	1,62	78	2,42
24	1,84	84	1,86
30	1,46	90	2,00
36	1,90	96	1,85
42	1,37	102	1,06
48	2,74	108	1,50
54	1,22	114	2,34
60	1,10	120	1,06

Fonte: elaborada pelos autores.

8.2.3.2 Amostragem sistemática com o STATISTICA

Suponhamos o mesmo arquivo **Rede de Lojas_mod_2.sta**. Habilite AMOSTRAGEM RANDÔMICA SISTEMÁTICA e indique *K* = **6**, como calculado anteriormente:

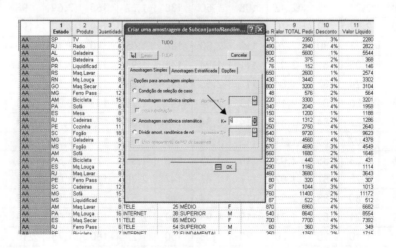

Ao clicar em **OK**, o leitor poderá perceber que o sistema selecionou 49 variáveis; exatamente uma a cada seis casos na sequência original apresentada.

8.2.3.2.1 Viés de seleção

O viés de seleção decorre da possibilidade de que alguma variável não pertença realmente à população considerada ou de que haja uma escolha deliberada por este ou aquele respondente, sem levar em conta o critério previamente adotado. Define Morrettin[3] que "A amostragem probabilística é isenta de viés".

Esse fato decorre da probabilidade igual de escolha para todos os membros da população; assim, se todos têm a mesma probabilidade de serem selecionados, não há viés (distorção ou manipulação).

8.2.4 Amostragem estratificada

O princípio desse tipo de amostragem é o de verificar, no evento a ser estudado, quantos estratos (característica dentro da população) existem.

Se um analista pretende estudar a satisfação de um grupo de consumidores em relação a um produto, uma marca ou um serviço, e desse grupo sabe que existem consumidores fiéis à marca e outros esporádicos, pode optar por estratificar a pesquisa.

Uma pesquisa de satisfação de políticas empresariais, com funcionários da própria empresa, pode ser estratificada por faixas salariais e, assim, estudarem-se quais decisões empresariais têm impacto positivo em cada faixa de salário e quais têm impacto positivo ou negativo em todas as faixas salariais.

Em uma pesquisa social sobre a satisfação com a política governamental de ensino fundamental público, pode-se buscar qual o motivo da evasão escolar e, então, querer estratificar a amostra por número de anos de estudo dos pais dos alunos. O que se buscaria é se as causas da satisfação decorrem ou não da importância dada pelos pais ao estudo dos filhos.

Observe que a estratificação não abandona a coleta aleatória para a formação da amostra final de análise.

Uma característica adicional da amostra estratificada é a de que ela pode ser proporcional ou inversamente proporcional.

Se a população de 400 pesquisados foi estratificada em três níveis de tamanhos diferentes e dela quisermos extrair uma amostra de 80 elementos, deveremos tomar 20% de cada estrato, não considerando o número individual de seus integrantes. A esse tipo de estratificação denomina-se proporcional. Uma vez determinado o número de elementos a serem selecionados em cada estrato, eles são colhidos de maneira aleatória ou por tabela de números aleatórios.

---

[3] MORETTIN, L. G. *Estatística básica*. 7. ed. São Paulo: Makron Books, 1999. p. 2. 2 v.

Tabela 8.4 Amostragem estratificada proporcional

Extrato	Tamanho do grupo	%	Estratificação diretamente proporcional
A	250	20%	50
B	100	20%	20
C	50	20%	10
Total	400	20%	80

Fonte: elaborada pelos autores.

Quando, em vez disso, se quiser uma amostra estratificada inversamente proporcional, uma vez estabelecida a porcentagem a ser retirada de cada estrato, tais porcentagens são invertidas entre os estratos.

Tabela 8.5 Amostragem estratificada inversamente proporcional

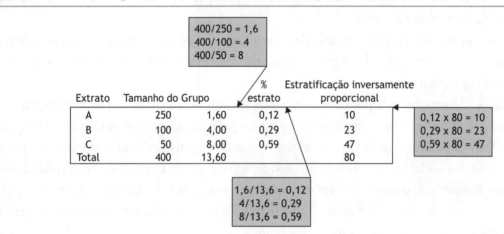

Fonte: elaborada pelos autores.

O cálculo para se obter o número de cada estrato é feito conforme indicado nas janelas de comentários aqui mostradas.

8.2.4.1 Amostragem estratificada com o STATISTICA

Como nosso arquivo difere daquele aplicado para efeito de exemplificação teórica, não obteremos os mesmos resultados. A estratificação proporcional escolhida será por venda mediante canal de vendas, e escolheremos percentuais de maneira a representá-los supondo que os valores obtidos para estratificação sejam aqueles indicados no modelo a seguir.

No arquivo **Rede de lojas_mod_2.sta**, selecione DADOS/AMOSTRAGEM ALEATÓRIA SUBCONJUNTO e clique no botão VARIÁVEIS ALEATÓRIAS para indicar que a variável-alvo da estratificação proporcional é a Venda Através.

Habilite a opção PROBABILIDADE UNIFORME e no campo **Aproximar %** insira 20 para indicar a aproximação de 20% para cada tipo de canal de vendas.

O aspecto deverá ficar como o a seguir:

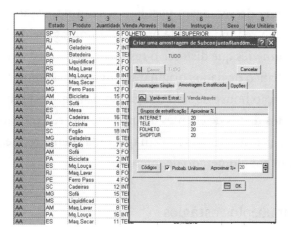

Agora basta clicar em **OK** e o programa criará um novo arquivo com sua nova amostra. Corra o cursor pela nova planilha e veja como o arquivo original foi reduzido.

Poderíamos selecionar mais de uma variável de estratificação, por exemplo, **Venda Através** e **Estado** mantendo a proporcionalidade de 20%, e teríamos o seguinte aspecto no modelo de solicitação:

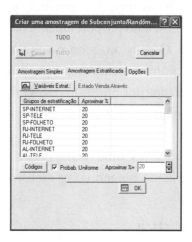

Caso a amostragem estratificada provenha de grupos com tamanhos diferentes ou se pretenda que ela seja inversamente proporcional, basta fazer os cálculos da estratificação percentual como já mostrado e indicar em cada linha do modelo anterior o percentual desejado. O programa fará a seleção automática e exibirá um novo arquivo, o qual poderá ser gravado separadamente.

8.2.5 Amostragem por conglomerados

Em pesquisas mercadológicas, a opção por amostragem por conglomerados (grupos) é preferida pelo seu baixo custo e pela consequente rapidez na execução da pesquisa.

A população a ser estudada é delimitada em uma região geográfica de escolhidos, por exemplo, ruas ou quarteirões em um mesmo bairro ou município. São entrevistados os pais de família com ensino superior completo.

O conglomerado tem uma desvantagem peculiar: a sua imprecisão decorrente do fato de que a formação de grupos incorre em redundância de opiniões e homogeneidade, o que, em termos de pesquisa, pode ser considerado um viés que distorce o resultado.

Suponha que no nosso banco de dados original se queira uma amostra de pais de família com ensino superior e que a delimitação houvesse sido o ingresso na loja. Essa limitação ocorre porque não se dispõe, no banco de dados, dos dados de clientes de uma mesma rua ou bairro. Supondo que no nosso banco de dados tivéssemos a identificação da rua em que cada cliente reside, poderíamos selecionar por essa variável e obteríamos um conglomerado de interesse.

8.2.6 Amostragem de múltiplos estágios

Essas amostragens são desenvolvidas para atender principalmente aos estudos sobre as características de consumo de famílias por região de moradia e outras características cujas diferenças principais possam ser detectadas por intermédio de tais amostras.

Parte-se de amostras por conglomerados, por exemplo, se a pesquisa for nacional, parte-se dos conglomerados estados, que seriam construídos proporcionalmente em relação ao seu tamanho ou à sua importância econômica se a pesquisa assim o determinar. O próximo conglomerado seria o das cidades desses estados, que também é construído proporcionalmente em relação ao número de habitantes ou importância social ou econômica. O próximo seria o conglomerado dos quarteirões, igualmente construído de forma proporcional ao número de casas que possuíssem.

Assim construídos os conglomerados por múltiplos estágios, cada residência teria igual probabilidade de ser selecionada para a pesquisa de opinião, ou de característica de consumo, ou de hábitos culturais etc.

Em nosso banco de dados **Rede de lojas_mod_2.sta**, poderíamos restringir por estado, por canal de venda, por grau de instrução e por idade, obtendo uma amostra de múltiplos estágios.

8.2.7 Amostragem não probabilística

Amostragem não probabilística é aquela em que existe uma probabilidade diferente de zero de uma variável considerada não pertencer à amostra.

Em outras palavras, faz-se uma manipulação *a priori* da população e extraem-se dela somente os elementos com uma ou mais características.

Segundo Torres,[4] como há uma escolha deliberada dos elementos da amostra, não se pode generalizar os resultados das pesquisas para a população, pois a amostra não garante a sua representatividade. E, ainda, a utilização da técnica é recomendada quando as consequências dos possíveis erros não ocasionarem graves danos às conclusões e à tomada de decisão inerente.

Ao contrário das amostras probabilísticas, as não probabilísticas são amostras utilizadas para pesquisas de caráter exploratório, cujos resultados são tidos como preliminares e servem apenas para se ter uma ideia mais precisa de diversas possibilidades. Assim, formam-se amostras retiradas de espaços amostrais previamente estabelecidos ou identificados.

Exemplos de pesquisas em ambientes de compras limitados (shoppings) são característicos. A identificação prévia da localidade pressupõe certo poder aquisitivo dos moradores da região, apesar de esse centro de compras poder ser visitado por moradores de outras localidades.

8.2.8 Amostragem por conveniência

Essas amostras são colhidas em ambientes como shoppings, igrejas, clubes, cidades turísticas polos de atrativo, como as litorâneas ou de montanha, para as quais determinado tipo de público se dirige em certas ocasiões ou épocas do ano.

Por exemplo, se o pesquisador quer determinar a possibilidade de consumo de um produto novo em uma população de renda média-alta, possivelmente escolherá locais como shoppings de regiões mais privilegiadas na cidade. Ainda, poderá pesquisar em hotéis de estâncias turísticas em que pressupõe a frequência de seu público-alvo.

8.2.9 Amostragem intencional

É parecida com a anterior, pois a amostra é levantada após ser escolhido o local, e, portanto, já existe aqui uma intenção. Assim, no ambiente, são selecionados os respondentes que atendem a critérios visuais ou subjetivos do pesquisador. Esses critérios são previamente estabelecidos no projeto de pesquisa e sofrem alterações por ação da subjetividade do pesquisador de campo, que identifica tais características mediante suas impressões pessoais. Pesquisas que envolvem mudanças de produtos e/ou serviços normalmente se utilizam de amostragens intencionais.

Por exemplo, se uma empresa de aviação civil pretender alterar algum item de seu serviço de bordo que julgue de vital importância, em geral perguntará sobre a questão aos executivos que mais utilizam seus aviões e aos viajantes frequentes listados nos seus planos de fidelidade.

A intenção aqui é clara: se os clientes mais frequentes se manifestarem contra essa alteração, significa que a empresa poderá perder uma fatia significativa de seu mercado por conta da mudança que pretende introduzir. Se acontecer o contrário, ela poderá ainda contar com seu público-alvo mais fiel.

---

[4] TORRES, R. R. *Estudo sobre os planos amostrais das dissertações e teses em administração da Faculdade de Economia, Administração e Contabilidade da Universidade de São Paulo e da Escola de Administração da Universidade Federal do Rio Grande do Sul*: uma contribuição crítica. 247 f. 2000. Dissertação (Mestrado) – Faculdade de Economia, Administração e Contabilidade da Universidade de São Paulo, São Paulo, 2000. p. 40.

Não é significativo executar esse tipo de pesquisa caso os viajantes ou clientes frequentes da empresa sejam em número reduzido, pois a resposta não será expressiva e a empresa se arriscará a perder o restante de seu público por ter perguntado o que não devia para uma amostra não representativa ou não formadora de opinião. Isso também pode ocorrer com os compradores de veículos de alto luxo ou esportivos.

Suponhamos que uma empresa de automóveis de alto luxo para executivos decida excluir itens como telefone a bordo, freios ABS e ar condicionado. Mesmo que os clientes continuassem a comprar veículos com esses itens, encomendando-os separadamente à montadora, a imagem da empresa poderia ficar arranhada, pois, dada a categoria do veículo, os consumidores poderiam achar ridícula a iniciativa.

8.2.10 Amostragem por cotas

Esse tipo de amostragem se apoia no critério intencional, mas estabelece um número mínimo de cada subgrupo pesquisado.

Nesse caso, pode-se pensar em pesquisas de opinião de consumidores de um público intencionalmente escolhido, e que, por razões subjetivas, o pesquisador quisesse ainda estabelecer cotas por critérios como idade, nível de renda, classe social ou região de residência.

Vamos supor que se pretenda fazer uma pesquisa de aceitação de modificação de itens de esportividade em um veículo esportivo de altíssimo desempenho. São convidados pais e filhos de famílias abastadas que possam adquiri-lo ou que já possuam veículos com características semelhantes e que tenham probabilidade de trocá-lo, e, por motivos subjetivos, são selecionadas cotas de pais e de filhos em tamanhos diferentes em relação a idade e ocupação.

Suponha que 35% dos pesquisados são pais que arcam com todas as despesas dos filhos pelo fato de estes ainda não trabalharem, e os outros 65% são compostos por pais cujos filhos têm sua renda própria ou trabalham com os pais: é identificado, assim, um duplo potencial de vendas.

8.2.11 Amostragem bola de neve

São amostras intencionais em que um entrevistado indica um ou mais amigos seus que tenham a mesma característica que ele ou seus mesmos gostos. Em geral, utiliza-se esse tipo de amostragem para pesquisas de produtos que atinjam um público especializado, como dentistas, médicos, engenheiros por especialidade, proprietários de certas marcas de veículos, pessoas que pratiquem o mesmo tipo de esporte ou atividade de lazer.

É uma amostragem intuitiva e lógica, o que é fácil de explicar: de nada adiantaria fazer uma pesquisa de opinião sobre a utilização de certo tipo de aditivo antiaderente para esquis entre pessoas que não exercitam tal atividade de maneira esportiva.

Uma pesquisa sobre utilização de porcelana de secagem rápida seria mais efetiva se pesquisada entre dentistas, e assim por diante.

Para facilitar a formação da amostra, o pesquisador, caso não tenha um banco de dados com os nomes e contatos desses grupos específicos, poderá pedir indicação de um amigo ao próximo entrevistado, e quase sempre será bem-sucedido.

8.3 Dimensionamento das amostras

Como visto nos parágrafos anteriores, as maiores razões para basear as pesquisas em amostras são: o custo, a rapidez e a confiabilidade dos resultados.

O tamanho da amostra tem influência direta na precisão ou aproximação dos resultados de uma pesquisa. Normalmente, quanto maior for a amostra, mais nos aproximaremos dos resultados que obteríamos utilizando a população toda (censo).

Obviamente, isso não é possível na maioria dos casos; assim, a amostragem assume a maior importância dentro da pesquisa, pois generalizar características a partir de uma amostra malformada significa condicionar a pesquisa ao erro e às subsequentes decisões que levarão ao insucesso. A amostra necessária para se estimar corretamente o parâmetro populacional correspondente depende do erro máximo que o analista deseja aceitar nessa estimativa.

As propriedades inferenciais que serão demonstradas mais adiante possibilitam relacionar o tamanho da amostra com o erro-padrão de estimativa que o analista deseja aceitar como seguro para validar seus resultados.

Propriedades matemáticas como a média amostral é um bom estimador da média populacional pela aplicação do teorema do limite central, segundo o qual "a média da média de todas as amostras retiradas de uma população é igual ou muito próxima à média populacional"; a variância amostral é n vezes menor que a variância populacional; e as populações suficientemente grandes podem ser tratadas como de comportamento normal, entre outras, nos asseguram técnicas estatísticas de altíssima utilidade em pesquisa mercadológica.

A seguir, reproduziremos as fórmulas para obtenção dos tamanhos das amostras para os tipos de amostragens mais utilizados em pesquisas considerando as possibilidades de serem conhecidos (população finita) ou desconhecidos (população infinita) os tamanhos populacionais.

8.4 Tamanho das amostras para estimar médias populacionais

8.4.1 Populações infinitas

$$n = \left(\frac{Z_{\frac{1-\alpha}{2}} \times \sigma}{|\mu - \bar{x}|} \right)^2$$

Em que:

n = tamanho da amostra necessária para reduzir o erro de estimação;

$Z_{\frac{1-\alpha}{2}}$ = nível de confiança da abscissa da distribuição normal reduzida, quase sempre (95%);

σ = desvio-padrão populacional. Se desconhecido, pode-se utilizar o desvio-padrão amostral;

$|\mu - \bar{x}|$ = novo erro-padrão de estimativa estipulado pelo analista. Diferença modular entre a média populacional e a da amostra.

8.4.1.1 Estimativa por intervalos de confiança

Uma empresa fabricante de refrigerantes populares deseja estimar a média de consumo *per capita* de seu produto em famílias com renda até 5 salários-mínimos.

Ela havia entrevistado 280 famílias, que revelaram um consumo médio *per capita* de 6 litros por mês com um desvio-padrão de 3,5 litros. Com esses dados, estimou um intervalo de confiança para a média de consumo populacional (das famílias daquela classe de renda) ao nível de 95%.

O intervalo de confiança é definido por:

$$IC_{\mu}\left[\bar{x}-\left(Z_{\frac{1-\alpha}{2}}\times\sigma_{\bar{x}}\right)\leq\mu\leq\bar{x}+\left(Z_{\frac{1-\alpha}{2}}\times\sigma_{\bar{x}}\right)\right]=(1-\alpha)$$

No entanto, como $\sigma_{\bar{x}}=\dfrac{\sigma}{\sqrt{n}}=\dfrac{3,5}{\sqrt{280}}=0,2092$ (pois a variância amostral é *n* vezes menor que a variância da população), a abscissa normal reduzida para o nível de confiança de 95% é: $Z_{\frac{1-\alpha}{2}}=Z_{\frac{95}{2}}=Z_{0475}=1,96$.

Então, podemos escrever que: IC_{μ} $(6-(1,96\times0,2092)\leq\mu\leq6+(1,96\times0,2092))=95\%$.

Assim, o intervalo de confiança para a média de consumo das famílias consideradas estará entre: IC_{μ} $(\mu\leq6\pm(1,96\times0,2092))=95\%$.

Observe que o valor do erro-padrão de estimativa é $(1,96\times02092)=0,4100$ litro.

O analista não deseja ter um erro maior que 0,2 litro por pessoa. Então, a pergunta que se faz é: qual deverá ser o tamanho da amostra para diminuir o erro-padrão de estimativa para 0,2 litro *per capita*?

$$n=\left(\dfrac{Z_{\frac{1-\alpha}{2}}\times\sigma}{\left|\mu-\bar{x}\right|}\right)^{2}=\left(\dfrac{1,96\times3,5}{2}\right)^{2}=1.177$$

O analista deverá entrevistar 1.177 famílias. Percebe-se agora que o simples desejo do analista em decrescer o erro-padrão de 0,41 para 0,2 litro eleva sensivelmente o número de entrevistados (de 280 para 1.177), aumentando o tempo e os custos necessários, como onerando a pesquisa.

8.4.2 Populações finitas

$$
n = \frac{\left(Z_{\frac{1-\alpha}{2}}\right)^2 \times \sigma^2 \times N}{\left[\left|\mu - \bar{x}\right|^2 \times (N-1)\right] + \left(Z_{\frac{1-\alpha}{2}}\right)^2 \times \sigma^2}
$$

Em que:

n = tamanho da amostra necessária para reduzir o erro de estimação;

N = tamanho da população;

$Z_{\frac{1-\alpha}{2}}$ = nível de confiança da abscissa da distribuição normal reduzida, quase sempre (95%);

σ = desvio-padrão populacional. Se desconhecido, pode-se utilizar o desvio-padrão amostral;

$\left|\mu - \bar{x}\right|$ = novo erro-padrão de estimativa estipulado pelo analista. Diferença modular entre a média populacional e a da amostra.

8.4.2.1 Estimativa por intervalos de confiança

Se no exemplo anterior houvesse sido especificado que a empresa deseja inicialmente distribuir o produto apenas em seu município, cuja população total é de 32.628 habitantes, o cálculo do intervalo de confiança deveria ser modificado para incluir o fator de correção de Bessel para o desvio-padrão e, assim, o resultado seria:

$$
IC_{\mu}\left[\bar{x} - \left(Z_{\frac{1-\alpha}{2}} \times \sigma_{\bar{x}}\right) \leq \mu \leq \bar{x} + \left(Z_{\frac{1-\alpha}{2}} \times \sigma_{\bar{x}}\right)\right] = (1-\alpha)
$$

Contudo, como

$$
\sigma_{\bar{x}} = \frac{\sigma}{\sqrt{n}} \times \sqrt{\frac{N-n}{N-1}} = \frac{3,5}{\sqrt{280}} \times \sqrt{\frac{32.628 - 280}{32.628 - 1}} = 0,2092 \times 0,956348 = 0,200034
$$

a abscissa normal reduzida para o nível de confiança de 95% é: $Z_{\frac{1-\alpha}{2}} = Z_{\frac{95}{2}} = Z_{0475} = 1,96$.

Então, podemos escrever que: IC_μ $(6 - (1,96 \times 0,2000) \leq \mu \leq 6 + (1,96 \times 0,2000)) = 95\%$.

Assim, o intervalo de confiança para a média de consumo das famílias consideradas estará entre: IC_μ $(\mu \leq 6 \pm (1,96 \times 0,2000)) = 95\%$.

Observe que o valor ajustado do erro-padrão de estimativa nesse caso é $(1,96 \times 02000) = 0,392000$ litro. Se o analista desejar decrescer o erro-padrão para 0,2, no máximo, então utilizará a fórmula:

$$n = \frac{\left(Z_{\frac{1-\alpha}{2}}\right)^2 \times \sigma^2 \times N}{\left[|\mu - \bar{x}|^2 \times (N-1)\right] + \left(Z_{\frac{1-\alpha}{2}}\right)^2 \times \alpha^2} = \frac{(1,96)^2 \times 3,5^2 \times 32.628}{\left[0,2^2 \times (32.628-1)\right] + (1,96)^2 \times 3,5^2} = 1.136$$

Nesse caso, sendo o tamanho populacional conhecido, o analista deverá entrevistar um número um pouco menor de famílias (1.136) para que o erro-padrão do consumo decresça de 0,392 para 0,2 litro.

8.5 Tamanho das amostras para estimar proporções populacionais

8.5.1 Populações infinitas

$$n = \left(Z_{\frac{1-\alpha}{2}}\right)^2 \times \frac{p_0 \times (1-p_0)}{e^2}$$

Em que:

n = tamanho da amostra necessária para reduzir o erro de estimação;

$Z_{\frac{1-\alpha}{2}}$ = nível de confiança da abscissa da distribuição normal reduzida, quase sempre (95%);

p_0 = proporção da característica em estudo encontrada na amostra;

$1 - p_0$ = proporção complementar (dos elementos que não possuem a característica desejada);

e^2 = novo erro-padrão de estimativa elevado ao quadrado. Diferença modular entre a proporção populacional estimada e a verificada na amostra com a característica desejada, expressa em decimais.

8.5.1.1 Estimativa por intervalos de confiança

Uma empresa de eletrodomésticos de pequeno porte solicitou a um instituto de pesquisa que verificasse qual é a porcentagem populacional de clientes que utiliza o Serviço de Atendimento ao Cliente (SAC) para trocas em garantia. O instituto entrevistou aleatoriamente 880 clientes e verificou que 147 deles trocaram durante o período de garantia algum aparelho comprado. O instituto de pesquisa, então, realizou os seguintes cálculos, considerando o nível de confiança de 95%:

Cálculo da proporção de trocas: $P_0 = \dfrac{\text{trocas}}{\text{total amostra}} = \dfrac{147}{880} = 0{,}1670$.

Cálculo da proporção de clientes que não trocaram seus produtos: $q = 1 - P_0 = 1 - 0{,}1670 = 0{,}8330$.
Cálculo do desvio-padrão da proporção amostral:

$$s_{\hat{p}} = \sqrt{\frac{p_0 \times (1 - p_0)}{n}} = \sqrt{\frac{0{,}1670 \times 0{,}8330}{880}} = 0{,}0126$$

A abscissa normal reduzida para o nível de confiança de 95% é:

$$Z_{\frac{1-\alpha}{2}} = Z_{\frac{95}{2}} = Z_{0475} = 1{,}96$$

Substituindo-se os valores na fórmula a seguir, teremos:

$$IC_\pi \left(p_0 - \left(Z_{\frac{1-\alpha}{2}} \times s_{\hat{p}} \right) \le \pi \le p_0 + \left(Z_{\frac{1-\alpha}{2}} \times s_{\hat{p}} \right) \right) = 95\%$$

$$IC_\pi (0{,}1670 - (1{,}96 \times 0{,}0126) \le \pi \le 0{,}1670 + (1{,}96 \times 0{,}0126)) = 95\%$$

Assim, podemos escrever que: $IC_\pi (0{,}167 - 0{,}0247 \le \pi \le 0{,}1670 + 0{,}0247) = 95\%$.
Logo, $IC_\pi (0{,}1423 \le \pi \le 0{,}1917) = 95\%$.

Conclui-se que a proporção do total populacional de clientes que utiliza o SAC está entre 14,23% e 19,17% com 95% de certeza ou corre-se o risco de 5% de que a verdadeira proporção esteja fora desse intervalo.

Caso o analista queira reduzir o erro-padrão da estimativa de 0,0247 para, por exemplo, 0,02, sua amostra deve crescer para 1.336 entrevistados, como mostra este cálculo:

$$n = \left(Z_{\frac{1-\alpha}{2}} \right)^2 \times \frac{p_0 \times (1 - p_0)}{e^2} = (1{,}96)^2 \times \frac{0{,}1670 \times 0{,}8330}{0{,}02^2} = 1.336$$

8.5.2 Populações finitas

$$n = \frac{\left(Z_{\frac{1-\alpha}{2}} \right)^2 \times p_0 \times (1 - p_0) \times N}{\left[e^2 \times (N-1) \right] + \left(Z_{\frac{1-\alpha}{2}} \right) \times p_0 \times (1 - p_0)}$$

Em que:

n = tamanho da amostra necessária para reduzir o erro de estimação ao nível indicado pelo erro-padrão;

N = tamanho da população;

$Z_{\frac{1-\alpha}{2}}$ = nível de confiança da abscissa da distribuição normal reduzida, quase sempre (95%);

$p_0 \times (1 - p_0)$ = proporção da característica em estudo multiplicada pela proporção complementar;

e^2 = novo erro-padrão de estimativa estipulado pelo analista.

8.5.2.1 Estimativa por intervalos de confiança

Se no nosso exemplo anterior fosse conhecido o total de pessoas que são clientes da empresa (total da população), por exemplo, 35.628 clientes, a estimativa seria condicionada por esse número conforme cálculo a seguir, mantendo-se, porém, as proporções amostrais inicialmente encontradas.

Cálculo do desvio-padrão da proporção amostral:

$$s_{\hat{p}} = \sqrt{\frac{p_0 \times (1-p_0)}{n}} \times \sqrt{\frac{N-n}{N-1}} = \sqrt{\frac{0,1670 \times 0,8330}{880}} \times \sqrt{\frac{35.628 - 880}{35.628 - 1}} = 0,0124$$

A abscissa normal reduzida para o nível de confiança de 95% é:

$$Z_{\frac{1-\alpha}{2}} = Z_{\frac{95}{2}} = Z_{0475} = 1,96$$

Substituindo-se os valores na fórmula a seguir, teremos:

$$IC_\pi \left(p_0 - (Z_{\frac{1-\alpha}{2}} \times s_{\hat{p}}) \leq \pi \leq p_0 + (Z_{\frac{1-\alpha}{2}} \times s_{\hat{p}}) \right) = 95\%$$

$$IC_\pi (0,1670 - (1,96 \times 0,0124) \leq \pi \leq 0,1670 + (1,96 \times 0,0124)) = 95\%$$

Assim, podemos escrever que: $IC_\pi(0,1670 - 0,0243 \leq \pi \leq 0,1670 + 0,0243) = 95\%$.

Logo, $IC_\pi(0,1427 \leq \pi \leq 0,1913) = 95\%$.

Conclui-se que a proporção do total populacional de clientes que utiliza o SAC estará entre 14,27% e 19,13% com 95% de certeza ou corre-se o risco de 5% de que a verdadeira proporção esteja fora desse intervalo.

Caso o analista, nesta oportunidade, queira reduzir o erro-padrão da estimativa de 0,0243 para, por exemplo, 0,02, sua amostra deve crescer para 1.336 entrevistados, como mostra o cálculo a seguir:

$$n = \frac{\left(Z_{\frac{1-\alpha}{2}}\right)^2 \times p_0 \times (1-p_0) \times N}{\left[e^2 \times (N-1)\right] + \left(Z_{\frac{1-\alpha}{2}}\right)^2 \times p_0 \times (1-p_0)} = \frac{(1,96)^2 \times 0,167 \times 0,833 \times 35.628}{\left[0,02^2 \times 35.627\right] + (1,96)^2 \times 0,167 \times 0,833} = 1.288$$

Conclusão

O dimensionamento de amostras é necessário quando o analista não concorda com a magnitude do erro-padrão da estimativa. Ilustrou-se essa problemática com os intervalos de confiança.

Observe-se que a tentativa de diminuir o erro-padrão faz aumentar mais que proporcionalmente o número exigido de entrevistados; por esse motivo, o analista deve ponderar muito essa possibilidade.

Outro ponto importante diz respeito ao fato de que o número da amostra necessária para diminuir o erro-padrão é menor quando é conhecido o número total da população, seja para os casos de estimação de médias, seja para os de proporções.

O aumento do tamanho da amostra não garante, entretanto, que o erro-padrão realmente venha a diminuir pela simples adição de novos casos ou entrevistados. Assim, novos testes deverão ser feitos para tal verificação.

9 Escalas, perguntas e formulários

Introdução

O objetivo deste capítulo é apresentar ao leitor algumas das maneiras de coleta e tratamento preparatório dos dados que servirão para análises. De modo geral, os formulários ou questionários de pesquisa são formados por perguntas que visam capturar a essência da vontade ou do sentimento do entrevistado a respeito do objeto estudado. As escalas de medidas mais comumente utilizadas nas pesquisas de mercado, os tipos de perguntas que visam extrair do entrevistado seus sentimentos e opiniões a respeito do objeto de estudo, como alguns modelos básicos de questionários — manuais e eletrônicos — de coleta por meio de entrevistas diretas e indiretas, serão abordados neste capítulo.

Também discorreremos a respeito dos modelos mais usuais de tabulação das variáveis colhidas em campo para propiciar análises por intermédio de programas eletrônicos de cálculo.

Os eventos em marketing devem ser medidos de forma a propiciar bases de análise para que possam oferecer elementos para tomada de decisão. Medir um evento, qualquer que seja ele, significa associar um número que quantifique as suas características com regras específicas, objetivas ou subjetivas, de interesse.

Em ciência, é comum associar uma escala a certa intensidade de chuva ou vento, e a esta escala se atribuem diferentes denominações, dependendo da intensidade do fenômeno.

Em marketing, é comum associar a um dado evento escalas que propiciem avaliar o grau de satisfação com um produto ou serviço, o grau de conformidade legal com certa norma técnica ou administrativa, o grau de convergência de interesses entre consumidor e produtor etc.

Em pesquisas internacionais, a representação pode ser uma dificuldade técnica de uma escala, pois fatores culturais de escrita ou de entendimento podem converter uma brilhante pesquisa em um país em algo não tão bom em outro.

Perguntas cujas respostas ensejam intensidade podem gerar dúvidas ao respondente. Por exemplo, no idioma inglês existem diferenças entre o "não" e o "definitivamente não". Já em nosso idioma, "não" é apenas "não" e pronto. Não existe, portanto, um "não condicional" se a resposta esperada é objetiva. Contudo, há o "talvez sim" e o "talvez não". Tal fato ficará mais claro adiante.

As escalas são as formas técnicas de mensuração e graduação pelas quais se podem capturar a essência da vontade ou do sentimento do entrevistado a respeito do objeto estudado.

Os formulários são elementos fundamentais da pesquisa mercadológica, pois utilizam as escalas de medidas para possibilitar o levantamento científico de impressões, tendências, suspeitas, interesses, satisfação etc. Um dos principais motivos de se aplicar formulários com escalas apropriadas advém da necessidade de obter a consistência das respostas dos entrevistados, o que passa por questões regionais, sociais e culturais, fato este que confere à amostragem alta importância no processo de pesquisa mercadológica.

Suponha que para uma mesma pesquisa houvesse mais de um tipo de formulário; a inconsistência nas informações obtidas seria óbvia, sobretudo se pensássemos que uma pesquisa pode ter alcance nacional. Portanto, o objetivo deve estar claro para o entrevistador e para o entrevistado.

Um formulário de pesquisa, independentemente do meio pelo qual foi disposto – internet, telefone, pessoalmente ou por carta –, deve assegurar a confiabilidade dos dados colhidos, objetivando a correta identificação do problema mercadológico a ser resolvido.

Um mesmo formulário de pesquisa pode trazer diversos tipos de perguntas e, consequentemente, envolver tipos de escalas variados.

Nas descrições a seguir, veremos alguns tipos de perguntas, escalas e formulários de pesquisas.

9.1 Tipos de perguntas

A definição dos objetivos da pesquisa, o seu processo e a sua condução têm papel importante na pesquisa mercadológica. Entretanto, as perguntas feitas às pessoas que participam desse processo são vitais para conseguir a informação em sua forma e intensidade corretas.

Samara e Barros[1] definem as precauções a serem tomadas ao elaborar um questionário:

- Listar todos os aspectos ligados aos objetivos do projeto.
- Formular perguntas na linguagem do público a ser entrevistado.
- Simular possíveis respostas para verificar se nas respostas existe ambiguidade ou falta de alternativas.
- Não fazer perguntas embaraçosas.
- Não obrigar o entrevistado a fazer cálculos.
- Evitar perguntas referentes a dados de passados distantes.
- Não incluir perguntas que encerrem em si a própria resposta.

---

[1] SAMARA, B. S.; BARROS, J. C. *Pesquisa de marketing, conceitos e metodologia*. São Paulo: Pearson, 2002. p. 69-71.

9.1.1 Perguntas fechadas

Nesse tipo de pergunta, as respostas são fornecidas de forma que apenas uma delas seja possível.

- Sexo: ( ) Masculino ( ) Feminino
- Faixa de renda familiar: ( ) 1.000 a 3.000 ( ) 3.001 a 6.000 ( ) 6.001 a 12.000
- Bairro onde mora: ( ) Centro ( ) Lapa ( ) Assis ( ) Jardim Providência

As perguntas fechadas possuem as seguintes vantagens:

- São mais fáceis de processar. O respondente apenas marca com um X a resposta que lhe é mais significativa, e a escala utilizada está, na maioria dos casos, presente ali mesmo ao lado da resposta, o que facilita a posterior tabulação.
- Perguntas fechadas são mais confiáveis para aplicação posterior de cálculos que evidenciem a correlação entre as variáveis.
- Questões com perguntas fechadas têm maior significado prático e facilitam o entendimento por parte do respondente; consequentemente, possuem menor viés.
- Facilitam o entendimento do entrevistador, reduzindo a possibilidade de erro na tradução do significado da pergunta para o entrevistado.
- São mais fáceis de transcrever por parte dos entrevistadores, os quais, na maioria das vezes, não possuem larga experiência.
- Possibilitam a análise mediante tabelas de contingência, que, por sua vez, propiciam a análise da correlação entre as variáveis envolvidas.

As desvantagens das perguntas fechadas são as seguintes:

- Limitam a espontaneidade do respondente e não capturam dimensões latentes de seu comportamento ou vontade.
- Dificultam a escolha em respostas mutuamente exclusivas, prejudicando também a produção do formulário de pesquisa, pois as respostas não devem se sobrepor em significado.
- Dificultam a escolha exaustiva entre as respostas, porque geralmente existem cinco alternativas para as perguntas e, em muitos casos, quando a resposta cai no item **outros**, a dimensão do que vem exatamente a ser o outros dentro da pesquisa ou daquele item é perdida.
- As questões cuja escolha é exclusiva e, portanto, forçada, podem gerar desconforto no entendimento dos respondentes e consequentes vieses na pesquisa.
- Perguntas fechadas podem irritar ou desconcentrar o respondente, pois tendem a estar presentes em maior número nas pesquisas e, como dissemos, não conseguem capturar dimensões subjetivas na maioria dos casos.
- Estando presentes em maior número na pesquisa, essas perguntas carregarão consigo o estigma de que sua interpretação é dificultada, em especial nas tabelas de tabulação cruzada e nas de correlação.

9.1.2 Perguntas abertas

Nesse tipo de pergunta, o entrevistado expressa livremente, no espaço reservado, sua opinião.

- Qual sua opinião a respeito da segurança de seu local de trabalho?
- Qual sua opinião sobre o atendimento médico da empresa?
- Dê a sua opinião sobre a política de capacitação interna da empresa.
- Como você considera a possibilidade de ascensão a cargos mais altos na empresa?
- Quais características conferem maior praticidade na utilização do produto em sua opinião?

As perguntas abertas possuem as seguintes vantagens:

- O respondente pode expressar sua ideia, vontade, sensação em termos pessoais e únicos, situação que não é possível nas perguntas fechadas.
- Ganho na qualidade e na detecção de sentimentos latentes ou subjetivos na reposta, o que as torna preferidas em certas pesquisas de qualidade de produtos e de imagem de empresas ou marcas.
- Possibilitam ao pesquisador identificar dimensões que inicialmente não havia pensado no projeto da pesquisa.
- Perguntas abertas não induzem o respondente, não produzindo desconforto nele, o que possibilita maior espontaneidade nas respostas.
- Possibilitam explorar áreas de pesquisa sobre as quais o pesquisador tem conhecimento limitado.

As perguntas abertas possuem as seguintes desvantagens:

- Tomam longo tempo tanto do respondente, para dar sua opinião, quanto do entrevistador, que deve anotá-la. Nos casos em que o respondente pode escrever, isso tende a ser um fator de cansaço capaz de gerar um viés na pesquisa.
- Demandam longo tempo para sua leitura.
- Tomam tempo para sua codificação e tabulação.
- As pesquisas custam mais caro por conta do tempo consumido.
- Outro viés importante é acrescentado pelo entrevistador, que, ao transcrever ou interpretar os dizeres do entrevistado, poderá adicionar ou remover da sua resposta sentimentos ou observações importantes para o analista.

Por sorte, hoje em dia temos programas que fazem a leitura e a codificação desses formulários e os interpretam, como veremos mais adiante quando falarmos do *Text Mining* da StatSoft no Capítulo 24.

9.1.3 Perguntas semiabertas

- O Sr.(a) prefere veículos de utilização ( ) familiar ( ) esportiva ( ) para competição ( ) de carga?
- Por qual motivo? _____

9.1.4 Perguntas dicotômicas

São perguntas que admitem apenas uma saída entre duas possíveis.

- O Sr.(a) tem veículo próprio? ( ) sim ( ) não

9.1.5 Perguntas sequenciais ou encadeadas

- O Sr.(a) prefere veículos de utilização ( ) familiar ( ) esportiva ( ) para competição ( ) de carga?
- De qual marca? ( ) AAA ( ) BBB ( ) CCC

9.1.6 Perguntas sequenciais com matriz de resposta

Além da sequência atual, são propostas ao entrevistado outras alternativas.

Indique marcando com **X** na tabela a seguir sua condição em relação aos produtos listados:

Veículo	Possuiu	Possui	Pretende comprar
AAA			
BBB			
CCC			
DDD			
EEE			

As perguntas que deverão ser feitas, no entender do analista, condicionarão o desenho dos formulários de pesquisa, como os tipos de escala empregados.

9.2 Tipos de escala

São quatro os tipos básicos de escalas: nominais, ordinais, intervalares e de razão.

9.2.1 Escalas nominais

Malhotra[2] define que escala nominal é uma forma figurativa de identificação em que a numeração associada a cada objeto observado serve apenas para a identificação deste.

Por exemplo, o número (ordinal) associado a cada respondente de uma pesquisa é uma escala nominal. O fato de o respondente A ter sido entrevistado em primeiro lugar não significa que sua opinião é mais precisa ou tem preferência sobre a dos demais entrevistados.

A apresentação de uma pesquisa em um formulário contém, na maioria das vezes, uma escala nominal. Exemplos:

Tabela 9.1   Escala nominal em pesquisa de preferência

Classifique as lojas listadas a seguir por ordem de sua preferência
1. Carrefour
2. Bahia
3. Cem
4. Americanas
5. Jumbo Eletro
6. Fast Shop

Fonte: elaborada pelos autores.

Observe que a ordem de ingresso das observações nem ao menos obedece a uma ordem alfabética, e o respondente ainda deverá indicar qual a sua preferência.

Outro exemplo pode ser em uma pesquisa de mídia de atração do cliente.

Tabela 9.2   Escala nominal em pesquisa de canal de mídia

Indique o tipo de mídia que o trouxe até nossa loja
1. Internet
2. Rádio
3. Jornal
4. Revista
5. Televisão
6. *Outdoor*
7. Distribuição de folhetos

Fonte: elaborada pelos autores.

---

[2]   MALHOTRA, N. *Marketing research*: an applied orientation. New Jersey: Prentice Hall, 1993. p. 277.

Da mesma forma, a ordem de ingresso das observações é aleatória, e não obedece necessariamente à ordem de importância do meio de comunicação.

Para esse tipo de escala, as únicas estatísticas possíveis são: o cálculo do número de respostas em cada categoria e seu percentual em relação ao total geral das categorias. Obviamente, para essas situações, podemos determinar qual medida foi mais indicada e, portanto, teremos a estatística "moda".

Malhotra[3] menciona ainda que é possível, com essas escalas, calcular duas estatísticas inferenciais: o teste do qui-quadrado e o teste binomial.

Salienta-se que o teste do qui-quadrado é de aderência (testa se a distribuição das frequências das respostas adere melhor a certa distribuição de probabilidades) e que a sua aplicação depende da orientação final da pesquisa.

No exemplo da pesquisa sobre o canal de mídia, poderemos calcular quantos respondentes assinalarão cada canal de mídia e quantos por cento do total de respondentes esse canal de mídia representa, além, é claro, de qual deles apresentou o maior número de respondentes (moda).

9.2.2 Escala ordinal

As escalas ordinais aparecem depois de terem sido anotadas as observações. Nas pesquisas mencionadas, as escalas ordinais apareceriam após o cômputo das respostas dos entrevistados.

Essas escalas fornecem uma ordem de preferência do público entrevistado em relação à característica que se procura identificar na pesquisa. Dessa forma, servem para identificar, categorizar e colocar em ordem de preferência os objetos-alvo da pesquisa.

Malhotra[4] define a escala ordinal como "uma escala de ordenação na qual números são conferidos aos objetos para indicar em que grau ou extensão relativa o objeto analisado possui certa característica" e Mattar[5] afirma que "as escalas ordinais servem para categorizar pessoas, objetos ou fatos".

A escala ordinal, por conferir ordem de importância a um dado objeto, consegue revelar a importância atribuída pelo entrevistado a um objeto em relação a outro objeto pesquisado. Observe, todavia, que a escala ordinal não consegue revelar qual é a grandeza ou magnitude que separa as importâncias dos dois objetos pesquisados.

Exatamente por essa característica, a escala ordinal é utilizada em análises multivariadas, em que se exige a elucidação do grau de importância atribuída pelos consumidores a produtos e/ou serviços e, para isso, o grau da variação entre objetos é detectado por meio do que se denomina **distância euclidiana**, que será explicada quando falarmos de análise de grupos (ou conglomerados), análise de fatorial (ou de fatores), análise multidimensional e análise de confiabilidade.

Assim, observa-se que é possível obter com a escala ordinal informações que a escala nominal não fornece.

---

[3] MALHOTRA, 1993, p. 278.

[4] MALHOTRA, 1993, p. 279.

[5] MATTAR, F. N. *Pesquisa de marketing*: metodologia planejamento execução e análise. São Paulo: Atlas, 2000. 2 v. p. 196.

Tabela 9.3 Escala ordinal em pesquisa de canal de mídia

Indique o tipo de mídia que o trouxe até nossa loja	Número de respostas	% do total
1. Internet	37	20,11%
2. Rádio	59	32,07%
3. Jornal	13	7,07%
4. Revista	8	4,35%
5. Televisão	17	9,24%
6. *Outdoor*	23	12,50%
7. Distribuição de folhetos	27	14,67%
Total	184	100,00%

Fonte: elaborada pelos autores.

Dessa forma, poderíamos verificar qual o canal de mídia que atraiu mais a atenção do consumidor (no caso, o rádio) e atribuir a necessária importância para esse canal de mídia na conquista do público--alvo para o produto ou serviço em questão. A moda, nesse caso, segue a definição estatística de ser a observação que mais se verificou: no exemplo, o rádio foi o tipo de média de maior destaque, aparecendo 59 vezes, equivalente à atração de 32,07% do nosso público-alvo.

Um outro exemplo poderia ser uma pesquisa para verificar qual a importância atribuída pelos assinantes de jornais à sua leitura, com ou sem a especificação de um jornal em particular.

Tabela 9.4 Escala ordinal em pesquisa de comportamento de leitura

Quanto tempo você gasta lendo jornal durante o final de semana?	Número de respostas	% do total
1. Menos que 15 minutos	317	34,38%
2. De 15 minutos a 25 minutos	428	46,42%
3. De 25 minutos a 40 minutos	124	13,45%
4. Mais de 40 minutos	53	5,75%
Total	922	100,00%

Fonte: elaborada pelos autores.

As escalas ordinais são usadas em pesquisa de marketing sempre que se deseja obter ordenamento de preferências, opiniões, atitudes e percepções dos consumidores.

Os valores da escala 1, 2, 3 e 4 determinam as categorias (ordem) de resposta, e também fornecem indicações do tempo gasto com a leitura de jornais. Portanto, pode-se dizer que as pessoas enquadradas na categoria 4 gastam mais tempo lendo jornais em um fim de semana do que aquelas classificadas na categoria 2.

Entretanto, a resposta não indica exatamente quanto tempo tais leitores gastam a mais que os últimos. Uma vez que não existe como inferir o tempo de leitura exato dos respondentes, não há nenhum significado de interpretação para os intervalos de tempo que estejam entre os valores indicados na tabela.

Outro tipo importante de tabela de pesquisa e tabulação de dados com a escala ordinal é o exemplo de pesquisa ordenada de preferência entre três automóveis populares (automóveis de ingresso no mercado de novos) como na Tabela 9.5.

Tabela 9.5   Escala ordinal em pesquisa de preferência de motores entre produtos

| Carro | Ordem de preferência entre quatro automóveis populares 1.0 versão básica motor 8 válvulas | | | | | | | | | |
	Primeiro	%	Segundo	%	Terceiro	%	Quarto	%	Total	%
F P	19	14,62%	30	23,08%	39	30,00%	42	32,31%	130	100%
F S	48	36,92%	35	26,92%	28	21,54%	19	14,62%	130	100%
C C	27	20,77%	32	24,62%	38	29,23%	33	25,38%	130	100%
R C	36	27,69%	33	25,38%	25	19,23%	36	27,69%	130	100%
	130	100,00%	130	100,00%	130	100,00%	130	100,00%		

Fonte: elaborada pelos autores.

Vale notar que o veículo identificado como F S, em relação ao seu motor 1.0 de 8 válvulas, tem a preferência para ser o primeiro ou o segundo mais procurado pelo público pesquisado. Já o F P com motor 1.0 classifica-se como terceira e quarta escolha, e assim por diante.

As estatísticas relacionadas nesse estudo básico são apenas de caráter descritivo (**estatística descritiva**), média, moda, mediana, desvio-padrão, mediana e suas separatrizes (quartis, decis ou centis) que conferem possibilidade de verificar a maior ou menor concentração de respostas em volta de certo valor, intervalo de tempo ou em outra escala de medida.

9.2.3 Escalas intervalares

Malhotra[6] define as escalas intervalares mencionando que, "numa escala de intervalo, as distâncias numéricas na escala representam também a mesma distância na característica que está sendo mensurada". E, ainda, "uma escala de intervalo contém todas as informações de uma escala ordinal, mas permite adicionalmente a comparação entre objetos".

Em pesquisas mercadológicas, são muito utilizadas para medições de atitude, opinião e preferências.

Nesse tipo de escala, os intervalos entre os valores da escala são constantes.

---

[6]   MALHOTRA, 1993, p. 280.

Para ser possível aplicar técnicas multivariadas, em que as distâncias euclidianas são empregadas para medir os afastamentos entre os objetos medidos, as escalas podem ser convertidas em equivalentes por meio de transformações lineares do tipo $Y = a + bX$; assim, uma escala de 1 a 6 (1, 2, 3, 4, 5, 6), se considerarmos uma transformação linear em que $a = 2$ e $b = 4$, será equivalente à escala (6, 10, 14, 18, 22, 26). Como são equivalentes em termos matemáticos, as duas escalas não possuem o mesmo intercepto, também chamado zero da equação. Nesse tipo de escala, quando aplicada à medição de preferência entre dois objetos que receberam notas 2 e 6, respectivamente, o objeto assinalado com a nota 6 não é três vezes melhor nem possui três vezes mais preferência do consumidor do que o objeto cuja nota atribuída tenha sido 2.

Então, em uma pesquisa de preferência por determinadas marcas (sejam elas de produtos, lojas, serviços etc.), tomando-se por base duas escalas equivalentes, como antes mencionado, os objetos pesquisados poderiam obter pontuações completamente diferentes, porém equivalentes, pelo fato de que as escalas foram previamente construídas para refletirem tal equivalência.

Tabela 9.6 Pesquisa de ordem de preferência utilizando escala intervalar

Ordem de preferência por desinfetantes domésticos escala intervalar de 1 a 6	
Desinfetante	Notas atribuídas
AAA	6
BBB	5
CCC	4
DDD	3
EEE	6
FFF	2

Fonte: elaborada pelos autores.

Outro exemplo que pode ser ilustrado é uma pesquisa de intenção de compra em uma escala Likert de 0 a 9.

Tabela 9.7 Escala intervalar em uma pesquisa de intenção de compra

Intenção de compra de produto eletrodoméstico	
Produto marca	Notas atribuídas
AAA	2
BBB	3
CCC	8
DDD	9
EEE	5
FFF	6

Fonte: elaborada pelos autores.

Nesse exemplo, podemos dizer que os objetos cujas notas foram 2 e 3 diferem na disposição de aquisição da mesma forma que os elementos assinalados com notas 8 e 9. Consideram-se intervalares as escalas de Likert, Thrustone, Stapel, associativa e a diferencial semântica.

Essas escalas aceitam aplicações de diversas técnicas estatísticas, de posição, dispersão, agrupamento, escalas multidimensionais, e a maioria das pesquisas quantitativas se utiliza delas.

9.2.4 Escala intervalar de Thrustone

É uma escala de intervalos definida por duas respostas para cada item, por exemplo, sim ou não, concordo ou discordo, aceito ou rejeito.

Assim, ao contrário da escala diferencial semântica, a escala de Thrustone não possui valores ou sentimentos intermediários, o que, na verdade, é sua maior deficiência quando se pretende medir atitudes dos consumidores ou clientes potenciais. Então, apesar de ser facilmente compreendida pelos respondentes, não consegue representar sentimentos intermediários entre seus valores extremos.

Segundo Churchill,[7] ela pode ser utilizada para medir sentimentos em relação a qualquer tipo de observação.

- Os pesquisadores preparam uma lista de afirmações a respeito do objeto analisado.
- As afirmações são avaliadas e classificadas em 11 grupos.
- As afirmações selecionadas são apresentadas aos respondentes em ordem aleatória para que assinalem sua concordância ou não com a afirmação feita.
- O item terá como valor final a maior contagem das classificações "concordo" ou "discordo".

Quadro 9.1   Escala intervalar de Thrustone

Assinale nas colunas da direita se você concorda ou discorda com cada uma das afirmaçõesa seguir em relação ao café A		
Afirmações	Concordo	Discordo
1. É um café puro		
2. É um café muito forte		
3. É muito saboroso		
4. Seu sabor é diferente e marcante		
5. Seu aroma é delicioso		
6. É feito com grãos de alta qualidade		
7. É um café caro		
8. É torrado no ponto certo		
9. Sua embalagem protege o sabor		
10. Sua embalagem é funcional		
11. É um produto saudável		

Fonte: CHURCHILL, 1998. p. 251.

---

[7]   CHURCHILL, G. A. *Marketing research*: methodological foundations. 3. ed. New York: The Dryden Press, 1998. p. 249.

9.2.5 Escalas de razão

"Esta escala possui as propriedades das escalas nominais, ordinais e intervalares, e em complemento tem um ponto de zero absoluto, o que permite comparar as diferenças entre os objetos".[8] É um tipo de escala muito utilizado em controles de vendas, custos, participação de mercado, número de clientes e todo tipo de controle sequencial de bases móveis ou fixas.

Tabela 9.8   Escala de razão e controle de gastos

Indique os valores investidos pela sua empresa em propaganda nos meses apontados em 2004	
Mês	R$ (x 1.000)
jan./04	6
fev./04	4,8
mar./04	8,1
abr./04	3
maio/04	3,9
jun./04	4,5
jul./04	2,1

Fonte: elaborada pelos autores.

Esse tipo de escala possibilita controles diretos por meio de gráficos como o Gráfico 9.1.

Gráfico 9.1   Investimentos em propaganda

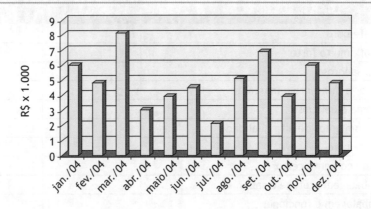

Fonte: elaborado pelos autores.

---

[8] MALHOTRA, 1993, p. 281.

E, ainda, aplicando-se a teoria dos números-índices, ao se eleger a base como janeiro daquele ano, obtêm-se variações percentuais e detectam-se variações sazonais, além, é claro, dos elementos de estatística descritiva (média, moda, mediana, desvio-padrão).

Tabela 9.9 Escala de razão e controle percentual

Indique os valores investidos pela sua empresa em propaganda nos meses apontados em 2004		
Mês	**R$ (x 1.000)**	**% base jan.**
jan./04	6,0	100%
fev./04	4,8	80%
mar./04	8,1	135%
abr./04	3,0	50%
maio/04	3,9	65%
jun./04	4,5	75%
jul./04	2,1	35%
ago./04	5,1	85%
set./04	6,9	115%
out./04	3,9	65%
nov./04	6,0	100%
dez./04	4,8	80%

Fonte: elaborada pelos autores.

9.3 Técnicas escalares

As técnicas de emprego das escalas são classificadas em comparativas e não comparativas. Essa nomenclatura, derivada da língua inglesa, pode confundir, e Aaker[9] prefere subdividir as **comparativas** em **escalas de único item e escalas contínuas**, e as **não comparativas** em **escalas de múltiplos itens**.

Apesar da inerente dificuldade, adotaremos neste trabalho a primeira classificação, dissertando-se a seguir para elucidá-la e exemplificando quando necessário.

As **escalas comparativas** são empregadas em pesquisa de marketing quando se pretende comparar objetos, atributos ou sentimentos. De maneira geral, pode-se pensar em comparações de atributos entre produtos e/ou serviços.

---

[9] AAKER, D. A.; KUMAR, V.; DAY, G. S. *Pesquisa de marketing*. 2. ed. São Paulo: Atlas, 2004. p. 292.

Por exemplo, um respondente cliente de empresas aéreas nacionais ou internacionais pode ser convidado a opinar sobre o conforto interno da cabine de duas empresas, seus serviços de bordo, suas poltronas, atendimento de aceitação de bagagens etc.

Figura 9.1   Diagrama das técnicas escalares

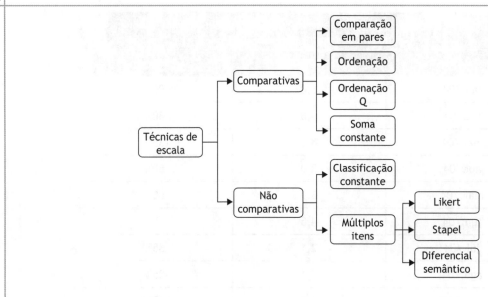

Fonte: elaborada pelos autores.

Essas escalas são referidas na literatura como escalas não métricas, pois ordenam e classificam preferências de caráter objetivo e/ou subjetivo e, dessa forma, podem-se detectar diferenças sutis entre os objetos pesquisados que em outros tipos de escalas não ficariam tão evidentes.

As vantagens dessa escala são suas aplicações fáceis, entendimento sem distorção por parte dos respondentes e resultados de fácil interpretação. As desvantagens, por sua vez, dizem respeito aos níveis de detalhamento a que se deseja chegar.

Por exemplo, o respondente que comparar o serviço de bordo de duas empresas dirá apenas que o serviço da empresa AA é melhor que o da BB. Entretanto, caso o pesquisador queira saber quais características desses serviços são melhores ou piores entre elas, será necessário fazer uma nova pesquisa. Na verdade, existem muitos itens no "serviço de bordo", que vão do atendimento de acolhida pelos comissários(as) até a distribuição gratuita de itens de uso pessoal, fones de ouvido, filmes individuais, horário e extensão do serviço de atendimento para alimentação, bebidas oferecidas etc.

Esse tipo de detalhamento é mais bem apontado pelas **escalas não comparativas** com o emprego das escalas Likert, Stapel e outras, em que fica claramente definida qual a pontuação de cada item individualizado dentro do objeto questionado. Assim, o respondente classifica sua preferência em relação a um produto e ainda pode especificar – atribuindo-lhe pontuação dentro de uma escala – qual a nota (caso seja aplicada uma escala Likert) ou atribuição subjetiva de preferência (se for aplicada uma escala de diferencial semântico).

As escalas de diferencial semântico são especialmente indicadas quando se quer medir as atitudes ou preferências do consumidor. Por atitudes em marketing entende-se a previsão do comportamento de compra e pós-compra, a aceitação ou rejeição a produtos, marcas e/ou serviços, como a medição para verificar se o cliente é favorável às atitudes da empresa e suas políticas em relação ao consumidor, novos produtos, inclusive propagandas sobre produtos e promoções.

Esse tipo de detalhamento é bastante útil quando a empresa tem muitos produtos ou serviços, por exemplo, as empresas da indústria automotiva, de eletrodomésticos, lojas de departamentos etc.

Vamos fazer uma breve descrição sobre cada uma dessas escalas.

9.4 Escalas comparativas

9.4.1 Escala de ordenação

Nas escalas de ordenação, as pessoas convidadas a dar sua opinião deparam-se com questionários com diversos objetos e devem indicar a ordem de preferência segundo um critério previamente especificado.

Uma das suas vantagens é que o pesquisado consegue compreender facilmente a tarefa, devendo apenas atribuir a ordem de preferência em relação ao produto indicado.

Veja o exemplo a seguir.

Indique sua preferência em relação aos automóveis populares a seguir:

Automóvel	Ordem de preferência
Fiat Pálio 1.0	7
Fiesta Street 1.0	3
Celta 1.0	6
Clio 1.0	4
Novo Fiesta	1
Corsa	5
Peugeot 1.0	2

Instruções: cada veículo poderá ter somente uma classificação.

9.4.2 Escala de ordenação Q

Normalmente, esse tipo de escala é utilizado para pesquisas que envolvam um público-alvo previamente determinado, pois, por se tratar de uma escala mais técnica, requer experiência do entrevistado.

A escala de ordenação Q pressupõe que as características pesquisadas sejam ordenadas de forma que a frequência na ordenação das características siga uma distribuição normal e, portanto, o número de respostas para cada nível de preferência é praticamente induzido pelo pesquisador.

Isso não significa que a vontade do pesquisado seja induzida, mas, sim, que o pesquisado é solicitado a opinar de maneira que o número de características ou produtos preferidos tenha frequências que se assemelhem a uma distribuição normal.

Em geral, essa pesquisa é utilizada quando o número de características pesquisadas ou de produtos é muito grande. Exemplo: em uma pesquisa sobre um tipo de alimento, o cliente é chamado a opinar sobre 50 características dele. Isso também poderia acontecer em relação a um tipo de automóvel e 100 atributos dele.

Ao respondente é entregue um número de cartões (50, neste exemplo) igual ao número de atributos pesquisados, os quais estão escritos nos cartões. A seguir, solicita-se que o respondente distribua os cartões em um certo número de pilhas (sete, por exemplo), de maneira a se ter na primeira e na última pilha a mesma quantidade de cartões. Essa quantidade deverá ser menor que aquela dos cartões selecionados para a segunda e para a penúltima pilha, que, por sua vez, deverá ser menor que o número de cartões selecionados para a pilha central. Por exemplo, o número de cartões poderia ser 4, 6, 9, 12, 9, 6, 4.

O formato dessa distribuição de frequências é semelhante a uma curva normal, como mostrado no Gráfico 9.2.

Assim, o respondente deverá empilhar as 4 características do produto que mais lhe agradam, e, a seguir, 6 características que lhe agradam menos, 12 ainda menos, e, depois, 9, 6 e 4 que mais lhe desagradam no produto ou serviço pesquisado.

Essas pesquisas demandam tempo e logística, sendo normalmente empregadas para a melhoria do produto quando sob ameaça de perder mercado. Em geral, a esse tipo de pesquisa seguirá uma pesquisa de comparação com o produto concorrente.

Gráfico 9.2 Histograma de atributos do produto

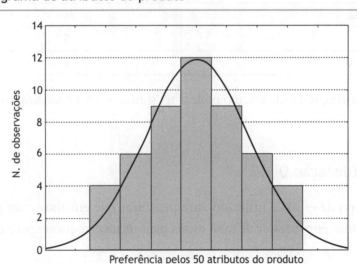

Fonte: elaborado pelos autores.

9.4.3 Escala de ordenação em pares

As escalas de ordenação em pares são utilizadas quando há dois objetos-alvo de pesquisa em comparação. Por exemplo, podemos pesquisar as preferências entre certos produtos e também entre os atributos de dois produtos.

Exemplo: o cliente é convidado a opinar sobre a preferência pelos serviços de cinco empresas de aviação que fazem o trajeto Brasil – Europa.

Instruções: na tabela abaixo, as mesmas empresas de aviação estão relacionadas nas linhas e nas colunas. O entrevistado é solicitado a marcar com **X** quando preferir a empresa **indicada na coluna**.

Empresas	Air Ponto	Iblog	Suvon	Air Phanthom	Lufond	Briguin	Duchair
Air Ponto			X			X	X
Iblog	X		X			X	X
Suvon							X
Air Phanthom	X	X	X			X	X
Lufond	X	X	X	X			X
Briguin			X		X		X
Duchair							
Totais	3	2	5	1	1	3	6

Observe que na primeira coluna, em que a empresa Air Ponto é preferida em relação à Iblog, Air Phantom e Lufond, encontramos uma marcação X.

As respostas ilustradas nessa tabela comparam cada empresa constante das colunas com a Duchair. Quando não há marcação na linha da Duchair, implica dizer que nenhuma empresa supera a Duchair na preferência desse consumidor. Ao contrário, na coluna Duchair há marcações para todas as outras empresas, o que significa que essa empresa é preferida em relação a todas as outras.

Nesses casos, é requerido um acompanhamento, pois o respondente pode errar na tabulação.

Observe também que o número de respostas possíveis segue esta fórmula:

$$respostas = \frac{n \times (n-1)}{2}, \text{ em que } n \text{ é o número de objetos comparados.}$$

No exemplo anterior, o número de assinalações (respostas) possíveis será:

$$respostas = \frac{7 \times (7-1)}{2} = 21, \text{ coincidindo com o número obtido.}$$

Essas pesquisas podem ser analisadas de diversas formas: calculando-se a porcentagem de respostas favoráveis para um ou outro produto/serviço ou somando-se para verificar a quantidade de respondentes favoráveis a esta ou àquela empresa.

Também é possível classificar por ordem de preferência. No nosso exemplo, a Duchair conseguiu 6 indicações, contra 5 da Suvon, 3 da AirPonto e da Briguin, 2 da Iblog e 1 da Lufond e Air Phantom.

9.4.4 Escala de soma constante

A escala de soma constante tem certa semelhança em seu conceito com a escala de ordenação Q, mas, em vez de ordenar os conceitos conforme sua preferência, o respondente é convidado a atribuir notas como se fossem pesos para esses atributos, e não há necessidade de que esses pesos obedeçam ao critério das frequências normais.

Essas escalas são muito úteis quando se quer analisar as características de um produto em relação a mais de uma categoria de público-alvo ou segmento de mercado.

Por exemplo, uma empresa de alimentação deseja verificar a classificação de diversos atributos de seu lanche em dois tipos de mercado. Os entrevistados são solicitados a distribuir 100 pontos por meio das características-alvo do estudo.

Característica	Respondentes		
	Grupo I	Grupo II	Grupo III
Sabor	25	12	11
Temperatura	20	26	23
Maciez	9	25	4
Vegetais	9	10	6
Temperos	6	5	5
Tamanho	10	7	31
Peso total	12	8	14
Pão	9	7	6
Totais	100	100	100

Observa-se que não coincidem os três mercados ou público-alvo quanto à temperatura na qual o lanche deve ser servido.

Para o grupo I, o fator sabor é preferível ao tamanho e ao peso total do lanche. Para o grupo III, o apelo visual do lanche (tamanho) parece ser decisivo, juntamente com a temperatura. Para o grupo II, a temperatura também garante a qualidade, mas é a maciez que, na opinião desse segmento, deve acompanhar para fazer com que o lanche seja apreciável juntamente com o sabor, vegetais e o peso total.

As somas dos atributos são sempre iguais ao total dos pontos colocados à disposição, daí o nome de soma constante.

Apesar da vantagem de se poder comparar os mesmos atributos em vários grupos de respondentes (público-alvo), existe uma desvantagem importante, que é a possibilidade de erros por parte dos entrevistados na atribuição das notas. Também é possível que o entrevistado acelere o processo de resposta se o número de características for grande. Então, os erros poderiam incidir nas somas e na atribuição dos pesos. Recomenda-se, pois, um acompanhamento por especialistas nesse tipo de coleta de informações.

9.5 Escalas não comparativas

Essas escalas têm características bem peculiares. A primeira delas é que os entrevistados respondem ou classificam os objetos-alvo de análise sem comparar com outros da mesma categoria; ao contrário, eles os comparam apenas com uma escala objetiva de valores que tenta reproduzir o subjetivismo ou sentimento por aquela asserção, referindo-se ao produto ou serviço.

Assim, a graduação é feita em relação ao conceito de qual seja a condição ideal para aquele produto ou serviço definida subjetiva ou objetivamente pelo cliente.

Em geral, são escalas de caráter gráfico, mas que se apoiam em uma escala do tipo Likert ou Stapel para graduar a preferência pela característica em estudo.

9.5.1 Escalas de classificação constante

Esse tipo de escala é associado a formulários de coletas de dados nos quais o respondente, após identificar o propósito e a característica do objeto em estudo, marca com um sinal X a posição que sua resposta ocuparia em um intervalo graduado entre duas asserções, por uma escala Likert.

É muito utilizada em pesquisas internacionais, nas quais a graduação deve sempre vir acompanhada de referencial dialético em razão de diferentes interpretações que possam vir a ter por aspectos culturais dos países envolvidos. Outros tipos de pesquisas que envolvem a aferição do moral de equipes, da satisfação, da fidelidade a marcas e satisfação com serviços utilizam as escalas não comparativas.

Observe a seguir o exemplo de uma empresa de alimentos na obtenção de classificação para seu produto.

Indique como classificaria este **lanche** em relação aos que você conhece:

Provavelmente o pior .... Provavelmente o melhor

Provavelmente o pior .... Provavelmente o melhor

0   10   20   30   40   50   60   70   80   90   100

Muito ruim   Nem bom,   Muito bom
                    nem ruim
Provavelmente o pior .... Provavelmente o melhor

0   10   20   30   40   50   60   70   80   90   100

Observa-se que, no primeiro caso, a classificação do objeto em análise pela distância entre as duas asserções é puramente subjetiva, e que sua tabulação também requer cuidados.

Já no segundo e no terceiro casos, quando assistidas por uma escala de intensidade, as respostas obtêm maior exatidão e a sua tabulação também fica facilitada.

A categorização – ou divisão do espaço entre as afirmações – que o analista pretende fica mais clara no segundo e no terceiro casos.

9.6 Escalas de múltiplos itens

Essas escalas são utilizadas em diversas situações nas pesquisas mercadológicas.

Por exemplo, na aviação comercial, esse tipo de escala é utilizada para medir a satisfação dos clientes. Entenda-se por clientes não somente o consumidor final do produto (passageiro), mas também os representantes intermediários, as agências de viagens e as operadoras turísticas.

Cada um desses clientes externos tem uma maneira diferente de tratar seus interesses com as empresas aéreas, as quais mantêm políticas especiais para remunerar os serviços de tais clientes perante seu respectivo público-alvo.

Por uma questão ética, não podemos dispor de exemplos reais dessas empresas, todavia, por termos sido os idealizadores de diversas pesquisas nacionais e internacionais, tentaremos reproduzir em âmbito menor alguns exemplos didáticos utilizando tais escalas.

Uma das pesquisas mais interessantes com as quais estivemos em contato refere-se à determinação da imagem que as agências de viagens tinham do acesso às políticas de venda da empresa aérea. Excelente resultado foi alcançado combinando-se uma escala diferencial semântica com uma escala Likert. Esse exemplo, em bases didáticas fictícias, será mencionado de maneira reduzida a seguir.

9.6.1 Escala Likert

Pode ser aplicada a medidas de satisfação, atitude e intenção de compra ou recompra do produto e/ou serviço. Nos formulários de pesquisa, normalmente é acompanhada de uma ordem crescente e categorizada de respostas que pretendem refletir o humor, a intenção etc.

O formulário de pesquisa seguinte (ver Figura 9.3) diz respeito à política de vendas e atendimento de uma empresa de aviação comercial com seus distribuidores, agentes de viagens. Apesar de não indicado no formulário, a pesquisa estabelecia como critério uma escala Likert graduada de 1 a 5. Obviamente, o exemplo fictício serve apenas como ilustração do tipo de pesquisa, e as perguntas apresentadas não podem ser reproduzidas com o mesmo foco das pesquisas efetuadas.

Figura 9.2   Exemplo de escala Likert

• Asserção - - - - - - - - - - -

Discordo totalmente	Discordo	Não discordo, nem concordo	Concordo	Concordo totalmente
☐	☐	☐	☐	☐
-2	-1	0	1	2
1	2	3	4	5

Variações de classificação podem ser de -2 a $+2$, incluindo o zero, ou de 1 a 5 (mais utilizada) e 1 a 10 (menos frequente).

Fonte: elaborada pelos autores.

Figura 9.3   Pesquisa de satisfação das agências de turismo com empresa aérea

Exemplo: indique o grau apropriado, que julga apropriado no seu caso, para a afirmação a respeito da política de parceria e de vendas com as agências.

Identificação da agência

Número de funcionários

Destinos mais vendidos

Mercados/público-alvo de sua agência

Parceira com as agências

Sou visitado frequentemente pelos promotores ou representantes da empresa

Discordo totalmente	Discordo parcialmente	Não discordo nem concordo	Concordo parcialmente	Concordo totalmente
☐	☐	☐	☐	☐

(continua)

(continuação)

A empresa de aviação é receptiva às necessidades mercadológicas de minha agência de viagens

Discordo totalmente	Discordo parcialmente	Não discordo nem concordo	Concordo parcialmente	Concordo totalmente
☐	☐	☐	☐	☐

A empresa de aviação oferece suporte técnico para representá-las junto às minhas contas-correntes

Discordo totalmente	Discordo parcialmente	Não discordo nem concordo	Concordo parcialmente	Concordo totalmente
☐	☐	☐	☐	☐

A empresa de aviação oferece mais vantagens do que minha agência para os meus clientes finais

Discordo totalmente	Discordo parcialmente	Não discordo nem concordo	Concordo parcialmente	Concordo totalmente
☐	☐	☐	☐	☐

Política de Vendas

A empresa de aviação não demonstra interresse nos segmentos de mercado em que atuo como agência

Discordo totalmente	Discordo parcialmente	Não discordo nem concordo	Concordo parcialmente	Concordo totalmente
☐	☐	☐	☐	☐

Meu poder de negociação passa pelo volume de vendas

Discordo totalmente	Discordo parcialmente	Não discordo nem concordo	Concordo parcialmente	Concordo totalmente
☐	☐	☐	☐	☐

A empresa de aviação sempre adapta suas políticas às necessidades e tamanho da minha agência

Discordo totalmente	Discordo parcialmente	Não discordo nem concordo	Concordo parcialmente	Concordo totalmente
☐	☐	☐	☐	☐

Fonte: elaborada pelos autores.

9.6.2 Escalas diferenciais semânticas

As escalas diferenciais semânticas em geral são apresentadas em sete pontos (opcionalmente em outro número ímpar) e acompanhadas de afirmações opostas (antônimos) em ambos os lados dos terminais.

Exemplos: Qual a sua opinião sobre nossa empresa?

Asserção: a sua opinião sobre a nossa empresa é:

Poderosa .... Fraca
Não confiável .... Confiável
Moderna .... Ultrapassada
Acolhedora .... Arrogante
Atenciosa .... Desinteressada

Normalmente, as escalas vão de –3 a +3 ou de 1 a 7, além de serem muito utilizadas em pesquisa de opinião e de segmentação de mercado.

Em geral, essas perguntas devem ser feitas considerando segmentos ou perfis que se deseja determinar. Os perfis ou perguntas afins deverão ser analisados utilizando-se os elementos de estatística descritiva. É evidente que o caráter analítico e subjetivo do observador deverá ser totalmente imparcial para poder reproduzir mais fielmente as médias de cada categoria ou perfil, sobre o qual deverá ser tomada alguma decisão de manutenção ou de correção.

As escalas diferenciais semânticas também são utilizadas em pesquisas do departamento de recursos humanos que envolvam a avaliação de chefias por seus subordinados para a verificação do clima organizacional ou para autoavaliação.

Alerta-se que neste trabalho não será abordado tema inerente à formulação de perguntas.

9.6.3 Escala de Stapel

A escala de Stapel foi idealizada para medir a convergência na opinião, imagem ou atitude do cliente. Normalmente, é apresentada em formato vertical, e a asserção é feita no meio da escala como se fosse um zero absoluto.

Com a graduação de –5 a +5, a escala sugere que o respondente aponte em que grau de convergência o objeto analisado se encontra em relação à asserção.

Exemplo: pesquisa de credibilidade (percepção) em um supermercado.

O supermercado Varejão:

+5	+5	+5
+4	+4	+4
+3	+3	+3
+2	+2	+2
+1	+1	+1
Sempre vende mais barato	Tem as melhores ofertas	Respeita o cliente
–1	–1	–1
–2	–2	–2
–3	–3	–3
–4	–4	–4
–5	–5	–5

Tal procedimento é o mesmo para cada pergunta efetuada, podendo-se também subdividir por segmento de atuação ou área de interesse. Em tais casos, o respondente é convidado a assinalar em que grau de conformidade acredita que a afirmação feita se encontra perante a escala apresentada.

9.6.4 Escalas não balanceadas

A diferença entre esse tipo de escala e as balanceadas é que o número de itens favoráveis e desfavoráveis é desigual. Sua aplicação depende do analista e do tipo de pesquisa, como da profundidade de resposta que pretende receber e testar posteriormente.

Veja o exemplo de escalas balanceadas e não balanceadas a seguir.

Assinale a alternativa segundo sua percepção sobre a abertura da embalagem do macarrão ABC:

Escala balanceada	Escala não balanceada
Extremamente fácil	Extremamente fácil
Muito fácil	Muito fácil
Fácil	Fácil
Ruim	Mais ou menos fácil
Muito ruim	Ruim
Extremamente ruim	Muito ruim

Observe que a utilização de uma ou outra influenciará na obtenção do verdadeiro sentimento do cliente, como da profundidade deste em relação ao produto e quesito perguntados.

9.7 Formulários de pesquisa

9.7.1 Definindo o que é um questionário

Um formulário que contenha um questionário pode ser definido como um instrumento de coleta e informações que propiciará a tabulação, a análise e a medição para o entendimento de um evento em estudo.

A maior crítica apontada por especialistas de marketing é a ausência de uma teoria precisa para a construção de formulários. Neste capítulo, mostraremos alguns formulários utilizados em entrevistas presenciais e outros construídos para pesquisas eletrônicas conduzidas pela internet.

9.7.2 Exemplos de questionários e suas finalidades

Tabela 9.10 Pesquisa de satisfação com o produto, atendimento e imagem da empresa

Pesquisa de Satisfação					
	Faça um círculo em volta de sua resposta				
Por favor, indique sua satisfação com:	Excedeu expectativas	Satisfeito	Neutro	Insatisfeito	Abaixo das expectativas
1) Qualidade do produto adquirido	1	2	3	4	5
2) Tempo de resposta ao seu chamado	1	2	3	4	5
3) Qualidade do serviço prestado	1	2	3	4	5
4) Cortesia do prestador do serviço	1	2	3	4	5
5) Compromisso da empresa com o cliente	1	2	3	4	5
6) Satisfação geral	1	2	3	4	5

Fonte: elaborada pelos autores.

Tabela 9.11 Pesquisa sobre a qualidade, imagem e preço de uma marca de cerveja

Percepção sobre a cerveja XYZ	Discordo totalmente	Discordo	Não concordo nem discordo	Concordo	Concordo totalmente
1. Aprecio pelo formato da garrafa *longneck*	☐	☐	☐	☐	☐
2. O sabor é melhor que o das concorrentes	☐	☐	☐	☐	☐
3. A tampinha da garrafa abre mais facilmente	☐	☐	☐	☐	☐
4. Confere distinção e *status* a quem a bebe	☐	☐	☐	☐	☐
5. O design da garrafa é arrojado	☐	☐	☐	☐	☐
6. O preço é muito convidativo	☐	☐	☐	☐	☐
7. Tem menor teor alcoólico que as concorrentes	☐	☐	☐	☐	☐
8. Não a trocaria por nenhuma outra	☐	☐	☐	☐	☐
9. Tem mais malte que as concorrentes	☐	☐	☐	☐	☐
10. A temperatura influencia o sabor da cerveja	☐	☐	☐	☐	☐
11. Na mesma temperatura esta cerveja tem mais sabor	☐	☐	☐	☐	☐
12. Esta cerveja é melhor em qualquer condição	☐	☐	☐	☐	☐
13. Prefiro esta cerveja, pois é brasileira	☐	☐	☐	☐	☐
14. Sou consumidor exclusivo	☐	☐	☐	☐	☐
15. Só vou consumir outra se não encontrar esta	☐	☐	☐	☐	☐
16. Gosto das propagandas desta marca	☐	☐	☐	☐	☐
17. Tomo esta cerveja regularmente	☐	☐	☐	☐	☐

Fonte: elaborada pelos autores.

Exemplos:

1. Pesquisa de satisfação com clientes de uma clínica oftalmológica

A clínica de olhos Boa Vista visa a melhor qualidade no atendimento. Pedimos que responda esta pesquisa para melhorar ainda mais nossos serviços e agradecemos desde já sua participação.

Itens pesquisados	Ótimo ☺	Regular ☺	Ruim ☹	Espaço para sugestões
Atendimento telefônico				
Marcação de consultas				
Agendamento de exames				
Informações gerais				
Localização da clínica				
Estacionamento				
Preços				
Limpeza geral				
Ambiente				
Atendimento na recepção				
Atendimento nos exames				
Prazo para resultados				
Atendimento médico				
Tempo da consulta				
Agendamento cirurgias				Nome
Centro cirúrgico				Idade
Atendimento da equipe cirúgica				Endereço
Você indicaria nossa clínica?				Telefone

2. Pesquisa para determinar a duração da exposição de uma revista

Pesquisa codificada: periódico *XYZ Penhor e Negócios*

As respostas de nossos assinantes são confidenciais

Favor desconsidere os códigos ao lado das respostas, pois servem apenas para tabulação destas	1	2	3	4	5	6	7
1) Qual sua estimativa para o tempo gasto na leitura de nossa revista?	Menos que 29 minutos	Entre 30 e 59 minutos	Entre 1 hora e 1 hora e 59 minutos	Entre 2 horas e 2 horas e 29 minutos	Entre 2 horas e 30 minutos e 3 horas	Mais de 3 horas	Outros (especifique)
	1	2	3	4	5	6	7
2) Depois de lida, qual o destino dado à sua revista?	Biblioteca da empresa	Biblioteca doméstica	Doa para outras pessoas ou amigos	Recorta reportagens de interesse	Coloca na recepção da empresa	Jogo fora	Outros (especifique)
3) Além de você, quantas leem a sua revista?	1	2	3	4	5	6	Mais que 6

3. Pesquisa de satisfação de uma empresa fabricante de veículos automotivos

Sua satisfação geral

1. Qual sua satisfação com:	Muito satisfeito	Satisfeito	Razoavelmente satisfeito	Insatisfeito	Muito insatisfeito
a. Sua experiência de comprar no distribuidor					
b. A capacidade do distribuidor lhe oferecer um bom negócio					
c. O conforto e receptividade do departamento de vendas					
d. O *test-drive* do veículo					
e. A qualidade geral do veículo					
f. Os equipamentos do veículo testado					

Sua Satisfação com o distribuidor

Como você avalia o distribuidor em relação aos aspectos a seguir:

2. Ao tratamento na chegada à loja:	Muito satisfeito	Satisfeito	Razoavelmente satisfeito	Insatisfeito	Muito insatisfeito
a. Agilidade no atendimento					
b. Seriedade					
c. Atenção					

3. Desempenho do vendedor que lhe atendeu:	Muito satisfeito	Satisfeito	Razoavelmente satisfeito	Insatisfeito	Muito insatisfeito
a. Aparência					
b. Profissionalismo e cortesia					
c. Conhecimento do veículo da marca					
d. Conhecimento dos veículos concorrentes					
e. Vender sem pressionar o cliente					
f. Honestidade e sinceridade					

4. Entrega do veículo:	Muito satisfeito	Satisfeito	Razoavelmente satisfeito	Insatisfeito	Muito insatisfeito
a. Prazo e horário para entrega do veículo					
b. Limpeza geral do veículo no mercado da entrega					
c. Verificações gerais de funcionamento					
d. Explicação das características de funcionamento					
e. Explicação sobre as garantias do veículo					
f. Explicação sobre o programa de manutenção					

5. Ao contato pós-venda:	Muito satisfeito	Satisfeito	Razoavelmente satisfeito	Insatisfeito	Muito insatisfeito
a. Você foi contatado pelo pós-vendas no prazo correto					
b. Atenção do pós-venda					
c. Cumprimento dos compromissos assumidos pela marca					

6. Sobre as formas de financiamento:	Muito satisfeito	Satisfeito	Razoavelmente satisfeito	Insatisfeito	Muito insatisfeito
a. Você foi informado sobre as formas de financiamento					
b. Satisfação com essas formas de financiamento					
c. As informações ajudaram na decisão de compra da marca					

7. Razões se sua compra:	Muito satisfeito	Satisfeito	Razoavelmente satisfeito	Insatisfeito	Muito insatisfeito
a. Preferência pela marca					
b. Financiamentos, descontos ou incentivos oferecidos					
c. Propaganda					
d. Recomendação de terceiros					
e. Modelos disponíveis					
f. Avaliação no *test-drive*					

4. Pesquisa de importância atribuída a produtos e serviços de uma empresa

Telefones domésticos pré-pagos (com cartões)

1) Nome

2) Idade

3) Estado Civil

4) Renda mensal

5) Qual destas linhas pré-pagas você possui?		1) A&B	2) MC&A		3) Tefel-nique		4) Span-Tel
6) Com que frequência você utiliza seu telefone?		Raramente					Frequentemente
		1	2	3	4	5	6	7

7) Qual sua opinião sobre as vantagens do cartão MC&A?		Sem vantagem					Muito vantajoso
		1	2	3	4	5	6	7

8) Por favor, atribua o grau de importância que julga relevante na escolha de uma nova linha pré-paga:

a) Custo por chamada	1	2	3	4	5	6	7
b) Facilidade de utilização	1	2	3	4	5	6	7
c) Chamadas de curta e longa distância incluídas na mesma conta	1	2	3	4	5	6	7
d) Descontos e promoções oferecidas pelo acúmulo de chamadas	1	2	3	4	5	6	7
e) Qualidade do serviço de reparos	1	2	3	4	5	6	7
f) Qualidade do serviço de atendimento ao cliente	1	2	3	4	5	6	7

9) Você tem crianças ou adolescentes em casa?	Sim	Não

10) No seu julgamento, qual a importância de uma empresa de comunicações oferecer a linha pré-paga?	Nenhuma importância					Muito importante
	1	2	3	4	5	6	7

A MC&A agradece a oportunidade de obter sua opinião, que nos ajudará a melhorar ainda mais nossos serviços.

5. Pesquisas mistas

Pesquisa de identificação de público, hábitos de consumo, canais de compra e características do produto

Parte I

Assinale a opção que coincide com a sua condição:

1) Sexo	Masculino	Feminino			
2) Faixa etária	18-24	25-29	30-34	35-44	mais que 45 anos
3) Assinale sua faixa de rendimentos mensais	até 2 salários-mínimos	entre 2 e 5 salários-mínimos	mais que 5 e até 10 salários-mínimos	mais que 10 e até 15 salários-mínimos	mais que 15 e até 20 salários-mínimos
4) Estado civil	Casado(a)	Solteiro(a)			
5) Se for casado(a), quantos filhos tem? _____					
6) Quantas vezes você vai aos *shoppings*? _____					
7) Indique qual a rede de lojas que mais prefere	Uma ou mais vezes por semana	Uma vez por mês	Uma vez por semestre	Uma vez por ano	

(continua)

(continuação)

Parte II	Sempre	Quase sempre	Neutro	Quase nunca	Nunca
8) Costumo comprar perfumes em lojas de departamentos	1	2	3	4	5
9) Costumo comprar perfumes em farmácias	1	2	3	4	5
10) Só compro um tipo de fragrância	1	2	3	4	5
11) Pacotes com amostras grátis de perfumes incentivam a compra	1	2	3	4	5
12) Propaganda de perfumes feita por artistas e personalidades famosas incentivam a compra	1	2	3	4	5
13) Só os perfumes cujas propagandas são feitas por artistas são realmente de boa qualidade	1	2	3	4	5
14) Estou interessado em novas fragrâncias	1	2	3	4	5
15) Eu sempre experimento novas fragrâncias	1	2	3	4	5

Parte III

16) Com qual assiduidade você adquire perfumes? _____

17) Qual sua marca de perfume favorita? _____

18) Da marca indicada, qual seu perfume favorito? _____

19) Quais as qualidades que você procura em um perfume? _____

20) Você está satisfeito com as fragrâncias existentes no mercado atualmente? _____

Agradecemos sua atenção e suas respostas precisas, que nos ajudarão a atingir suas expectativas. _____

Essas pesquisas englobam diversas finalidades, como:

- Identificação do tipo de consumidor.
- Hábitos de consumo.
- Canais de compra (distribuição).
- Características de produto preferido.

9.8 Tabulação dos dados para obtenção de estatísticas

Após o projeto das perguntas e dos formulários de pesquisas para a obtenção das informações desejadas, devemos tabular tais informações de maneira a torná-las válidas para que programas estatísticos possam utilizá-las e calcular estatísticas para análises.

Em termos gerais, as estatísticas possíveis em cada caso de pesquisa e os cálculos possíveis dependem do tipo de dados e da forma como foram tabulados, além do poder e da versatilidade do programa estatístico usado. Há também algumas diferenças básicas entre a tabulação de dados em planilhas do tipo Excel e em programas estatísticos como o STATISTICA da StatSoft.

9.8.1 Variável de resposta única

Esse tipo de tabela é utilizado para cálculos descritivos (**estatística descritiva**), como: média, moda, mediana, desvio-padrão, erro-padrão da média, mínimo e máximo etc. Não há, nesse caso, diferenciação entre as planilhas eletrônicas e o programa estatístico.

Tabela 9.12 Exemplo de tabela variável de resposta única

	Variável 1
Caso 1	
Caso 2	
Caso 3	
Caso 4	
...	
Caso _n_	

Fonte: elaborado pelos autores.

9.8.2 Variáveis emparelhadas

Tabela utilizada quando se quer comparar o mesmo tipo de evento com medições simultâneas (antes/depois), por exemplo: efeitos de campanhas promocionais sobre vendas de produtos, efeitos de medicamentos em pacientes com determinadas patologias, alterações clínicas em pacientes e/ou atletas antes, durante e depois de esforço físico etc.

Nesse caso, as tabulações são semelhantes, seja para as planilhas eletrônicas, seja para o programa estatístico.

Tabela 9.13 Exemplo de tabela variável emparelhada

	Medição antes	Medição depois
Caso 1		
Caso 2		
Caso 3		
Caso 4		
...		
Caso _n_		

Fonte: elaborado pelos autores.

9.8.3 Variáveis múltiplas

Esse tipo de tabulação é apropriado na maioria dos casos de pesquisas, pois os programas estatísticos processam caso (linha) _versus_ variável (coluna), analisando frequências e todas as medidas de tabulação cruzada, estatísticas de significância, comparação de médias etc.

A maioria dos problemas de contagem pode ser solucionada com tabulações dessa natureza, com a vantagem adicional de que propiciam processar também estatísticas multivariadas.

Tabela 9.14 Exemplo de tabela variável múltipla

	Variável 1	Variável 2	Variável 3	Variável 4	...	Variável *n*
Caso 1						
Caso 2						
Caso 3						
Caso 4						
...						
Caso *n*						

Fonte: elaborado pelos autores.

9.8.4 Casos múltiplos

É uma tabulação comum quando existem casos dicotômicos a serem medidos, por exemplo: situações cuja variável medida é a mesma para duas espécies de casos. Também chamados de tabelas 2 × 2, possibilitam avaliar contagens em tabelas de tabulação cruzada.

Tabela 9.15 Exemplo de tabela 2 × 2

	Sexo	Variável medida
Caso 1	Masculino	111
Caso 2	Feminino	110
Caso 3	Masculino	109
Caso 4	Feminino	102
Caso 5	Masculino	104

Fonte: elaborado pelos autores.

De outra forma, cada caso é medido de três maneiras diferentes, propiciando tabelas de respostas cruzadas que podem cruzar informações do tipo:

Quantos homens fumantes fazem ginástica e não tomam nenhum tipo de bebida alcóolica?

Quantas mulheres não fazem ginástica, bebem socialmente e não fumam?

Tabela 9.16 Exemplo de tabela respostas cruzadas

	Sexo	Fuma	Ginástica	Álcool
Caso 1	Homem	Sim	Sim	Social
Caso 2	Mulher	Sim	Não	Nunca
Caso 3	Homem	Não	Sim	Social
Caso 4	Mulher	Não	Não	Nunca
Caso 5	Mulher	Sim	Sim	Nunca
Caso 6	Homem	Sim	Sim	Social
Caso 7	Mulher	Sim	Sim	Social
Caso 8	Mulher	Não	Não	Social

Fonte: elaborado pelos autores.

O exemplo a seguir ilustra uma pesquisa sobre o perfil do cliente e do tipo de compra que efetua em uma rede de lojas. A tabulação apresentada é apenas parcial e servirá para a utilização das **tabelas de contingência**, que no programa Excel levam o nome de tabela dinâmica ou tabulação cruzada.

Essas tabelas têm o poder de cruzar as informações de cada linha com uma ou mais colunas, conforme a discrição e necessidade do analista. Podem ainda totalizar os resultados dos respondentes a cada quesito e verificar qual a proporção dentro dos e entre os quesitos, como a sua proporção em relação ao total da amostra à disposição. Poderemos aplicar estatísticas de inferência para a estimação de parâmetros populacionais a partir dessas amostras.

Tabela 9.17 Exemplo de tabela de contingência

Cliente	Produto	Quantidade	Venda por meio de	Idade	Instrução	Sexo	Valor unitário (R$)
1	TV	5	Folheto	54	Superior	F	470
2	Rádio	6	Folheto	45	Superior	M	490
3	Geladeira	7	Internet	30	Superior	M	800
4	Batedeira	3	Televisão	35	Médio	F	125
5	Liquidificador	2	Folheto	60	Médio	F	76
6	Máq. lavar	4	Folheto	55	Fundamental	F	650
7	Máq. lavar louça	8	Internet	25	Médio	M	430
8	Máq. secar	4	Televisão	38	Superior	F	800
9	Ferro passar	12	Folheto	65	Médio	M	48
10	Bicicleta	15	Folheto	54	Médio	F	220

Fonte: elaborado pelos autores.

Os métodos estatísticos baseiam-se em variações dentro das e entre as respostas para oferecer subsídios específicos ao pesquisador sobre o comportamento do seu produto, cliente, imagem da empresa etc.

Esse tipo de tratamento será visto mais adiante no Capítulo 10.

9.9 Formulários de pesquisa pela internet

Frequentemente, os fabricantes de produtos ou os prestadores de serviços colocam à disposição dos clientes meios eletrônicos para que eles possam se pronunciar a respeito de seu produto, atendimento, serviços agregados etc. A internet é o veículo preferido nesses casos. Às vezes, são contratadas consultorias especializadas, terceirizando-se os serviços em nome da empresa, para viabilizar o projeto por meio eletrônico, fornecendo-se ao produtor ou prestador de serviço respostas específicas sobre seu produto. Contudo, há vantagens e desvantagens em fazê-lo.

A vantagem é o fato de serem especializadas no assunto e possuírem *staff* próprio, e a desvantagem é o alto custo de desenho do projeto de implantação e modificação, se for necessário. Outro aspecto relevante é que os consumidores tendem a se expressar de forma limitada ou até a não fazê-lo quando não podem falar com uma pessoa que represente a empresa. Além disso, a credibilidade ainda é limitada quanto a esse tipo de pesquisa por parte do consumidor, pois ele não tem certeza de que sua opinião será transmitida a quem de direito dentro da empresa nem se será alvo de atenção.

Uma maneira mista pode ser obtida por meio de consultorias especializadas e pela participação de representantes da empresa caso o cliente, no meio da pesquisa, deseje falar com alguém da companhia. Os departamentos de telemarketing contatam o cliente para indagar sobre sua satisfação com o produto e alimentam com suas respostas o formulário eletrônico de pesquisa, que produz estatísticas percentuais em tempo real para o fabricante ou prestador de serviço. Nesses casos, há um contrato de número mínimo de clientes ouvidos por intervalo de tempo, e normalmente é a empresa que fornece a lista de clientes com seus telefones para as consultorias, as quais se identificam como a própria empresa ou em nome dela.

Outro tipo de empresas de pesquisa em marketing são aquelas especializadas não só em vender o produto "pesquisa e análises", mas também em oferecer um produto que ao mesmo tempo produza receita e faça com que empresas de pequeno e médio porte realizem **suas próprias pesquisas conforme necessidades específicas**.

Isso diminui os custos de pesquisa de campo, levando as empresas produtoras de bens e serviços a perguntarem diretamente aos seus clientes o que desejam. O gerenciamento das respostas também fica a cargo dessas empresas, que podem, assim, com as ferramentas que apresentaremos a seguir, gerenciar os resultados – e estes ficam isentos de manipulação externa à companhia.

Em contrapartida, a empresa que desejar empreender tais pesquisas precisará que seu departamento de marketing tenha elementos aptos a desenvolver pesquisas de mercado, analisá-las e sugerir ações mercadológicas seguras. Espera-se que este livro concorra para essa formação.

Esses **motores de construção de formulários de pesquisa** também oferecem formulários eletrônicos prontos como padrões em determinado assunto. Entretanto, nada impede que o cliente modifique o formulário ou crie seu próprio formulário e gerencie sua pesquisa.

9.9.1 Programas para construção de formulários eletrônicos (Qualtrics)[10]

Qualtrics é uma empresa norte-americana especializada neste tipo de ferramenta eletrônica de construção de formulários, que ajuda a viabilizar, de forma moderna, a pesquisa de mercado.

Nossa pesquisa foi intitulada **Pesquisa de Satisfação com Cartões de Crédito e SAC**. Não se trata de uma pesquisa com a finalidade de oferecer subsídios às administradoras de cartão nem para produzir ações reais de marketing, mas apenas para demonstrar como são criados os formulários eletrônicos que dão suporte às pesquisas e ao gerenciamento de resultados.

Demonstraremos a versão mais básica de criação para ilustrar este exemplo, mas alertamos que este capítulo, ao contrário dos demais, não deve ser estudado como se fosse um manual de procedimentos, mas apenas como uma apresentação desta importante ferramenta eletrônica.

---

[10] Informamos que, para a edição/atualização deste capítulo, a Qualtrics, empresa norte-americana que nos proporcionou o apoio acadêmico necessário, disponibilizou por um curto espaço de tempo a possibilidade de construirmos nossas pesquisas gratuitamente. Agradecemos, à **Srta. Thais Nigri** pelo apoio. O site desta ferramenta de construção é <http://www.qualtrics.com>. Existem empresas brasileiras que também vendem serviço semelhante para construção das próprias pesquisas, entretanto, não foi possível conseguir o apoio necessário para ilustrar ao leitor de forma acadêmica.

Alertamos também que devido a atualizações constantes no ambiente virtual em todas as áreas, a sequência aqui apresentada ou os formatos dos quadros de resposta podem ser diferentes no momento em que o leitor acessar o site mencionado, assim justifica-se que as imagens aqui apresentadas são meramente ilustrativas das funcionalidades desse sistema.

9.9.1.1 Construindo uma pesquisa básica

O exemplo que vamos construir é **básico** em todos os aspectos e servirá apenas para alertar o pesquisador da existência de algumas funcionalidades desta ferramenta de construção de formulários e gerenciamento eletrônico de pesquisa.

O ambiente inicial pode ser obtido conectando-se à internet e digitando na barra de menu <https://www.qualtrics.com/free-account/>, onde o leitor poderá criar uma conta gratuita:

Logo após a criação da conta, você poderá criar seu formulário eletrônico de pesquisa alterando algumas configurações como idioma, fuso horário e outros no quadro de **Definições do Utilizador**, como mostrado a seguir:

Capítulo 9 · Escalas, perguntas e formulários

É importante também definir o fuso horário para que, nas ferramentas de gerenciamento da pesquisa, o analista saiba em que momento do dia o seu cliente respondeu sua pesquisa, o que pode informar se seu projeto foi considerado atrativo pelos clientes:

Logo após, inicie a criação do projeto e dê um nome a ele. Nesta visualização inicial foi chamado de Projeto Teste:

Note também que existe a possibilidade de importar um formulário de pesquisa já construído em arquivos de texto, ou a partir de uma biblioteca ou cópia, mas esta opção não está disponível neste exemplo básico.

Clique em CRIAR PROJETO:

Você poderá escolher entre diversas opções, como quantidades de escolhas de respostas, tipos de respostas, escalas das repostas, posição etc.:

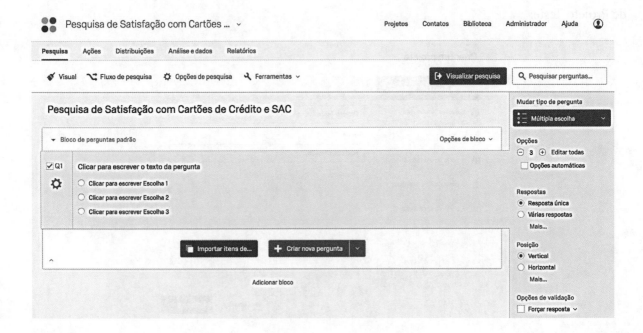

Clique no campo indicado para escrever o texto da pergunta e faça o mesmo para as opções de resposta:

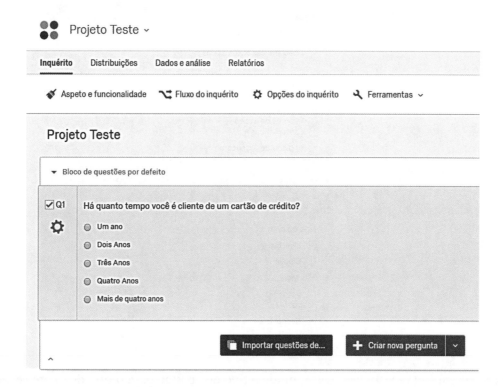

Você poderá adicionar quantas perguntas julgar necessário para responder seu problema de pesquisa. Entretanto, alertamos que, para cada pergunta de uma pesquisa, é aconselhável pelo menos dez respondentes na amostra. Assim, se uma pesquisa tiver dez perguntas, será aconselhável que entre 100 a 140 pessoas a respondam.

Para criar novas perguntas, clique no botão CRIAR NOVA PERGUNTA.

Depois de criar uma nova pergunta, você poderá modelar o tipo de pergunta e o tipo de resposta que pretende obter para atingir o objetivo da pesquisa.

O sistema exibe três grandes grupos de respostas: **Padrão, Especialidades e Avançado.**

Em cada um deles existirão diversas opções. Para que seja possível associar uma escala Likert, sugerimos que altere a opção para uma escala de 5 pontos e o tipo de Matriz para Likert:

Após clicar em CRIAR NOVA PERGUNTA, mude o tipo de questão para o tipo de interesse, por exemplo, QUADRO MATRIZ:

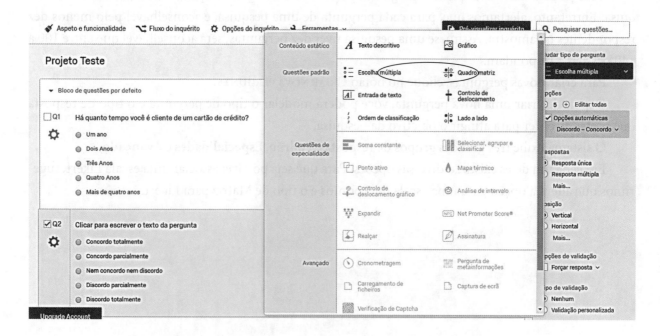

Escolha a pergunta do tipo MÚLTIPLA ESCOLHA e obterá o ambiente a seguir. Assim, poderá efetivamente iniciar a criação, inserindo o texto de sua pergunta e das respostas que disponibilizará para o seu cliente/entrevistado:

Basta clicar em cada campo para inserir o texto desejado, como mostra o exemplo abaixo:

Para outros tipos de perguntas e respostas, clique em MUDAR O TIPO DE PERGUNTA e escolha CONTROLE DE DESLOCAMENTO. Neste tipo de escala, o respondente arrastará o ponteiro até atingir a nota que atribui ao grau de satisfação com sua empresa, produto ou serviço oferecido:

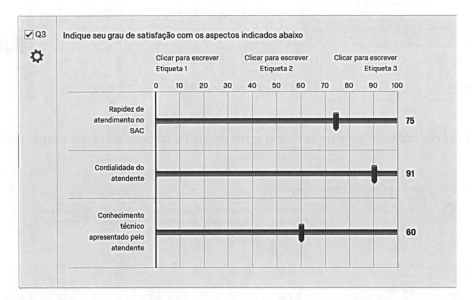

Muitos outros tipos de perguntas e de exibição de respostas estão disponíveis, basta explorá-los para modelar seu formulário, sempre tendo em vista atender o objetivo da pesquisa:

Veja alguns exemplos interessantes (alertamos que alguns dos modelos mostrados não estão disponíveis na versão básica desta ferramenta eletrônica), como a **Soma Constante**:

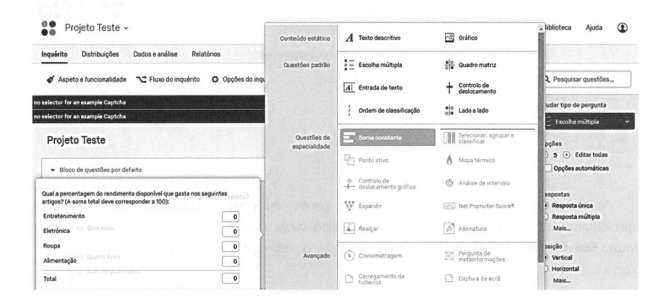

Outro exemplo é a pergunta de ANÁLISE DE INTERVALO:

Há ainda a **Caixa de Seleção**:

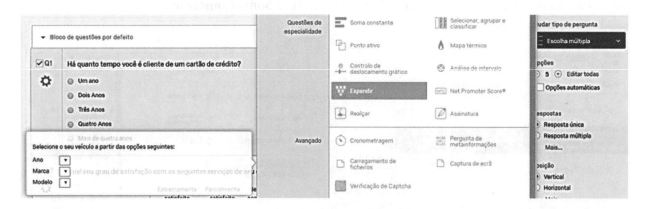

Vamos agora adicionar outro tipo de pergunta que envolva a escala Likert selecionando no quadro apresentado pelo sistema as opções mostradas abaixo. Neste caso, as opções apresentadas vão desde **Muito Satisfeito** até **Muito Insatisfeito,** numa escala de 5 pontos para honrar a teoria de Rhensis Likert. Veja a seguir:

Ao selecionar a opção desejada, o sistema alternará para uma caixa de diálogo que mostrará o formato da pergunta, as caixas de seleção e o visual que terá no formulário final da pesquisa. Note que cada uma das seleções feitas anteriormente pressupõe o conhecimento teórico do analista e por isso mesmo sugerimos a leitura dos tópicos anteriores deste capítulo quanto aos tipos de escalas e perguntas básicas.

As opções apresentadas por esta ferramenta eletrônica seguem fielmente a teoria de marketing, deixando clara a necessidade desta associação para atingir bons resultados de pesquisa.

Enquanto você constrói sua pesquisa, poderá gerenciá-la para que fique consistente quanto aos formatos e ambientes. Para isto, existem opções para que o sistema numere automaticamente as perguntas, verifique a acessibilidade da pesquisa e até traduza a pesquisa. Veja abaixo:

9.9.1.2 Modificações do formulário

É possível também modificar parcial ou totalmente um projeto. Para isso, basta acessar a área do **Projeto** clicando nesse botão na tela principal:

No MENU DROPDOWN, do lado direito da tela, você obterá as possibilidades de alteração, como mudar o nome do projeto, copiar projeto, pré-visualização do formulário do projeto etc.:

Alertamos uma vez mais que este capítulo destina-se apenas a apresentar a ferramenta de criação de formulários e que nem todas as opções estão disponíveis nesta versão gratuita, obtida por meio da abertura de uma conta na Qualtrics.com.

Para obter a visualização final de seu formulário, basta clicar em PRÉ-VISUALIZAR INQUÉRITO e verá como seus clientes receberão sua pesquisa:

Você também poderá gravar e gerenciar mais de um projeto (formulário ou pesquisa) ao mesmo tempo, como mostrado abaixo:

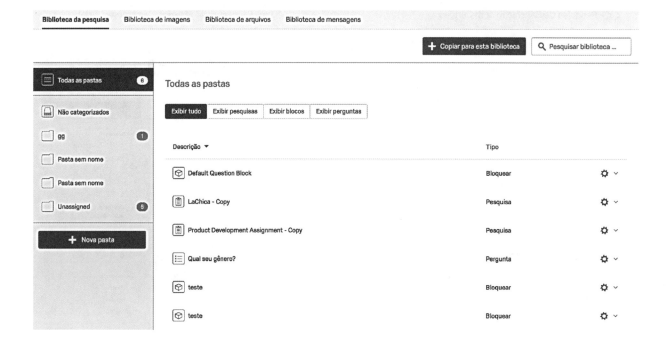

9.9.1.3 Mensagens aos clientes

Para tornar seu formulário mais atraente e a pesquisa mais amigável, é necessário configurar algumas opções de mensagens para atrair a atenção do público-alvo e conquistar sua benevolência em responder a pesquisa.

Será necessário também construir uma mensagem para agradecê-lo pelo esforço quando ele terminar de respondê-la. Isto é essencial na prática da ética e da educação virtual.

Em primeiro lugar, devemos criar uma biblioteca que contenha nossas próprias mensagens, desenhos, figuras etc., que porventura queiramos inserir no formulário. Alertamos que esta opção não está habilitada na versão gratuita da ferramenta eletrônica.

Repare na opção BIBLIOTECA no canto superior direito de sua tela. Ali poderá construir e armazenar textos de apresentação e de agradecimento:

O sistema responderá com uma nova tela onde o analista deverá indicar o tipo de mensagem que deseja, podendo encontrar e-mails de convite, mensagem de apresentação, de validação, e-mails de agradecimento etc. Escreva um nome para sua mensagem e selecione uma das opções, conforme mostrado na figura abaixo:

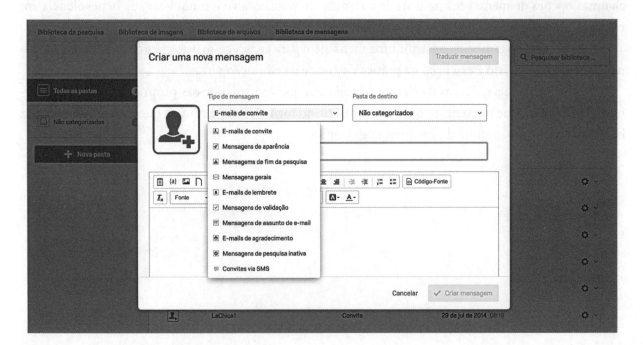

O sistema apresentará uma caixa de diálogo onde o leitor poderá, então, escrever a mensagem final da pesquisa:

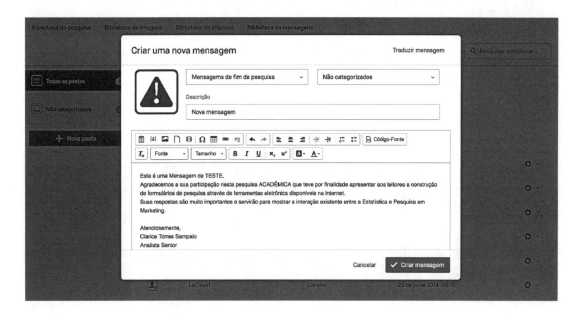

Quando terminar de escrever a mensagem, poderá gravar a mensagem em sua biblioteca particular ou enviá-la aos seus respondentes/entrevistados.

9.9.1.4 Distribuição da pesquisa

Você poderá distribuir sua pesquisa aos clientes/entrevistados. Para isso, há uma funcionalidade facilitadora importante:

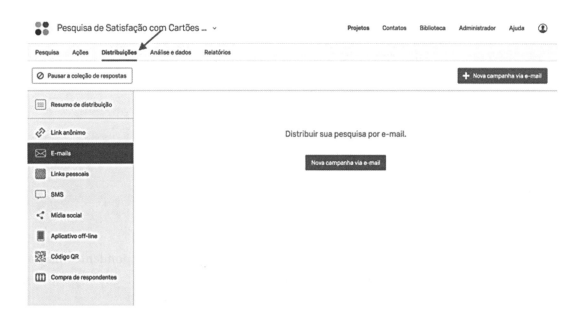

Nestas telas de respostas, você poderá associar sua própria lista de destinatários ou criar uma nova, basta explorar as opções:

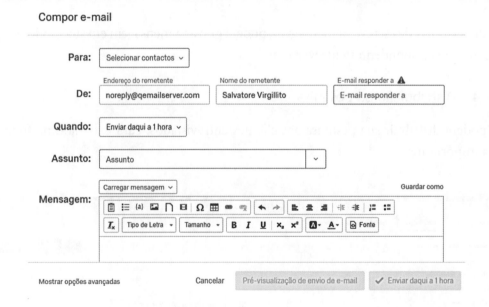

Agora o analista está pronto para distribuir a mensagem aos clientes e para iniciar o gerenciamento dos resultados.

9.9.1.5 Temas visuais para a pesquisa

Um formulário de pesquisa precisa ser atrativo ao primeiro olhar do respondente, mas também harmonioso e amigável para que permaneça no ambiente.

A Qualtrics cuidou deste aspecto de maneira minuciosa e proporcionou uma variedade de temas visuais para sua pesquisa.

Ilustramos abaixo um pequeno leque de opções de **Temas Visuais**:

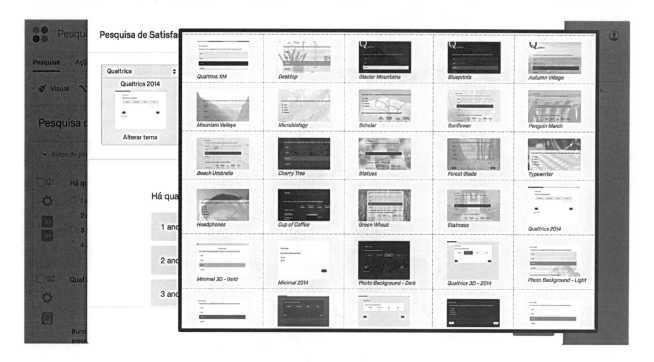

Não detalharemos esta opção devido à quantidade de escolhas possíveis, deixando a critério do leitor fazê-lo ao contatar diretamente aquela empresa.

9.9.1.6 Gerenciando os resultados da pesquisa

É possível obter relatórios individuais por pergunta e ao mesmo tempo fazer cruzamentos de interesse entre as respostas, associar gráficos etc.

O analista poderá, então, verificar o que está acontecendo com seu produto, serviço, imagem etc., dependendo do tipo de pergunta e objetivo da pesquisa.

Vamos mostrar algumas opções para que o leitor tenha conhecimento das possibilidades oferecidas por esta ferramenta.

Lembre-se de que, nos parágrafos anteriores, não foi mostrado o formulário completo com todas as perguntas feitas na nossa pesquisa com os serviços dos cartões de crédito. Vamos detalhar um pouco mais este aspecto em nossa análise.

Ressaltamos uma vez mais que alguns relatórios gerenciais somente podem ser visualizados por meio de adesões pagas à empresa Qualtrics.com e que devido a atualizações dos sistemas computadorizados, e outras rotinas de manutenção de sistemas que hoje em dia são costumeiras, os resultados aqui apresentados podem, portanto, sofrer profundas modificações quanto ao seu formato final.

9.9.1.7 Relatório por pergunta

O relatório a seguir indica quantos respondentes possuem cartão de crédito e segmenta essa informação por tempo de posse, dando ainda contagem e percentual por categoria. A opção também apresenta gráficos associados à tabela de contagem:

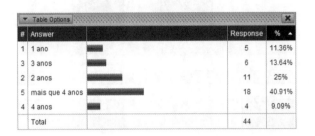

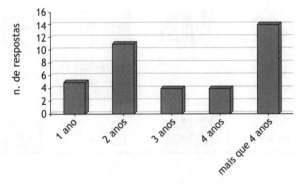

O relatório a seguir se refere à questão: **Atribua uma ordem de preferência, ordenando os seguintes aspectos de seu cartão de crédito: do pior (1) até o melhor (5).**

Pode-se ver algumas concentrações interessantes, como:

- Em relação ao item Propaganda, 16 clientes responderam que é o menos importante ou o pior entre os listados.
- O item Status que o cartão confere ao correntista é também considerado de pouca importância.
- Segurança não parece estar fortemente relacionada como boa, pois a maior parte das notas está entre 1 e 3.
- A distribuição na rede de aceitação, esta sim, parece ser relevante, concentrando 28 dos 38 respondentes nas notas entre 4 e 5.

#	Answer	1	2	3	4	5	Responses
1	Propaganda	16	7	2	5	8	38
2	Aceitação nacional	1	2	7	13	15	38
3	Aceitação internacional	6	5	12	8	6	37
4	Segurança	1	12	11	8	5	37
5	*Status* ao cliente	14	12	5	3	3	37
	Total	38	38	37	37	37	187

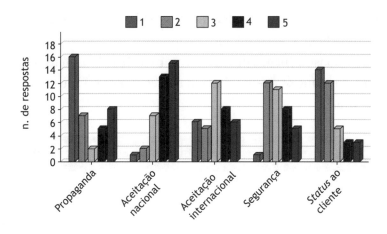

No quesito: **Quanto à solução dos problemas com seu cartão, ordene por rapidez de solução, do pior (nota 1) até o melhor (nota 5):**

- O item débitos por despesas não realizadas exibe inconsistência de serviços por parte das operadoras de cartões de crédito, pois 50% atribuíram a pior nota, enquanto os outros 50% atribuíram a melhor nota.
- Em termos gerais, as perguntas 2, 3, 4 e 5 também continuam exibindo essa inconsistência, pois o número de respostas é disperso.

#	Answer	1	2	3	4	5	Responses
1	Débitos de despesas não realizadas	13	5	4	2	12	36
2	Débitos de serviços não solicitados	7	12	4	10	3	36
3	Débitos de renovações fora do prazo	5	6	21	2	2	36
4	Débitos de cartões extras não solicitados	6	9	3	15	4	37
5	Débitos com seguros	6	5	4	7	13	35
	Total	37	37	36	36	34	180

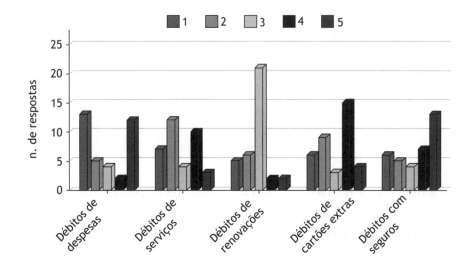

Quanto à **satisfação com os serviços relacionados**, pode-se observar a mesma inconsistência em relação às expectativas dos clientes. Os resultados estão dispersos e, ao mesmo tempo, há uma concentração muito grande de respostas "nem satisfeito, nem insatisfeito". Os itens 5, 6 e 7 possuem a maior concentração de respostas no que se refere ao acesso e à segurança via internet e à rapidez de bloqueio em caso de extravio ou roubo:

#	Answer	Totalmente insatisfeito	Parcialmente insatisfeito	Nem satisfeito, nem insatisfeito	Parcialmente satisfeito	Totalmente satisfeito	Responses
1	Burocracia do atendimento presencial	7	4	13	12	2	38
2	Central de atendimento ao cliente	8	6	7	9	8	38
3	Promessas em propaganda e realidade	6	3	14	10	5	38
4	Segurança no porte	3	4	10	12	9	38
5	Facilidades/atendimento no portal da internet	4	3	3	17	11	38
6	Segurança de transações pela internet	5	1	6	11	15	38
7	Bloqueio imediato em caso de extravio/roubo	5	0	9	9	15	38
	Total	38	21	62	80	65	266

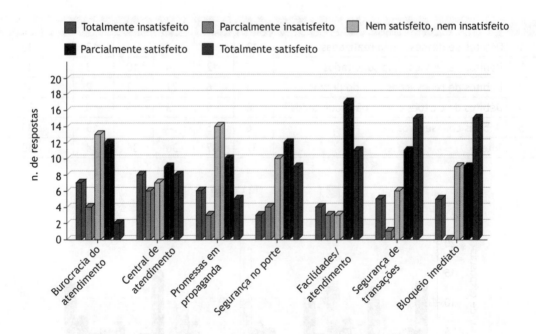

Quanto aos **gastos efetuados com o cartão de crédito**, as respostas refletem o tipo de utilização mais acentuado conforme necessidades individuais. Entretenimento é o primeiro, seguido de vestuário e alimentação e, por último, transporte:

#	Answer		Average Value	Standard Deviation
1	Entretenimento		35	20,667
2	Gêneros de primeira necessidade		23,333	17,444
3	Vestuário		28,75	22,277
4	Transporte		12,639	15,652
	Total		99,722	76,04

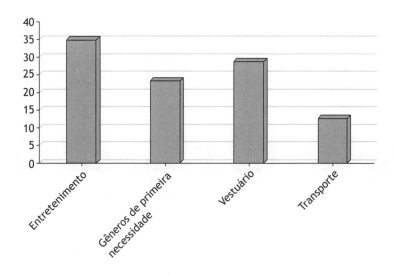

Quanto à **localização geográfica dos gastos**, é clara a indicação de que a maioria dos gastos efetuados pelos clientes está dentro da cidade de residência. Essa é uma forte indicação para as administradoras, pois podem considerar que, ao contratarem os serviços prestados por um cartão, 66,5% dos clientes comprarão volumes maiores dentro de sua própria cidade. Nessa pesquisa acadêmica, os gastos internacionais se revelaram baixíssimos:

#	Answer		Average Value	Standard Deviation
1	Dentro da sua cidade		66,444	28,177
2	Fora da sua cidade, mas dentro do seu estado		21,111	23,025
3	Fora de seu estado, mas dentro do seu país		6,806	9,648
4	Fora de seu país		5,639	12,833
	Total		100	73,683

Quanto à **percepção do valor dos juros cobrados**, a resposta é incontestável, pois 24 dos 36 respondentes consideram as taxas cobradas excessivamente altas. Essa informação pode ser considerada estratégica pelos cartões, porque uma redução nos juros cobrados ocasionaria uma rápida migração de clientes de uma operadora de cartões para outra:

#	Answer	1	2	3	4	5	Responses
1	Muito baixos: excessivamente altos	0	0	7	5	24	36
	Total	0	0	7	5	24	36

Quanto aos **aspectos ligados puramente ao atendimento do SAC**, há inconsistência em relação aos itens, visto que se fazem notar somas expressivas nas respostas "parcialmente satisfeito" e "parcialmente insatisfeito":

#	Answer	Totalmente insatisfeito	Parcialmente insatisfeito	Nem satisfeito, nem insatisfeito	Parcialmente satisfeito	Totalmente satisfeito	Responses
1	Rapidez no atendimento	7	9	4	7	9	36
2	Cortesia	3	10	7	9	7	36
3	Identificação do problema	1	9	8	10	8	36
4	Solução do problema	5	10	3	11	7	36
5	Não repetição do problema	4	8	5	8	11	36
	Total	20	46	27	45	42	180

Quanto ao **cartão de crédito ser a melhor decisão que o cliente tomou na vida**, as respostas das contagens são autoexplicativas e podem ser visualizadas no gráfico a seguir:

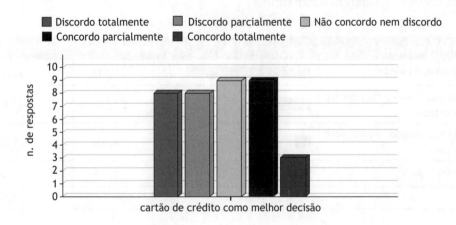

Na **comparação entre o atendimento dos SAC de diversos setores**, o atendimento do cartão de crédito ainda parece melhor que, por exemplo, o de telefonia fixa e móvel, só perdendo para o serviço de TV por assinatura:

#	Answer	1	2	3	4	5	Responses
1	Cartão de crédito	6	5	5	8	13	37
2	Telefonia fixa	12	18	2	5	0	37
3	Banco	3	5	13	11	5	37
4	Telefonia móvel	11	7	8	8	3	37
5	TV por assinatura	5	2	10	5	16	38
	Total	37	37	38	37	37	186

9.9.1.8 Tabulações cruzadas

Podemos também cruzar informações levantadas em cada par de perguntas. Por exemplo, se quisermos verificar qual a opinião dos clientes sobre a **solução de problemas com o seu cartão classificando pelo tempo que cada um possui cartão de crédito**, poderemos verificar se os problemas ocasionados têm correlação com o tempo de contrato do cliente com o cartão:

1 ano						
#	Answer	1	2	3	4	5	Responses
---	--------	---	---	---	---	---	-----------
1	Débitos de despesas não realizadas	0	2	0	1	1	4
2	Débitos de serviços não solicitados	1	0	1	2	1	5
3	Débitos de renovações fora do prazo	2	0	3	0	0	5
4	Débitos de cartões extras não solicitados	1	2	0	2	0	5
5	Débitos com seguros	1	1	1	0	2	5
	Total	5	5	5	5	4	24

Nessa tabela, observamos que três dos clientes que possuem cartão há um ano indicaram como de intensidade 3 os problemas causados pelos débitos com renovações feitas fora do prazo. O número total de pontos é 24:

2 anos						
#	Answer	1	2	3	4	5	Responses
---	--------	---	---	---	---	---	-----------
1	Débitos de despesas não realizadas	2	2	2	0	4	10
2	Débitos de serviços não solicitados	4	2	1	3	0	10
3	Débitos de renovações fora do prazo	1	2	4	1	2	10
4	Débitos de cartões extras não solicitados	1	5	1	2	2	11
5	Débitos com seguros	2	0	2	4	1	9
	Total	10	11	10	10	9	50

Para clientes que possuem cartão há dois anos, o número de respostas para os mesmos problemas dobra, chegando aos 50 pontos nas diversas categorias e intensidades apontadas:

3 anos							
#	Answer	1	2	3	4	5	Responses
1	Débitos de despesas não realizadas	2	0	0	0	3	5
2	Débitos de serviços não solicitados	0	1	1	2	1	5
3	Débitos de renovações fora do prazo	0	1	3	1	0	5
4	Débitos de cartões extras não solicitados	1	1	1	2	0	5
5	Débitos com seguros	3	2	0	0	1	6
	Total	6	5	5	5	5	26

4 anos							
#	Answer	1	2	3	4	5	Responses
1	Débitos de despesas não realizadas	3	0	0	0	1	4
2	Débitos de serviços não solicitados	0	3	0	1	0	4
3	Débitos de renovações fora do prazo	1	0	3	0	0	4
4	Débitos de cartões extras não solicitados	0	0	1	3	0	4
5	Débitos com seguros	0	1	0	0	3	4
	Total	4	4	4	4	4	20

A leitura para os clientes com três e quatro anos de contrato é semelhante à leitura dos clientes com um ano de contrato:

mais que 4 anos							
#	Answer	1	2	3	4	5	Responses
1	Débitos de despesas não realizadas	6	1	3	2	5	17
2	Débitos de serviços não solicitados	2	6	2	4	1	15
3	Débitos de renovações fora do prazo	2	3	10	0	0	15
4	Débitos de cartões extras não solicitados	3	3	0	6	3	15
5	Débitos com seguros	3	3	1	3	6	16
	Total	16	16	16	15	15	78

Para os clientes com mais de quatro anos de contrato, parece haver um descontrole das administradoras dos cartões de crédito. Pelo número de pontos totais alcançados, verifica-se que os problemas se distribuem de maneira uniforme, mas que os débitos por despesas não solicitadas, assim como as renovações fora do prazo e débitos por serviços não realizados, possuem incidências maiores de respostas, apontando para possíveis problemas administrativos que fazem sofrer a imagem das organizações.

Se olharmos essas planilhas como se fossem de apenas uma administradora de cartões, poderemos supor que seus técnicos não estão conseguindo solucionar as dificuldades administrativas nesses quesitos.

O analista pode saber também qual o tipo de gasto preferido dos clientes por faixa de tempo em que possui o cartão de crédito:

#	Answer	1 ano	2 anos	3 anos	4 anos	5 anos
1	Entretenimento	30	47,5	46,25	32,5	28,611
2	Gêneros de primeira necessidade	29	15	15	26,25	26,111
3	Vestuário	39	29,5	20	23,75	29,167
4	Transporte	2	8	20	17,5	15,278
	Total	100	100	101,25	100	99,167

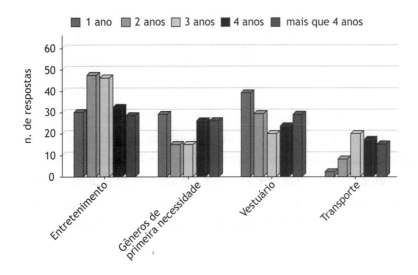

Nesse gráfico, verifica-se que os clientes com dois e três anos de contrato são os que mais gastam com o item entretenimento. O total desse item para os quatro anos atingiu uma pontuação média de 28,611, semelhante às pontuações médias para os itens vestuário e gêneros de primeira necessidade. O item transporte parece indicar uma oportunidade para as administradoras, pois é o que exibiu a menor pontuação média e, portanto, baixa utilização no quesito.

9.9.1.9 Relatórios de gerenciamento

São relatórios que permitem ao pesquisador verificar aspectos gerenciais da pesquisa, como: tempo médio empregado para responder à pesquisa, hora do dia em que a pesquisa foi respondida, quantidade de itens abandonados ou não respondidos etc. Vejamos alguns deles.

Survey Statistics

Click in the *Show* table to display the different stat tables. The tables will appear below.

Start Date: 2007-03-10   End Date: 2007-03-21   [Update Stats]

Show:	Survey Durations	Survey Start Times	Survey Start Dates	Drop Out Rates	Survey Completion Percent

Survey Durations

Survey Length: Long: Short: ○

Count	Percent	Time Bracket (h:m)
42	97.67%	0:00 - 0:04
0	0.00%	0:05 - 0:09
0	0.00%	0:10 - 0:14
0	0.00%	0:15 - 0:19
0	0.00%	0:20 - 0:24
0	0.00%	0:25 - 0:29
0	0.00%	0:30 - 0:44
0	0.00%	0:45 - 0:59
0	0.00%	1:00 - 1:29
1	2.33%	1:30 - 1:59
0	0.00%	2:00 - 2:59
0	0.00%	3:00 - 4:59
0	0.00%	5:00 - 9:59
0	0.00%	10:00 - 10:59
0	0.00%	10:00 - 23:59
0	0.00%	1 - 2 Days
0	0.00%	2 - 3 Days
0	0.00%	3 - 4 Days
0	0.00%	Over 4

Total Responses:	43
Duration Mean:	0:02
Trimmed Mean:	0:07
Duration Median:	0:00
Duration Mode:	0:00 - 0:04

Esse quadro de respostas reproduz o tempo despendido pelo respondente para completar o questionário. Vimos claramente que 97,67% dos respondentes gastaram entre 0 e 4 minutos para respondê-lo. Apenas um deles gastou um tempo maior que 1 hora e 30 minutos – possivelmente o respondente teve de atender a outras obrigações e esqueceu a máquina ligada no *site* da pesquisa. Assim, pode-se pensar que o questionário é convidativo e envolve o pesquisado que o responde sem fadiga. Isso adiciona muito à qualidade da pesquisa e à sua confiabilidade.

Survey Statistics

Click in the *Show* table to display the different stat tables. The tables will appear below.

Start Date: 2007-03-10   End Date: 2007-03-21   [Update Stats]

Show:	Survey Durations	Survey Start Times	Survey Start Dates	Drop Out Rates	Survey Completion Percent

Survey Start Times

Count	Percent	Hour Bracket
0	0.00%	12:00 AM
0	0.00%	1:00 AM
0	0.00%	2:00 AM
0	0.00%	3:00 AM
0	0.00%	4:00 AM
2	4.65%	5:00 AM
1	2.33%	6:00 AM
7	16.28%	7:00 AM
2	4.65%	8:00 AM
1	2.33%	9:00 AM
8	18.60%	10:00 AM
2	4.65%	11:00 AM
1	2.33%	12:00 PM
0	0.00%	1:00 PM
3	6.98%	2:00 PM
4	9.30%	3:00 PM
3	6.98%	4:00 PM
1	2.33%	5:00 PM
2	4.65%	6:00 PM
0	0.00%	7:00 PM
4	9.30%	8:00 PM
2	4.65%	9:00 PM
0	0.00%	10:00 PM
0	0.00%	11:00 PM

Capítulo 9 · Escalas, perguntas e formulários

O quadro anterior reproduz o momento das respostas: a hora é detectada pelo sistema e oferece ao pesquisador uma ideia real da disponibilidade de tempo daquele público-alvo para responder às pesquisas. Em nosso caso, pelo fato de este *site* de pesquisa estar hospedado nos Estados Unidos, Estado de Utah, em Salt Lake City, existe a questão do fuso horário de 3 horas a menos – portanto, para se obter o horário brasileiro, devemos somar esse tempo aos horários mostrados no relatório. Observe que houve respostas ao longo do dia inteiro, das 8h da manhã (5 + 3) às 24h (9 p.m. = 21h + 3). Esse é mais um indicativo de que os respondentes que tentaram logo pela manhã ou os que tentaram já tarde da noite tiveram o interesse em responder à pesquisa, como de que o formato da pesquisa eletrônica agrada ao público por seu caráter de privacidade e liberdade de escolha das respostas.

O quadro anterior reflete o percentual em relação ao total das respostas obtido em cada dia que a pesquisa esteve disponível ao cliente. No momento da coleta dos dados, o analista deve desativar a pesquisa para que outros respondentes não tenham mais acesso a ela.

Os maiores percentuais de respostas foram obtidos no primeiro e no terceiro dia da pesquisa, decrescendo, então, até o momento da sua validade.

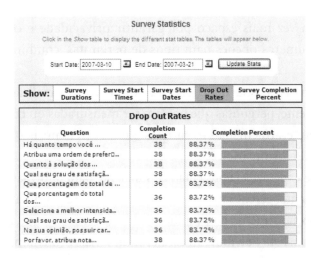

No quadro anterior é possível ver o percentual de respostas obtidas para cada pergunta, como saber se aconteceram desistências ou se as perguntas, por não terem oferecido a opção "não se aplica" ou "nenhuma das anteriores", acabam por provocar o abandono puro e simples. Em nosso exemplo, 38 dos 43 respondentes deram sua opinião a respeito de 5 das 10 perguntas do questionário, e 36 responderam integralmente a todas as perguntas.

Esse quadro reafirma essa contagem: enquanto 83,72% do total responderam integralmente à pesquisa, 2 respondentes opinaram apenas para 50% das perguntas, e 5 abandonaram a pesquisa sem responder nenhuma pergunta. Por ter sido uma pesquisa não estruturada e que teve por finalidade apenas verificarmos a forma de construção e o gerenciamento de resultados, pode-se dizer que o aproveitamento foi excelente.

Conclusão

Consideramos que a pesquisa eletrônica em marketing é de vital importância nesta disciplina e, com certeza, deve ocupar cada vez mais espaço por garantir privacidade e comodidade nas respostas. O *site* Qualtrics possui inúmeras opções para tipos de perguntas, combinando também os diversos tipos de escalas.

A atratividade do formulário final dependerá da experiência do analista em formular as perguntas e o seu formato. Normalmente, perguntas que possam ser mensuradas ou controladas pelo respondente, como as de soma constante, atraem mais os entrevistados. Entretanto, isso muda dependendo do tipo de pesquisa e da extensão do formulário.

Assim, julgamos que a explanação apresentada é suficiente para informar ao leitor a existência dessa ferramenta, seu funcionamento, gerenciamento e possibilidade de se extraírem importantes informações mercadológicas e de comportamento do consumidor de forma remota, o que, sem dúvida, minimiza custos, maximiza o tempo do analista e atribui um caráter muito mais profissional e impessoal às pesquisas.

10 Contagens, frequências e índices

Introdução

Em marketing, é comum procurarmos gerenciar e acompanhar a evolução do desempenho da empresa com base em contagens e/ou indicadores. Um analista de marketing tem interesse em diversos tipos de contagens, entre elas, o número de respondentes com ou sem determinada característica de interesse, que pode ser um atributo subjetivo ou objetivo. Por exemplo, a contagem de pessoas que se utilizam do serviço de pós-venda para elogiar um produto e/ou serviço ou reclamar dele.

Os indicadores, por sua vez, ajudam a medir a força da relação entre a magnitude das variáveis em estudo e fornecem informações sobre a melhora ou piora do atributo ou sentimento que está sendo medido. É vital conhecermos a metodologia-base para determinarmos e entendermos as estatísticas responsáveis pelo acompanhamento desses indicadores.

Ao proceder a contagens, o analista formará as tabelas de frequências, que são alvo de estudo da estatística descritiva e que ganham significado prático e de tomada de decisão quando aplicadas à pesquisa de marketing. Essas tabelas dão origem às tabelas de tabulação cruzada, cuja metodologia consegue responder pela maioria das pesquisas que envolvem problemas em que se pretende verificar se realmente existe associação entre os atributos e/ou sentimentos estudados. Para se chegar às conclusões pertinentes, é necessário que, com essas tabelas, sejam calculadas as medidas de tendência central e dispersão que fazem parte do campo da estatística descritiva.

10.1 Tabelas de distribuição de frequências

As tabelas de distribuição de frequências são ferramentas da estatística descritiva apropriadas quando o estudo envolve uma variável apenas. Exemplo típico são as pesquisas que visam segmentar os clientes por faixa etária, ou por nível de escolaridade, ou, ainda, por classe de renda familiar.

Imaginemos, então, um problema de contagem que tenha por objetivo verificar a frequência mensal com que clientes de um estado vão por ano a determinado parque temático localizado em um estado vizinho. As respostas foram tabuladas a seguir.

Tabela 10.1   Número de visitas anuais no parque temático Família Aquática

Número visitas	Frequência simples	Percentual simples	Percentual acumulado
1	470	0,6811594	0,6811594
2	120	0,173913	0,8550725
3	65	0,0942029	0,9492754
4	26	0,0376812	0,9869565
5	5	0,0072464	0,9942029
6	3	0,0043478	0,9985507
Mais do que 6	1	0,0014493	1
Total	690	1	

Fonte: elaborada pelos autores.

Os respondentes residentes no estado vizinho atestaram o número de vezes que visitam aquele parque temático. Pela simples análise da Tabela 10.1, verificamos que 470 das 690 famílias entrevistadas afirmaram que visitam o parque uma vez por ano, o que equivale a 68,11% dos entrevistados, enquanto 120 famílias visitam o mesmo estabelecimento duas vezes por ano, equivalente a 17,39% dos entrevistados, e assim por diante.

Com essa simples análise das frequências, a gerência do parque pode ter uma clara imagem de que 85,5% do seu público de possíveis clientes visitam o parque até duas vezes por ano (números compreendidos entre uma e duas visitas por ano). Apesar de essa informação refletir as respostas da amostra, a gerência do parque poderá calcular o percentual esperado na população de habitantes lançando mão de cálculos inferenciais para proporções populacionais, semelhantes aos que foram vistos no Capítulo 8 sobre amostras e seu dimensionamento. A estatística inferencial ou indutiva, com os intervalos de confiança, proporciona ferramentas que nos permitem raciocinar sobre o problema exemplificado da seguinte forma: se na amostra foram detectados 85,5% de clientes que visitam o parque até duas vezes por ano, qual porcentagem com a mesma característica (até duas visitas por ano) poderemos esperar na população?

10.2 Utilização de programas eletrônicos

Nesta seção, apresentaremos as medidas de posição e de dispersão associadas às tabelas de frequências. Para isso, serão utilizadas duas ferramentas atuais, o Excel e o programa STATISTICA. As estatísticas associadas às tabelas de tabulação cruzada, como o teste do qui-quadrado, serão vistas mais adiante.

10.2.1 Gráficos de frequências no Excel

Com a ajuda de uma planilha eletrônica, poderemos analisar graficamente os resultados descritivos. No entanto, para isso, precisamos verificar se o seu computador está parametrizado para os cálculos e gráficos estatísticos.

No menu principal, clique em FERRAMENTAS. No quadro que for apresentado pelo programa, verifique se a **Análise de dados** está disponível. Caso não esteja, será necessário habilitar essa opção. A sua falta, como de outras opções, acontece em duas circunstâncias. Primeira: se a carga original do programa em seu computador estiver completa, mas a opção ainda não estiver habilitada; segunda: se a carga original do Excel não foi feita com todas as opções.

De posse do CD-ROM de instalação do MsOffice na versão compatível com o instalado em seu computador, coloque-o no leitor de CD.

No menu principal, clique novamente em FERRAMENTAS E SUPLEMENTOS. Habilite a opção ANÁLISE DE DADOS e clique em **OK**. Como você já havia inserido o CD-ROM no leitor de CD, o próprio programa carregará o arquivo necessário.

Agora clique em FERRAMENTAS e verá a opção ANÁLISE DE DADOS ativa dentro dessa caixa de menu.

Uma vez que o seu MsOffice foi habilitado para procedimentos estatísticos, abra o arquivo **Histogramas e Variância.xls,** que se encontra no *site* da editora Saraiva Educação, disponível em: <http://www.saraivauni.com.br/9788547220938>.

A seguir, clique em FERRAMENTAS/ANÁLISE DE DADOS e a seguinte janela será apresentada:

Selecione HISTOGRAMA e clique em **OK** para obter a seguinte caixa de diálogo:

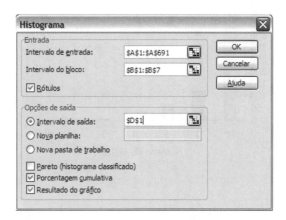

Indique o intervalo de entrada de dados, o intervalo de bloco, o intervalo de saída e o tipo de análise que deseja – nesse caso, a Porcentagem Cumulativa e o resultado gráfico. Não se esqueça de indicar que existem rótulos na primeira linha de cada coluna. Depois, clique em **OK** e obterá os seguintes resultados:

Tabela 10.2 Frequências simples e acumuladas

Bloco	Frequência	Percentual cumulativo
1	470	68,12%
2	120	85,51%
3	65	94,93%
4	26	98,70%
5	5	99,42%
6	3	99,86%
Mais	1	100,00%

Fonte: elaborada pelos autores.

A tabela de frequências simples e acumuladas, o Histograma e o polígono de frequências acumuladas (linha dentro do gráfico que vai de 68,12% a 100%) propiciam a análise adequada para esses casos, pois, além do número de respostas das famílias (frequência), indicam o acúmulo percentual de casos à medida que cresce o número de visitas por ano até chegarmos ao total 100%. Como já mencionado na seção 10.2, pode-se verificar que a maior incidência de respostas das famílias aponta para o fato de que 68,12% delas visitam uma vez por ano o parque. Essa informação é importante para se determinar o possível nível de ingressos de caixa do parque, pois aí se concentra a maior parte do seu público-alvo.

Gráfico 10.1 Frequência anual de visitas das famílias ao parque temático Família Aquática

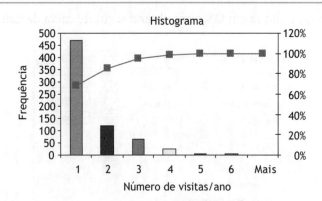

Fonte: elaborado pelos autores.

10.2.2 Gráficos de frequências no STATISTICA

Outro exemplo, agora mais complexo, de gerenciamento de frequências usando essa ferramenta são as quantidades e a magnitude dos pagamentos feitos por serviços de propaganda e marketing em diversas agências do ramo para cada produto fabricado por certa empresa.

Instale em seu computador o programa estatístico STATISTICA que se encontra no *site* da editora Saraiva Educação, disponível em: <http://www.saraivauni.com.br/9788547220938>. Agora, abra o arquivo **Gastos com Propaganda e Marketing.sta**:[1]

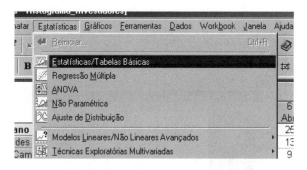

A partir da barra de menu, selecione Estatísticas e, em seguida, Estatísticas/Tabelas Básicas. O sistema responderá com uma nova caixa de diálogo. Selecione a opção Tabelas de Frequência conforme indicado a seguir e, depois, selecione **OK**:

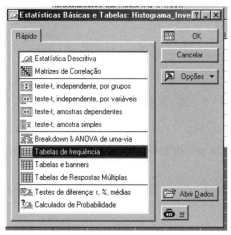

---

[1] O programa STATISTICA produz os arquivos com extensão "**.sta**".

O sistema responderá com outra caixa de diálogo como a seguir. Nela, selecione o botão VARIÁVEIS e, posteriormente, escolha as variáveis com as quais quer montar uma distribuição de frequências. No nosso exemplo, selecionamos TODAS as variáveis pelo botão SELECIONAR TUDO:

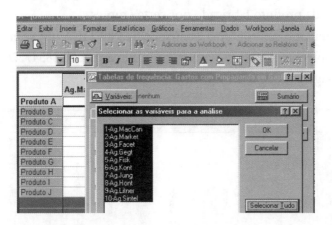

Agora selecione OK. O sistema indicará ao lado do botão VARIÁVEIS a palavra TUDO, que significa que o leitor selecionou **Todas**. Essa seleção aparecerá no campo **Selecionar Variáveis** da mesma caixa de diálogo como 1-8, e a palavra **Todas** aparecerá ao lado do botão Variáveis – onde antes estava escrito **Nenhum**:

Agora basta selecionar o botão SUMÁRIO: TABELA DE FREQUÊNCIAS, e o sistema montará uma tabela de frequências para cada coluna da nossa tabela original, em que cada coluna representa os gastos em propaganda para cada produto:

Capítulo 10 · Contagens, frequências e índices

Categoria	Contar	Cumulativa Contagem	Porcento	Cumulativa Porcentagem
2	1	1	10,00000	10,0000
5	1	2	10,00000	20,0000
8	1	3	10,00000	30,0000
10	1	4	10,00000	40,0000
12	2	6	20,00000	60,0000
16	2	8	20,00000	80,0000
18	2	10	20,00000	100,0000
Em branc	0	10	0,00000	100,0000

Tabela de frequência: Ag.MacCan (Gastos com P

Observe que claramente o sistema STATISTICA indica os gastos realizados por agência de propaganda; nesse modelo, vemos que a empresa efetuou pagamentos entre 2 e 18 mil, e na coluna ao lado, quantas vezes ocorreu cada pagamento.

O sistema também indica a porcentagem relativa simples na coluna **Porcento** e a porcentagem relativa acumulada na coluna **Porcentagem Cumulativa**.

Como visto no item 10.2.2 (Gráficos de frequência no STATISTICA), formulações adicionais poderão trazer à luz outros indicadores segundo a discrição do pesquisador, como um gráfico que mostre quais os gastos em propaganda com cada produto em cada agência de publicidade.

Para isso, o STATISTICA oferece a possibilidade de inverter as colunas com linhas dentro da mesma planilha. A partir do arquivo aberto, vá ao menu de comando, selecione DADOS E TRANSPOR[2] (que utiliza o conceito matemático da matriz transposta, invertendo linhas com colunas) e, em seguida, ARQUIVO, como mostrado a seguir:

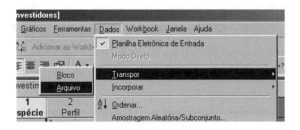

	1 Produto A	2 Produto B	3 Produto C	4 Produto D	5 Produto E	6 Produto F	7 Produto G	8 Produto H	9 Produto I	10 Produto
Ag.MacCan										
Ag.Market	15	15	19	6	5	5	14	9	9	
Ag.Facet	14	14	20	7	6	6	15	10	8	
Ag.Gegt	11	13	21	8	8	7	12	8	7	
Ag.Fisk	12	12	17	9	9	1	11	10	16	
Ag.Kont	13	11	18	12	4	3	10	9	15	
Ag.Jung	14	10	17	15	1	5	18	10	14	
Ag.Hont	15	9	17	14	3	4	17	12	14	
Ag.Litner	16	15	18	10	2	8	16	14	12	
Ag.Sintel	17	14	21	13	1	7	15	11	11	

---

[2] O comando Transpor não está disponível no programa demonstrativo, apenas na versão completa.

A sua planilha de dados original se modificará e agora terá o aspecto a seguir, ficando transpostas as posições entre linhas e colunas conforme visto anteriormente.

Gráfico 10.2 Gastos com Propaganda em Gastos com Propaganda 10V*10c

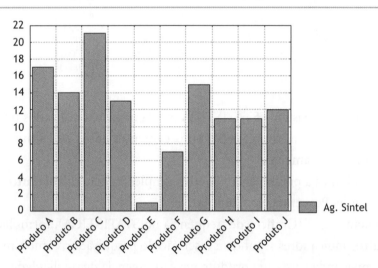

Fonte: elaborado pelos autores.

Dessa forma, poderemos obter gráficos que relacionem quanto foi gasto por produto em cada empresa de publicidade. A partir dos procedimentos descritos para a obtenção destes, foi possível obter o gráfico anterior (Gráfico 10.2) – no caso, por produto e agência de publicidade.

De outra perspectiva, as tabelas de frequências em suas colunas de frequências simples, simples relativas e acumuladas informam a participação de cada faixa de gasto em relação ao total investido naquela agência:

Categoria	Contar	Cumulativa Contagem	Porcento	Cumulativa Porcentagem
2	1	1	10,00000	10,0000
5	1	2	10,00000	20,0000
8	1	3	10,00000	30,0000
10	1	4	10,00000	40,0000
12	2	6	20,00000	60,0000
16	2	8	20,00000	80,0000
18	2	10	20,00000	100,0000
Em branc	0	10	0,00000	100,0000

Tabela de frequência: Ag.MacCan (Gastos com P

Nessa tabela, verifica-se que houve apenas um gasto de valores 2, 5, 8 e 10, que, somados, representaram 40% dos gastos nessa agência. Os valores maiores 12, 16 e 18 representaram os outros 60% dos gastos na agência.

Utilizando o programa STATISTICA, é possível obter uma grande variedade de histogramas, do mais simples aos que incluem a correlação entre as variáveis estudadas caso tal estatística seja relevante para o estudo em questão. No histograma a seguir, nota-se que o Produto A utilizou para sua divulgação verbas de diversas magnitudes, entre 11 e 17 mil, e que alguns desses investimentos em propaganda repetiram-se mais de uma vez.

Gráfico 10.3 Histograma — Gastos com propaganda

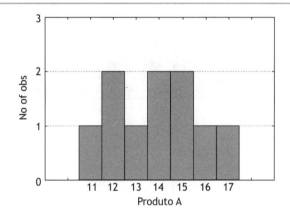

Fonte: elaborado pelos autores.

Observe que o programa já ordena os gastos do menor para o maior e indica com que frequência cada valor ocorreu. No exemplo, os gastos nos valores de 11, 13, 16 e 17 ocorreram uma única vez cada, enquanto os gastos de magnitudes 12, 14 e 15 ocorreram duas vezes cada.

Pode-se ainda ter uma ideia do acúmulo de gastos por ordem crescente de magnitudes; basta selecionar com o botão direito do *mouse* a opção HISTOGRAMA e indicar na caixa de diálogo o TIPO DO HISTOGRAMA, que, nesse caso, deverá ser **Cumulativo**:

Em seguida, selecione **OK** e obterá o seguinte resultado:

Gráfico 10.4 Histograma — Gastos com propaganda

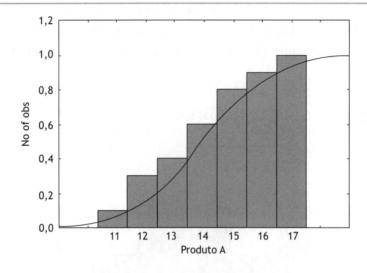

Fonte: elaborado pelos autores.

O STATISTICA apresenta o Histograma classificado, que deve ser interpretado em termos dos percentuais cumulativos que cada investimento em propaganda representa. Por exemplo, os gastos de 11, 12 e 13 (R$ × 1.000), com as suas respectivas frequências somadas, representam 40% dos gastos com a propaganda para o produto A.

Já os gastos de 11 a 15, todos somados, com suas frequências, atingem 80% dos gastos com a propaganda desse produto nas várias agências. Outra possibilidade é saber qual foi o gasto para a propaganda de cada produto em determinada agência de publicidade.

Gráfico 10.5 Gastos com propaganda por agência de publicidade

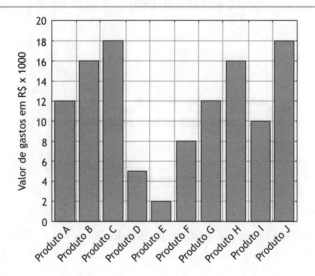

Fonte: elaborado pelos autores.

10.2.3 Tabelas de tabulação cruzada no Excel

No exemplo a seguir, será apresentada a forma básica de construção dessas tabelas, em uma pesquisa sobre formas de pagamento efetuadas pelos clientes.

Uma empresa de vendas a varejo deseja efetuar um controle sobre a forma de pagamento efetuada pelos clientes. Ela colhe uma amostra de 185 clientes, tabulando o valor gasto em compras, a forma de pagamento e a satisfação dos clientes. Apresenta-se a seguir a figura ilustrativa de parte dessa base de dados (arquivo **Tabulação Cruzada.xls**, que consta no *site* da editora Saraiva Educação, disponível em: <http://www.saraivauni.com.br/9788547220938>). Com o arquivo aberto no Excel, selecione: DADOS/ RELATÓRIO DE TABELA E GRÁFICO DINÂMICOS, conforme indicado:

Clique em AVANÇAR e selecione o intervalo no qual estão os dados que deseja tabular. Logo após, clique em AVANÇAR novamente:

Depois, clique em CONCLUIR para obter a seguinte resposta:

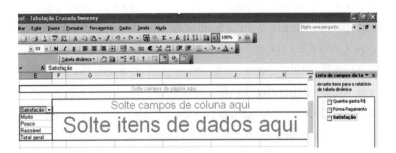

Proceda agora desta forma:

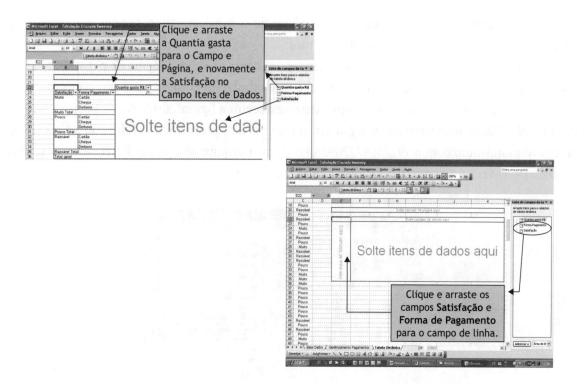

O resultado final será:

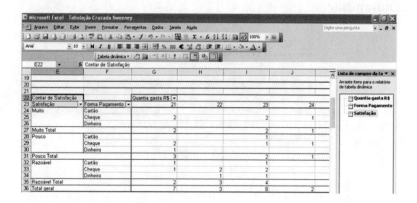

Para obter as porcentagens a que se refere cada valor, arraste novamente o campo SATISFAÇÃO e obterá uma linha **Satisfação 2**. Clique com o botão direito do *mouse* sobre a linha onde está escrito SATISFAÇÃO 2 e selecione CONFIGURAÇÕES DE CAMPO. Selecione OPÇÕES e, depois, % DO TOTAL. Assim, você obterá a resposta de cada célula como contagem e porcentagem do total ao mesmo tempo. A resposta no Excel pode ser longa, dependendo do número de variáveis e cruzamentos desejados. Desse modo, o analista poderá perceber a porcentagem dos clientes que gastaram determinada quantia, a forma de pagamento e a satisfação em números e em porcentagens.

10.2.4 Tabelas de tabulação cruzada no STATISTICA

No programa estatístico, o processo é mais simples, e as respostas, mais curtas, podendo ser visualizadas em uma única tela. Abra o arquivo **Tabela Contingência_1.sta** na tela de seu computador e aparecerá esta base de dados:[3]

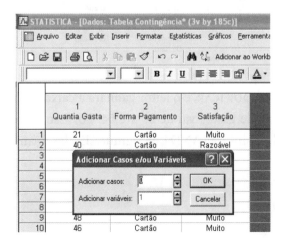

Como pode haver inúmeros valores na coluna **Quantias Pagas**, a tabela de tabulação cruzada pode ser extensa (como aconteceu com o Excel). Interessa-nos, entretanto, *categorizar* a variável **Quantia Gasta em Faixas de Gastos** para verificarmos qual a forma de pagamento e o grau de satisfação de um cliente cujos gastos estão classificados em determinada faixa. Para tal propósito, devemos criar uma nova coluna que conterá um código que identificará e classificará aquele gasto dentro de certa faixa a ser especificada pelo analista.

Clique duas vezes na coluna vazia *ao lado da coluna* **Satisfação**. Aparecerá uma caixa de diálogo perguntando se o operador quer adicionar *uma* variável (coluna):

---

[3] O arquivo original foi modificado para permitir a execução com o programa demonstrativo. Os resultados obtidos serão ligeiramente diferentes, sem prejuízo da metodologia da pesquisa.

Simplesmente clique em **OK**; o programa dará o nome de **New Var** (nova variável) a essa coluna e, ao mesmo tempo, abrirá uma caixa de diálogo para que você altere o nome da coluna. Troque o nome da coluna para **Faixa de Gastos**:

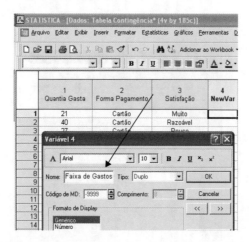

A seguir, selecione **OK**. Deixe o cursor estacionado na *primeira linha* da coluna **Faixa de Gastos**:

Então, selecione **DADOS/RECODIFICAR**, e o leitor ganhará a caixa de diálogo exibida a seguir.

No nosso exemplo, a faixa de gastos vai de 20 até 54. Por isso, devemos indicar ao STATISTICA essas faixas: faça-o respeitando a sintaxe (AND que significa E) das fórmulas como indicado e, por fim, clique em **OK**:

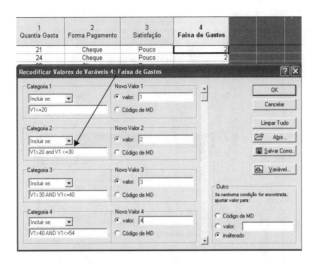

O sistema classificará, na coluna **Faixa de Gastos**, o respondente como pertencente a uma das categorias (1, 2, 3 ou 4), dependendo de seu valor de gasto. O analista pode opcionalmente nomear cada faixa de gastos (por exemplo, gastos menores que, ou maiores que). O arquivo-base de dados ficará com o seguinte aspecto:

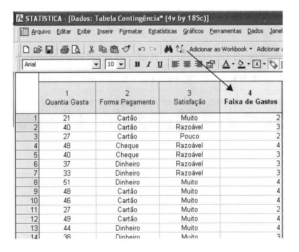

Selecione ESTATÍSTICAS/ESTATÍSTICAS e TABELAS BÁSICAS/TABELAS e BANNERS. Clique em **OK** e, depois, na alça TABULAÇÃO CRUZADA, devendo obter o seguinte resultado:

Agora clique no botão ESPECIFICAR TABELAS (selecionar variáveis). Selecione no campo **Lista 1** a variável FAIXA DE GASTOS, no campo **Lista 2** selecione SATISFAÇÃO e no campo **Lista 3**, FORMA DE PAGAMENTO. Em seguida, clique em **OK** e **OK** novamente. Depois, clique na alça OPÇÕES e habilite a opção PORCENTAGEM DE CONTAGEM TOTAL, PORCENTAGEM DE LINHA, PORCENTAGEM DE COLUNA e clique em SUMÁRIO para obter a resposta abaixo:

Tabela 10.3 Tabela de frequência de sumário (tabela contingência). As células marcadas possuem contagens (os sumários marginais não são marcados)

	Faixa de gastos	Satisfação	Forma pagamento cartão	Forma pagamento cheque	Forma pagamento dinheiro	Linha totais
Contagem	2	Pouco	6	11	2	19
Percentual de Coluna			35,29%	35,48%	25,00%	33,93%
Percentual de Linha			31,89%	57,89%	10,53%	32,20%
Percentual do Total Geral			3,24%	5,95%	1,08%	10,27%
Contagem	2	Razoável	7	9	4	20
Percentual de Coluna			41,18%	29,03%	50,00%	35,71%
Percentual de Linha			35,00%	45,00%	20,00%	28,17%
Percentual do Total Geral			3,78%	4,86%	2,16%	10,81%
Contagem	2	Muito	4	11	2	17
Percentual de Coluna			23,53%	35,48%	25,00%	30,36%
Percentual de Linha			23,53%	64,71%	11,76%	30,91%
Percentual do Total Geral			2,16%	5,95%	1,08%	9,19%
Contagem	Total		17	31	8	56
Percentual de Coluna			35,42%	37,35%	14,81%	

(continua)

(continuação)

	Faixa de gastos	Satisfação	Forma pagamento cartão	Forma pagamento cheque	Forma pagamento dinheiro	Linha totais
Percentual de Linha			30,36%	55,36%	14,29%	
Percentual do Total Geral			9,19%	16,76%	4,32%	30,27%
Contagem	3	Pouco	5	5	8	18
Percentual de Coluna			27,78%	22,73%	44,44%	31,03%
Percentual de Linha			27,78%	27,78%	44,44%	30,51%
Percentual do Total Geral			2,70%	2,70%	4,32%	9,73%
Contagem	3	Razoável	10	9	6	25
Percentual de Coluna			55,56%	40,91%	33,33%	43,10%
Percentual de Linha			40,00%	36,00%	24,00%	35,21%
Percentual do Total Geral			5,41%	4,86%	3,24%	13,51%
Contagem	3	Muito	3	8	4	15
Percentual de Coluna			16,67%	36,36%	22,22%	25,86%
Percentual de Linha			20,00%	53,33%	26,67%	27,27%
Percentual do Total Geral			1,62%	4,32%	2,16%	8,11%
Contagem	Total		18	22	18	58
Percentual de Coluna			37,50%	26,51%	33,33%	
Percentual de Linha			31,03%	37,93%	31,03%	
Percentual do Total Geral			9,73%	11,89%	9,73%	31,35%
Contagem	4	Pouco	5	8	9	22
Cercentual de coluna			38,46%	26,67%	32,14%	30,99%
Percentual de Linha			22,73%	36,36%	40,91%	37,29%
Percentual do Total Geral			2,70%	4,32%	4,86%	11,89%
Contagem	4	Razoável	2	14	10	26
Percentual de Coluna			15,38%	46,67%	35,71%	36,62%
Percentual de Linha			7,69%	53,85%	38,46%	36,62%
Percentual do Total Geral			1,08%	7,57%	5,41%	14,05%
Contagem	4	Muito	6	8	9	23
Percentual de Coluna			46,15%	26,67%	32,14%	32,39%
Percentual de Linha			26,09%	34,78%	39,13%	41,82%
Percentual do Total Geral			3,24%	4,32%	4,86%	12,43%
Contagem	Total		13	30	28	71
Percentual de Coluna			27,08%	36,14%	51,85%	
Percentual de Linha			18,31%	42,25%	39,44%	
Percentual de do Total Geral			7,03%	16,22%	15,14%	38,38%
Contagem	Totais de Coluna		48	83	54	185
Percentual do Total Geral			25,95%	44,86%	29,19%	

Observa-se o ganho de rapidez e qualidade em relação a ferramentas tradicionais de contagens.

Com a Tabela 10.3, podemos responder diversas perguntas de caráter gerencial em marketing, administração geral e financeira. Tais informações podem ajudar o administrador a prever fontes de seu faturamento, gastos com comissões pagas por descontos antecipados de títulos ou montantes em cheques e cartões de crédito, como verificar o incremento ou decremento de clientes por categoria de gastos.

Por exemplo, do total geral de 185 respondentes, 48 pagaram com cartões de crédito (25,95% do total dos clientes), 83 pagaram em cheque (44,86% do total) e 54 pagaram em dinheiro (29,19% do total).

Pelo total das faixas de gastos (na faixa de gastos código 2), 56 clientes gastaram entre 21 e 30 unidades monetárias, 30,27% do total geral dos clientes. Desses 56 clientes, 17 – equivalentes a 9,19% do total – pagaram em cartão. Dentro dessa categoria de faixa de gastos, 6 (3,24%) ficaram pouco satisfeitos com o atendimento, 7 (3,78%) ficaram razoavelmente satisfeitos e 4 (2,16%), muito satisfeitos.

Dos 19 clientes que somam o total da faixa de gastos código 2 que ficaram pouco satisfeitos, 6 clientes, que equivalem a 31,58% dessa faixa de gastos, pagaram em cartão, 11 clientes (57,89%) pagaram em cheque e 2 clientes (10,53%), em dinheiro.

Se analisarmos os clientes da faixa de gastos código 2 que optaram pela forma de pagamento com cartão, verificamos que somam um total de 17 clientes. Destes, 6 (35,29%) estão pouco satisfeitos, 7 (41,18%) estão razoavelmente satisfeitos e apenas 4 (23,53%) estão muito satisfeitos.

Análises semelhantes podem ser feitas dentro das outras categorias por faixa de gasto, por satisfação e por forma de pagamento.

Segundo Aaker[4] e Malhotra,[5] mais de 60% das pesquisas de marketing acabam por encontrar respostas nessa ferramenta, demonstrando a importância da categorização e segmentação dos clientes para se determinar o público-alvo e potencial, perdas relativas ou mercados de oportunidade em potencial nesse ramo do saber.

No campo de finanças, essa simples ferramenta poderá ajudar a verificar qual a porcentagem dos clientes que, pagando com cartão, gerarão custos variáveis por pagamento de juros na antecipação de contas a receber, valor que deve ser considerado como provisão. Ainda em finanças, tal ferramenta é importante no acompanhamento dos pagamentos em cheque, forma que, hoje em dia, é tida como fonte de risco.

10.2.4.1 Gráficos explicativos conjugados com as tabelas de frequências

O programa STATISTICA nos oferece uma vasta gama de possibilidades gráficas para cada exemplo. Mesmo no programa demonstrativo no *site* da editora Saraiva Educação, disponível em: <http://www.saraivauni.com.br/9788547220938>, é possível gerar gráficos tridimensionais de alto teor ilustrativo. Quando utilizado na tela, esse recurso permite também rotações tridimensionais muito explicativas.

Ilustraremos algumas possibilidades conjugadas ao exercício anterior que devem fazer parte de qualquer relatório gerencial, pois mostram o que acontece com suas variáveis e elucida possíveis problemas de administração, sugerindo ainda algumas vias de resolução.

---

[4] AAKER, D. A.; KUMAR, V.; DAY, G. S. *Pesquisa de marketing*. São Paulo: Atlas, 2001.

[5] MALHOTRA, N. *Marketing research*: an applied orientation. New Jersey: Prentice Hall, 1993. p. 277.

Na alça **Avançado** clique em Histograma categorizado.

Gráfico 10.6 Histograma categorizado: faixa de gastos × satisfação × forma pagamento

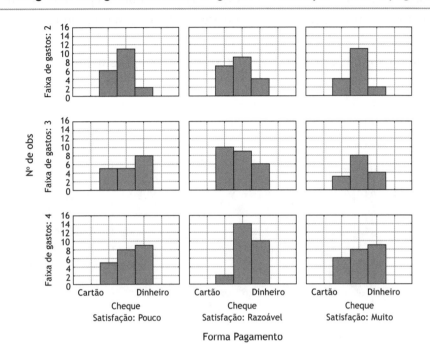

Fonte: elaborado pelos autores.

Selecione a opção Histogramas 3D. Clique sobre o gráfico com o botão direito do *mouse* e selecione propriedades para mudar a coloração das faces para melhor visualização.

Para um giro analítico do gráfico, aponte para ele e clique com o botão direito do *mouse*. Selecione Propriedades de gráficos (todas as opções), ponto de observação e, a seguir, clique no botão Opções de giro exploratório analítico para fazer girar o gráfico – observe que existe a opção de girar em ambos os sentidos:

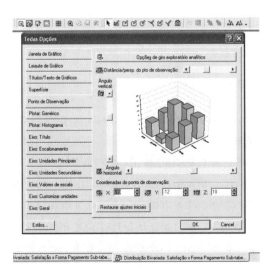

Nos botões à esquerda, há inúmeras opções para personalizar seu gráfico. Explore-as e veja como é fácil mudar o aspecto deles.

Clique agora em GRÁFICOS DE INTERAÇÃO DE FREQUÊNCIAS e obterá a possibilidade de estudar visualmente as frequências por faixa de gastos e por grau de satisfação, como a seguir.

Gráfico 10.7 Interação: faixa de gastos × satisfação × forma pagamento

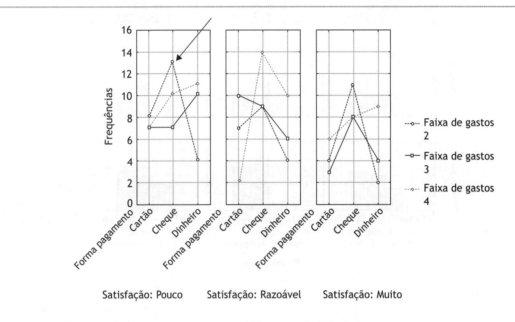

Fonte: elaborado pelos autores.

Observe que, no gráfico dos clientes pouco satisfeitos (linha indicada pela seta), a maior parte dos pagamentos foi efetuada em cheque (11) e cartão de crédito (6). Poucos clientes (2) pagaram com dinheiro. O mesmo tipo de análise pode ser feito com os clientes razoavelmente satisfeitos e com os muito satisfeitos. Dos clientes razoavelmente satisfeitos, a maioria pertence à faixa de gastos de maior valor (faixa 4), que classificou os gastos superiores a 50 unidades monetárias.

10.2.5 Estatística descritiva no Excel

Vamos calcular os elementos de estatística descritiva para as respostas da pesquisa com famílias clientes do parque temático Família Aquática.

Com o arquivo **Histogramas e Variância.xls** aberto na tela do seu computador, selecione FERRAMENTAS/ANÁLISE DE DADOS/ESTATÍSTICA DESCRITIVA. A seguir, indique ao programa o intervalo onde estão os dados colhidos, a existência de rótulos na primeira linha, a célula a partir da qual você deseja que o Excel mostre os resultados, e selecione RESUMO ESTATÍSTICO; assim, o programa entenderá que você deseja calcular todos os elementos da estatística descritiva. Então, selecione **OK**, como mostrado a seguir:

O resultado exibido será como o mostrado na Tabela 10.4.

Tabela 10.4   Resultados descritivos

Número de visitas/ano	
Média	1,534782609
Erro-padrão	0,03575181
Mediana	1
Modo	1
Desvio-padrão	0,939123219
Variância da amostra	0,88195242
Curtose	4,722051709
Assimetria	2,060675783
Intervalo	6
Mínimo	1
Máximo	7
Soma	1059
Contagem	690

Fonte: elaborada pelos autores.

O Excel calculará a média, a oda, a ediana, o desvio-padrão e a variância. Indicará a amplitude máxima das variáveis analisadas e os coeficientes de assimetria e de curtose (achatamento da distribuição de frequências).[6]

10.2.6   Estatística descritiva no STATISTICA

Suponha agora um estudo sobre a produção de um componente automotivo.

---

[6]   Para mais detalhes estatísticos, sugerimos a leitura do livro *Estatística aplicada* do professor Salvatore B. Virgillito.

Vejamos como o STATISTICA calcula os elementos mais básicos da estatística descritiva a partir das observações a seguir, que representam o diâmetro de eixos para aplicação em maquinários industriais, cujos valores de uma amostra de 40 eixos foram anotados.

Tabela 10.5 Diâmetro dos eixos produzidos pela unidade A

25	29	25	24	25	27	25	25
23	27	26	26	24	27	26	24
24	25	21	25	26	26	26	23
26	24	22	26	28	21	25	23
28	23	23	26	27	24	25	23

Fonte: elaborada pelos autores.

Essas variáveis discretas foram inseridas em uma única coluna do arquivo **Variável Discreta.sta** do programa STATISTICA. Com o arquivo **Variável Discreta.sta** aberto, vá até a barra de Menu e selecione ESTATÍSTICAS/ESTATÍSTICAS/TABELAS BÁSICAS e selecione OK. No botão VARIÁVEIS, indique a variável DIÂMETRO DO EIXO e clique em OK:

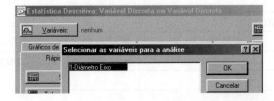

Selecione a alça AVANÇADO e habilite as opções mostradas nesta figura:

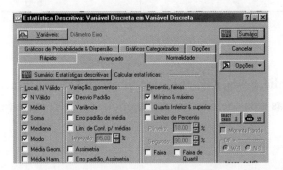

Selecione o botão SUMÁRIO: ESTATÍSTICAS DESCRITIVAS e aparecerá o seguinte resultado:

Observe a contagem de $N = 40$ variáveis, cuja média aritmética é 25, assim como a mediana. Nesse exemplo, as duas estatísticas coincidiram, mas isso não deve ser generalizado para as demais situações em estudo. Há uma **Moda** múltipla com frequência 9. A observação de valor mínimo foi um diâmetro de 21 mm e máximo de 29 mm que resultou em um desvio-padrão de 1,8 mm acima e abaixo do valor da média. A interpretação do desvio-padrão é bastante intuitiva e, nesse caso, quer dizer que aproximadamente 68% das peças produzidas têm diâmetros entre 23,2 mm e 26,8 mm.

Demonstra-se a seguir a análise gráfica do exemplo anterior, que inclui as opções descritivas e percentuais, como propicia informações de alto valor explicativo em um só elemento.

Gráfico 10.8   Histograma (Variável Discreta.sta 3v* 40c)

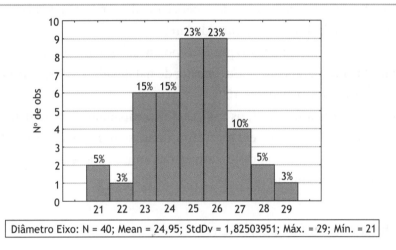

Fonte: elaborado pelos autores.

Após o conhecimento da teoria estatística, são fáceis o entendimento e a interpretação de resultados da ferramenta eletrônica.

Com essas demonstrações básicas das técnicas descritivas, revelamos o seu potencial de utilização nas pesquisas de marketing.

10.3 Índices

Em marketing, procuramos gerenciar e acompanhar a evolução do desempenho da empresa usando indicadores, que nos fornecem informações sobre a melhora ou piora do que estamos medindo. É vital conhecermos a metodologia-base para determinarmos e entendermos as estatísticas responsáveis pelo acompanhamento desses indicadores.

Números-índices são uma medida estatística que se destina a comparar variáveis ou grupos de variáveis com diferentes graus de importância. Com sua análise, pode-se quantificar as mudanças ocorridas entre as variáveis estudadas. São muito utilizados em pesquisas mercadológicas para acompanhamento de vendas, medidas de desempenho de produção, custos etc. Quase sempre vêm acompanhados

194 Pesquisa de marketing

de gráficos para melhorar a explicação do fenômeno estudado. Outras utilizações englobam a divulgação de resultados por entidades governamentais, bancos, instituições de pesquisas estatísticas. Por exemplo: Índice Geral de Preços (IGP), Índice Nacional de Preços ao Consumidor (INPC) etc.

Há três tipos de números-índices: índices, coeficientes e taxas.

Os **índices** resultam de relações entre variáveis de naturezas diferentes. Por exemplo: um indicador de produtividade, como unidades fabricadas por hora de trabalho individual, relaciona números de produto com horas de atividade, que são medidas com unidades diferentes. Tais indicadores relacionam resultado alcançado/total de insumos para produzi-los.

Os **coeficientes** são razões entre grandezas de mesma espécie ou entre eventos ocorridos dentro da mesma natureza de elementos observados. Por exemplo: Coeficiente de natalidade = Número de nascimentos/População total de uma região ou país; Coeficiente de aprovação escolar = Número de alunos aprovados/Número de matrículas em determinado curso.

As **taxas** são coeficientes multiplicados por uma potência para que o resultado se torne mais explicativo. Por exemplo: Taxa de natalidade = Coeficiente de natalidade $\times$ 1.000; Taxa de realização de negócios = Número de negócios realizados $\times$ 100.

Dependendo da estatística desejada, os índices de acompanhamento podem ser calculados com base fixa ou móvel. Estatísticas de venda em marketing quase sempre são apresentadas das duas formas. A primeira faz referência ao mês de início de atividades anuais, e a segunda, à evolução mensal, em relação ao mês imediatamente anterior.

10.3.1 Acumulando variações periódicas

Algumas das aplicações mais comuns são os cálculos do acúmulo das variações nas estatísticas de acompanhamento, sejam variações de preços, quantidades, valores, custos, vendas, cálculo da inflação. Essas metodologias apoiam-se nos números-índices para apresentar os resultados de forma compreensível para tomada de decisão.

Vejamos na Tabela 10.6 o exemplo de um indexador.

Tabela 10.6 Cálculo da inflação acumulada

Período	Inflação (%)	Número-Índice
0		100,000
1	7,9	107,900
2	8,0	116,532
3	8,1	125,971
4	7,8	135,797
5	7,6	146,117

Fonte: elaborada pelos autores.

O número-índice mede para cada período o valor acumulado da inflação a partir de uma base estabelecida. Assim, utilizando a Tabela 10.6, veríamos que:

Inflação acumulada no período 0 a 3: índice no período 3 dividido por índice no período 0.

$$\left(\frac{125,971}{100,00} - 1\right) \times 100 = 125,971\%$$

Utilizando as taxas, teríamos o seguinte cálculo para a inflação no mesmo período:

$$(1 + 0,079) \times (1 + 0,080) \times (1 + 0,081) = 1,2597 \text{ ou } 25,97\%.$$

Uma vantagem adicional de números-índices é que eles permitem o cálculo da inflação entre períodos intermediários, por exemplo, a inflação entre os meses 2 e 4 é o índice do período 4 dividido pelo índice do período 2, o que se confirma pelas taxas: $(1 + 0,081) \times (1 + 0,078) = 1,16532$ ou $16,532\%$ (a taxa do período inicial não é considerada, pois ele se torna o período-base).

$$\left(\frac{135,797}{116,532} - 1\right) \times 100 = 165,32\%$$

10.3.2 Variações acumuladas

O índice de inflação de dezembro de 2000 foi de 1,9%; em janeiro de 2001, foi de 0,8%; em fevereiro, houve uma deflação de 0,9%, e em março, uma inflação de 0,5%. Qual o total de inflação acumulada no primeiro trimestre de 2001?

Esse é o caso básico de aplicação da teoria de juros de Fisher, também conhecida como efeito Fisher.

$$(1 + 0,008) \times [1 + (-0,009)] \times (1 + 0,005) = [(1,00392) - 1] \times 100 = 0,39226\%$$

Desse resultado, 1,00392 subtrai-se 1 e multiplica-se por 100 para que o coeficiente obtido possa ser representado como **taxa**.

10.3.3 Base móvel e as variações mensais nas vendas

A **base móvel** propicia outra forma de acompanhamento de vendas, em que a variação é computada sempre sobre o **mês anterior**. A tabela deve vir acompanhada de gráficos elucidativos. As vendas da empresa registram os seguintes valores a cada mês (ver Tabela 10.7):

Tabela 10.7   Vendas mensais

Novembro	Dezembro	Janeiro	Fevereiro	Março
2.000	2.500	2.750	2.340	2.670
2.000/2.000	2.500/2.000	2.750/2.500	2.340/2.750	2.670/2.340
100%	125%	110%	85%	114%

Fonte: elaborada pelos autores.

Esse método é também conhecido como Método dos Índices em Cadeia, e o gráfico de acompanhamento será como o Gráfico 10.9.

Gráfico 10.9 Vendas brutas e variação percentual

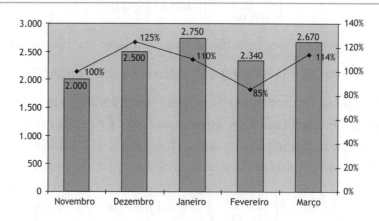

Fonte: elaborado pelos autores.

Observe-se que as vendas brutas encontram representação nas colunas, enquanto a variação percentual mostrada na linha que corta as colunas faz referência ao mês imediatamente anterior.

10.3.4 Variações negativas

Se o preço de um bem na época atual é igual a R$ 17,20 e a variação relativa de preço é negativa em 36%, pede-se calcular o preço desse bem no período-base P_B.

P_A = Preço na época atual = R$ 17,20

A variação negativa em 36% significa um número-índice (coeficiente) de 1 − 0,36 = 0,64.

Essa variação equivale à razão $\frac{P_A}{P_B} = 0,64$, mas como o $P_A = 17,20$, então teremos:

$$\frac{17,20}{P_B} = 0,64 \Rightarrow \frac{17,20}{0,64} = P_B$$

$$P_B = 26,88$$

Conclusão

Neste capítulo procurou-se mostrar como as ferramentas mais básicas da estatística são aplicadas em pesquisa e podem auxiliar o analista no gerenciamento e na tomada de decisão.

Tarefas como a identificação de nichos de comportamento do público-alvo, segmentação de mercado, gerenciamento de investimentos em marketing, identificação de hábitos do consumidor podem ser facilmente conduzidas com a ajuda deste ramo da Matemática pela aplicação de suas técnicas básicas. Os gráficos melhoram ainda mais o entendimento por meio da visualização dos fenômenos estudados e os números índices facilitam a quantificação da evolução temporal das variáveis estudadas propiciando ao analista de marketing ferramentas científicas que auxiliam na tomada de decisão.

Uma das estatísticas mais importantes é a média aritmética e ela exerce um fascínio particular sobre todos nós. No capítulo seguinte vamos aprofundar mais o conhecimento sobre as informações que podemos descobrir com esta técnica e suas variadas aplicações em pesquisa.

11 Comparando médias populacionais

Introdução

Em marketing, é comum a necessidade de se comparar médias de desempenhos entre equipes de vendas, incentivos ou comissões pagas e produtividade em geral, sob uma ou mais condições de variações, como comissões, preço, demanda e horas trabalhadas. Dessa forma, quando queremos comparar mais de duas médias, a ANOVA[1] é a técnica apropriada.

Intervalos de confiança e testes de hipóteses também servem para inferir na população as médias ou proporções estudadas nas amostras. A comparação ocorre pela comparação dos resultados de cada cálculo inferencial.

A análise da variância é uma ferramenta semelhante, porém mais abrangente, visto que pode comparar **duas ou mais amostras** e testar se há ou não igualdade entre as médias das populações de onde essas amostras foram retiradas. O propósito dessa ferramenta é **testar se existe diferença significativa** entre as médias populacionais de onde as amostras foram retiradas. Essa ferramenta consegue comparar médias de mais de duas populações por meio de suas amostras, tomando por base apenas uma variável dependente (ANOVA) ou mais de uma variável dependente (MANOVA).

11.1 Hipóteses da ANOVA

Ao lembrarmos os testes de hipótese, pode-se dizer que, neste caso:

- H_0 – a hipótese inicial afirma que as médias **são iguais** e, portanto, as amostras (fator coluna ou tratamento) selecionadas não causam efeito sobre a variável estudada;
- H_1 – a hipótese alternativa afirma que as médias **não são iguais** e, assim, é possível dizer que o fator (na coluna) é o causador das diferenças de médias da variável selecionada.

Essa lógica vale para os três tipos de análises da variância que serão aqui estudados.

---

[1] Esta ferramenta não está disponível no programa demonstrativo.

11.2 Explorando a composição das médias populacionais

O nome Análise da Variância ANOVA pode, a princípio, confundir o leitor, mas, na realidade, quando se quer testar se existe diferença expressiva entre as médias de duas ou mais populações, o que se testará é a variância que existe entre essas médias – daí o nome de **Análise da Variância** para o **teste de diferença entre médias**.

O foco central dessa ferramenta é mostrar que as variâncias dos grupos, quando testadas, podem ser subdivididas. Para procedermos a esse teste, devemos, a princípio, subdividir a variância das amostras em **variância dentro** de cada amostra e **variância entre** as amostras. Veja as observações nas seguintes amostras: Amostra 1 = 2, 3, 1 e Amostra 2 = 6, 7, 5. Se considerarmos as duas amostras como uma apenas, temos que a soma dos quadrados dos desvios totais será igual a 28.

A soma dos quadrados dos desvios em relação à **média geral** = 4 é é obtida como na Tabela 11.1.

Tabela 11.1 Cálculos dos desvios em relação à média geral

Amostra 1	Amostra 2
$(2-4)^2 = 4$	$(6-4)^2 = 4$
$(3-4)^2 = 1$	$(7-4)^2 = 9$
$(1-4)^2 = 9$	$(5-4)^2 = 1$
Total amostra 1 = 14	Total amostra 2 = 14
Total geral = 14 + 14 = 28	

Fonte: elaborada pelo autor.

Mais adiante faremos isso com a ajuda da planilha eletrônica Excel, calculando os afastamentos de cada observação em relação à sua respectiva média e, depois, o afastamento de cada observação em relação a uma média única calculada entre todas as observações das duas amostras.

11.3 Graus de liberdade

Ao considerarmos a estatística **média** $\bar{x} = \sum \frac{x_i}{n}$, é possível dizer que ela tem n graus de liberdade, pois existem n valores da variável aleatória X_i que devem ser considerados para que seja possível calcular essa estatística. Se desconhecermos qualquer valor da variável aleatória de interesse X_i, não poderemos calcular a média.

A estatística **variância amostral** é dada por $S^2 = \sum_{i=1}^{n} \frac{\left(x_i - \bar{x}\right)^2}{n-1}$, que, por sua vez, utiliza a estatística **média** para cálculo. Assim, por apoiar-se em outra estatística já calculada anteriormente para todos os elementos da amostra, a variância terá $n-1$ graus de liberdade.

Podemos também pensar que a média é, na verdade, o valor de um dos elementos da amostra e, portanto, quando calculamos a variância, devemos mantê-la, mas, quando se calcula o desvio padrão, por ser o mesmo calculado a partir dessa média, retira-se esse elemento e perde-se assim um grau de liberdade.

11.4 ANOVA fator único

Denomina-se **fator** **único** por ser a base de dados constituída por apenas um único tipo de dado: o **valor das vendas** que foi medido uma única vez. O exemplo abaixo foi, de forma proposital, calculado empiricamente para mostrar a coincidência dos resultados calculados manualmente com os resultados obtidos pela planilha eletrônica Excel e pelo STATISTICA.

Estudo de caso[2]

Cosméticos Jurubinha Ltda.

O senhor Juvenal é o gerente de marketing da empresa de cosméticos Jurubinha, líder de mercado na fabricação e venda de cosméticos para salões de beleza em todo o país. Recentemente o senhor Juvenal foi surpreendido com solicitações de aumento nas comissões de vendas feitas por quatro gerentes representantes da mesma região de vendas. A alegação de cada um dos gerentes é que a sua loja vende mais que as outras três e, portanto, deve receber mais comissão sobre o montante vendido.

O gerente pede para que seja colhida uma amostra de valores vendidos por trabalhadoras em cada uma das quatro filiais da empresa e obtém os dados mostrados na tabela abaixo. Os dados aparecem junto com os valores das **médias** e **variâncias** de **cada amostra**, que foram calculados com a ajuda do Excel e servirão para cálculos posteriores.

Funcionário n.	Filiais			
	A	B	C	D
1	6	12	11	9
2	9	11	8	7
3	9	10	12	10
4	6	8		10
5	5	9		
Média	7,0	10,0	10,33	9,0
Variância	3,5	2,5	4,33	2,0

▶

---

[2] Este exemplo emprega amostras com, no máximo, 5 valores, para efeito de simplicidade na explicação, podendo ser estendido para qualquer número de amostras com o mesmo número de observações ou não.

Como dissemos anteriormente, o método calcula a **variação total (Soma dos Quadrados Totais)** e a subdivide em **variação dentro** das amostras e **variação entre** as amostras.

■ **Cálculo da média geral**

$$\bar{X} = \frac{\sum(X_i)}{N} = \frac{152}{17} = 8,9411$$

■ **Cálculo da variação total SQT (Soma dos Quadrados Totais)**

A variação total SQT ou Soma dos Quadrados Totais é a soma dos quadrados das diferenças entre cada dado levantado (medido) e a média geral.

Esse valor também pode ser calculado como a somatória dos quadrados de todos os dados menos o quadrado da somatória de todos os dados dividida pela quantidade total dos dados. Vamos mostrar ambos os cálculos.

1) $SQT = \sum(X_i - \bar{X})^2 = (6 - 8,9411)^2 + (9 - 8,9411)^2 + (9 - 8,9411)^2 + ... +$
$+ (10 - 8,9411)^2 + (10 - 8,9411)^2 = 68,94$

2) $SQT = \sum X_i^2 - \dfrac{\sum(X_i)^2}{N} = 1.428 - \dfrac{23.104}{17} = 1.428 - 1.359,06 = 68,94$

As duas formas são convergentes quanto ao resultado final.

■ **Cálculo da variação entre as amostras SQE (Soma dos Quadrados Entre)**

A variação entre os grupos ou amostras (SQE) é a somatória da quantidade de elementos de cada grupo multiplicado pelo quadrado das diferenças entre a média geral e a média de cada grupo.

$SQE = \sum n_i \times (\bar{X} - x_i)^2 = 5 \times (8,9411 - 7)^2 + 5 \times (8,9411 - 10)^2 + 3 \times (8,9411 - 10,33)^2 +$
$= 4 \times (8,9411 - 9)^2 = 18,84 + 5,60 + 5,786 + 0,0138 = 30,27$

■ **Cálculo da *variação dentro* das amostras SQD (Soma dos Quadrados Dentro)**

A variação dentro dos grupos ou amostras (SQD) é igual à somatória das multiplicações entre as **variâncias** de cada grupo pela quantidade de dados do grupo menos um grau de liberdade. Também pode ser calculada como a diferença entre a variação total e a variação entre as amostras.

$$SQD = \sum(n_i - 1)S_i^2 = (4 \times 3,5) + (4 \times 2,5) + (2 \times 4,33) + (3 \times 2) = 38,67$$

Note o leitor que a variação dentro dos grupos pode também ser obtida como:

$$SQD = 68,94 - 30,27 = 38,67$$

Testando a hipótese de igualdade de médias populacionais: o quadro ANOVA

A atenção do analista agora deve se dirigir para o teste de hipótese, cujo resultado dirá se o quociente entre as variações entre e dentro é suficientemente grande ou pequena para aceitarmos ou rejeitarmos a hipótese inicial do teste.

A hipótese inicial H_0 desse teste de médias populacionais é que as médias populacionais são iguais, como mostra o quadro ANOVA:

Fontes de variação	Soma dos Quadrados (SQ)	Graus de Liberdade (gl)	Média dos Quadrados (MQ)	Fcalculado
Variação ENTRE (SQE)	30,27	$k - 1 = 4 - 1 = 3$	$S^2_{entre} = \dfrac{SQE}{k-1} = \dfrac{30,27}{3} = 10,09$	$F_{calculado} = \dfrac{S^2_{entre}}{S^2_{dentro}} =$
Variação DENTRO (residual) (SQD)	38,67	$N - k = 17 - 4 = 13$	$S^2_{dentro} = \dfrac{SQD}{N-k} = \dfrac{38,67}{13} = 2,9743$	$= \dfrac{10,09}{2,9743} = 3,39$
Variação TOTAL (SQT)	68,94	$N - 1 = 17 - 1 = 16$		

$F_{crítico} = F_{(k-1);\,(N-k)}$
N = total de dados,
k = número de grupos

A consulta na tabela F de Fischer-Snedecor

Qual o motivo para se consultar a tabela F e não outra tabela de distribuição de probabilidades? O Teorema do Limite Central, ou também chamado Teorema Central do Limite, prova que a média amostral é distribuída segundo a distribuição teórica de Gauss (Normal) enquanto a distribuição amostral da variância assume o formato teórico da distribuição de probabilidades de Fisher-Snedecor.

Daí, qualquer teste estatístico que testa a variância deverá utilizar a tabela F para conduzir o teste final e verificar se a hipótese inicial será aceita ou rejeitada. É padrão, a menos que se imponha ao contrário, que todos os testes estatísticos sejam conduzidos com uma significância (área de rejeição da hipótese inicial do teste) de 5%.

Em nosso exemplo, devemos comparar o valor de F-calculado com o valor de F-crítico (da tabela F).

O valor de F-calculado provém do quociente das variações entre e dentro. Assim, os graus de liberdade da variação entre (que é o **numerador** dessa operação) e os graus de liberdade da variação dentro (que é o **denominador** da mesma operação) devem ser utilizados.

Tabela de Fisher-Snedecor: Curva F de Fisher-Snedecor:

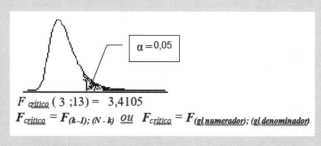

O valor de *F*-calculado é 3,39 e o valor crítico 3,41. Como *F*-calculado é menor que *F*-crítico, então aceita-se a hipótese inicial de igualdade de médias populacionais.

■ **Conclusão final do teste no estudo de caso da empresa de cosméticos**

O gerente da empresa de cosméticos Jurubinha chamou os quatro gerentes das regionais e mostrou o teste de hipótese conduzido acima. Desse modo, afirmou que existem evidências técnicas para que não sejam alterados os valores de comissões pagas para nenhuma das filiais pois a hipótese inicial foi aceita.

Em outras palavras, as variações entre e dentro das amostras não produziram um quociente grande o suficiente para que esse valor ultrapassasse o valor crítico de 3,41 e, portanto, a hipótese inicial de igualdade de médias populacionais deve ser aceita. Ora, se as médias populacionais das vendas são semelhantes, o gerente da empresa está correto em afirmar que não autorizará aumento de comissões para nenhuma filial.

■ *Resolvendo com Excel o caso da empresa de cosméticos Jurubinha*

Lembre-se de que esta técnica estatística se encontra no suplemento **Ferramentas de Análise** do Excel. Pede-se que o aluno/leitor verifique no Capítulo 21 esse suplemento em seu computador. Após habilitado o suplemento Ferramentas de Análise, insira a base de dados em uma nova planilha do Excel conforme mostrado a seguir:

	A	B	C	D
1	A	B	C	D
2	6	12	11	9
3	9	11	8	7
4	9	10	12	10
5	6	8		10
6	5	9		

Por simplicidade identificamos cada uma das filiais por ordem alfabética.

Agora, na aba DADOS, selecione o botão ANÁLISE DE DADOS e a seguinte caixa de diálogo aparecerá:

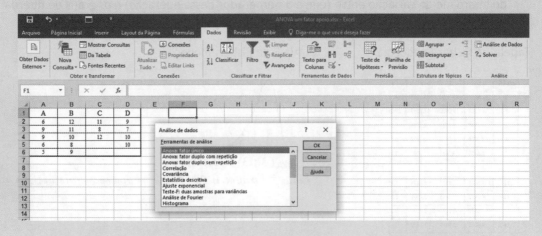

Selecione conforme mostrado na figura abaixo: ANOVA\ FATOR ÚNICO e, em seguida, clique em OK:

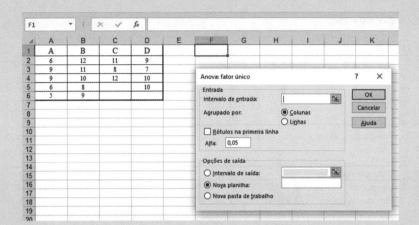

A seguir, vamos selecionar os dados. No campo INTERVALO DE ENTRADA, selecione toda a base de dados, inclusive o cabeçalho.

Os dados já estão em colunas, portanto não altere essa opção. Habilite o campo RÓTULOS na primeira linha, para informar ao Excel que as colunas estão identificadas por letras. Indique também a célula a partir da qual o analista quer que o resultado final seja mostrado pelo Excel, no caso selecionamos a célula F1.

Note que por padrão o Excel já vem habilitado para conduzir o teste com 5% de significância (Alfa 0,05):

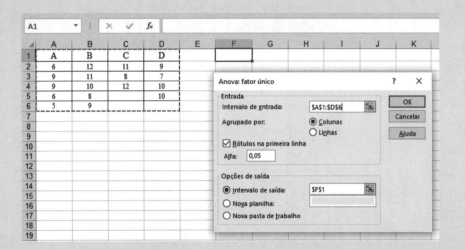

Após selecionar os dados da forma indicada, basta clicar em OK para obter o resultado do teste:

Anova: fator único

RESUMO

Grupo	Contagem	Soma	Média	Variância
A	5	35	7	3,5
B	5	50	10	2,5
C	3	31	10,33333	4,333333
D	4	36	9	2

ANOVA

Fonte da variação	SQ	gl	MQ	F	valor-P	F crítico
Entre grupos	30,27451	3	10,0915	3,392833	0,050694	3,410534
Dentro dos grupos	38,66667	13	2,974359			
Total	68,94118	16				

Note o leitor que o Excel reproduz todos os resultados que foram obtidos anteriormente nos cálculos manuais. As conclusões para o caso já foram informadas.

- **Anova Unifatorial com o STATISTICA**

  Abra o arquivo **Anova Unifatorial.sta** no STATISTICA, onde a base de dados deverá ser organizada como mostrado a seguir:

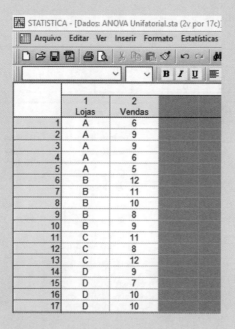

No menu principal, selecione ESTATÍSTICAS e ANOVA, como mostrado abaixo:

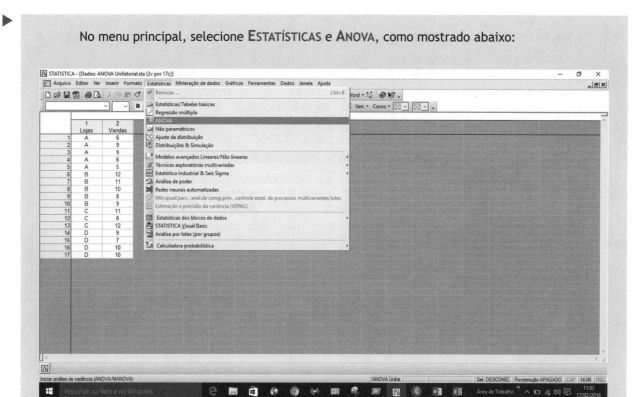

No campo **Tipo de Análise**, selecione ANOVA DE UMA-VIA (unifatorial) e no campo **Método de Especificação**, selecione DIÁLOGO RÁPIDO DE ESPEC., como mostrado abaixo:

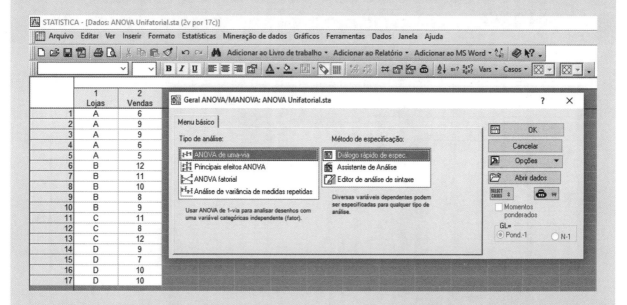

A seguir, selecione OK.

Na caixa de diálogo **ANOVA**, clique no botão VARIÁVEIS e selecione a variável dependente a variável preditora categórica:

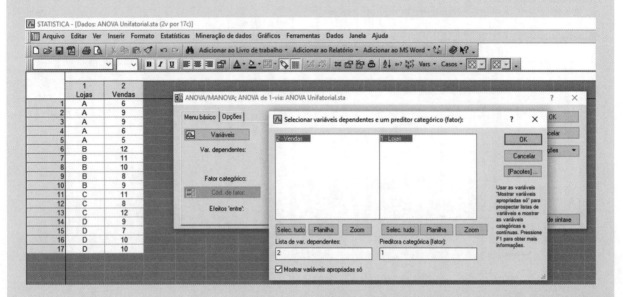

A seguir, clique em OK e OK novamente para obter a caixa de diálogo **Resultados ANOVA**, como mostrado a seguir:

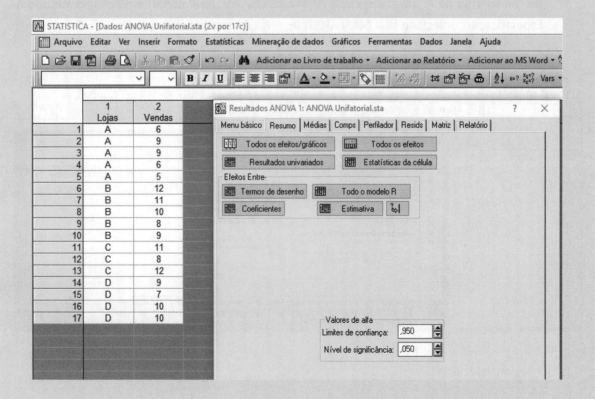

> Finalmente, na aba **Resumo**, clique no botão RESULTADOS UNIVARIADOS e obterá o seguinte resultado final:

Efeito	Graus de Liberdad	Vendas Som.de q	Vendas Méd.quad	Vendas F	Vendas p
	Resultados univariantes para cada variável dependente (ANOVA Unifatorial.sta) Sigma - parametrização restrita Decomposição de hipótese efetiva				
Intercepto	1	1342,486	1342,486	451,3530	0,000000
Lojas	3	30,275	10,092	3,3928	0,050694
Erro	13	38,667	2,974		
Total	16	68,941			

> Note a exatidão dos resultados e a convergência com os resultados obtidos com os cálculos manuais e com o Excel.

11.5 ANOVA fator duplo sem repetições

Em marketing são encontradas muitas situações em que o valor vendido pode ser influenciado pelo ponto ou localização da loja. Porém, há também diferença entre políticas de venda que foram aplicadas considerando-se as estratégias de vendas. Vamos estudar a seguir essa situação.

Usando o estudo de caso da empresa de cosméticos Jurubinha Ltda., vamos admitir que o gerente financeiro da empresa tivesse concordado em disponibilizar três tipos de descontos para todas as lojas com a finalidade de **determinar se as vendas sofrem alterações** devido ao **ponto de venda** (local da loja) ou se o **nível de desconto** é a variável de diferenciação.

Depois de certo tempo de aplicação desses níveis de desconto, uma nova amostra de cada ponto de venda foi colhida. Essa nova amostra reflete o valor vendido pela aplicação de cada um dos níveis de desconto em cada um dos pontos de venda. Os resultados estão abaixo.

A ANOVA de dois fatores sem repetições segue a teoria da ANOVA de um fator. Devemos calcular as variações entre, dentro e o erro ou variação residual. Para isso, calculam-se as somas de cada coluna e de cada linha para depois calcularem-se as respectivas médias.

Tabela 11.2 Tabulação dos dados para cálculos manuais

Fator 2 = b	Fator 1 = k				MÉDIAS das linhas Fator 2
	A	B	C	D	
Desconto 1	14,5	16,7	17,2	16,9	16,325
Desconto 2	22,8	27,8	19,5	26,1	24,05
Desconto 3	15,6	17,5	15,7	14,6	15,85
SOMAS	52,9	62	52,4	57,6	
MÉDIAS das colunas Fator 1	17,63	20,67	17,47	19,20	

Fonte: elaborada pelo autor.

Graus de liberdade Fator 1 Colunas = $n \times colunas - 1$
Graus de liberdade Fator 2 Linhas = $n \times linhas - 1$

■ **Cálculo da média geral**

$$\bar{X} = \frac{\Sigma(X_i)}{N} = \frac{224,9}{12} = 18,74167$$

■ **Variação total (SQT)**
Somatória dos quadrados de todos os dados menos o quadrado da somatória de todos os dados dividida pela quantidade total dos dados:

$$SQT = \Sigma X^2 - \frac{\Sigma(X)^2}{N} = 4.433,99 - \frac{50.580,01}{12} = 4.433,99 - 4.215,001 = 218,9892$$

■ **Cálculo da variação entre linhas (SQEL)**
Multiplicação do número de colunas pela somatória dos quadrados das diferenças entre a média de cada linha e a média geral.

$SQE_{Linhas} = \text{n}^{\text{o}} \text{ colunas } (k) \times \Sigma(\bar{x}_{linha} - \bar{X})^2$
$SQE_{Linhas} = 4 \times [(16,325 - 18,74167)^2 + (24,05 - 18,74167)^2 + (15,85 - 18,74167)^2]$
$SQE_{Linhas} = 4 \times (5,840278 + 28,1784 + 8,361736)$
$SQE_{Linhas} = 169,5217$

■ **Cálculo da variação entre colunas (SQE)**
Multiplicação do número de linhas pela somatória dos quadrados das diferenças entre a média de cada coluna e a média geral.

$SQE_{Colunas} = \text{n}^{\text{o}} \text{ linhas } (k) \times \Sigma(\bar{x}_{coluna} - \bar{X})^2$
$SQE_{Colunas} = 3 \times [(17,63 - 18,74167)^2 + (20,67 - 18,74167)^2 + (17,47 - 18,74167)^2 + (19,2 - 18,74167)^2]$
$SQE_{Colunas} = 3 \times (1,228403 + 3,705625 + 1,625625 + 0,210069)$
$SQE_{Colunas} = 20,30917$

■ **Cálculo da variação residual**

$SQR = SQT - (SQE_{Linhas}) - (SQE_{Colunas})$
$SQR = 218,9892 - 169,5217 - 20,30917$
$SQR = 29,15833$

O passo seguinte é montar o quadro ANOVA para efetuarmos o teste de hipótese:

Fontes de variação	Soma dos Quadrados (SQ)	Graus de Liberdade (gl)	Média dos Quadrados (MQ)	$F_{calculado}$
Variação entre LINHAS (SQE_L)	169,5217	$b-1 = 3-1$ 2	$S^2_{entreLinhas} = \dfrac{SQE_{Linhas}}{b-1} = \dfrac{169,5217}{2} = 84,76083$	$F^{Coluna}_{calculada} = \dfrac{S^2 Linhas}{S^2 Residual} =$ $= \dfrac{84,76083}{4,859722} = 17,4415$
Variação entre COLUNAS (SQE_C)	20,30917	$k-1 = 4-1$ 3	$S^2_{entreColunas} = \dfrac{SQE_{Colunas}}{k-1} = \dfrac{20,30917}{3} = 6,769722$	$F^{Linha}_{calculada} = \dfrac{S^2 Colunas}{S^2 Residual} =$ $= \dfrac{6,769722}{4,859722} = 1,393027$
Variação residual (SQR) (Erro)	29,15833	$N-b-k+1 =$ $12-3-4+1$ 6	$S^2_{residual} = \dfrac{SQR_{Residual}}{N-b-k+1} = \dfrac{29,15833}{6} = 4,859722$	
Variação TOTAL (SQT)	218,9892	$N-1 = 12-1$ 11		

k = número de grupos(colunas) do Fator 1
b = número de (linhas) do Fator 2

- **Conclusão quanto ao fator linha (descontos)**
  Com *F*-calculado 17,44 > *F*-crítico 5,14, rejeita-se a igualdade de médias do fator linhas (desconto). Então, as médias de vendas alcançadas pela aplicação dos descontos são diferentes, ou seja, os descontos causam efeito sobre as vendas.

- **Conclusão quanto ao fator coluna (loja ou ponto de venda)**
  Com *F*-calculado 1,39 > *F*-crítico 4,7571, aceita-se a igualdade de médias do fator colunas (ponto de vendas). Então, as médias de vendas alcançadas em decorrência da localização das lojas são iguais, ou seja, o ponto de venda ou loja não causam efeito sobre as vendas.

Figura 11.1 Teste de hipótese para os fatores Linha e Coluna

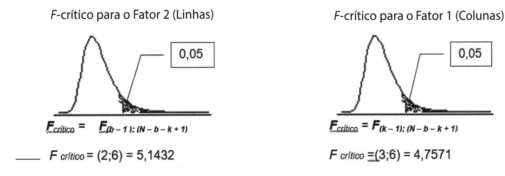

Fonte: elaborada pelo autor.

■ **Conclusão geral**

Como visto, os níveis de desconto podem alterar as vendas e, assim, a empresa pode se beneficiar com esse aumento caso aplique políticas bem fundamentadas de desconto ao varejo, fidelidade de clientes e outras ações que visam a retenção e o aumento de vendas.

11.5.1 Resolvendo com Excel o caso da empresa de cosméticos Jurubinha (sem repetições)

Organiza-se a base de dados conforme mostrado na figura a seguir.

Clique na aba DADOS, depois clique no botão ANÁLISE DE DADOS e a seguir selecione ANOVA: FATOR DUPLO SEM REPETIÇÃO:

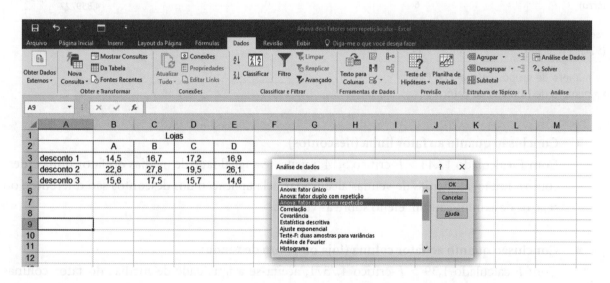

Em seguida, clique em OK e obterá uma caixa de diálogo. Selecione o intervalo de entrada todo. Indique que existem **Rótulos** na planilha e indique a célula a partir da qual a resposta do Excel deverá ser mostrada:

A seguir, clique em **OK** para obter o quadro de análise ANOVA fator duplo sem repetições:

G	H	I	J	K	L	M
Anova: fator duplo sem repetição						
RESUMO	*Contagem*	*Soma*	*Média*	*Variância*		
desconto 1	4	65,3	16,325	1,5225		
desconto 2	4	96,2	24,05	13,51		
desconto 3	4	63,4	15,85	1,456667		
A	3	52,9	17,63333	20,32333		
B	3	62	20,66667	38,32333		
C	3	52,4	17,46667	3,663333		
D	3	57,6	19,2	37,03		
ANOVA						
Fonte da variação	*SQ*	*gl*	*MQ*	*F*	*valor-P*	*F crítico*
Linhas	169,5217	2	84,76083	17,4415	0,003161	5,143253
Colunas	20,30917	3	6,769722	1,393027	0,332973	4,757063
Erro	29,15833	6	4,859722			
Total	218,9892	11				

Como o leitor pode notar, os resultados convergem com os cálculos manuais e as conclusões são análogas.

11.5.2 ANOVA sem repetições no STATISTICA

Abra o arquivo **ANOVA sem Repetições.sta** com o programa STATISTICA:

Note que a organização da base de dados do STATISTICA é diferente da do Excel.

A seguir, no menu principal, selecione ESTATÍSTICAS\ANOVA. Na caixa de diálogo **Geral ANOVA**, na janela **Tipo de Análise**, selecione PRINCIPAIS EFEITOS ANOVA e, na janela ao lado, **Modo de Especificação**, selecione DIÁLOGO RÁPIDO DE ESPECIFICAÇÕES, como mostrado abaixo:

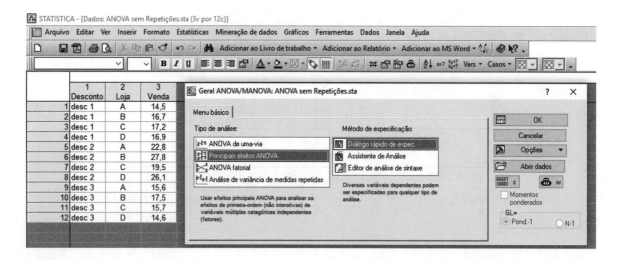

A seguir, clique em **OK**. O STATISTICA apresentará uma nova caixa de diálogo em que o leitor deverá clicar no botão VARIÁVEIS para depois selecionar a variável dependente **Vendas** e as categóricas **Loja** e **Desconto**:

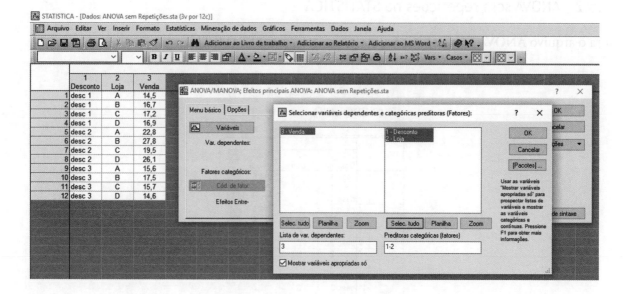

A seguir, clique em **OK** e **OK** novamente. Logo depois, na caixa de diálogo **Resultados**, clique na aba RESUMO e depois no botão RESULTADOS UNIVARIADOS:

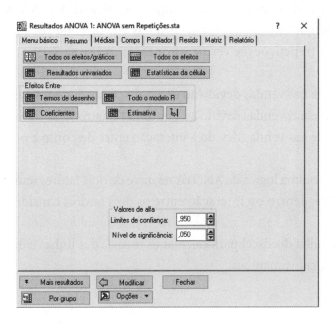

Assim, obterá o resultado a seguir:

Efeito	Graus de Liberdad	Venda Som.de q	Venda Méd.quad	Venda F	Venda p
Intercepto	1	4215,001	4215,001	867,3337	0,000000
Desconto	2	169,522	84,761	17,4415	0,003161
Loja	3	20,309	6,770	1,3930	0,332973
Erro	6	29,158	4,860		
Total	11	218,989			

Resultados univariantes para cada variável dependente (ANOVA sem Repetições.sta)
Sigma - parametrização restrita
Decomposição de hipótese efetiva

O leitor poderá facilmente identificar a convergência dos resultados com os cálculos manuais e com o Excel. Lembre-se uma vez mais do cuidado que o analista deverá tomar na organização da base de dados, pois esta difere entre o Excel e o STATISTICA.

11.6 ANOVA dois fatores com repetições

Vamos estender o caso da empresa de cosméticos Jurubinha Ltda., ainda na mesma situação anterior, em que a gerência financeira autorizou o desconto para as lojas filiais, mas condicionou esse benefício comercial à obrigatoriedade de as lojas medirem quinzenalmente as vendas. O gerente financeiro sempre teve a impressão de que as vendas de seu produto são diferentes na primeira quinzena do mês em relação à segunda. Caso esta tendência seja verificada, ele entende que as vendas podem aumentar ainda mais se amparadas pela aplicação permanente de níveis de descontos diferenciados. O gerente financeiro pediu ao analista de marketing que aplique a técnica de ANOVA de dois fatores com repetições, devido ao fato de que as vendas foram medidas em cada um dos locais de vendas em duas oportunidades diferentes (repetições) e verificasse, nessa nova situação:

a) se existe igualdade nas vendas devido ao desconto (fator disposto nas linhas);
b) se existe igualdade nas vendas devido ao ponto das quatro lojas (fator disposto nas colunas);
c) se existe igualdade nas vendas devido à interação entre desconto e ponto das lojas.

Esse método segue a mesma lógica da ANOVA de um e de dois fatores sem repetição, ou seja, deve-se calcular as variações entre, dentro e a interação entre os dois fatores considerando-se as duas quinzenas de vendas.

Utilizamos uma planilha do Excel para calcular as médias das linhas e das colunas que serão utilizadas mais adiante nos cálculos manuais:

	A	B	C	D	E	F	G	H	I
1					Tratamentos ou Grupos = k				
2			Repetições por Célula		A	B	C	D	Média das Linhas
3	L		Desconto 1	1ª quinzena	19	18	30	28	23,875
4	i n h			2ª quinzena	27	20	18	31	
5	a s		Média da Célula		23	19	24	29,5	
6			Desconto 2	1ª quinzena	18	27	25	29	25,75
7	o u	= L		2ª quinzena	26	19	32	30	
8	B		Média da Célula		22	23	28,5	29,5	
9	l o		Desconto 3	1ª quinzena	24	19	25	26	25,5
10	c o			2ª quinzena	21	31	30	28	
11	s		Média da Célula		22,5	25	27,5	27	
12									
13				Média das Colunas	22,5	22,333	26,667	28,667	
14									

L = número de Amostras (Linhas)
K = número de Grupos (Colunas ou Tratamentos)
R = número de Repetições por Célula (interseção de Linha com Coluna)

Capítulo 11 · Comparando médias populacionais   217

■ **Cálculo da média geral**

$$\bar{X} = \frac{\Sigma(X_i)}{N} = \frac{601}{24} = 25,04167$$

■ **Variação total**

$$VT = \Sigma\,(X_i)^2 - \frac{(\Sigma X_i)^2}{N} = 15.587 - \frac{361.201}{24} = 536,9583$$

■ **Variação entre (linhas)**

$V_{EL} = [\Sigma(\bar{x}_{Linhas} - \bar{X}_{Geral})^2] \times (K \times R)$
$V_{EL} = [(23,875 - 25,04167)^2 - (25,75 - 25,04167)^2 - (25,5 - 25,04167)^2] \times (4 \times 2)$
$V_{EL} = 16,58333$

■ **Variação entre (colunas)**

$V_{EC} = [\Sigma(\bar{x}_{Colunas} - \bar{X}_{Geral})^2] \times (L \times R)$
$V_{EC} = [(22,5 - 25,04167)^2 + (22,333 - 25,04167)^2 + (26,667 - 25,04167)^2 + (28,667 - 25,04167)^2] \times (3 \times 2)$
$V_{EC} = 177,4583$

■ **Variação devida à interação linha e coluna**

$V_I = [\Sigma(\bar{x}_{Célula} - \bar{x}_{Linha} - \bar{x}_{Coluna} + \bar{X}_{Geral})^2] \times (R)$
$V_I = [(23 - 23,875 - 22,5 - 25,04167)^2 + (19 - 23,875 - 22,333 - 25,04167)^2 + \ldots + \ldots + \ldots +$
    $(27,5 - 25,5 - 26,66 - 25,04167)^2 + (27,0 - 25,5 - 28,66 - 25,04167)^2] \times (2)$
$V_I = 52,41667$

■ **Variação residual ou erro**

$V_R = VT - V_{EL} - V_{EC} - V_I$
$V_R = 536,9583 - 16,58333 - 177,4583 - 52,4167$
$V_R = 290,50$

- **Vamos agora montar o quadro ANOVA:**

Fontes de variação	Soma dos Quadrados (SQ)	Graus de Liberdade (gl)	Média dos Quadrados (MQ)	$F_{calculado}$
Variação ENTRE LINHAS $V_{EL} = [\Sigma(\bar{x}_{Linhas} - \bar{X}_{Geral})^2] \times (K \cdot R)$	16,58333	$L - 1 =$ $3 - 1 = 2$	$S^2_{EL} = \dfrac{V_{EL}}{L-1} = \dfrac{16,5833}{2} =$ $= 8,2916$	$F_{Linha} = \dfrac{S^2_{EL}}{S^2_R} = \dfrac{8,2916}{24,2083} =$ $= 0,3425$
Variação ENTRE COLUNAS $V_{EC} = [\Sigma(\bar{x}_{Colunas} - \bar{X}_{Geral})^2] \times (L \cdot R)$	177,4583	$k - 1 =$ $4 - 1 = 3$	$S^2_{EC} = \dfrac{V_{EC}}{K-1} = \dfrac{177,4583}{3} =$ $= 59,15278$	$F_{Coluna} = \dfrac{S^2_{EC}}{S^2_R} = \dfrac{59,15278}{24,2083} =$ $= 2,44348$
Variação devida à INTERAÇÃO $V_I = [\Sigma(\bar{x}_{Célula} - \bar{x}_{Linha} - \bar{x}_{Coluna} + \bar{X}_{Geral})^2] \times (R)$	52,41667	$(L-1) \cdot (K-1) =$ $2 \times 3 = 6$	$S^2_I = \dfrac{V_I}{(L-1) \cdot (K-1)} = \dfrac{52,4166}{6} =$ $= 8,7361$	$F_{Interação} = \dfrac{S^2_I}{S^2_R} = \dfrac{8,7361}{24,2083} =$ $= 0,36087$
Variação residual $V_R = \Sigma(X_i - \bar{x}_{Célula})^2$	290,50	$L \cdot K \cdot (R-1) =$ $3 \times 4 \times (2-1) =$ $= 12$	$S^2_R = \dfrac{V_R}{L \cdot K \cdot (R-1)} = \dfrac{290,50}{12} =$ $= 24,2083$	
Variação TOTAL $V_T = \Sigma(x_i)^2 - \dfrac{\Sigma(x_i)^2}{N}$	536,9583	$N - 1 =$ $= 24 - 1 = 23$		

O teste é conduzido com o nível padrão de significância de 5%.

Figura 11.2 Teste de hipótese para os fatores linha, coluna e interação entre linha e coluna

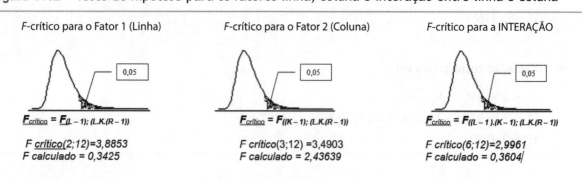

Fonte: elaborada pelo autor.

É importante relembrar que **fator linha** são os níveis de desconto, **fator coluna** são os pontos de vendas ou lojas e **interação** é o cruzamento entre essas duas dimensões.

Assim, o teste de hipótese nos leva às seguintes conclusões:

a) teste para a igualdade das vendas devido ao desconto (variável disposta nas linhas).

b) Com F-calculado 0,3425 < F-crítico 3,8853, aceita-se a hipótese inicial H_0, ou seja, as médias para o fator linha são iguais. Isso quer dizer que as vendas condicionadas pelos descontos são iguais. Podemos dizer de outra forma: a variável da linha (desconto) **não afeta a variável resposta (vendas)**;

c) teste para a igualdade das vendas devido ao ponto das lojas (variável disposta nas colunas). Com F-calculado 2,43639 < F-crítico 3,4903, aceita-se a hipótese inicial H_0, ou seja, as médias para o fator colunas são iguais. Isso quer dizer que as vendas condicionadas pelos pontos de vendas são iguais. Podemos dizer de outra forma: a variável da coluna (ponto) **não afeta a variável resposta (vendas)**;

d) teste para a igualdade das vendas devido à Interação Ponto × Desconto (variável disposta nas colunas × variável disposta nas linhas). Com F-calculado 0,3604 < F-crítico 2,9961, aceita-se a hipótese inicial H_0, ou seja, as médias para a interação coluna × linha são iguais. Isso quer dizer que as vendas condicionadas pela interação das duas variáveis são iguais. Podemos ainda dizer de outra forma: a interação variável coluna (ponto) × a variável da linha (desconto) **não afeta a variável resposta (vendas)**.

11.6.1 Resolvendo com Excel o caso da empresa de cosméticos Jurubinha (com repetições)

No caso de amostras com repetições, devemos tomar o cuidado de organizar a base de dados, conforme mostrado na Tabela 11.3.

Tabela 11.3 Tabulação dos dados no Excel

	A	B	C	D
Desconto 1	19	18	30	28
	27	20	18	31
Desconto 2	18	27	25	29
	26	19	32	30
Desconto 3	24	19	25	26
	21	31	30	28

Fonte: elaborada pelo autor.

Perceba o leitor que para os níveis de desconto não é necessário indicar que a primeira linha é a primeira quinzena e a segunda linha diz respeito às vendas colhidas na segunda quinzena. Esse fato será subentendido pelo Excel quando indicarmos que a quantidade de linhas por amostra é 2 (variável das linhas duas quinzenas para cada loja).

Clique na aba Dados, depois clique no botão Análise de dados e a seguir selecione Anova: fator duplo sem repetição:

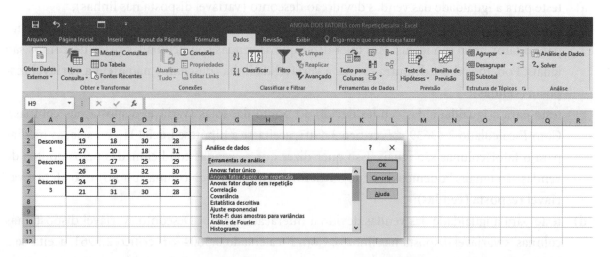

A seguir, clique em OK e obterá uma caixa de diálogo. Selecione o intervalo de entrada todo. Indique que existem **Rótulos na planilha** e indique a célula a partir da qual a resposta do Excel deverá ser mostrada:

A seguir, clique em **OK** para obter o quadro de análise ANOVA fator duplo com repetições:

Anova: fator duplo com repetição					
RESUMO	A	B	C	D	Total
Desconto 1					
Contagem	2	2	2	2	8
Soma	46	38	48	59	191
Média	23	19	24	29,5	23,875
Variância	32	2	72	4,5	31,83929
Desconto 2					
Contagem	2	2	2	2	8
Soma	44	46	57	59	206
Média	22	23	28,5	29,5	25,75
Variância	32	32	24,5	0,5	25,07143
Desconto 3					
Contagem	2	2	2	2	8
Soma	45	50	55	54	204
Média	22,5	25	27,5	27	25,5
Variância	4,5	72	12,5	2	17,42857
Total					
Contagem	6	6	6	6	
Soma	135	134	160	172	
Média	22,5	22,33333	26,66667	28,66667	
Variância	13,9	28,66667	26,26667	3,066667	

ANOVA					
Fonte da variação	*SQ*	*gl*	*MQ*	*F*	*valor-P*	*F crítico*
Amostra	16,58333	2	8,291667	0,342513	0,716703	3,885294
Colunas	177,4583	3	59,15278	2,443488	0,114449	3,490295
Interações	52,41667	6	8,736111	0,360872	0,889947	2,99612
Dentro	290,5	12	24,20833			
Total	536,9583	23				

Como o leitor pode notar, os resultados convergem com os cálculos manuais e as conclusões são análogas.

11.6.2 ANOVA com repetições no STATISTICA

O aluno poderá reparar que escolhemos o menu ANOVA Fatorial em vez de ANOVA Medidas Repetidas. Existem diversos motivos para termos agido dessa forma. O principal deles é que no menu **Medidas Repetidas** precisaríamos indicar ao programa quantos níveis de repetição, e isto é frequentemente esquecido, o que acaba por induzir a erros. A outra razão é que no menu **Medidas Repetidas**, o programa vai particionar o erro em diversas interações, dando a impressão de que o cálculo do programa estatístico não converge com os cálculos manuais nem com os cálculos realizados pelo Excel. Para evitarmos essas pequenas dificuldades técnicas e outras ainda mais complexas, nesse nível básico de conhecimento optou-se pelo menu ANOVA Fatorial, pois a resposta do sistema é semelhante às outras, não deixando dúvida da exatidão do método.

No programa STATISTICA, abra o arquivo **ANOVA_medidas_Repetidas.sta** e em seguida selecione Anova:

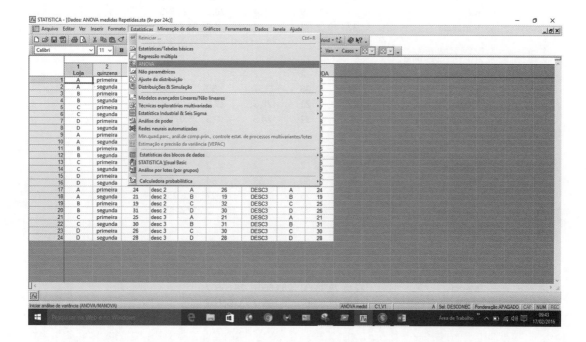

Depois, selecione Fatorial anova e Diálogo de especificações rápidas:

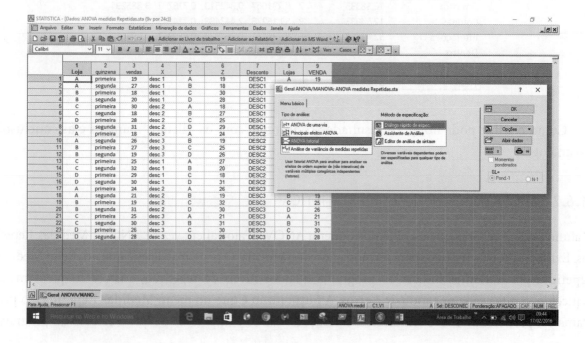

Agora clique em **OK** e selecione as variáveis como apresentado a seguir:

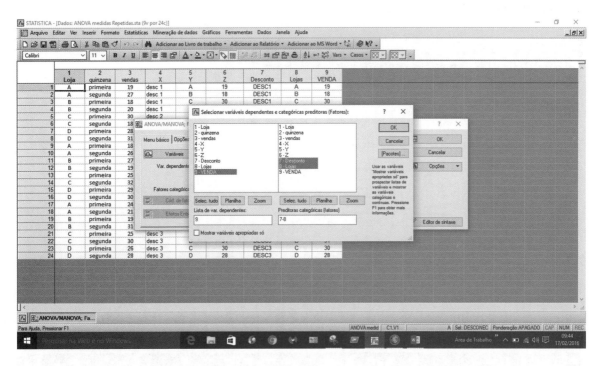

Clique em **OK**. Clique no botão CÓD. DE FATOR e em seguida no botão TODOS para as variáveis **Desconto** e **Lojas**, como a seguir:

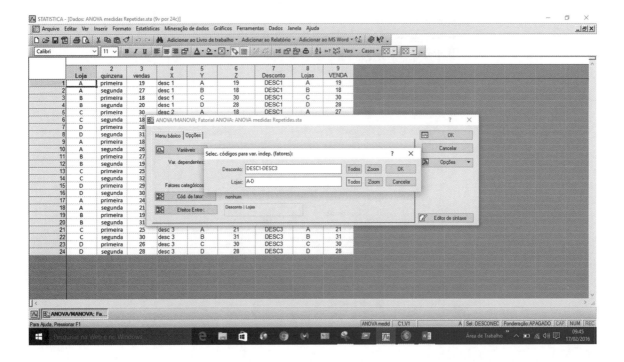

Na aba OPÇÕES, aceite as opções padrão que são apresentadas pelo programa. Não é necessário mudar nenhuma delas:

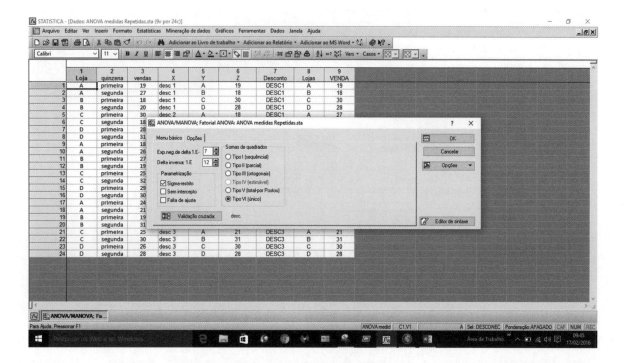

A seguir, clique em OK para obter o quadro **Resultados**:

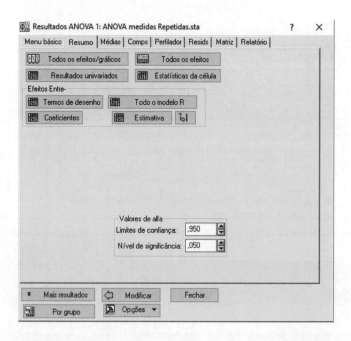

Clique no botão RESULTADOS UNIVARIADOS para obter o quadro ANOVA dois fatores com repetições:

Efeito	Graus de Liberdad	VENDA Som.de q	VENDA Méd.quad	VENDA F	VENDA p
Intercepto	1	15050,04	15050,04	621,6885	0,000000
Desconto	2	16,58	8,29	0,3425	0,716703
Lojas	3	177,46	59,15	2,4435	0,114449
Desconto*Lojas	6	52,42	8,74	0,3609	0,889947
Erro	12	290,50	24,21		
Total	23	536,96			

Note que os resultados coincidem com os cálculos manuais e com o Excel, tendo as mesmas interpretações.

Conclusão

O estudo de caso da empresa de cosméticos Jurubinha Ltda., mostrou como resolver um problema típico em marketing que diz respeito ao controle de comissões e motivação da força de vendas em três situações. Na primeira delas estudou-se apenas a identificação da diferença nos valores vendidos e se estes eram decorrentes do ponto de venda. Na segunda estudou-se se além do ponto de venda existia alguma outra variável influenciando o atingimento das metas de venda e neste caso dirigiu-se a atenção para o desempenho dos vendedores (variáveis como nível de escolaridade, distância em relação ao trabalho etc. também são variáveis de interesse e que influenciam o desempenho) em relação aos níveis de descontos autorizados. Na terceira situação mediu-se o desempenho quinzenalmente, o que ajuda a gerenciar se o tipo de negócio possui características diferentes na realização das vendas entre dois períodos do mesmo mês. Assim pudemos notar a abrangência desta metodologia no gerenciamento dos retornos ocasionados pelas diversas ações possíveis de serem tomadas em marketing.

Em qualquer campo, os resultados não dependem apenas de uma ou duas variáveis como equipe de vendas e níveis de desconto, assim, no próximo capítulo abordaremos a MANOVA (análise Multivariada da Variância), em que poderemos descobrir se os resultados de diversas situações são influenciados por mais de duas variáveis.

Apêndice

11 MANOVA: análise multivariada da variância

Vimos até agora, por meio dos três tipos de ANOVA (unifatorial, dois fatores sem repetições e dois fatores com repetições), como avaliar diferenças entre grupos de forma univariada, como no exemplo das vendas que dependem de quatro lojas (cada uma delas caracterizando um grupo ou variável independente).

Antes de prosseguirmos, é necessária uma observação que, em verdade, é parte de uma definição dos métodos e de seus objetivos.

Quando abordamos a Regressão Múltipla, dissemos que essa era uma extensão da Regressão Simples. Isso é verdade pois ambos sistemas de ajuste são obtidos por meio da aplicação do método dos mínimos quadrados, que por sua vez emprega as derivadas parciais, para minimização do erro entre o valor real e o projetado. Entretanto, quando falamos de regressão, o termo regressão multivariada ou univariada refere-se ao número de variáveis INDEPENDENTES (preditoras).

Ao contrário, quando falamos em ANOVA (unifatorial univariada) ou MANOVA (multifatorial ou multivariada), esses termos referem-se ao emprego da quantidade de variáveis dependentes que, no caso multivariado, sempre serão mais que uma. Sobre a ANOVA, podemos escrever que a **variável dependente** é única e deve ser de natureza métrica, enquanto que as **variáveis independentes** devem ser mais que uma e de natureza não métrica (devem ser categóricas, nominais ou qualitativas). A respeito da MANOVA, diz-se que existem múltiplas variáveis dependentes de natureza métrica e múltiplas variáveis independentes de natureza não métrica.

Ambas as técnicas servem para testar a igualdade das médias populacionais da(s) variável(eis) dependente(s).

A11.1 Utilidade da MANOVA

Pesquisas sobre atributos de produtos, sobre formas, meios e tipos de propaganda e sobre a compreensão de mensagens a determinado público-alvo constituem meios de controle sobre possíveis aumentos de fatias de mercado, ingresso em novos mercados ou controle de *feedback* de mídia. Essas situações são muito comuns na atividade mercadológica.

Na maioria dos casos existem múltiplas variáveis dependentes e múltiplas independentes. Nessas situações, os problemas de pesquisa desejam determinar se os comportamentos das múltiplas variáveis dependentes são explicados pelas múltiplas variáveis independentes.

Como visto, esse é o caso típico da Análise de Variância Multivariada MANOVA.

A11.2 Notas sobre a operação do programa STATISTICA

No menu principal da Estatísticas\ANOVA, o programa reconhecerá o tipo de ANOVA que o analista deseja conduzir. Respeitando-se a definição acima, no momento de indicar ao STATISTICA a quantidade de variáveis dependentes e independentes, o programa calculará o tipo de ANOVA ou MANOVA, conforme o caso. Assim, por exemplo, se ao abrir o quadro de diálogo da ANOVA o analista indicar uma única variável dependente métrica e mais de uma variável independente não métrica, o STATISTICA calculará uma ANOVA unifatorial. Se, em vez de o analista indicar ao programa que o arquivo possui múltiplas variáveis dependentes métricas e uma ou mais de uma (múltiplas) variáveis independentes não métricas, o programa saberá que está diante de uma solicitação para calcular uma MANOVA, conforme a definição. A exceção ocorre quando se tratar de ANOVA ou MANOVA com medidas repetidas.

Entretanto, para calcularmos uma MANOVA de forma mais prática, podemos utilizar o módulo de Modelos avançados lineares/não lineares, disponível no menu Estatísticas, e depois selecionar Modelos Lineares Gerais. Dessa forma, teremos uma série de testes *Post-hoc*, como o teste de Scheffé, muito utilizado para detectar qual das variáveis dependentes é a causadora de diferenças das médias populacionais. Quando não houver nenhuma diferença das médias populacionais **entre** as variáveis e **dentro** das variáveis independentes ou dependentes, esse teste indicará que nenhuma das variáveis possui significância estatística. Daí a necessidade do conhecimento teórico dos testes de hipóteses e não apenas o conhecimento prático de cálculo ou de operação do programa.

Estudo de caso

Com o programa STATISTICA

Uma empresa de produtos alimentícios contratou uma consultoria de pesquisa de marketing para determinar se os cuidados de higiene e de engenharia alimentar como o benefício para a saúde propiciado pelos seus produtos são bem compreendidos pelos clientes quando expostos a três tipos de mídia.

Essas características de higiene e engenharia alimentar são veiculadas por intermédio de três meios de mídia: propaganda na internet, demonstrações pessoais em lugares públicos, como os supermercados, e por meio do envio e distribuição de CDs contendo gravações informativas e imagens do funcionamento dos centros de fabricação e beneficiamento dos produtos.

Foram estabelecidos três grupos de 20 pessoas cada, com níveis de escolaridade e socioeconômicos semelhantes dentro de cada grupo, que julgarão os três tipos de mídia. O sexo dos participantes foi sorteado aleatoriamente sem preocupação com balanceamento de número de homens e mulheres em cada grupo, apesar de o resultado ter sido muito próximo da média aritmética. Cada entrevistado de cada grupo foi solicitado a atribuir uma nota para classificar o seu entendimento quanto à mensagem veiculada por cada tipo de mídia.

Utilizou-se nessa pesquisa uma escala do tipo Likert de 10 pontos. Como mencionado no Capítulo 9, a escala de 10 pontos não é muito comum, sendo que as escalas mais usadas desse tipo possuem graduações de -2 a $+2$, de 1 a 4 , de 1 a 5 , de 1 a 7 e de 1 a 9. Justificamos a utilização da escala acima por ser esse um exemplo didático.

Nesse caso, analisar se existe igualdade de médias no entendimento **entre os grupos** é o mesmo que querer determinar se os três tipos de mídia transmitem e fazem chegar a mensagem correta aos três tipos de público-alvo.

Porém, a MANOVA é flexível a ponto de conseguir determinar ao mesmo tempo se existe igualdade de compreensão dos três tipos de mídias entre os entrevistados **dentro de cada grupo.**

O arquivo de dados e sua organização

Mostramos a seguir, de forma parcial, o arquivo **MANOVA_três mídias.sta**. Note a organização desse banco de dados, onde as variáveis dependentes métricas são colocadas verticalmente e a variável independente categórica e não métrica (tipo de Mídia) identifica cada grupo de mídia.

Nesse exemplo, os respondentes de cada grupo atribuíram as seguintes notas para a sua compreensão das mensagens veiculadas pelos três tipos de mídia: o respondente número 17 do grupo 1 atribuiu para a mídia via *web* a nota 8. O respondente 17 do grupo 2 atribuiu nota 6 para a mensagem via *web* enquanto que o respondente 17 do grupo 3 atribuiu nota 3 para o mesmo tipo de mídia:

Dados: MANOVA_três mídias.sta (4v por 60c)

	1 Mídia	2 Grupo 1	3 Grupo 2	4 Grupo 3
10	WEB	2	3	2
11	WEB	5	3	8
12	WEB	7	4	5
13	WEB	10	9	6
14	WEB	2	9	6
15	WEB	3	7	8
16	WEB	7	9	6
17	WEB	8	6	3
18	WEB	7	5	8
19	WEB	3	8	10
20	WEB	6	2	9
21	Demonstração	6	2	4
22	Demonstração	6	1	5
23	Demonstração	7	6	10
24	Demonstração	2	2	3
25	Demonstração	1	4	8

Note que, nesse caso, as notas dadas pelos três grupos (Grupo 1, Grupo 2 e Grupo 3) são as variáveis dependentes (métricas) e o tipo de mídia (*web*, demonstração e CD) são as três variáveis independentes que condicionam ou induzem à modificação das notas atribuídas pelos grupos. Estamos, portanto, diante de um desenho de MANOVA, com três variáveis dependentes métricas e três variáveis independentes categóricas.

Esse exemplo constitui um tipo de MANOVA que é chamado **medidas repetidas entre grupos**. O problema de pesquisa é testar se os três tipos de mídia se equivalem quando veiculam a mensagem sobre os alimentos da empresa ou alguma delas favorece mais o entendimento da mensagem, seja pela preferência pelo tipo de mídia ou pela mensagem em si.

- **Variáveis independentes** – são aquelas controladas pelo experimento, ou seja, em nosso caso, são as variáveis que identificam o tipo de mídia, sendo que estas são escolhidas e controladas pelo analista.
- **Variáveis dependentes** – são aquelas que dependem das variáveis independentes, ou seja, é aquela afetada ou modificada pelas variáveis independentes. Em nosso exemplo, as notas atribuídas à mídia são condicionadas pelo tipo, o que, por sua vez, interfere no entendimento da mensagem da empresa ao público-alvo.

Executando a análise com o STATISTICA

Para **evitar erros**, o analista deve tomar o cuidado de escolher o módulo ANOVA/MANOVA, como mostra a figura abaixo. Caso contrário, o sistema **não executará os cálculos**. Isso se deve ao fato de que ao selecionar a coluna Mídia como a variável Independente (preditora categórica), o sistema avisará que existem poucas variáveis no segundo grupo, pois **as três variáveis foram dispostas em uma única coluna**, fato esse que é interpretado pelo programa estatístico como **se existisse apenas uma variável preditora**.

Pela definição de MANOVA, devem existir múltiplas variáveis independentes preditoras e múltiplas variáveis dependentes também. Daí o sistema não executará os cálculos, pois entende que existe apenas uma variável (coluna) com características de variável independente, quando na verdade existem três:

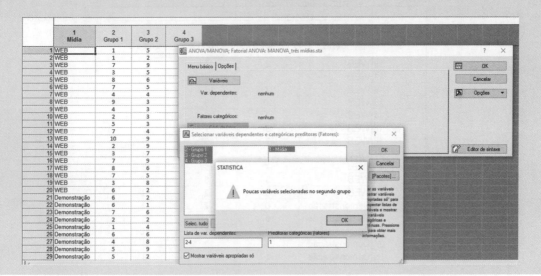

Dessa forma, deveremos empregar outro tipo de rotina para essa análise.

Podemos adotar duas ferramentas: a primeira é a ANOVA Multivariada com medidas repetidas, como mostra o quadro abaixo:

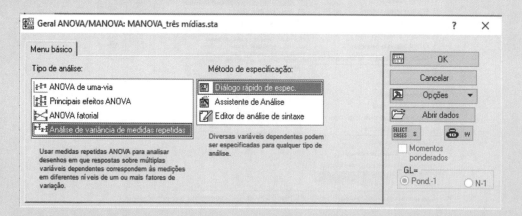

Podemos opcionalmente optar pelos modelos lineares gerais. A seleção das variáveis é equivalente e as respostas também, portanto, vamos optar pela segunda ferramenta do menu principal para que esse exemplo seja abrangente também no que se refere à utilização da ferramenta eletrônica de análise.

Abra o arquivo **MANOVA_três mídias.sta** e a seguir, no menu principal, selecione ESTATÍSTICAS\ MODELOS AVANÇADOS LINEARES/NÃO LINEARES\MODELOS LINEARES GERAIS (ÍCONE GLM):

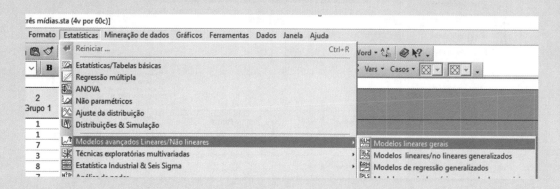

A caixa de diálogo a seguir será apresentada pelo programa. Aceite as opções padrão MODELOS LINEARES GENÉRICOS\DIÁLOGOS rápidos de especificações, como mostrado a seguir e clique no botão OK:

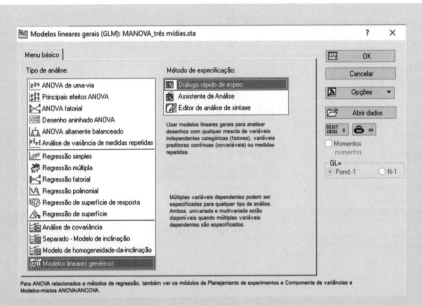

Clique no botão **Variáveis** e selecione-as definindo os Grupos 1, 2 e 3 como Dependente e a variável Mídia como Independente, como mostra a figura a seguir:

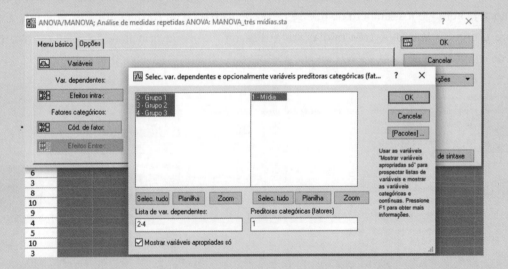

Selecione **OK** e a seguir clique no botão **Efeitos intra para variáveis dependentes**. Repare que o programa consegue agora identificar que existem três níveis denominados R3:

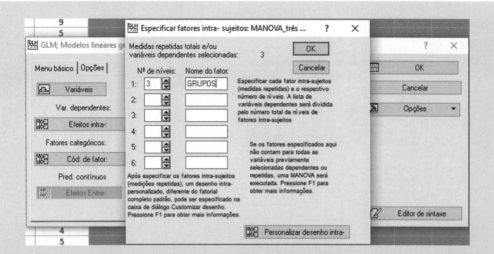

O analista poderá renomear o fator para GRUPOS, como fizemos, ou deixá-lo com o nome R1, atribuído originalmente pelo sistema. Optamos por renomear para poder identificar efeitos intragrupos nos relatórios de saída do programa e não os confundir com o código R3 da quantidade de níveis.

Em seguida, clique no botão CÓDIGO DE FATOR, depois clique em TODOS e a seguir em OK:

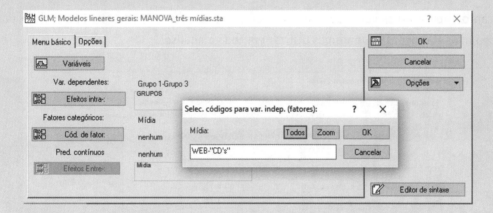

Na mesma caixa de diálogo, selecione a aba OPÇÕES e a seguir selecione o método de soma dos quadrados como TIPO III (ORTOGONAIS):

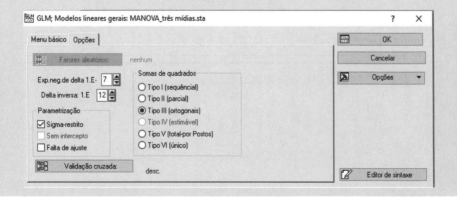

A seguir, clique em **OK** na caixa acima para obter o resultado abaixo:

No canto inferior dessa caixa de diálogo, clique no botão **MAIS RESULTADOS** para obter uma caixa de diálogo mais abrangente que iremos utilizar em toda a análise:

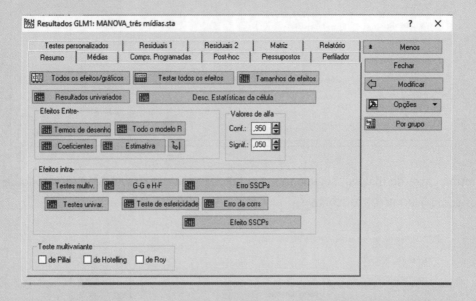

Agora clique no botão TODOS OS EFEITOS/GRÁFICOS:

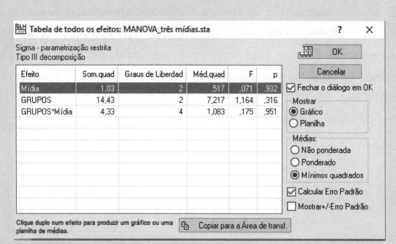

Em seguida, clique em OK para obter a análise multivariada da variância mostrada na figura a seguir:

Efeito	Som.quad	Graus de Liberdad	Méd.quad	F	p
Intercepto	5313,800	1	5313,800	728,3846	0,000000
Mídia	1,033	2	0,517	0,0708	0,931710
Erro	415,833	57	7,295		
GRUPOS	14,433	2	7,217	1,1644	0,315805
GRUPOS*Mídia	4,333	4	1,083	0,1748	0,950945
Erro	706,567	114	6,198		

Análise de variância de medidas repetidas (MANOVA_três mídias.sta)
Sigma - parametrização restrita
Tipo III decomposição

Perceba o leitor que o sistema já efetuou a Análise Multivariada da Variância para os **efeitos entre grupos** e para os **efeitos dentro dos grupos** como para a interação entre Mídia e Grupos, computando a soma dos quadrados, graus de liberdade, média dos quadrados, a estatística F e p.

Já de início podemos verificar que não existe significância estatística para nenhum dos efeitos pois a estatística "p" para as três linhas é em muito superior a 0,05, que é o padrão para o teste de hipótese. Cuidado com as palavras empregadas nos textos estatísticos: ser significante ou ter significância quer dizer que o teste REJEITA a hipótese inicial, o que não se verifica neste estudo de caso.

O teste de hipótese para a igualdade de médias populacionais tem como hipótese inicial H_0 que as médias populacionais são iguais. Daí se diz que **o teste não é significante**, ou seja, aceita-se a hipótese de igualdade de médias. Ora, se as médias são iguais dentro e entre os grupos então o entendimento da mensagem da empresa é excelente. Isso pode indicar que o plano de mídia da empresa foi muito bem elaborado e atinge com perfeição seus objetivos dentro e entre cada um de seus públicos-alvo.

Se em vez disso dissermos que **o teste é significante,** isso quer dizer que o valor da estatística "p" é menor que o valor padrão de 5% (em geral é utilizado esse valor, a menos que o analista especifique outro). Daí não se pode aceitar a hipótese de igualdade de médias assumindo um risco de 5% de estarmos errando nessa decisão.

No nosso exemplo, TODAS as estatísticas "p" (0,932 ou 93,2%, 0,316 e 0,951) são muito superiores a 5% e assim conclui-se que estamos **fora** da área de rejeição estabelecida pela distribuição F de Fisher-Snedecor, ou seja, estamos **dentro** da área de aceitação da hipótese inicial de igualdade de médias.[1]

Poderíamos finalizar o estudo de caso nesse ponto sem medo de errar. Entretanto, vamos prosseguir com esse exemplo didático introduzindo mais análises que vão reconfirmar o que já foi encontrado e concluído.

Volte na **Tabela de Todos os Efeitos**:

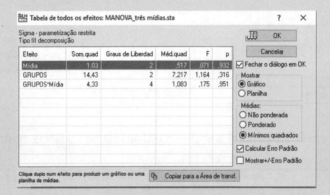

Clique em **OK** para obter o gráfico de médias com intervalo de confiança de 95%:

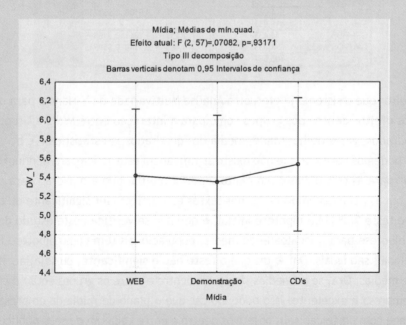

---

[1] A distribuição F de Fisher-Snedecor foi elaborada por Ronald Ailmer Fisher (1890-1962) estatístico inglês, e George W. Snedecor, matemático americano, (1881-1974). Eles verificaram que a distribuição amostral da variância tinha formato diferente da distribuição amostral das médias e formularam uma distribuição de probabilidades assimétrica à direita que demonstra esse comportamento. Karl Friedrich Gauss (1777-1855) já havia formulado a sua tabela Normal, que identifica o comportamento da distribuição amostral das médias. Dessa forma, quando os testes estatísticos tratarem de médias se utiliza a tabela normal e quando tratam de variâncias, uma delas é a tabela F. Lembre-se de que a ANOVA/MANOVA analisa a variância (variabilidade) para concluir se existe igualdade de médias, uma vez que a variância é calculada a partir da média.

Considerando-se as Mídias utilizadas e a mensagem veiculada por meio delas, note o leitor que existe quase uma sobreposição próxima da perfeição das **médias populacionais e de seus intervalos de confiança**, o que reafirma uma vez mais a alta probabilidade da igualdade de médias e, portanto, do entendimento apropriado da mensagem veiculada por meio de cada tipo de mídia.

Na caixa de diálogo **Tabela de Todos os Efeitos**, selecione agora apenas a variável GRUPOS, como mostrado abaixo, e clique em OK:

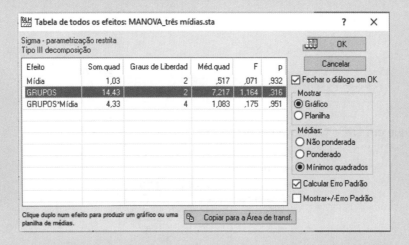

Existe igualdade de médias populacionais no entendimento da mensagem também entre os grupos quando os comparamos entre si:

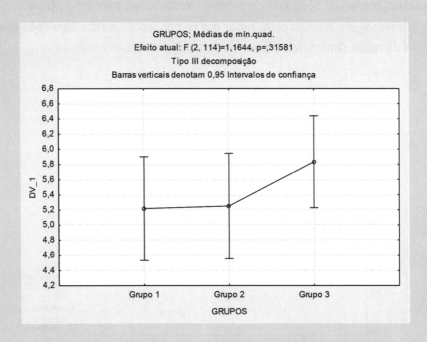

Selecione agora a interação entre grupos e média (**GRUPOS * Mídia**) como indicado abaixo:

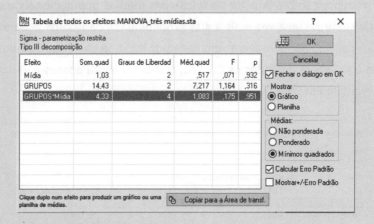

A seguir clique em **OK** e **OK** novamente:

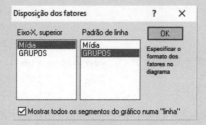

Note o leitor que em termos de igualdade de médias populacionais para o "sentimento ou percepção" entendimento da mensagem, medido pelas notas dos respondentes, existe igualdade dessa percepção para os três tipos de mídia dentro de cada um dos grupos:

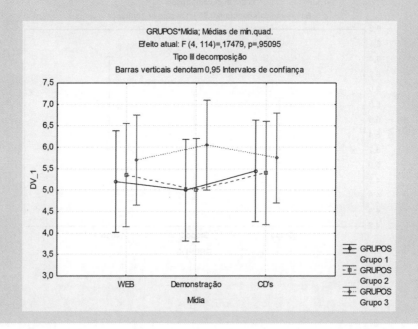

Nota-se uma pequena discrepância apenas para a mídia Demonstração dentro do grupo 2, mas isso não afeta a variabilidade geral do teste nem a conclusão geral de igualdade de médias.

Na caixa **Resultados GLM**, clique agora no botão RESULTADOS UNIVARIADOS e obterá a resposta abaixo:

Efeito	Graus de Liberdade	Grupo 1 Som.de q	Grupo 1 Méd.quad	Grupo 1 F	Grupo 1 p	Grupo 2 Som.de q	Grupo 2 Méd.quad	Grupo 2 F	Grupo 2 p	Grupo 3 Som.de q	Grupo 3 Méd.quad	Grupo 3 F	Grupo 3 p
Intercepto	1	1632,817	1632,817	233,7575	0,000000	1653,750	1653,750	229,1570	0,000000	2041,667	2041,667	371,9239	0,000000
Mídia	2	2,033	1,017	0,1455	0,864869	1,900	0,950	0,1316	0,876923	1,433	0,717	0,1306	0,877872
Erro	57	398,150	6,985			411,350	7,217			312,900	5,489		
Total	59	400,183				413,250				314,333			

Resultados univariantes para cada variável dependente (não traSigma - pa (MANOVA_três mídias.sta) rametrização restrita

O programa realiza o teste ANOVA separadamente para cada grupo para a mídia e os apresenta como se fossem resultados Univariados.

Note no caso dos três grupos que a mídia tem estatística "p" superior a 5%, então o teste não é significante – o que reafirma a igualdade de médias populacionais e, portanto, igualdade no entendimento da veiculação da mensagem da empresa.

Análise de contrastes
Clique na aba POST-HOC.

Os testes de Análise de Contrastes servem para mostrar efeitos não facilmente percebidos na maioria dos casos. Quando um problema de pesquisa pressupõe ou verifica quase que certamente resultados já esperados, é aconselhável que seja conduzido esse teste:

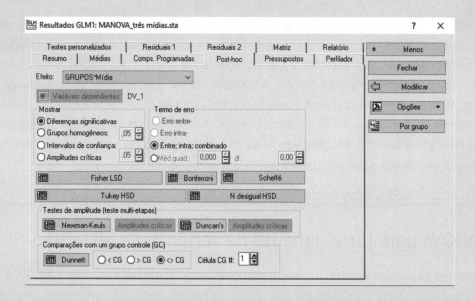

Quando em uma pesquisa de médias entre grupos o resultado for tal que evidencie a diferença entre as médias populacionais, o teste de Scheffé identificará qual dos grupos, ou mais de um grupo, é o causador da diferença entre as médias.

> Assim, se ao utilizarmos um teste univariado da ANOVA para decidirmos se existe igualdade de médias populacionais de vendas entre 4 lojas franqueadas verificarmos que não existe igualdade de médias populacionais, o teste de Scheffé nos dirá qual das lojas vende menos ou mais que as outras e assim poderemos decidir para quem vai um possível aumento de comissão ou se ela não será atribuída a nenhum dos franqueados.

Na caixa de diálogo *Post-hoc*, clique no botão SCHEFFÉ[2] (teste de Scheffé).

Em nosso exemplo, temos três grupos e três tipos de mídia. Assim, teremos nove interações:

N° de célula.	Mídia	GRUPOS	{1} 5,2000	{2} 5,3500	{3} 5,7000	{4} 5,0000	{5} 5,0000	{6} 6,0500	{7} 5,4500	{8} 5,4000	{9} 5,7500
			\multicolumn{9}{l}{Teste de Scheffe; variávelDV_1 (MANOVA_três mídias.sta)}
1	WEB	Grupo 1		1,000000	0,999936	1,000000	1,000000	0,997400	1,000000	1,000000	0,999896
2	WEB	Grupo 2	1,000000		0,999996	0,999997	0,999997	0,999364	1,000000	1,000000	0,999991
3	WEB	Grupo 3	0,999936	0,999996		0,999364	0,999364	0,999997	1,000000	0,999999	1,000000
4	Demonstração	Grupo 1	1,000000	0,999997	0,999364		1,000000	0,986264	0,999978	0,999991	0,998945
5	Demonstração	Grupo 2	1,000000	0,999997	0,999364	1,000000		0,986264	0,999978	0,999991	0,998945
6	Demonstração	Grupo 3	0,997400	0,999364	0,999997	0,986264	0,986264		0,999799	0,999633	0,999999
7	CD's	Grupo 1	1,000000	1,000000	1,000000	0,999978	0,999978	0,999799		1,000000	0,999999
8	CD's	Grupo 2	1,000000	1,000000	0,999999	0,999991	0,999991	0,999633	1,000000		0,999996
9	CD's	Grupo 3	0,999896	0,999991	1,000000	0,998945	0,998945	0,999999	0,999999	0,999996	

(Nota do cabeçalho da tabela: Teste de Scheffe; variávelDV_1 (MANOVA_três mídias.sta) — Probabilidades da Teste post Hoc (depois do evento) — Erro: Entre-; intra-; Err.méd.quad. comb.=6,5637, gl=169,94)

Note o leitor que nenhuma das interações exibe valores abaixo de 5% (o que apareceria em vermelho no programa) e ainda todos os valores estão muito próximos a 99%. Isso quer dizer que existe 99% de probabilidade de que aquela interação realmente tenha média igual às demais. Como essas interações exibem alta probabilidade de que ocorra a igualdade das médias populacionais do entendimento da mensagem veiculada, então conclui-se que todas as mídias atingem o objetivo a que se propõem.

Conclusão

Como já concluído anteriormente, existe igualdade para os efeitos causados pela aplicação de mensagens via três tipos diferentes de mídias. Assim, podemos afirmar que um plano de mídia pode ser testado por meio dessa técnica estatística que nos indicará quantas e quais delas deverão ser corrigidas para atingir o objetivo a que se propõe. A MANOVA constitui-se em uma importante ferramenta para essa finalidade. Alerta-se que esse exemplo mostrou uma MANOVA sem repetições relativamente simples e que formulações com quantidades diferentes de variáveis dependentes e independentes ou ainda com repetições também são possíveis, mas não serão abordados neste trabalho por julgarmos que o que foi apresentado pode atender a maioria das necessidades de pesquisa.

A11.3 ANOVA unifatorial (análise de variância) — extensão

Essa sessão tem por finalidade mostrar alguns desenhos mais utilizados nos casos de ANOVA e MANOVA. Devido ao fato que a teoria e os cálculos numéricos já foram explicados anteriormente, demonstraremos apenas o desenvolvimento das análises com o programa estatístico.

---

[2] Henry Scheffé, matemático estadunidense (1907-1977) responsável pela criação do teste de consistência das médias.

A11.3.1 ANOVA/MANOVA: caso 1 — desempenho dos vendedores de uma loja

Uma loja de produtos eletrônicos deseja saber se as vendas dependem do sexo e/ou do grau de instrução de seus vendedores e, para isso, resolve conduzir uma análise de variabilidade ANOVA. São eleitos 12 vendedores homens e 12 mulheres, em um total de 24 vendedores, divididos em grupos de oito elementos para cada grau de instrução.

Abra o arquivo **ANOVA_MANOVA_Caso_1.sta** que mostramos parcialmente abaixo. Esse desenho de ANOVA é chamado de 2 (sexo) × 3 grupos fazendo referência apenas às variáveis independentes:

	Exemplos Especiais de ANOVA/MANOVA_1		
	1 Sexo	2 Instrução	3 Vendas
1	Homem	1º Grau	26
2	Homem	1º Grau	14
3	Homem	1º Grau	41
4	Homem	1º Grau	16
5	Homem	2º Grau	41
6	Homem	2º Grau	82
7	Homem	2º Grau	26
8	Homem	2º Grau	86
9	Homem	3º Grau	36
10	Homem	3º Grau	87
11	Homem	3º Grau	39
12	Homem	3º Grau	99
13	Mulher	1º Grau	51
14	Mulher	1º Grau	35
15	Mulher	1º Grau	96

Note que, nesse caso, as vendas são a única variável dependente (métrica) e o sexo e grau de instrução são as duas variáveis independentes que condicionam ou modificam as vendas. Estamos, portanto, diante de um desenho de ANOVA, cujo problema de pesquisa é saber se o sexo, o grau de instrução ou a interação entre as duas condicionam as vendas.

- **Variáveis independentes** – são aquelas controladas pelo experimento, ou seja, em nosso caso, são as variáveis sexo e grau de instrução, pois ambas são escolhidas e controladas pelo analista.
- **Variável dependente** – é aquela que depende das variáveis independentes, ou seja, é afetada ou modificada pelas variáveis independentes. Em nosso exemplo, as vendas são condicionadas pelos vendedores (sexo e grau de instrução). Quanto à distribuição de probabilidades da variável dependente, a ANOVA assume que esta siga o padrão de uma distribuição normal.

A11.3.1.1 Desenhando a análise no STATISTICA

No menu principal, selecione ESTATÍSTICAS e depois ANOVA.

Na caixa de diálogo geral, selecione ANOVA FATORIAL e aceite a opção padrão do **Método de Especificação** como indicado: **Diálogo rápido de especificações:**

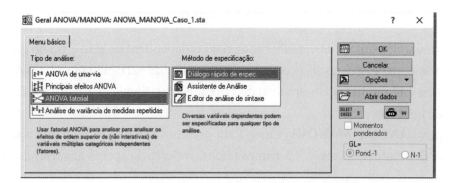

A seguir, clique em **OK** e receberá de volta o quadro abaixo onde deveremos especificar as variáveis:

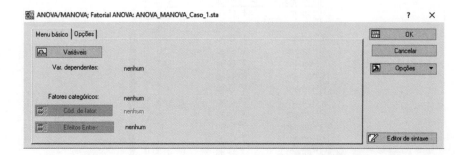

Selecione VENDAS como variável dependente e SEXO E INSTRUÇÃO como independentes, conforme mostrado abaixo:

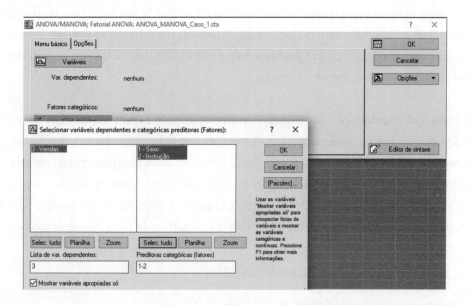

A seguir, clique em **OK**. Logo depois, clique no botão FATORES CATEGÓRICOS para especificar ao programa os códigos de identificação das variáveis independentes. Para isso, basta clicar nos botões TODOS e o programa escreverá os respectivos códigos no campo apropriado e reservado para eles:

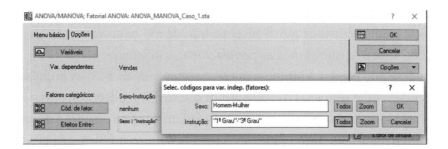

A seguir, clique em **OK** na caixa de seleção de códigos e **OK** novamente na caixa de diálogo geral da ANOVA/MANOVA e receberá a caixa de diálogo abaixo pronta para efetuar as análises de interesse:

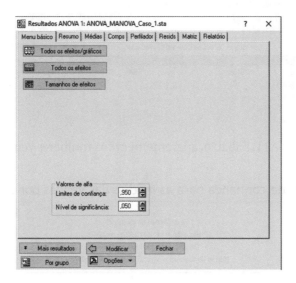

A seguir, clique no botão TODOS OS EFEITOS/GRÁFICOS para receber os cálculos da ANOVA Unifatorial efetuados pelo programa como indicado abaixo:

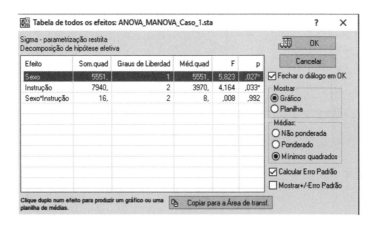

Note o leitor que no campo da estatística "p" os valores marcados com asterisco (Sexo e Instrução) mostram que a significância é menor que o nível padrão de 5% para o teste de igualdade de médias. A premissa inicial do teste é de que as médias populacionais são iguais.

Dessa forma, devemos rejeitar a hipótese inicial de igualdade de médias populacionais e concluir que existe diferença de vendas se apenas considerarmos o sexo dos vendedores, pois $p = 0,027$. O mesmo ocorre se for considerado apenas o grau de instrução isoladamente sem distinção de sexo, pois $p = 0,033$. Agora quando é considerada a interação (que é exatamente o nosso problema de pesquisa) entre sexo e grau de instrução ocorre que devemos aceitar a igualdade de médias populacionais, pois $p = 0,99 > 0,05$.

Na **Tabela de todos os efeitos** mostrada abaixo, selecione o efeito **Sexo** e clique em **OK**:

Como mostra o Gráfico A11.1 abaixo, aparentemente as mulheres vendem mais do que os homens.

Gráfico A11.1 Intervalos de confiança para as médias das vendas por Sexo dos vendedores

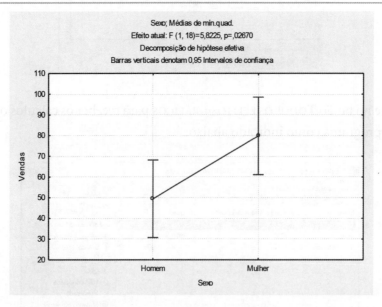

Fonte: elaborado pelo autor.

Retorne na **Tabela de todos os efeitos** e selecione agora o efeito INSTRUÇÃO, clicando em **OK**:

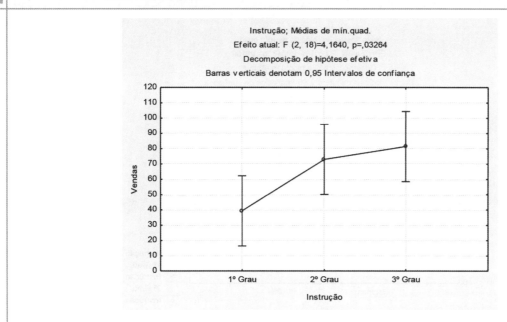

Por este gráfico, podemos ver que não há muita diferença nas vendas se considerados apenas os segundos e terceiros graus de instrução, pois apenas no primeiro grau existe uma pequena discrepância.

Gráfico A11.2 Intervalos de confiança para as médias das vendas segundo os anos de Instrução dos vendedores

Fonte: elaborado pelo autor.

Retorne para a mesma caixa de diálogo e agora selecione a interação entre SEXO E INSTRUÇÃO e a seguir clique em **OK**:

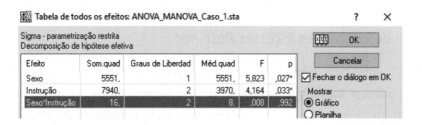

Aceite a opção de interação como mostrado abaixo e clique em **OK** novamente:

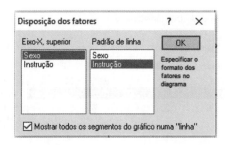

Note, no Gráfico A11.3, que nesse caso ele vem acompanhado pelo intervalo de confiança para as médias populacionais. Assim, considerando-se o intervalo de confiança de 95%, as médias de homens e mulheres condicionadas pelo grau de instrução parecem formar um grande aglomerado.

Gráfico A11.3 Intervalos de confiança para a média de vendas segundo Sexo e Grau de instrução

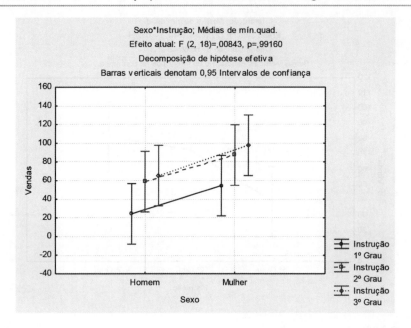

Fonte: elaborado pelo autor.

Por esse motivo, no quadro da ANOVA, a interação nos fornece um grau de significância de $p = 0,99$ e daí não podemos rejeitar a hipótese inicial de igualdade de médias populacionais.

A11.3.2 Análise de contrastes e testes *Post-hoc*

Normalmente uma análise de variância unifatorial é expressa em termos de uma única variável independente que se espera seja aquela que modifique ou condicione o movimento da variável dependente. Porém, há casos em que a presença de mais de uma variável preditora (independente) pode esconder efeitos gerados pelos pressupostos ou pelo que se espera usualmente de testes dessa natureza. Outros experimentos escondem efeitos que em geral não seriam verificados naquele tipo de situações.

Por exemplo, um analista educacional pode querer provar que não existe diferença de desempenho entre meninos e meninas em determinada disciplina quando ambos são submetidos ao mesmo método de ensino ou ao mesmo livro. Pode ocorrer que o analista acredite inicialmente que o sexo do aluno seja a variável condicionante do desempenho, mas quando submetidos a outro método ou livro o resultado pode mudar e ser o livro a variável de diferenciação.

Como já dissemos, quando um problema de pesquisa pressupõe ou verifica quase que certamente resultados já esperados ou quando se suspeita de que possam ocorrer divergências não esperadas, é aconselhável que seja conduzido um teste de Análise de Contrastes para médias.

A11.3.3 Correlação entre média e desvio-padrão

Como já dissemos a respeito da variável dependente, a ANOVA considera que o seu comportamento siga o formato de uma distribuição normal. Caso isso não ocorra, segundo a StatSoft, esse fato não interfere no teste de hipótese de igualdade de média a ponto de invalidar a análise. Existe um perigo maior que a falta da normalidade em uma ANOVA, que é a alta correlação entre as médias e os desvios-padrão em cada grupo.

Quando as médias e os desvios-padrão exibem uma alta associação linear por meio das variáveis, ocorrerá que o valor do erro será muito pequeno e por consequência o valor de F-calculado será muito grande e o valor da estatística "p-value" muito pequeno, o que fará com que seja rejeitada a hipótese inicial quando, na verdade, uma nova amostragem poderia revelar o contrário e fazer com que o analista aceitasse a hipótese inicial.

Dessa forma, é necessária uma análise mais detalhada do caso, como mostraremos a seguir.

Na caixa de diálogo **Resultados ANOVA**, mostrada abaixo, clique no botão M<small>AIS RESULTADOS</small> no canto inferior esquerdo da caixa:

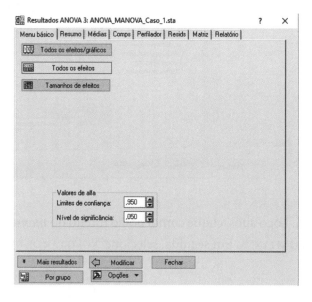

Logo após, clique na aba PRESSUPOSTOS:

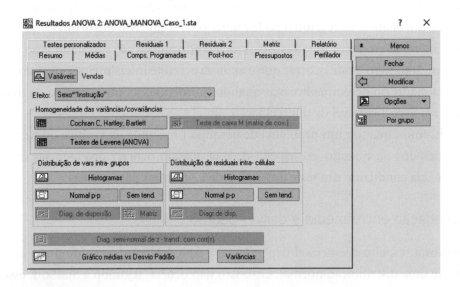

A seguir, clique no botão GRÁFICO DE MÉDIAS *VERSUS* DESVIO-PADRÃO.

No gráfico abaixo, as bandas de confiança e a linha central de tendência deverão ser adicionadas manualmente por meio das OPÇÕES DE GRÁFICOS\AJUSTES\ADICIONAR NOVO AJUSTE:

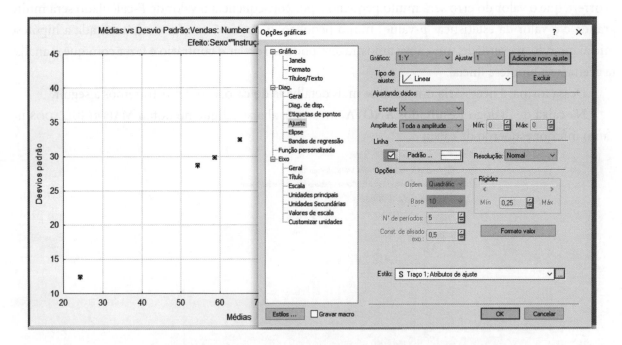

A seguir, clique em OK. Logo após, clique com o botão direito do *mouse* em qualquer um dos pontos e selecione BANDAS DE CONFIANÇA. Em seguida, selecione NOVO PAR DE BANDAS e clique em OK.

> Gráfico A11.4 Intervalo de confiança Médias × Desvio-padrão

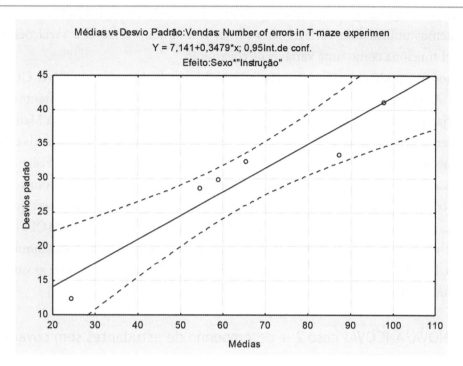

Fonte: elaborado pelo autor.

Note a alta correlação positiva entre as médias e os desvios-padrão, pois os pontos estão todos dentro da faixa de confiança de 95% e muito próximos da linha de tendência central.

A11.4 MANOVA/ANCOVA — análise multivariada da variância e análise das covariações

O mundo é multivariado em sua essência. Ninguém toma decisões com base em uma única variável.

A análise de variância, como já definido, atende a diversos problemas de pesquisa que visam provar a igualdade de médias. Não é exagero dizer que grande parte desses estudos incluem situações em que o mesmo objeto de análise é medido em situações diferentes, antes e depois de certo estímulo, como o desempenho de pessoas antes e depois de certo tipo de treinamento; no campo médico estuda-se a velocidade de crescimento de bactérias antes e depois de ser administrado certo remédio; no campo educacional frequentemente estuda-se o resultado de alunos antes e depois da mudança de métodos de ensino ou de livros didáticos, entre outras situações.

O próximo exemplo estudará o desempenho de alunos homens e mulheres quando submetidos a testes de Matemática e Física. Nesse caso não será considerada a medição repetida, por exemplo, no início e no final do semestre letivo.

Além disso, vamos supor que se tenham registrados os valores de QI (quociente de inteligência) de cada aluno. É lícito imaginar que esse indicador esteja relacionado com a habilidade matemática do ser humano e podemos utilizar essa variável para tornar o teste mais sensível a variações e conclusões. Nesse caso, o QI funciona como uma variável de covariação.

Imaginemos que podemos calcular o coeficiente de correlação entre a variável QI e as notas em cada disciplina. A conclusão será a fração do desempenho em cada disciplina resultante do nível do QI do aluno, ou seja, quantos por cento do desempenho em Física é devido ao QI ou à Matemática.

Deve-se alertar que a inclusão no modelo de análise de uma ou múltiplas variáveis correlacionadas torna o teste mais sensível, mas ao mesmo tempo torna os valores da estatística F de Fisher-Snedecor cada vez menores. Esse fato indica que a variável de correlação não só é correlacionada com a(s) variável(eis) dependente(s), como também com os fatores entre grupos. Por exemplo: pode acontecer que um grupo de alunos antes alcançava determinado desempenho em Matemática com certo grau de QI e que, ao final do ano, ao se medirem novamente os desempenhos, verifica-se que não só as notas aumentaram como também os QIs. Isso quer dizer que existe realmente forte correlação positiva entre as variáveis.

Vamos estudar um caso semelhante ao exposto acima.

A11.4.1 MANOVA/ANCOVA: caso 2 — desempenho de estudantes sem covariação

Um pesquisador educacional foi encarregado de pesquisar o desempenho acadêmico dos estudantes de uma faculdade em duas disciplinas: Matemática e Física. A pesquisa tem por finalidade validar o método acadêmico de ensino para que os anúncios futuros sobre os cursos da faculdade atraiam um número maior de alunos para a instituição. A pesquisa deve verificar se existe diferença de médias populacionais de cada disciplina, se existe diferença nas médias totais dos desempenhos entre alunos do sexo masculino e feminino e se existe diferença de médias nas notas, também quanto ao sexo, mas desta vez, dentro de cada uma das disciplinas. Essas variáveis serão estudadas de duas formas: a primeira sem a covariação imposta pela variável QI (quantum de Inteligência) enquanto a segunda forma considerará o possível efeito causado por essa variável.

A técnica estatística a ser utilizada será a MANOVA **sem covariação** e depois **com covariação**.

A base de dados é o arquivo **Desempenho Matemática_Física.sta.** Devido ao fato de que a variável independente Aluno inclui duas categorias, mas está disposta em uma única coluna, então não poderemos utilizar o módulo ANOVA e devemos utilizar o módulo **GLM Modelos Lineares Gerais:**

Influência dos livros adotados na habilidade matemática de alunos			
1 Aluno	2 MATEMÁTICA	3 FÍSICA	4 ÍNDICE QI
1 Homem	102,100	97,413	98,091
2 Mulher	94,948	102,128	93,369
3 Homem	98,451	102,411	98,930
4 Homem	95,604	94,694	98,351
5 Mulher	91,621	92,597	95,999
6 Mulher	93,515	95,564	95,030
7 Homem	94,312	102,167	96,641
8 Homem	96,867	99,571	98,086
9 Homem	94,792	98,918	99,257
10 Homem	96,223	98,948	98,387
11 Mulher	93,415	93,683	95,709

A11.4.1.1 Análise sem incluir a variável de covariação

Com o arquivo **Desempenho Matemática_Física.sta** acima aberto, selecione ESTATÍSTICAS\MODELOS AVANÇADOS LINEARES\MODELOS LINEARES GERAIS:

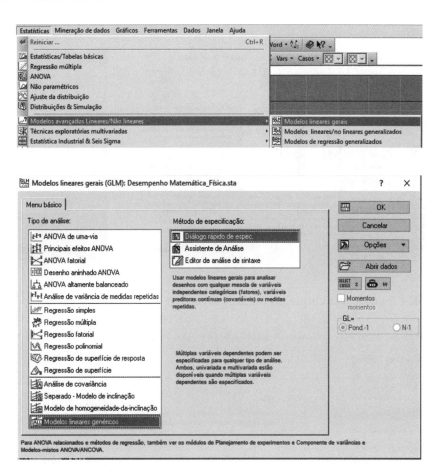

Em seguida, clique em **OK**. Selecione as variáveis dependentes e a variável independente como mostrado abaixo e depois clique em **OK** novamente:

Perceba que nessa análise não será incluída a variável de covariação que, nesse caso, é a variável que registra o QI (quociente de inteligência) dos alunos.

Clique no botão EFEITOS INTRA e verifique que o sistema identificou dois níveis, pois existem duas variáveis dependentes:

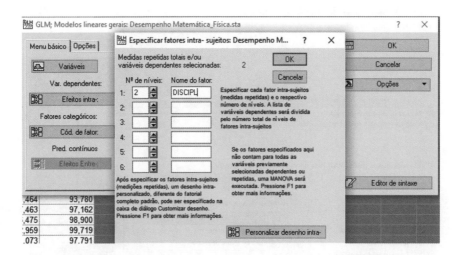

Clique em **OK** e logo depois clique no botão CÓDIGO DE FATOR e clique no botão TODOS:

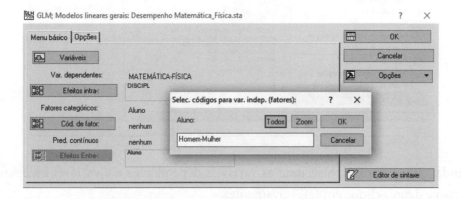

Devido ao fato de que este estudo está sendo conduzido sem a variável de covariação, visto que não selecionamos a variável **QI** como Preditora Contínua, o programa estatístico não habilita o botão **Preditores Contínuos** para que se especifiquem os efeitos pertinentes.

A seguir clique em **OK** e **OK** novamente:

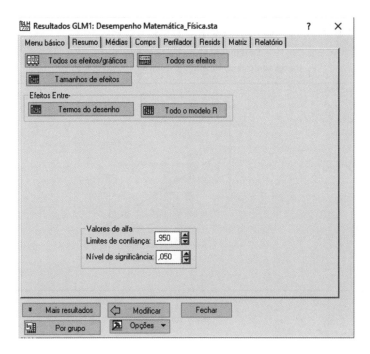

Agora clique no botão **MAIS RESULTADOS** e depois clique no botão **TESTAR TODOS OS EFEITOS**:

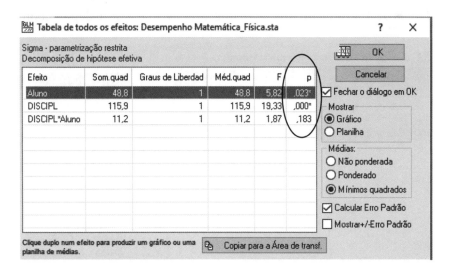

O teste revela que considerando apenas o sexo dos alunos o **teste é significante (estatística *p* menor que 5%)** e, assim, **rejeita-se a igualdade de médias** populacionais de desempenho entre homens e mulheres.

Clique em **OK** e obterá o gráfico do intervalo de confiança entre o desempenho de homens e mulheres no qual pode-se observar que quase **não existe sobreposição entre as duas categorias,** ficando assim comprovada a conclusão anterior.

Gráfico A11.5 Intervalos de confiança das Médias por sexo

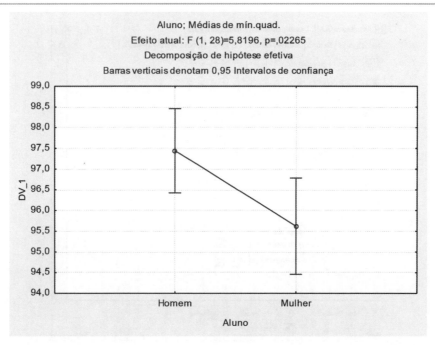

Fonte: elaborado pelo autor.

No quadro **Tabela de Todos os Efeitos**, selecione a variável DISCIPL e depois clique em **OK**:

Efeito	Som.quad	Graus de Liberdade	Méd.quad	F	p
Aluno	48,8	1	48,8	5,82	,023*
DISCIPL	115,9	1	115,9	19,33	,000*
DISCIPL*Aluno	11,2	1	11,2	1,87	,183

Note-se que para o efeito Disciplina o teste é significante com a estatística "p" menor que 5%, isto é, **rejeita-se a hipótese inicial de igualdade de médias** populacionais **entre as duas disciplinas**. O Gráfico A11.5 atesta essa diferença pois não existe nenhuma sobreposição do intervalo de confiança entre as variáveis dependentes Matemática e Física.

Gráfico A11.6 Intervalos de confiança por Médias dos Desempenhos por Disciplina

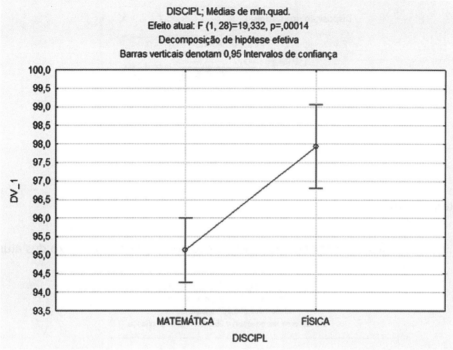

Fonte: elaborado pelo autor.

Já quando se considera a média populacional de **cada disciplina para homens e mulheres separadamente**, podemos dizer que o **teste não é significante** e, assim, **não podemos rejeitar** a igualdade de médias populacionais do desempenho acadêmico.

Vamos comprovar isso selecionando a variável **DISCIPL*Aluno** na caixa de diálogo **Tabela de Todos os Efeitos** e a seguir clicando em **OK**:

Na caixa de diálogo **Disposição dos Fatores**, clique em OK novamente:

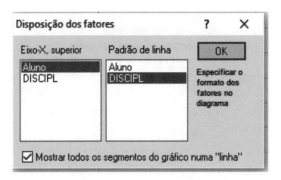

Você obterá o gráfico a seguir.

Gráfico A11.7   Intervalos de confiança por médias dos desempenhos por Sexo dos alunos

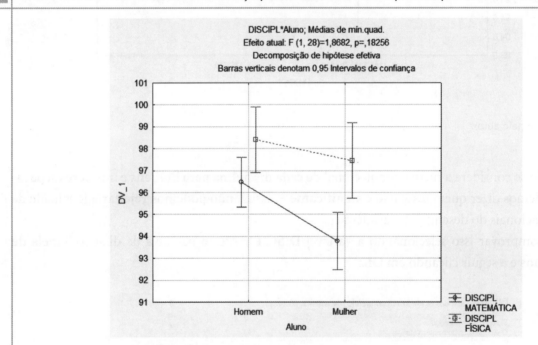

Fonte: elaborado pelo autor.

Verifica-se que se tomados separadamente, podemos questionar a igualdade de médias populacionais entre os homens e as mulheres na disciplina de Matemática, mas deveríamos aceitar a igualdade do desempenho entre homens e mulheres na disciplina Física.

Apesar do exposto acima, a estatística "p" do teste nos sugere a aceitação da hipótese inicial de igualdade de médias de desempenho.

Essa análise pode ser comprovada pelo teste de Scheffé, que faremos a seguir.

A11.4.1.2 Testes *Post-hoc* (depois do evento) – Teste de Scheffé sem a variável de covariação

Vamos comprovar as três análises que realizamos por meio do teste de Scheffé.

Na caixa de **Resultados GLM**, selecione a aba POST-HOC, e no campo EFEITO, selecione ALUNO, como abaixo:

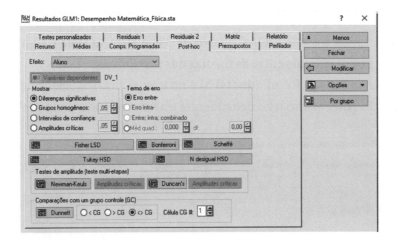

A seguir, clique no botão SCHEFFÉ:

Nº de célula	Aluno	{1} 97,442	{2} 95,621
1	Homem		0,022647
2	Mulher	0,022647	

Teste de Scheffe; variávelDV_1 (Desempenho Matemática_Física.sta)
Probabilidades da Teste post Hoc (depois do evento)
Erro: Entre MSE = 8,3939, gl=28,000

Note que o teste revela a estatística "p" abaixo de 5% e assim o teste é significante e rejeita-se a igualdade de médias populacionais entre o desempenho de homens e mulheres.

Volte para a caixa de diálogo **Resultados GLM** e no campo EFEITOS selecione DISCIPL:

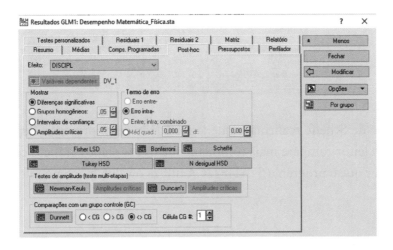

A seguir, clique no botão SCHEFFÉ:

Nº de célula.	DISCIPL	{1} 95,308	{2} 97,997
	Teste de Scheffe; variávelDV_1 (Desempenho Matemática_Física.sta) Probabilidades da Teste post Hoc (depois do evento) Erro: intra MSE = 5,9957, gl=28,000		
1	MATEMÁTICA		0,000213
2	FÍSICA	0,000213	

Note que o teste revela a estatística "p" abaixo de 5% e assim **o teste é significante e rejeita-se a igualdade de médias populacionais entre as médias das disciplinas.**

Volte para a caixa de diálogo **Resultados GLM** e no campo EFEITOS selecione DISCIPL * ALUNO para analisarmos a interação entre as variáveis dependentes e a variável independente:

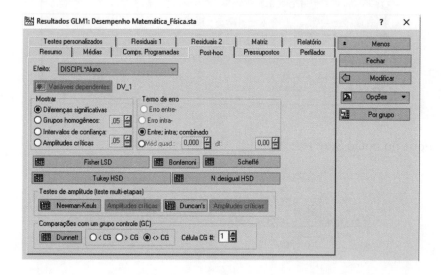

Em seguida, clique no botão SCHEFFÉ:

Nº de célula.	Aluno	DISCIPL	{1} 96,475	{2} 98,408	{3} 93,782	{4} 97,459
		Teste de Scheffe; variávelDV_1 (Desempenho Matemática_Física.sta) Probabilidades da Teste post Hoc (depois do evento) Erro: Entre-; intra-; Err.méd.quad. comb.=7,1948, gl=54,486				
1	Homem	MATEMÁTICA		0,176614	0,071169	0,803368
2	Homem	FÍSICA	0,176614		0,000334	0,819964
3	Mulher	MATEMÁTICA	0,071169	0,000334		0,007429
4	Mulher	FÍSICA	0,803368	0,819964	0,007429	

Note que o teste de Scheffé reafirma o que já foi falado anteriormente. Repetimos o gráfico das interações para que o leitor compare mais comodamente os resultados gráficos com o teste de Scheffé. É importante observar que o programa STATISTICA utiliza o valor "p" como referência para o teste.

Gráfico A11.8 Gráfico do intervalo de confiança do desempenho da interação das variáveis Disciplina × Sexo

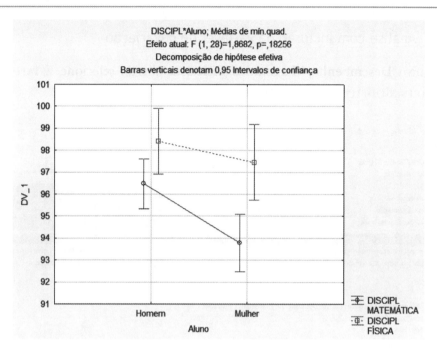

Fonte: elaborado pelo autor.

Assim:

- entre as Mulheres **não existe igualdade de médias populacionais** do desempenho nas disciplinas Matemática e Física (estatística "p" = 0,007429);
- para a disciplina Física, entre homens e mulheres, o valor da estatística "p" 0,819964 reafirma que o **teste não é significante** e, assim, devemos **aceitar a hipótese inicial de igualdade de médias populacionais**;
- para a disciplina Matemática, rejeita-se a igualdade de médias populacionais entre homens e mulheres, pois "p" = 0,000334;
- entre os homens existe a igualdade da média populacional das disciplinas de Matemática e Física, pois "p" = 0,803368.
- Obs: o teste de Scheffé, calculado manualmente, utiliza o valor DELTA

$$\Delta = \sqrt{MQD \times \frac{2 \times (k-1)}{n} \times F_{Calculado}},$$

dada a dificuldade de cálculo para transformar esse valor em estatística "p".

Portanto, quando a diferença entre as médias amostrais entre os efeitos for **maior que DELTA**, o teste será dito significativo e, então, rejeita-se a igualdade de médias populacionais.

Por outro lado, quando a diferença entre as médias amostrais entre os efeitos for **menor que DELTA,** o teste será dito não significativo e daí aceita-se a igualdade de médias populacionais.

A11.4.1.3 Análise com inclusão da variável de covariação

Com o arquivo **Desempenho Matemática_Física.sta** aberto, selecione ESTATÍSTICAS\MODELOS AVANÇADOS LINEARES\MODELOS LINEARES GERAIS:

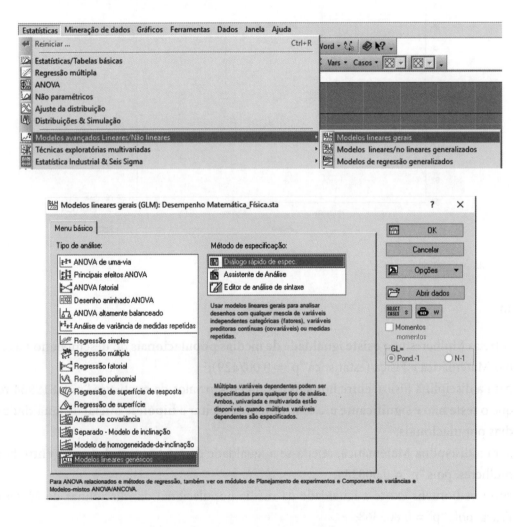

Em seguida, clique em **OK**. Selecione as variáveis dependentes e a variável independente como mostrado a seguir e depois clique em **OK** novamente:

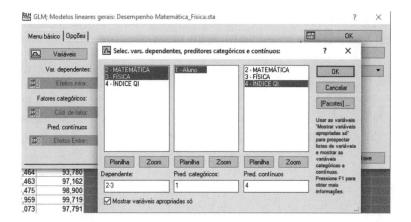

Perceba que **agora incluiremos a variável de COVARIAÇÃO** que, nesse caso, é a variável que registra o Índice QI (quociente de inteligência) dos alunos como variável Preditora Contínua.

Em seguida, clique em **OK** e depois no botão EFEITOS INTRA, mudando o nome do fator para DISCIPL, como feito anteriormente. Agora clique novamente em **OK**:

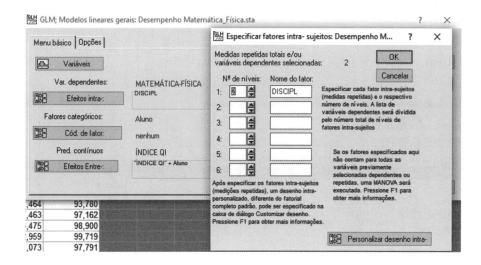

Clique no botão CÓDIGO DE FATOR e depois no botão TODOS:

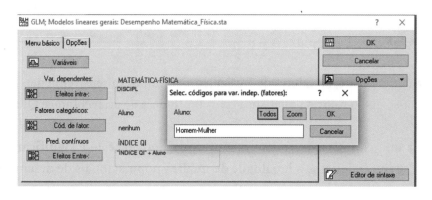

Note que o campo **Pred. Contínuos** já foi preenchido pelo programa automaticamente. Clique em **OK** e **OK** novamente. Depois clique no botão Mais resultados:

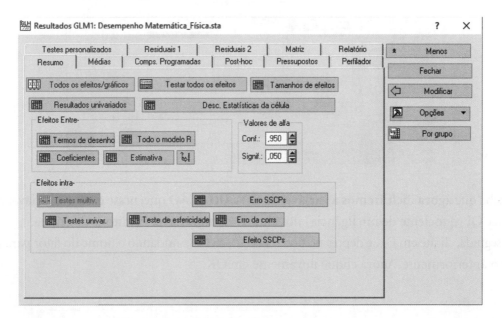

Na aba Resumo, clique em Todos os resultados/gráficos:

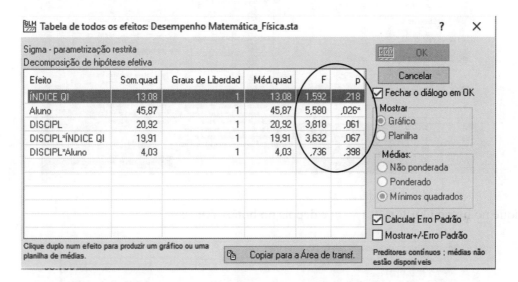

Como dito anteriormente, os valores de *F* calculado diminuíram sensivelmente.

De início, nota-se que o valor da estatística "p" = 0,218 para a variável Índice QI não é significante ao nível de 5%

O teste revela que considerado apenas o sexo dos alunos o **teste é significante (estatística *p* menor que 5%)** e, assim, **rejeita-se a igualdade de médias** populacionais de desempenho entre homens e mulheres.

Não podemos rejeitar a igualdade de médias populacionais de desempenho por disciplinas "p" = 0,061. Também não podemos rejeitar a igualdade das médias populacionais por disciplinas "p" = 0,067 quando estas estão sob efeito (correlação) da variável de covariação QI.

Entretanto, quando se considera o desempenho **por sexo do aluno e disciplina cursada**, o **teste não é significante** e daí **não podemos rejeitar a igualdade de desempenho**, pois a estatística "p" = 0,398.

Vamos agora verificar e interpretar por meio dos gráficos esses resultados.

Selecione ALUNO e depois clique em OK:

O teste revela que considerado apenas o sexo dos alunos o **teste é significante (estatística *p* menor que 5%)** e assim, **rejeita-se a igualdade de médias** populacionais de desempenho entre homens e mulheres. Comprova-se a afirmação uma vez que inexiste qualquer sobreposição dos intervalos de confiança para médias populacionais do desempenho nas disciplinas entre homens e mulheres.

Gráfico A11.9 Intervalo de confiança do desempenho dos Alunos por sexo

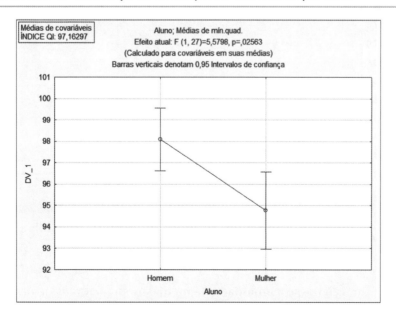

Fonte: elaborado pelo autor.

Volte para a caixa de diálogo **Tabela de Todos os Efeitos**, selecione DISCIPL e depois clique em OK:

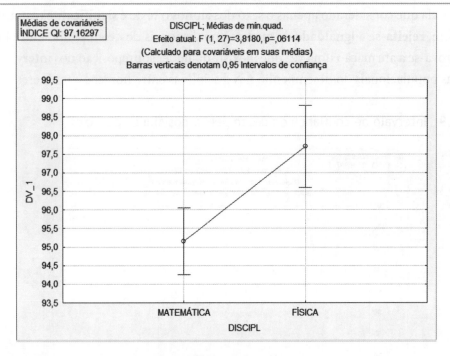

Apesar de o teste revelar uma estatística "p" maior do que a significância de 5%, não existe sobreposição visual das duas variáveis de desempenho em Matemática e Física. **Nesse caso, devemos explorar melhor por meio do teste de Scheffé.**

Gráfico A11.10   Intervalo de confiança do desempenho dos Alunos por disciplina

Fonte: elaborado pelo autor.

Volte para a caixa de diálogo **Tabela de Todos os Efeitos**, selecione agora DISCIPL*ÍNDICE QI e depois clique em **OK**:

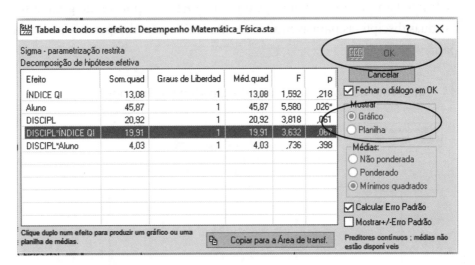

Note que o sistema **não habilita essa interação**, pois a interação ocorre entre as **variáveis dependentes**. A seguir, na mesma caixa de diálogo, selecione DISCIPL*ALUNO e em seguida clique em **OK**:

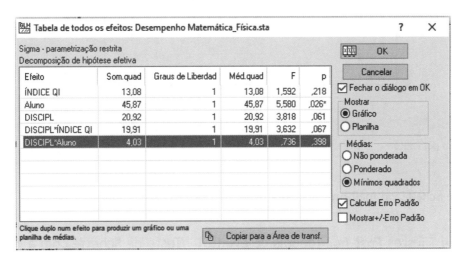

Clique em **OK** novamente:

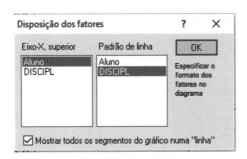

Como dito anteriormente, quando se considera o desempenho **por sexo do aluno e disciplina cursada**, o **teste não é significante** e daí **não podemos rejeitar a igualdade de desempenho**, pois a estatística "p" = 0,398. Isto pode ser notado pelo Gráfico A11.11, pois existe grande sobreposição do desempenho nas duas disciplinas para as mulheres e uma diferença de apenas 4 pontos na média entre as disciplinas para os homens.

Gráfico A11.11   Intervalo de confiança da interação Aluno × Disciplina

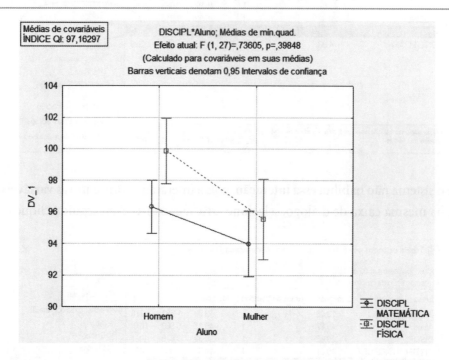

Fonte: elaborado pelo autor.

O teste de Scheffé vai melhorar essa análise.

A11.4.1.4   Testes *Post-hoc* (depois do evento) – Teste de Scheffé com a variável de covariação

Vamos testar a igualdade de médias populacionais, **com a inclusão da variável de covariação,** por meio do teste de Scheffé. No campo **Efeito**, selecione Aluno e clique em Scheffé:

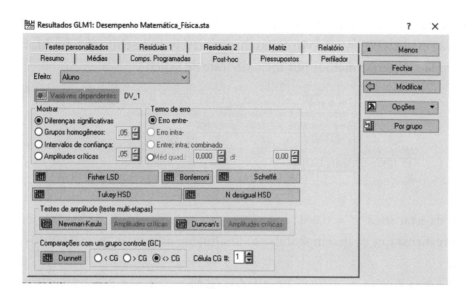

A média de desempenho das duas disciplinas entre homens e mulheres é diferente:

Nº de célula.	Teste de Scheffe; variávelDV_1 (Desempenho Matemática_Física.sta) Probabilidades da Teste post Hoc (depois do evento) Erro: Entre MSE = 8,2202, gl=27,000		
	Aluno	{1} 97,442	{2} 95,621
1	Homem		0,021643
2	Mulher	0,021643	

Volte para a caixa de diálogo **Resultados GLM** e no campo **Efeitos** selecione DISCIPL e, em seguida, clique em SCHEFFÉ:

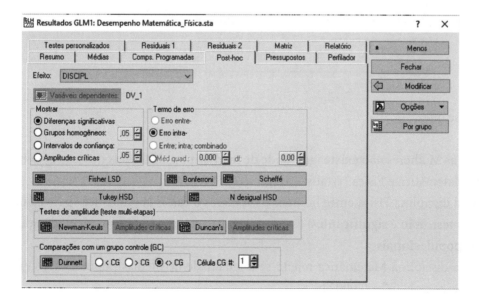

Anteriormente escrevemos que apesar de o teste revelar uma estatística "p" maior do que a significância de 5%, não existe sobreposição visual das duas variáveis de desempenho em Matemática e Física. **Neste caso, devemos explorar melhor por meio do teste de Scheffé.**

	Teste de Scheffe; variávelDV_1 (Desempenho Matemática_Física.sta) Probabilidades da Teste post Hoc (depois do evento) Erro: intra MSE = 5,4805, gl=27,000		
Nº de célula.	DISCIPL	{1} 95,308	{2} 97,997
1	MATEMÁTICA		0,000134
2	FÍSICA	0,000134	

Pelo valor da estatística "p" = 0,061, deveríamos aceitar a igualdade de médias, entretanto o teste de Scheffé nos reafirma que os desempenhos são totalmente diferentes "p" = 0,000134, como foi visto pelos gráficos.

Agora volte para a caixa de diálogo **Resultados GLM** e selecione a interação DISCIPL * ALUNO e a seguir clique em SCHEFFÉ:

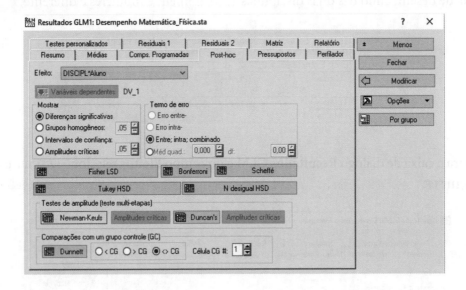

Conclui-se que:

- entre as Mulheres **não existe igualdade de médias populacionais** do desempenho nas disciplinas Matemática e Física (estatística "p" = 0,005075);
- para a disciplina Física entre homens e mulheres o valor da estatística "p" = 0,808844 reafirma que o **teste não é significante** e assim, devemos **aceitar a hipótese inicial de igualdade de médias populacionais**;
- para a disciplina Matemática rejeita-se a igualdade de médias populacionais entre homens e mulheres, pois "p" = 0,000246.

Nº de célula.	Teste de Scheffe; variávelDV_1 (Desempenho Matemática_Física.sta) Probabilidades da Teste post Hoc (depois do evento) Erro: Entre-; intra-; Err.méd.quad. comb.=6,8503, gl=51,924					
	Aluno	DISCIPL	{1} 96,475	{2} 98,408	{3} 93,782	{4} 97,459
1	Homem	MATEMÁTICA		0,148302	0,061995	0,791429
2	Homem	FÍSICA	0,148302		0,000246	0,808844
3	Mulher	MATEMÁTICA	0,061995	0,000246		0,005075
4	Mulher	FÍSICA	0,791429	0,808844	0,005075	

Conclusão

Verificou-se que o problema de pesquisa (desempenho entre homens e mulheres em duas disciplinas) não é condicionada pelo quociente de inteligência, uma vez que os resultados em ambas as situações (com e sem a inclusão da variável de covariância) são semelhantes.

No caso, o QI não é uma variável de diferenciação do desempenho.

A faculdade que encomendou a pesquisa poderá dar ênfase a propagandas sobre o método de ensino adotado pela instituição e com isso tentar atrair mais alunos, uma vez que o desempenho dos alunos em disciplinas importantes de caráter matemático para os cursos superiores de forma geral não sofre influência do QI deles.

12 Análise de frequências e correlações qualitativas

Introdução

Em pesquisas mercadológicas que envolvem atributos dos produtos ou serviços, é comum tentar determinar a existência de correlação entre as variáveis estudadas. Como já dissemos, o cálculo do coeficiente de correlação é apenas uma das estatísticas indicadoras desse fenômeno.

A estatística qui-quadrado nos fornece um indicador da existência de correlação entre as variáveis pela comparação das frequências observadas e das esperadas para o caso em estudo.

Ao estudarmos as técnicas descritivas, apresentou-se ao leitor a forma mais básica das tabelas de frequências. Na verdade, essa forma trata da descrição das variáveis estudadas, daí a apresentação naquele momento. As tabelas de frequência assumem outras formas, por exemplo, as tabelas de tabulação cruzada, que, por sua vez, ao incorporarem testes não paramétricos, passam a se denominar tabelas de contingência.

Em pesquisas mercadológicas, muito se utilizam as **tabelas de frequência**, as **tabelas de tabulação cruzada** (tabelas dinâmicas) e as **tabelas de contingência**.

Todas as técnicas de pesquisa aqui descritas atendem às necessidades do analista quando ele pesquisa sobre contagens ou proporções (porcentagens) de observações existentes dentro de determinadas categorias e, principalmente, quando quer testar se as variáveis em estudo estão correlacionadas.

Pesquisas que envolvem classificações de *variáveis categóricas* formam o campo de atuação dessas técnicas. Frequentemente, são utilizadas como ferramentas de exploração para verificação sobre o número de categorias distribuídas pela amostra. Nesta secção, exemplificaremos os seus princípios e as estatísticas de análise relacionadas a elas.

Alerta-se ainda ao leitor que o teste do **qui-quadrado** e o teste de **Kolmogorov-Smirnov**, apesar de serem classificados na categoria de testes não paramétricos (ou de aderência), foram propositadamente deixados de lado no capítulo pertinente a tais testes pelo fato de serem mais comumente utilizados como testes para a existência de correlação entre as variáveis estudadas.

12.1 Estudando a correlação de variáveis qualitativas

A fórmula do coeficiente de correlação de Karl Pearson deixa claro que aquela estatística serve para verificar a força da associação de duas variáveis quantitativas, isto é, quando as variáveis estudadas são medidas quantitativas e expressas em termos numéricos.

Entretanto, quaisquer duas séries de números, se colocadas lado a lado e ingressadas na fórmula de Pearson, produzirão como resultado um número compreendido entre +1 e −1, incluindo-se esses extremos. Isso não significa que as frequências observadas na variável medida possuam correlação. Embora tal fato não diminua sua importância, há diversos tipos de associações que desejamos estudar cuja natureza não é quantitativa e, portanto, requerem tratamento diferenciado. O teste do qui-quadrado, cujo responsável é também Karl Pearson, serve para essa finalidade.

Disponibilizaremos a seguir alguns exemplos em que as variáveis a serem correlacionadas não são de natureza quantitativa, e sim qualitativa, mesmo que expressas em quantidades numéricas.

Em medicina genética, um pesquisador pode estar interessado em verificar a existência de traços de hereditariedade; em sociologia, um pesquisador pode ter interesse em estudar a relação entre tendência criminal do país e desajuste social dos filhos; em psiquiatria, um pesquisador pode querer estudar a relação entre tendências neuróticas e deficiências físicas na estrutura cerebral.

Em marketing, um administrador ou economista pode estar interessado em estudar a relação entre a estrutura ou organização social de uma comunidade e a possível penetração mercadológica de seu produto.

Ao lembrarmos a teoria da correlação, veremos que tais relações podem ter interpretações equivocadas se estudadas em termos de coeficiente de correlação.

O estudo de variáveis qualitativas envolve testes de hipóteses e de aderência, entre os quais se destaca, por sua utilização científica, o teste do χ^2 (qui-quadrado).

Nesse exemplo introdutório, vamos supor um estudo hipotético sobre a relação entre o **grau de educação escolar** atingido por estudantes e seu **nível social** em uma tabela 2 × 2:

		Grau Ensino		
		Médio	Universitário	Total linha
Nível Social	Baixo	29	76	105
	Alto	22	24	46
	Total Coluna	51	100	151

Deseja-se estudar a diferença percentual entre os estudantes de alto nível social dos dois grupos e, com base nessa estatística, decidir se existe relação entre o nível social e o grau de escolaridade.

A proporção de estudantes de nível social alto que terminaram a universidade é:

$$76/(29 + 76) = 0{,}7238$$

Capítulo 12 · Análise de frequências e correlações qualitativas

Em contrapartida, a proporção dessa mesma classe social que terminou apenas o segundo grau é:

$$24/(22 + 24) = 0,5217$$

E, assim, é possível calcular todas as outras relações existentes, seja em relação ao grau escolar, ao nível social ou ao total dos dois.

Observe que os números indicados se referem à quantidade de estudantes em cada condição e que, portanto, são analisadas variáveis qualitativas.

Vamos ver como o programa estatístico trata a questão.

Primeiro, devemos tabular os dados colhidos. O arquivo deverá conter variáveis **nominais** apenas, isto é, a lista da situação individual de cada entrevistado, como ilustrado a seguir. Abra o arquivo **Tabulação Cruzada Social Ensino_mod.sta**.

	1 Nível Social	2 Grau de Ensino
1	baixo	Ensino Médio
2	baixo	Ensino Médio
3	Alto	Universitário
4	Alto	Universitário
5	Alto	Universitário
6	Alto	Universitário
7	Alto	Ensino Médio
8	Alto	Universitário
9	baixo	Universitário

Nesse arquivo[1] veremos uma lista de 29 entrevistados que possuem grau universitário e baixo nível socioeconômico, 76 com grau universitário e alta condição social etc.

Depois que o arquivo estiver pronto, vá até o menu principal do STATISTICA e escolha Estatísticas/Estatísticas e tabelas básicas/Tabelas e banners e, a seguir, selecione **OK**.

Na etiqueta **Stub e Banner**, selecione Especificar tabelas e indique na primeira lista o **Nível Social** e, na segunda, o **Grau de Ensino**, conforme indicado:

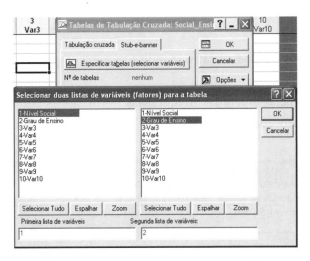

---

[1] O número de linhas do arquivo original foi alterado para que o leitor possa praticar essa estrutura de pesquisa com o programa demonstrativo. Os resultados obtidos serão diferentes, sem prejuízo da metodologia.

A seguir, selecione **OK** e **OK** novamente. O sistema apresentará uma caixa de diálogo na qual deverão ser indicadas as estatísticas que interessam ao pesquisador:

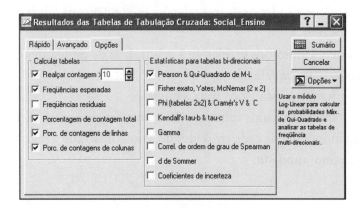

Nesse exemplo introdutório, foram solicitadas ao programa as frequências esperadas e as porcentagens de contagens do total, das linhas e das colunas. A seguir, selecione SUMÁRIO e obterá estas respostas:

	Tabela de Frequência de Sumário (Social_Ensino) As células marcadas possuem10ontagens > (Os sumários marginais não são marcados)			
	Nível Social	Grau de Ensino Ensino Médio	Grau de Ensino Universitário	Linha Totais
Contagem	baixo	22	29	51
Percentual Coluna		47,83%	27,62%	
Percentual Linha		43,14%	56,86%	
Percentual Total		14,57%	19,21%	33,77%
Contagem	Alto	24	76	100
Percentual Coluna		52,17%	72,38%	
Percentual Linha		24,00%	76,00%	
Percentual Total		15,89%	50,33%	66,23%
Contagem	Todos os	46	105	151
Percentual Total		30,46%	69,54%	

Esse quadro de respostas é autoexplicativo e indica as porcentagens dentro de cada categoria e em relação ao total.

Para se obter as frequências esperadas (frequências normais esperadas) indicadas na resposta do programa adiante, deve-se proceder como segue:

Tabela de SumárFrequências esperada (Social_Ensino) As células marcadas possuem10ontagens > Qui-Quadrado de Pear5,83928, df=1, p=,015674			
Nível Social	Grau de Ensino Ensino Médio	Grau de Ensino Universitário	Linha Totais
baixo	15,53642	35,4636	51,0000
Alto	30,46358	69,5364	100,0000
Todos os	46,00000	105,0000	151,0000

Frequências esperadas para os estudantes em cada categoria:

$$\frac{(46 \times 51)}{151} = 15,53 \quad \frac{(105 \times 51)}{151} = 35,46 \quad \frac{(46 \times 100)}{151} = 30,46 \quad \frac{(105 \times 100)}{151} = 69,53$$

12.2 Frequências esperadas e observadas

Suponha agora uma tabela de frequências para duas variáveis qualitativas: grau de instrução e percepção própria de sucesso profissional de indivíduos adultos, em uma tabela 2×3:

	Bem-sucedido	Médio	Malsucedido	Total Linha
Ensino médio	27	56	39	122
Superior	38	63	46	147
Total Coluna	65	119	85	269

Como se pode notar, a amostra estudada é constituída de 269 indivíduos, dos quais 27 terminaram o ensino médio e se julgam bem-sucedidos, 56 declaram ter sucesso médio e 39 são malsucedidos em suas vidas profissionais. O mesmo raciocínio pode ser feito em relação aos indivíduos com grau superior.

Adicionando as colunas, teremos entre as duas categorias (Ensino Médio e Superior) 65 indivíduos que se declaram bem-sucedidos, 119 com sucesso médio e 85 malsucedidos.

Vamos traçar uma forma de análise supondo que não houvesse **nenhuma relação entre as variáveis**.

Esta é a **hipótese inicial H_0** das tabelas de contingência, ou seja, deve-se supor que **não existe relação** entre as variáveis analisadas.

1. Qual deverá ser a frequência esperada se não houver relação entre as variáveis?
2. Comparar as frequências verificadas com as esperadas para cada categoria.
3. Comparar os dois conjuntos de frequências para decidir se as diferenças entre eles são grandes o suficiente para rejeitarmos a hipótese inicial de que as variáveis não têm relação entre si e são, portanto, independentes.

Se a hipótese inicial puder ser rejeitada, ficará demonstrado que **existe relação** entre as variáveis estudadas.

O critério de julgamento mais exato será visto mais adiante com o método do χ^2 (qui-quadrado) em tabelas de contingência.

Voltemos ao exemplo citado para calcular as **frequências esperadas** (desprezando, por ora, aquelas realmente observadas), considerando apenas os totais verificados em cada coluna e linha:

	Bem-sucedido	Médio	Malsucedido	Total Linha
Ensino médio				122
Superior				147
Total Coluna	65	119	85	269

Agora podemos nos perguntar qual deve ser a frequência esperada, supondo sempre a inexistência de relação entre as variáveis (grau de instrução e percepção de sucesso profissional).

Calculemos os valores esperados de indivíduos que terminaram o ensino médio e se consideram bem-sucedidos. Sabe-se que a porcentagem total de indivíduos que **terminaram o ensino médio** é 122/269 = 0,4535, e que as porcentagens totais de indivíduos que se declaram bem-sucedidos é 65/269 = 0,2416. Utilizando o conceito de **probabilidade condicional,**[2] podemos dizer que 0,4535 × 0,2416 = 0,1096, ou 10,96% do total dos indivíduos (269), terminaram o ensino médio e se consideram bem-sucedidos (29).

A frequência esperada de indivíduos que terminaram o ensino médio 122/269 = 0,4535 e se consideram mediamente sucedidos 119/269 = 0,4423 pode ser analogamente calculada como: 0,4535 × 0,4423 = 0,2006. Para encontrar o número de indivíduos que terminaram o ensino médio e se consideram bem-sucedidos, basta multiplicar 269 × 0,2006 = 54.

A frequência esperada de indivíduos que terminaram o ensino superior e se consideram mediamente sucedidos é a diferença 119 − 54 = 65. Analogamente, calculam-se os valores das frequências esperadas para os indivíduos que se consideram malsucedidos, de ambas as categorias.

Colocando-se os valores de volta nos respectivos quadros, teremos a oportunidade de compararmos as frequências observadas e aquelas esperadas (entre colchetes):

	Bem-sucedido	Médio	Malsucedido	Total Linha
Ensino médio	27 [29]	56 [54]	39 [39]	122 122
Superior	38 [36]	63 [65]	46 [46]	147 147
Total Coluna	65	119	85	269

---

[2] O conceito de probabilidade de dois eventos acontecerem ao mesmo tempo pode ser calculado multiplicando-se as probabilidades individuais dos dois eventos. $P(AeB) = P(A) \times (PB)$.

Após termos encontrado todas as frequências esperadas, podemos agora compará-las com aquelas verificadas e decidir se existe ou não relação entre as variáveis. Se as frequências observadas forem **muito próximas** às esperadas, concluiremos que a **hipótese inicial H$_0$** é correta e que as variáveis *não são relacionadas*. Se, ao contrário, as diferenças entre as frequências forem *muito grandes*, rejeitaremos a **hipótese inicial H$_0$** e diremos que as variáveis *têm relação entre si*.

Como já mencionado, esse critério pode, em algumas circunstâncias, colocar o pesquisador em situações em que é difícil avaliar quais diferenças entre as frequências poderão ser consideradas muito grandes ou muito pequenas e, assim, devemos confiar em métodos matemáticos mais potentes – neste caso, o teste de χ^2 (qui-quadrado), que será visto mais adiante.

12.3 Tabulação cruzada para estudar as frequências

As tabelas de frequências são estudadas de forma empírica na **estatística descritiva**, em que, para cada observação numérica, é atribuída uma frequência observada. Então, definem-se as medidas de posição (média, moda, mediana), de dispersão (desvio-padrão), de assimetria (desvio da simetria) e de curtose (achatamento) da distribuição de frequências.

Mas como contar e estudar as observações nominais e as qualitativas?

Vimos no Capítulo 9, sobre as escalas, perguntas e formulários, que em muitas pesquisas há o interesse de classificar os respondentes por quantidade nominal de consumo de certos produtos e/ou serviços. Respostas de escalas *diferenciais semânticas*, do tipo (utilizo ou assisto) (uso ou compro) sempre, frequentemente, às vezes e/ou nunca, são respostas que medem a atitude do cliente e sua preferência perante o objeto da pesquisa.

As tabelas de frequências são **unidirecionais**. As tabelas **bidirecionais** e as **multidirecionais** são denominadas **tabelas de contingência** ou **tabelas de tabulação cruzada**.

12.3.1 Tabelas unidirecionais

Esse é o tipo mais simples de **tabelas de frequências**. Nas tabelas do tipo **unidirecional**, o respondente opina sobre uma ou mais características de **uma única variável**, objeto de estudo.

Estudo de caso

Pesquisa de audiência para diversos esportes

Suponha uma pesquisa de opinião sobre a audiência de esportes nos programas televisivos que exibem determinado tipo deles, a natação, incluindo-se os saltos ornamentais. Uma emissora pode querer provar aos seus anunciantes a quantidade de clientes que assistem aos programas e em que intensidade para atrair seus anúncios naquele tipo de mídia. Abra o arquivo **Esportes.sta** que consta no *site* da editora Saraiva Educação, disponível em: <http://www.saraivauni.com.br/9788547220938>:

	Pesquisa sobre a preferência masculina por Esportes				
	1 Futebol	2 Baseball	3 **Basquete**	4 Boxe	5 Ginástica
1	Sempre	Sempre	Sempre	Sempre	Sempre
2	Sempre	Sempre	Sempre	Sempre	Sempre
3	Sempre	Frequente	Sempre	Nunca	Frequente
4	Nunca	Frequente	Sempre	As vezes	As vezes
5	Nunca	As vezes	Sempre	As vezes	As vezes
6	Sempre	Frequente	Sempre	As vezes	As vezes
7	Sempre	Sempre	Frequente	As vezes	As vezes
8	Frequente	Sempre	Sempre	As vezes	As vezes
9	Frequente	Frequente	As vezes	Frequente	Nunca

Selecione ESTATÍSTICAS/ESTATÍSTICAS E TABELAS BÁSICAS/TABELAS DE FREQUÊNCIAS e pressione OK. Logo após, selecione a variável NATAÇÃO e, a seguir, pressione o botão SUMÁRIO:

	Tabela de frequência: Natação: "Assistir Natação ou Saltos Ornamentais" (Esportes)			
Categoria	Contar	Cumulativa Contagem	Porcento	Cumulativa Porcentagem
Nunca	26	26	26,00000	26,0000
Sempre	15	41	15,00000	41,0000
As vezes:	45	86	45,00000	86,0000
Frequente:	14	100	14,00000	100,0000
Em branco	0	100	0,00000	100,0000

Em uma tabela de dados categórica, pode-se obter não só o número de respondentes em cada categoria da amostra mas também o percentual de cada uma delas. Por ser uma tabela de frequências, pode-se obter também o histograma da distribuição, voltando à caixa de diálogo e pressionando o botão HISTOGRAMAS.

Gráfico 12.1   Histograma da preferência da natação

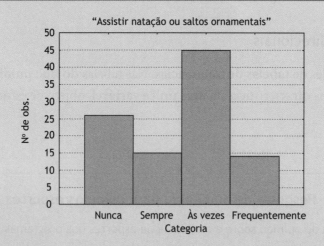

Fonte: elaborado pelos autores.

> Esse tipo de tabulação simples de dados e seus resultados são utilizados em praticamente todas as fases iniciais de pesquisas mercadológicas para que o analista forme a primeira impressão sobre amostra de respondentes: quantos homens e quantas mulheres, quantos respondentes de cada grupo étnico ou religioso, para medir uma primeira atitude em relação ao objeto em análise, no caso, assistir a competições ou eventos de natação.

12.3.2 Tabelas de contingência

A forma mais simples de tabela de contingência é a 2 × 2. Nas tabelas de contingência desse tipo há duas variáveis, as quais possuem duas categorias apenas. Nesse caso, pode ser chamada de 2 × 3, porque existem 2 variáveis e 3 categorias em cada.

Nessa mesma pesquisa perguntou-se aos respondentes se assistiam a mais de um esporte (**Futebol e Basquete**) nas categorias mencionadas: sempre, nunca, frequentemente, às vezes.

12.3.2.1 Tabulação da preferência masculina dos esportes

	1 Futebol	2 Baseball	3 Basquete	4 Boxe	5 Ginástica
1	Sempre	Sempre	Sempre	Sempre	Sempre
2	Sempre	Sempre	Sempre	Sempre	Sempre
3	Sempre	Frequente	Sempre	Nunca	Frequente
4	Nunca	Frequente	Sempre	As vezes	As vezes
5	Nunca	As vezes	Sempre	As vezes	As vezes
6	Sempre	Frequente	Sempre	As vezes	As vezes
7	Sempre	Sempre	Frequente	As vezes	As vezes
8	Frequente	Sempre	As vezes	As vezes	As vezes
9	Frequente	Frequente	As vezes	Frequente	Nunca
10	Frequente	Frequente	Nunca	Nunca	Frequente

Para classificar essas respostas, utilizou-se o programa estatístico STATISTICA, conforme se demonstra a seguir. Selecione ESTATÍSTICAS/ESTATÍSTICAS E TABELAS BÁSICAS/TABELAS E BANNERS, e o sistema responderá com esta caixa de diálogo:

Selecione o botão ESPECIFICAR TABELAS (selecionar variáveis), e o programa responderá com uma caixa de diálogo na qual o analista deverá ingressar as duas listas (no caso, apenas duas variáveis) de cada vez:

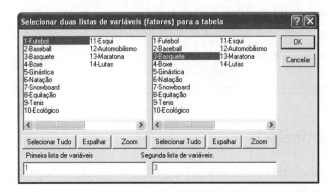

Clique em **OK** e **OK** novamente e receberá a seguinte resposta:

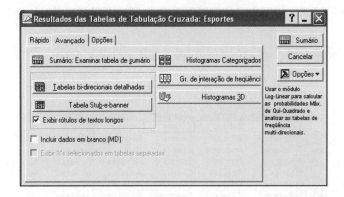

Na mesma caixa de diálogo mostrada anteriormente, selecione a alça OPÇÕES e habilite os itens: REALÇAR CONTAGEM MAIOR QUE 10, PORCENTAGEM DE CONTAGEM TOTAL, PORCENTAGEM DE CONTAGENS DE LINHAS E DE COLUNAS, conforme esta figura:

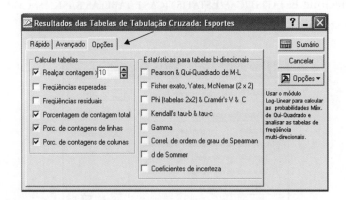

Retorne para a alça **Opções** e habilite a opção EXIBIR % SELECIONADAS EM TABELAS SEPARADAS.

Observe também que nessa opção há estatísticas que possibilitam analisar a correlação e o grau de significância entre as variáveis estudadas. Não devemos nos preocupar agora com tais estatísticas, pois só serão compreensíveis após o estudo dos **testes de hipóteses** (ditos paramétricos) e dos **testes não paramétricos**. Essa denominação também será elucidada no tempo certo.

A seguir, clique em SUMÁRIO e observe que o sistema realçou as contagens acima de 10% conforme solicitado:

Tabela de SumárPorcentagens de N Total100 (Esportes) As células marcadas possuem10ontagens > (Os sumários marginais não são marcados)					
Futebol	Basquete Sempre	Basquete Frequente	Basquete As vezes	Basquete Nunca	Linha Totais
Sempre	7,00%	4,00%	15,00%	13,00%	39,00%
Nunca	2,00%	0,00%	13,00%	4,00%	19,00%
As vezes	4,00%	9,00%	5,00%	9,00%	27,00%
Frequente	6,00%	1,00%	5,00%	3,00%	15,00%
Todos os	19,00%	14,00%	38,00%	29,00%	

A análise é autoexplicativa, e o percentual que pertence a cada categoria está relacionado no cruzamento das linhas com as colunas respectivas. Assim, 7% do total dos entrevistados declararam que assistem **sempre** aos eventos de Basquete e aos de Futebol, enquanto 13% disse que **nunca** assiste ao Futebol, mas, **às vezes**, ao Basquete. Observe que 4% **nunca** assiste nem ao Basquete, nem ao Futebol.

No total da coluna, 39% declarou que **sempre** assiste ao Futebol e 19% **sempre** assiste ao Basquete, enquanto 29% **nunca** assiste ao Basquete.

Esses estudos de relações múltiplas para verificação de mercados potenciais ou tipos de clientes satisfeitos ou insatisfeitos são frequentes em marketing. Mais adiante, enfocaremos um caso semelhante.

12.4 A estatística qui-quadrado

As tabelas de contingência são as formas mais gerais das tabelas de frequências e de tabulação cruzada vistas anteriormente, porém apenas para casos com várias alternativas de classificação para as duas variáveis estudadas.

Assim, suponha-se uma tabela de duas variáveis (X) Classe social e (Y) Motivação na compra, que podem ser subdivididas em diversas categorias, conforme esta tabela:

	X_1	X_2	X_3		X_a	Total Linhas
Y_1	n_{11}	n_{12}	n_{13}		n_{1a}	$n_{1.}$
Y_2	n_{21}	n_{22}	n_{23}		n_{2a}	$n_{2.}$
Y_3	n_{31}	n_{32}	n_{33}		n_{3a}	$n_{3.}$
Y_b	n_{b1}	n_{b2}	n_{b3}		n_{ba}	$n_{b.}$
Total Colunas	$n_{.1}$	$n_{.2}$	$n_{.3}$		$n_{.a}$	n

As frequências observadas poderão, assim, ser representadas por qualquer posição genérica dentro da tabela identificada por $n_{i,j}$, em que as linhas de referência serão identificadas por "i", e as colunas, por "j".

Dessa maneira, a frequência esperada de qualquer célula poderá ser calculada e identificada como:

$$e_{ij} = \frac{n_j \times n_i}{n}$$

Essa forma de cálculo já foi apresentada no exemplo do item 12.2 e agora está sendo apresentada de maneira genérica.

Visando a apresentação da estatística χ^2 (qui-quadrado), mostraremos um exemplo voltado ao marketing.

Estudo de caso

Uma empresa fabricante de eletrodomésticos deseja verificar a relação existente entre a cor de seus produtos e o tipo de superfície externa deles. A empresa quer verificar se algum tipo de superfície associado à cor do produto é responsável pela escolha do comprador.

Para tanto, colhe uma amostra das vendas efetuadas e verifica as frequências, conforme demonstrado a seguir:

Frequências verificadas		1. Qual sua cor favorita no aparelho?			
		Vermelho	Azul	Verde	Total da linha
2. Qual a superfície do material de sua preferência?	Lisa (freq. verificada)	17	33	19	69
	Rugosa (freq. verificada)	30	15	16	61
	Bolhas (freq. verificada)	14	15	26	55
	Total da coluna	61	63	61	185

Cálculo das frequências esperadas

Exemplo:

Lembrando a fórmula genérica $e_{ij} = \frac{n_j \times n_i}{n}$,

$$e_{1,1} = \frac{(61) \times (69)}{185} = 22{,}751 \qquad e_{2,1} = \frac{(61) \times (61)}{185} = 20{,}114 \qquad e_{3,1} = \frac{(61) \times (55)}{185} = 18{,}135$$

e assim por diante.

Frequências esperadas		1. Qual sua cor favorita no aparelho?			
		Vermelho	Azul	Verde	Total da linha
2. Qual a superfície do material de sua preferência?	Lisa (freq. verificada)	17	33	19	**69**
	Freq. esperada	22,751	23,497	22,751	
	Rugosa (freq. verificada)	30	15	16	**61**
	Freq. esperada	20,114	20,773	20,114	
	Bolhas (freq. verificada)	14	15	26	**55**
	Freq. esperada	18,135	18,730	18,135	
	Total da coluna	**61**	**63**	**61**	**185**

12.4.1 A estatística qui-quadrado nas tabelas de contingência

Entretanto, é possível utilizar o teste χ^2 (qui-quadrado), que, em pesquisa mercadológica, é uma ferramenta muito usada.

O teste de χ^2 (qui-quadrado) evidencia a existência de relação entre as variáveis estudadas. Estima-se que, em marketing, análises relacionadas com uma variável apenas, somadas àquelas que envolvem tabelas de tabulação cruzada, representem 90% de todos os tipos de análises nesse campo.

As tabelas de tabulação cruzada, também conhecidas, como mencionado, por tabelas de contingência, são utilizadas para analisar variáveis provenientes de escalas nominais de medidas, isto é, número e porcentagens de respondentes a determinado quesito e suas frequências, que são normalmente descritos nas células das tabelas de análise. Essas tabelas fornecem grande número de informações a respeito do fenômeno mercadológico que tentamos analisar, evidenciando as relações entre as variáveis em estudo.

As tabelas de tabulação cruzada possuem sua própria linguagem: colunas, linhas, valores esperados de frequências e valor χ^2 (qui-quadrado).

Para elucidar melhor a utilização dessa importante ferramenta, simulou-se um problema simples de marketing, o qual é descrito a seguir.

Tabulação cruzada	1. Qual sua cor favorita no aparelho?			
	Vermelho	Azul	Verde	Total da linha
Lisa (freq. verificada)	17	33	19	**69**
Freq. esperada	22,751	23,497	22,751	
χ^2 (qui-quadrado)	1,454	3,843	0,619	
Rugosa (freq. verificada)	30	15	16	**61**
Freq. esperada	20,114	20,773	20,114	
χ^2 (qui-quadrado)	4,860	1,604	0,841	
Bolhas (freq. verificada)	14	15	26	**55**
Freq. esperada	18,135	18,730	18,135	
χ^2 (qui-quadrado)	0,943	0,743	3,411	
Total da coluna	**61**	**63**	**61**	**185**

(Linha lateral: 2. Qual a superfície do material de sua preferência?)

A estatística χ^2 (qui-quadrado) é calculada com a fórmula: $\chi^2 = \sum \dfrac{\left(n_{ij} - e_{ij}\right)^2}{e_{ij}}$.

A estatística χ^2 (qui-quadrado) é a **somatória** do quadrado das diferenças entre a frequência verificada $(n_{ij} - e_{ij})^2$ dividida pela frequência esperada e_{ij}.

Então, **cada resultado parcial** ou individual por célula da estatística χ^2 (qui-quadrado) será calculado por: $\dfrac{\left(n_{ij} - e_{ij}\right)^2}{e_{ij}}$.

Assim:

$$\chi^2_{1,1} = \frac{(17 - 22,751)^2}{22,751} = 1,454, \quad \chi^2_{2,1} = \frac{(30 - 20,114)^2}{20,114} = 4,860, \quad \chi^2_{3,1} = \frac{(14 - 18,135)^2}{18,135} = 0,943$$

e assim por diante.

Para que o leitor possa visualizar o processo completo, calculamos a estatística χ^2 (qui-quadrado) para todas as células do exemplo, com ajuda do Excel:

Capítulo 12 · Análise de frequências e correlações qualitativas   285

$n_{ij} = f_{verificada}$	$e_{ij} = f_{esperada}$	$f_{verificada} - f_{esperada}$	$(f_{verificada} - f_{esperada})^2$	$\dfrac{(f_{verificada} - f_{esperada})^2}{f_{esperada}}$
17	22,751	−5,751	33,074001	1,453738341
33	23,497	9,503	90,307009	3,843342086
19	22,751	−3,751	14,070001	0,618434398
30	20,114	9,886	97,732996	4,858953764
15	20,773	−5,773	33,327529	1,604367641
16	20,114	−4,114	16,924996	0,841453515
14	18,135	−4,135	17,098225	0,942830163
15	18,73	−3,73	13,9129	0,742813668
26	18,135	7,865	61,858225	3,410985663
			Σ	18,31691924

O valor total encontrado é 18,3169 ou, com aproximação, **18,317.**

Para se testar a **hipótese inicial H₀**, ou seja, de que as variáveis *não são relacionadas*, deve-se utilizar a distribuição de probabilidade de qui-quadrado. Valores muito altos de χ^2 devem ser interpretados como a ocorrência de uma grande discrepância entre as frequências **verificadas** e as **esperadas**. Então, deve-se *rejeitar* a *hipótese inicial* de que *as variáveis não são relacionadas* se o valor obtido na tabela de contingência exceder o valor crítico de χ^2 para certo nível de significância (escolhido pelo analista), por exemplo, 5% ou 2%, que estabelecem cada um deles um valor crítico de χ^2 que pode ser obtido na tabela de qui-quadrado.

12.4.2 Graus de liberdade e valor crítico de χ^2

Em uma tabela 3 × 3, como a já considerada, os **graus de liberdade (gl)** dependem do número de colunas e linhas, ou seja, **gl** = $(X - 1) \times (Y - 1) = (3 - 1) \times (3 - 1) = 4$ graus de liberdade no nosso exemplo. Se os dados estivessem em uma tabela 5 × 4, o cálculo do número de graus de liberdade seria $(5 - 1) \times (4 - 1) = 4 \times 3 = 12$ graus de liberdade.

Para testarmos a hipótese inicial H₀ de que as variáveis **não têm relação entre si**, devemos comparar o valor de teste do qui-quadrado encontrado com o valor crítico. Como já mencionado, valores *muito altos* de χ^2 indicam uma altíssima discrepância entre as frequências observadas e aquelas esperadas, *certamente o valor de teste de qui-quadrado excederá o valor crítico da tabela* e, nesse caso, *devemos rejeitar a hipótese inicial de que as variáveis **não estão relacionadas***. Em outras palavras, se assim acontecer, deve-se aceitar que **existe uma relação importante** entre as variáveis estudadas.

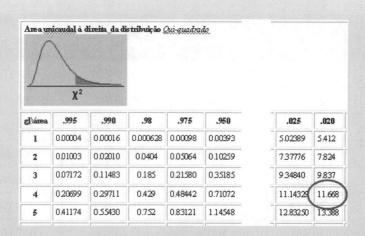

Em nosso caso, o observador, tendo 4 graus de liberdade, optou por um nível de significância (risco) de 2%. Como, ao consultar a tabela qui-quadrado, obtemos o valor crítico de 11,668, e sendo o valor χ^2 **de teste** obtido maior (18,317) *que o valor crítico*, devemos **rejeitar** a hipótese inicial de que as variáveis cor e tipo de superfície *não são relacionadas*.

Ao contrário, a probabilidade de independência (de que as variáveis não estejam relacionadas) das duas variáveis é de apenas 0,1069%, o que, mais uma vez, sugere que as variáveis têm relação importante. Esse valor pode ser obtido com a ajuda do Excel da seguinte forma:

Selecione INSERIR/FUNÇÃO/ESTATÍSTICAS e aponte para DIST.QUI.

Agora selecione **OK**, insira os valores de *X* e dos graus de liberdade como no nosso exemplo para obter 0,0010699 (0,1069%).

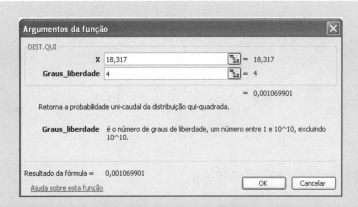

Essa é a probabilidade de que as duas variáveis, nesse exemplo, **não estejam relacionadas**, ou seja, quase nenhuma chance de que as variáveis Cor e Tipo de Superfície não tenham nenhuma relação entre si. Conclui-se que essas variáveis concorrem favoravelmente na indução do cliente à compra do produto.

No entanto, se as frequências verificadas tivessem sido como no quadro a seguir, observe que as únicas frequências alteradas foram os valores extremos Lisa com Vermelho para 28 e Bolhas com Verde para 16.

Frequências verificadas	1. Qual sua cor favorita no aparelho?			
	Vermelho	Azul	Verde	Total da linha
Lisa (freq. verificada)	28	33	19	80
Rugosa (freq. verificada)	30	15	16	61
Bolhas (freq. verificada)	14	15	16	45
Total da coluna	72	63	51	186

Assim, obteríamos **valores totalmente diferentes**, como demonstrado na tabela seguinte:

Tabulação cruzada	1. Qual sua cor favorita no aparelho?			
	Vermelho	Azul	Verde	Total da linha
Lisa (freq. verificada)	28	33	19	80
Freq. esperada	30,968	27,097	21,935	
Rugosa (freq. verificada)	30	15	16	61
Freq. esperada	23,613	20,661	16,726	
Bolhas (freq. verificada)	14	15	16	45
Freq. esperada	17,419	15,242	12,339	
Total da coluna	72	63	51	186

Exemplo: Lembrando a fórmula genérica $e_{ij} = \dfrac{n_j \times n_i}{n}$,

$$e_{1,1} = \frac{(72) \times (80)}{186} = 30{,}968, \quad e_{2,1} = \frac{(72) \times (61)}{186} = 23{,}613, \quad e_{3,1} = \frac{(72) \times (45)}{186} = 17{,}419,$$

e assim por diante.

E a estatística qui-quadrado seria, então:

Tabulação cruzada		1. Qual sua cor favorita no aparelho?			
		Vermelho	Azul	Verde	Total da linha
	Lisa (freq. verificada)	28	33	19	**80**
	Freq. esperada	30,968	27,097	21,935	
	χ^2 (qui-quadrado)	0,284	1,286	0,393	
2. Qual a superfície do material de sua preferência?	Rugosa (freq. verificada)	30	15	16	**61**
	Freq. esperada	23,613	20,661	16,726	
	χ^2 (qui-quadrado)	1,728	1,551	0,031	
	Bolhas (freq. verificada)	14	15	16	**45**
	Freq. esperada	17,419	15,242	12,339	
	χ^2 (qui-quadrado)	0,671	0,004	1,086	
	Total da coluna	**72**	**63**	**51**	**186**

A estatística χ^2 (qui-quadrado) é calculada com a fórmula: $\chi^2 = \sum \dfrac{\left(n_{ij} - e_{ij}\right)^2}{e_{ij}}$.

Em outras palavras, a estatística χ^2 (qui-quadrado) é a somatória do quadrado das diferenças entre a frequência verificada $(n_{ij} - e_{ij})^2$ dividida pela frequência esperada e_{ij}.

Então, **cada resultado parcial** da estatística χ^2 (qui-quadrado) será calculado por: $\dfrac{\left(n_{ij} - e_{ij}\right)^2}{e_{ij}}$,

ou seja, $\chi^2_{1,1} = \dfrac{(28 - 30{,}968)^2}{30{,}968} = 0{,}2844, \quad \chi^2_{2,1} = \dfrac{(30 - 23{,}613)^2}{23{,}613} = 1{,}728, \quad \chi^2_{3,1} = \dfrac{(14 - 17{,}419)^2}{17{,}419} = 0{,}671,$

e assim por diante.

Capítulo 12 · Análise de frequências e correlações qualitativas

A estatística χ^2 (qui-quadrado) é obtida de forma tabular com ajuda do Excel:

$n_{ij} = f_{verificada}$	$e_{ij} = f_{esperada}$	$f_{verificada} - f_{esperada}$	$(f_{verificada} - f_{esperada})^2$	$\dfrac{(f_{verificada} - f_{esperada})^2}{f_{esperada}}$
28	30,968	−2,968	8,809024	0,284455696
33	27,097	5,903	34,845409	1,285950806
19	21,935	−2,935	8,614225	0,392715979
30	23,613	6,387	40,793769	1,727597891
15	20,661	−5,661	32,046921	1,551082765
16	16,726	−0,726	0,527076	0,031512376
14	17,419	−3,419	11,689561	0,671081061
15	15,242	−0,242	0,058564	0,003842278
16	12,339	3,661	13,402921	1,086224248
			Σ	7,0344631

Nesse caso, o observador continua com 4 graus de liberdade, e se manter a opção por um nível de significância de 2%, obterá o valor crítico de 11,668. Assim, se o valor χ^2 **de teste** obtido for **menor** (7,034) *que o valor crítico*, deve-se **aceitar** a hipótese inicial de que as variáveis Cor e Tipo de Superfície *não são relacionadas* e que, portanto, com os números obtidos na pesquisa, essas duas variáveis não condicionam a escolha e não induzem o cliente à compra.

Como o valor de teste é menor que o valor crítico, e uma vez **aceita** a hipótese inicial de que as **variáveis não estão relacionadas**, ao se seguirem os mesmos passos já ilustrados pelo Excel, obtém-se que essa probabilidade será de 0,1340 (13,40%).

Alerta-se que alguns analistas podem considerar essa probabilidade pequena demais para se aceitar o não relacionamento entre as variáveis Cor e Tipo de Superfície.

A experiência mostra que devemos, então, solicitar uma nova amostragem até que evidências empíricas indiquem o grau de relacionamento entre as variáveis estudadas.

12.4.3 Coeficiente de contingência (correlação)

Como visto anteriormente, o teste de qui-quadrado aplicado às tabelas de contingência revela se as variáveis têm ou não relacionamento, mas não consegue revelar o grau do relacionamento.

Em outras palavras, a partir dessa estatística, é preciso haver uma forma de se estimar o grau de **correlação** entre as variáveis.

Para isso existe o coeficiente de contingência, que é dado pela fórmula: $C = \sqrt{\dfrac{\chi^2}{\chi^2 + n}}$.

> Assim, no exemplo anterior, descobre-se que $C = \sqrt{\dfrac{\chi^2}{\chi^2 + n}} = \sqrt{\dfrac{7,03}{7,03 + 186}} = 0,20$.
>
> Podemos dizer que existe uma correlação fracamente positiva entre as variáveis Cor e Tipo de Superfície do aparelho.

12.5 Utilização de programas eletrônicos

12.5.1 Teste de qui-quadrado nas tabelas de contingência com o STATISTICA

Por ser um programa voltado à pesquisa, o STATISTICA da StatSoft exige que os dados obedeçam à definição do tipo de variável que o método quantitativo demanda para sua execução. No caso, as variáveis estudadas são qualitativas. Como o programa estatístico é uma ferramenta de pesquisa, a forma de ingressar as variáveis coletadas pela amostragem quase sempre coincide com o – ou fica muito próximo do – desenho do formulário de pesquisa, o que facilita sua inserção e interpretação.

Abra o arquivo **Cores_Superfície_1.sta** no STATISTICA e selecione: ESTATÍSTICAS/ESTATÍSTICAS E TABELAS BÁSICAS/TABELAS E BANNERS. A seguir, clique **OK**:

Na alça **Tabulação Cruzada/Especificar Tabelas** (selecionar variáveis), indique as variáveis que devem ingressar no modelo de análise. Então, selecione **OK** e **OK** novamente para obter:

Capítulo 12 · Análise de frequências e correlações qualitativas

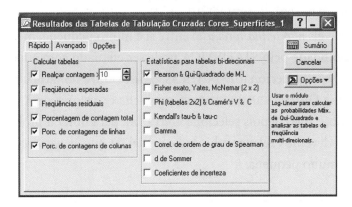

Clique na aba OPÇÕES e selecione: PEARSON E QUI-QUADRADO DE M-L, FREQUÊNCIAS ESPERADAS, PORCENTAGEM DE CONTAGEM TOTAL, PORCENTAGEM DE CONTAGENS DE LINHAS E DE COLUNAS.

Agora volte para a aba AVANÇADO e selecione SUMÁRIO EXAMINAR TABELAS DE SUMÁRIO para obter uma folha de resposta com os dois resultados, apresentados a seguir:

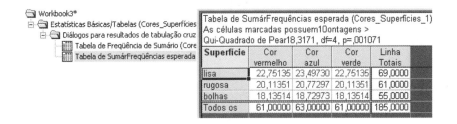

Observe a coincidência desses resultados com os cálculos empíricos, como com aqueles efetuados com o Excel. O sistema também apresenta o valor da estatística qui-quadrado 18,3171 e df = 4 (*degrees of freedom* = **g**raus de **l**iberdade). O analista poderá consultar a tabela do qui-quadrado para verificar se o valor encontrado excede ou não o valor crítico de χ^2. Como visto na teoria, se o valor de teste (18,3171) for maior que o valor crítico de χ^2, devemos rejeitar a **hipótese inicial H$_0$**, ou seja, de que **as variáveis não são relacionadas**. Então, concluiremos que **existe relação entre as variáveis**. Sendo o valor 18,3171 muito alto e o valor de $p = 0{,}001071$ (0,1071%) dentro da área de rejeição de H_0, fica evidente que a probabilidade de que as variáveis *não tenham relação* entre si é muito pequena, menos de 0,5%.

O cálculo da probabilidade pelo STATISTICA pode ser efetuado com a ferramenta Calculador de Probabilidades. Para isso, basta selecionar ESTATÍTICAS/CALCULADOR DE PROBABILIDADES/DISTRIBUIÇÕES.

Em seguida, selecione QUI² (1 – CUMULATIVO P), preencha os valores de X e dos df (graus de liberdade), conforme indicado, e logo depois selecione CALCULAR para obter a probabilidade $p = 0{,}001070$. Novamente, observe que devemos rejeitar a hipótese inicial de que as *variáveis não estão relacionadas*, pois a probabilidade p é muito pequena:

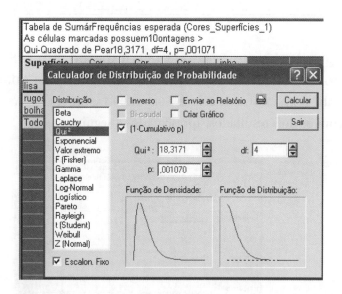

Conclui-se que as variáveis estão correlacionadas e que a empresa deve explorar ainda mais essa correlação, beneficiando, assim, as vendas do produto em questão.

Dessa forma, o analista terá uma ferramenta válida, cientificamente falando, para avaliar quais as variáveis mais importantes na decisão de compra pelo produto e indicar ao departamento de propaganda suas conclusões para que se reforcem campanhas ou se estabeleçam estratégias de conscientização do público-alvo.

Conclusão

Pelo que foi mostrado neste capítulo, pudemos constatar a importância que as tabelas de tabulação cruzada têm na pesquisa de marketing. Podemos até afirmar que a maioria das pesquisas de segmentação de mercado, identificação de público-alvo, pesquisas de audiência por determinados programas e horários, preferência dos consumidores por atributos de produtos da sua marca ou de marcas concorrentes, entre outras, poderiam ser resolvidas por esta técnica, como foi mostrado.

13 Métodos de projeção e previsão

Introdução

A existência de relações entre variáveis propicia, em certos aspectos, elementos válidos para a tomada de decisão em marketing. Entretanto, tais decisões se baseiam em dados do passado e, por isso, geram a possibilidade do descrédito por intuitivamente acharmos que "projeção" é adivinhação.

A técnica da regressão nos permite estimar o comportamento futuro das variáveis estudadas, tomando por base o comportamento dessas mesmas variáveis no passado.

Admitindo-se que estratégias empresariais de marketing que tiveram sucesso devem ser repetidas no futuro, o método de regressão tem por finalidade equacionar o comportamento passado (resultado) das variáveis estudadas e, por meio de uma equação que o descreve, projetar como será seu comportamento no futuro.

Os matemáticos responsáveis pela estrutura dessa técnica foram Gauss e Legendre, por volta de 1806; mais tarde, Galton, modificando seu significado, fundou as bases para que, mediante o entendimento dessas relações, Pearson pudesse idealizar o seu coeficiente de correlação. E, como mencionado anteriormente, a correlação é na verdade a base ou a própria técnica de regressão. A ideia geral desse método é possibilitar o equacionamento do comportamento, em períodos passados, da relação entre as variáveis estudadas e, com isso, estimar seu comportamento no futuro.

Sistemas integrados de acompanhamento empresarial do tipo SAP e ERP mantêm em seus módulos de projeção o método linear de regressão apenas. Como se verá mais adiante, o método linear demanda ajuste mensal para minimizar distorções futuras.

Quando falarmos de séries temporais, em vez de previsões mensais, será possível projetar um ano inteiro mês a mês por meio da ARIMA e, assim, firmar bases para decisões de marketing no estabelecimento de metas e também financeiras para estimação de orçamentos.

13.1 Métodos de regressão aplicados ao marketing

Em marketing, é comum precisarmos estimar vendas, custos e orçamentos futuros. É comum também que decisões dessa natureza sejam estimadas de maneira totalmente intuitiva: "vamos provisionar todas as contas aumentando tudo em 15% ou 20% e está feito". Não é bem assim.

Previsões feitas dessa forma podem sobrecarregar certos departamentos que não têm condições físicas para um melhor desempenho e beneficiar, abrandando a carga de trabalho, os departamentos capazes de produzir mais e melhor, além da possibilidade de gerarem conflitos entre departamentos.

A projeção deve tomar por base o que já foi possível realizar em períodos no passado, suas diferenças estacionais (períodos de alta, média ou baixa nas vendas) e até mesmo a quantidade de pessoal envolvido em cada processo naquelas ocasiões. Assim, a tarefa da projeção exige considerar cenários da economia e, portanto, exógenos (variáveis não controláveis) à empresa.

Neste capítulo, a análise de regressão será estudada sob diversos aspectos e de quatro maneiras. **Primeira**, na determinação do **comportamento individual** da variável de interesse.

Por exemplo, um gerente de marketing pode querer determinar o comportamento (equação) das comissões pagas aos vendedores, das vendas, dos custos, dos gastos variáveis, dos investimentos em propaganda, dos investimentos em um certo tipo de mídia para divulgação.

Nesse caso, teremos a **variável de interesse** considerada como **variável dependente** e o **tempo** como **variável independente**. Determinando essa equação, será possível projetar o comportamento quantitativo dessa variável no período seguinte.

Segunda, quando a relação é bivariada, ou seja, quer-se determinar o comportamento de uma variável e a correlação existente entre ela e outra variável supostamente relacionada.

Por exemplo, o gerente de marketing quer responder às seguintes perguntas: será que o aumento no número de visitas aos clientes trará mais vendas? Serão as visitas as responsáveis pelas vendas? E se relacionarmos as vendas computadas com os investimentos em marketing? Serão esses investimentos os responsáveis pelas vendas?

Em ambos os casos, as variáveis de interesse mantêm relações de proximidade funcional subjetiva e objetiva e, por isso, devem ser estudadas.

O que se pretende determinar é o comportamento das vendas em relação ao número de visitas feitas pelos vendedores ou a outra variável que supostamente tenha correlação com a variável dependente que se quer explicar.

Lembre-se de que a variável independente é aquela que, se for alterada, provoca mudanças na variável dependente. Daí dizermos que a correlação é suposta pelo analista.

Cuidado para não tentar estabelecer graus de correlação entre variáveis que não tenham relação intrínseca – por exemplo, querer relacionar as vendas ocorridas na empresa com o número de acidentes de trabalho dos funcionários da fábrica. Relacionando as quantidades observadas das duas variáveis e elegendo vendas como variável dependente, poderemos chegar a ridículas conclusões, tais como: quanto mais acidentes, maiores serão as vendas! Ou: quanto menos acidentes, menores serão as vendas! Obviamente, ambos os casos são absurdos.

Terceira, estudaremos relações multivariadas entre uma variável dependente e várias independentes, chamadas de correlação ou regressão múltipla.

Por exemplo, as vendas, os custos, os investimentos, as perdas, quando tomados como variáveis cujo comportamento se quer explicar (variável dependente), não acontecem por causa da ação de uma variável independente apenas. Certamente, as vendas resultam de várias situações cujas ações foram e são tomadas sistematicamente pelas empresas: montantes investidos em marketing (eventos, propaganda, departamentos), número de visitas, número de inserções na mídia escrita, falada e televisiva, custos variáveis de produção, número de chamados efetuados pelo serviço de pós-venda e controle de qualidade, imagem da empresa, imagem da força de vendas etc.

Dessa forma, devemos encarar a resultante dependente como uma interação de forças entre as variáveis independentes. Essa interação de forças, matematicamente falando, significa que cada série de dados determina uma equação e, portanto, uma direção vetorial. Sua correlação com as outras variáveis independentes resulta em uma tendência, a qual influencia o resultado da variável final – que, no nosso exemplo, é o valor da venda.

É como se a uma esfera metálica fossem soldados, em pontos diferentes, fios que serão puxados por pessoas de forças diferentes. As resultantes serão a direção e a velocidade que a esfera em movimento tomará. Ora, a direção pode ser para cima, lateral, para baixo ou até mesmo uma resultante nula e fazer o conjunto permanecer estático. Se pensarmos a empresa e seu resultado como uma resultante de forças aplicadas, o raciocínio é o mesmo.

As três formas anteriores supõem que foram levantadas as variáveis no passado, por períodos, e que, portanto, se queira projetar apenas um período à frente, para não distorcermos muito a tendência da resultante.

Existe, no entanto, uma **quarta** maneira de estudarmos a regressão, denominada **séries temporais**.

O exemplo que abordaremos será a estimativa de projeção dos embarques de passageiros (vendas) feita por uma empresa de aviação civil para o ano seguinte, tomando por base 12 anos de embarques anteriores e, obviamente, a tendência de crescimento que se estabeleceu em seus negócios nesse período. Essa forma estuda apenas a resultante final de uma série de ações de marketing e projeta seu curso para o período seguinte.

O resultado, utilizando a técnica ARIMA (Modelo de Média Móvel Autorregressiva, ou *Autoregressive Moving Average Model*, criado por Box e Jenkins em 1976), irá nos ajudar a determinar os embarques previstos mês a mês pelo período seguinte de um ano. É uma técnica utilizada largamente por empresas nas estimações dos orçamentos de custos, vendas, produção etc.

As técnicas descritas serão abordadas empiricamente, por meio do Excel, até onde ele permitir (regressão múltipla) e também com o *software* estatístico STATISTICA.

Apesar de muitos autores entenderem que devemos chamar também de **séries temporais** aos cálculos de regressão quando a variável independente é o tempo e tivermos apenas uma variável dependente, a esse tipo de cálculo chamaremos apenas de **método de regressão bivariada entre uma variável dependente e a variável temporal**. E será estudada como o primeiro tipo de regressão.

13.1.1 Regressão – representação gráfica

Suponha o leitor dois conjuntos de variáveis cujo gráfico de dispersão é representado como no Gráfico 13.1.

Gráfico 13.1 Representação de duas variáveis

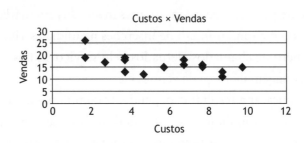

Fonte: elaborado pelos autores.

Para cada valor de Custo, variável independente X (eixo das abscissas), corresponde um valor de Venda, variável dependente Y (eixo das ordenadas): $(X_1, Y_1), (X_2, Y_2), (X_3, Y_3)... (X_n, Y_n)$. Então, pode-se determinar a equação que explicará o comportamento das variáveis observadas, equação que chamaremos de **curva de ajustamento**.

As curvas de ajustamento podem ser linear, quadrática, exponencial, hiperbólica, logarítmica, entre outras.

Para o propósito deste livro, serão mostradas as duas primeiras por serem aquelas que conseguem explicar a maioria dos fenômenos de natureza simples e, por isso, serem as mais utilizadas.

Com o auxílio do Excel, podemos adicionar a curva de tendência às variáveis do Gráfico de dispersão 13.1.

Para o caso em que os cálculos de regressão apontem que o melhor ajuste seja o linear, o aspecto gráfico seria como no Gráfico 13.2.

Gráfico 13.2 Ajuste pela equação da reta

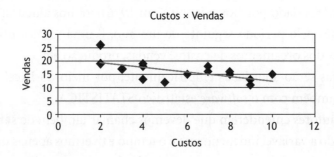

Fonte: elaborado pelos autores.

No caso em que os cálculos de regressão apontem que o melhor ajuste seja o polinomial de segundo grau (parábola), temos a representação do Gráfico 13.1.

Gráfico 13.3 Ajuste pela equação da parábola

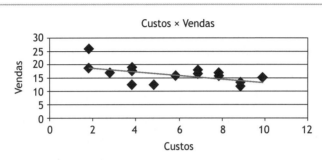

Fonte: elaborado pelos autores.

Observe que em todos os casos as curvas de tendência obtidas com a ajuda do Excel apontam para uma tendência (correlação) negativa, ou seja, os custos tendem a aumentar e as vendas não aumentam, ao contrário, tendem a diminuir.

Esse fato, entretanto, não nos fornece ainda uma equação que descreva o comportamento das variáveis estudadas e que será visto a seguir.

Pode-se perceber que qualquer método consegue traçar uma equação para o comportamento das variáveis, porém fica claro que deve existir um método empírico para a escolha da equação que melhor descreverá esse comportamento.

A resposta vem do **método dos mínimos quadrados**, estudado por Gauss e Legendre, entre outros.

13.1.2 Regressão linear simples

O estudo do **coeficiente de correlação** de Pearson revela o grau de associação entre duas variáveis. Todavia, o simples estudo do grau de associação não permite determinar uma equação para o comportamento dessa relação.

Em outras palavras, a relação entre duas variáveis, quando representadas por meio de um gráfico cartesiano de ordenadas e abscissas, pode ser matematicamente equacionada.

A variável designada como **dependente** será representada no eixo das ordenadas (eixo Y do plano cartesiano), e a **independente**, no eixo das abscissas (eixo X).

Por exemplo, ao estudarmos a equação que explicaria a relação entre o Custo de Mercadorias Vendidas (CVM) e a quantidade vendida a cada mês, a variável independente seria a quantidade, pois o CMV varia a cada mês em função dela.

Em outro estudo, por exemplo, entre os investimentos em marketing e o valor das vendas, a variável independente é o montante de investimento em marketing, pois ele condiciona a variável dependente, vendas.

13.1.3 Séries temporais

Essa teoria pode explicar o comportamento de uma variável e sua projeção no tempo futuro. Quando a variável dependente é temporal, deve-se convertê-la em uma **variável fictícia** crescente.

Essa variável fictícia será relacionada com o número de observações n.

Quando n for **ímpar**, a variável temporal mediana assume o valor zero, afastando-se de forma unitária negativa e positivamente em uma unidade. Nesse exemplo, $n = 7$.

Quando n for **par**, as variáveis temporais centrais assumem o valor -1 e 1, afastando-se de duas em duas unidades negativa e positivamente. Nesse exemplo, $n = 8$.

Tabela 13.1   Variável (n = ímpar)

Mês	X_i
Jan.	−3
Fev.	−2
Mar.	−1
Abr.	0
Maio	1
Jun.	2
Jul.	3

Fonte: elaborada pelos autores.

Tabela 13.2   Variável (n = par)

Mês	X_i
Jan.	−7
Fev.	−5
Mar.	−3
Abr.	−1
Maio	1
Jun.	3
Jul.	5
Ago.	7

Fonte: elaborada pelos autores.

Entretanto, quando a variável dependente não for temporal, relacionam-se as duas variáveis uma ao lado da outra. Essa teoria foi estudada por Karl Pearson, que verificou ser possível descrever com equações matemáticas essas relações baseando-se no comportamento passado, podendo-se, assim, estimar o comportamento futuro dessas mesmas variáveis. Como veremos neste capítulo, também é possível, com essa teoria, calcular o coeficiente de variação e o método dos mínimos quadrados, que ajudam a escolher qual a melhor equação de ajuste.

13.1.4 Projeções e suas variações

A essência do método já foi vista nos itens anteriores, ou seja, o método dos mínimos quadrados consiste em medir e comparar o quadrado das variações não explicadas de cada equação de ajuste. Como se pode perceber pelos gráficos já dispostos, equacionar o comportamento das medições efetuadas implica fazer passar entre os pontos uma curva que aponte a tendência dessas medições. Como não é possível acertar em todos esses pontos ao mesmo tempo, fica evidente que as equações que descrevem a tendência das variáveis estudadas geram o que se denomina **resíduos de regressão**, ou seja, variações ou distâncias entre os valores observados e os esperados, que, por sua vez, são representados pelos pontos ao longo da curva.

Em alguns estudos, dependendo da característica das variáveis, o ajuste linear produz a menor variação não explicada. Em outros, é a parábola, exponencial etc. Entretanto, alertamos que não existem apenas esses três tipos de ajustes; julgamos que eles são os mais utilizados no campo de finanças, contabilidade e administração.

Se a variável estudada for o **custo**, seja este de qualquer natureza, então a equação poderá ajudar a estimar o comportamento dos custos no período seguinte.

Se a variável estudada for **vendas por período**, o raciocínio será o mesmo.

Alerta-se que algumas variáveis são afetadas por valores altos ou baixos em determinados períodos em razão da atividade industrial. Por isso, sugere-se que o analista colha as variáveis em uma amplitude maior de tempo para que sejam representadas na amostra colhida todas as possíveis variações estacionais. Um exemplo de projeção de vendas e outro de determinação de equação de custos serão vistos mais adiante para ilustrarmos essa situação.

13.1.5 Analisando as variações — método dos mínimos quadrados

Depois de equacionado o comportamento das variáveis em estudo com pelo menos dois tipos de equacionamento, devemos verificar a magnitude de suas variações.

O método dos mínimos quadrados é a ferramenta apropriada para isso e consiste em verificar qual das equações produzirá a menor das variações não explicadas. Assim, o menor valor das variações não explicadas indicará qual das equações (função) descreve melhor a trajetória do comportamento das variáveis observadas.

Em outras palavras: o melhor ajuste, ou seja, a equação que melhor explica o comportamento dos dados por meio da correlação de suas variáveis é aquela que produz a **menor das variações não explicadas**, o que obviamente produzirá **o maior coeficiente de variação**.

A variação explicada é definida como: o **quadrado** da diferença entre o **valor das vendas projetadas** pela **equação de regressão** (reta, parábola ou exponencial) e o **valor médio das vendas** $\overline{Y}$. A variação não explicada é o quadrado da diferença entre o **valor atual das vendas** Y e o **valor das vendas projetadas** Y' pela **equação de regressão**.

13.1.6 Projetando suas vendas linearmente

Chama-se ajustamento de variáveis aleatórias a determinada equação, a **tendência** comportamental de uma série histórica de observações descritas por uma equação matemática específica.

Neste capítulo, estudaremos dois tipos de regressão, a reta e a parábola. Após o entendimento do método, veremos a teoria que define qual dos dois métodos é o melhor ajuste para a série de variáveis em questão.

No caso da função reta, teremos um sistema de equações que fornecerá a equação final da reta e que mostrará a tendência (crescente ou decrescente) das variáveis estudadas.

Equação literal da reta $Y' = c + bX$

Sistema de ajuste:

$$\left[\begin{array}{l} \sum Y = (n \times c) + (b \times \sum X) \\ \sum X \times Y = (c \times \sum X) + (b \times \sum X^2) \end{array} \right]$$

Exemplo resolvido

Um gerente de marketing quer determinar uma equação para identificar o comportamento das vendas de sua empresa. Para efeitos didáticos, construiremos a equação a partir de uma amostra de 7 meses. Deve-se observar que, quanto maior for a série histórica dessa variável, mais precisa será a equação, admitindo-se que não ocorram variações econômicas impossíveis de prever.

Mesmo acontecendo variações bruscas ou desastres, há técnicas matemáticas de alisamento que permitem minimizar a modificação de tendência que a série de dados sofreu e, com isso, não afetá-la de maneira significativa. Isso será visto no Capítulo 14, quando estudarmos a técnica ARIMA em um exemplo de séries temporais.

Outro fato importante é que sendo uma das variáveis, a dependente, o componente temporal mês, isso requer um tratamento especial para que possa ter um significado quantitativo. Com base no sistema de equação que determinará a equação de ajuste, devemos buscar os elementos, necessários, como mostrado a seguir:

Tabela 13.3 Cálculo do ajustamento linear

Mês	X	Y (Vendas × 1.000)	X × Y	X²
Jan.	−3	8	−24	9
Fev.	−2	10	−20	4
Mar.	−1	15	−15	1
Abr.	0	12	0	0
Maio	1	14	14	1
Jun.	2	19	38	4
Jul.	3	16	48	9
Σ	0	94	41	28

Fonte: elaborada pelos autores.

Ao procedermos assim, determinaremos todos os elementos (somatórios) necessários para serem substituídos no sistema que determinará a equação da reta.

Observe-se que neste exemplo temos $n = 7$, ou seja, sete variáveis dependentes às quais foi atribuído um valor cuja somatória não altera a outra variável, **valor das vendas.**

Como já dissemos, quando o número de variáveis é **ímpar**, atribui-se o valor zero ao elemento mediano, diminui-se uma unidade para os meses anteriores a este e soma-se uma unidade para cada mês subsequente a ele, como indicado na Tabela 13.3 na coluna X.

Monta-se, então, o sistema de equações:

$$\begin{bmatrix} \sum Y = (n \times c) + (b \times \sum X) \\ \sum X \times Y = (c \times \sum X) + (b \times \sum X^2) \end{bmatrix} = \begin{bmatrix} 94 = 7 \times c + b \times 10 \\ 41 = 0 \times c + b \times 28 \end{bmatrix}$$

Resolvendo o sistema de equações, teremos:

$$94 = 7c \Rightarrow c = \frac{94}{7} \Rightarrow c = 13,43 \text{ e } 41 = 28 \times b \Rightarrow b = \frac{41}{28} \Rightarrow b = 1,46$$

Substituindo os valores encontrados na equação literal, teremos:

$$Y' = c + bx = 13,43 + 1,46x.$$

Uma vez determinada a equação que tenta descrever o comportamento das variáveis, deve-se calcular o **valor dos afastamentos entre a variável individual em análise** (Y = valor das vendas de cada mês) e o **valor da média das vendas** dado por:

$$\overline{Y} = \frac{\sum X_i}{\sum f_i} = \frac{94}{7} = 13,43$$

Elevando-se cada um os valores encontrados ao **quadrado** e somando-os, teremos o **valor total positivo dos afastamentos** (de forma análoga ao procedimento do desvio-padrão). Esse valor é denominado VARIAÇÃO TOTAL, ou seja, é a somatória dos quadrados das diferenças individuais entre cada valor mensal das vendas e a média do período considerado.

O passo seguinte é calcular qual o é **valor de vendas projetado por meio da reta de regressão para aquele respectivo mês.** Para isso, substitui-se o valor de cada X_i no lugar da variável x da equação de regressão. Obteremos os valores das vendas projetadas na coluna Y'.

A seguir, calculam-se os afastamentos entre as **vendas reais** do mês Y e as vendas projetadas Y'. Elevam-se esses valores encontrados ao quadrado e eles agora se denominam **variações não explicadas.**

Da mesma forma, calculam-se os afastamentos entre as **vendas projetadas** para o mês Y' e a média das vendas $\overline{Y}$. Elevam-se esses valores encontrados ao quadrado, e eles agora se denominam **variações explicadas.**

Procede-se como a seguir:

Tabela 13.4 Cálculo das variações explicada e não explicada para o ajuste linear

Mês	X	Y (Vendas × 1.000)	X × Y	X²	$(Y \times \overline{Y})^2$ Variação total	Y' Projeção	$(Y \times Y')^2$ Variação não explicada	$(Y' \times \overline{Y})^2$ Variação explicada
Jan.	−3	8	−24	9	$(8 - 13,43)^2 = 29,48$	$1,46 (-3) + 13,43 = 9,05$	$(8 - 9,05)^2 = 1,01025$	$(9,05 - 13,43)^2 = 19,18$
Fev.	−2	10	−20	4	11,75	10,51	0,2601	8,53
Mar.	−1	15	−15	1	2,46	11,97	9,1809	2,13
Abr.	0	12	0	0	2,04	13,43	2,0449	0
Maio	1	14	14	1	0,32	14,89	0,7921	2,13
Jun.	2	19	38	4	31,04	16,35	7,0225	8,53
Jul.	3	16	48	9	6,61	17,81	3,2761	19,18
Σ	0	94	41	28	83,36		23,68	59,68

Fonte: elaborada pelos autores.

A variação total é a soma das duas variações, a explicada e a não explicada: $83,36 = 23,68 + 59,68$.

13.1.7 Projetando suas vendas não linearmente

Continuando do mesmo exemplo, descreve-se a seguir o ajustamento a partir da equação da parábola e do seu sistema de ajuste.

Equação literal $Y' = c + bX + aX^2$.

Capítulo 13 · **Métodos de projeção e previsão** 303

Sistema de ajuste

$$\begin{bmatrix} \sum Y = n \times c + b \times \sum X + a \sum X^2 \\ \sum X \times Y = c \times \sum X + b \times \sum X^2 + a \sum X^3 \\ \sum X^2 \times Y = c \times \sum X^2 + b \sum X^3 + a \sum X^4 \end{bmatrix}$$

Os cálculos tabulares devem fornecer os dados especificados por esse sistema de ajuste.

Tabela 13.5 Cálculo da variação explicada e não explicada, ajuste polinomial

Mês	X	Y (Vendas $\times$ 1.000)	$X \times Y$	X^2	X^3	X^4	$X^2 \times Y$	$(Y \times \overline{Y})^2$ Variação total	Y' Projeção	$(Y \times Y')^2$ Variação não explicada	$(Y' \times \overline{Y})^2$ Variação explicada
Jan.	−3	8	−24	9	−27	81	72	$(8 - 13,43)^2 =$ $= 29,48$	$-0,1786\,(-3)^2 + 1,46\,(-3) +$ $+14,14 = 8,15$	$(8 - 8,15)^2 =$ $= 0,025$	$(8,15 - 13,43)^2 =$ $= 27,85$
Fev.	−2	10	−20	4	−8	16	40	11,75	10,50	0,25	8,55
Mar.	−1	15	−15	1	−	1	15	2,46	12,50	6,24	0,86
Abr.	0	12	0	0	0	0	0	2,04	14,14	4,57	0,50
Maio	1	14	14	1	1	1	14	0,32	15,42	2,02	3,96
Jun.	2	19	38	4	8	16	76	31,04	16,34	7,04	8,50
Jul.	3	16	48	9	27	81	144	6,61	16,91	0,83	12,12
Σ	0	94	41	28	0	196	361	83,36	**********	21,00	62,36

Fonte: elaborada pelos autores.

O valor da variação total assume números próximos ao do ajuste pela reta; porém, o ajustamento pela equação da parábola produziu nesse exemplo um valor da **variação não explicada menor (21,00) que aquele obtido pela equação da reta (23,68***)*. Mais adiante explicaremos como isso afeta a escolha da equação de ajustamento.

Monta-se o sistema de ajuste: $\begin{bmatrix} 94 = 7 \times c + b \times 0 + 28 \times a \\ 41 = c \times 0 + b \times 28 + a \times 0 \\ 361 = c \times 28 + b \times 0 + a \times 196 \end{bmatrix}$

Logo, pode-se escrever que: $b = \dfrac{41}{28} = 1,46$

Entre a primeira e a segunda equação, teremos os valores de a e c; logo, multiplicando a primeira equação por –4 e resolvendo o sistema de equações do primeiro grau pelo método da redução ao mesmo coeficiente, teremos:

$$\begin{bmatrix} 94 = 7 \times c + b \times 0 + 28 \times a \\ 361 = c \times 28 + b \times 0 + a \times 196 \end{bmatrix} \Rightarrow \begin{bmatrix} x - 4 \end{bmatrix} \Rightarrow \begin{bmatrix} -376 = -28c - 112a \\ 361 = 28c + 196a \end{bmatrix} \Rightarrow$$

$$\Rightarrow \begin{bmatrix} -15 = 84a \end{bmatrix} \therefore a = -0,1786$$

E substituindo os valores na primeira equação, teremos:

$$\begin{bmatrix} 94 = 7 \times c + 28 \times (-0,1786) \end{bmatrix} \Rightarrow 94 = 7c - 5 \Rightarrow 7c = 99 \therefore c = 14,14$$

Dessa forma, a equação da parábola para descrever o comportamento dos dados será escrita como: $Y' = -0,1786X^2 + 1,46X + 14,14$.

13.1.8 Coeficiente de variação — escolhendo o melhor método de projeção

Karl Pearson definiu o coeficiente de variação como a porcentagem das variações totais que podem ser detectadas pelas variações explicadas.

Pearson baseou-se no "estimador" **variação explicada**, enquanto o método dos mínimos quadrados baseia-se na variação não explicada. Denominou esse coeficiente de R^2, sendo ele, portanto, a razão entre a variação explicada e a variação total do ajuste:

$$R^2 = \frac{\sum (Y' - \overline{Y})^2}{\sum (Y - \overline{Y})^2} \quad \text{ou} \quad R^2 = \frac{Variação\ Explicada}{Variação\ Total}$$

A mesma constatação feita anteriormente nos dois tipos de ajustes, ou seja, o ajustamento pela equação da parábola, produziu a **menor variação não explicada**, e também o maior coeficiente de variação, como pode ser observado na Tabela 13.6.

Tabela 13.6 Determinação do coeficiente de variação

Função	Variação não explicada	Variaçãoexplicada	Coeficiente de variação
Reta	23,68	59,68	$R^2 = \dfrac{59,68}{83,36} = 0,7159$
Parábola	21,00	62,36	$R^2 = \dfrac{62,36}{83,36} = 0,7480$

Fonte: elaborada pelos autores.

Assim, a equação da parábola deverá ser utilizada para projetar as vendas ou os custos para o período seguinte.

13.2 Previsão de vendas ou de gastos, um problema mercadológico

Na teoria sobre regressão, neste capítulo, verificou-se que no exemplo escolhido o comportamento das vendas, no período de janeiro a julho, foi mais bem explicado pela equação da parábola. Assim, pede-se estimar as vendas para o mês de agosto com base no comportamento passado das variáveis.

A variável fictícia para o mês de agosto é $X = 4$. Então, aplicando a equação de ajuste **da parábola** $Y' = -0,1786X^2 + 1,46X + 14,14$, teremos o novo valor sobre a curva de ajuste que representa a venda projetada:

$$Y' = -0,1786(4)^2 + 1,46(4) + 14,14 = 17,12$$

Recomenda-se que, para essa prática de previsão, seja feito o ajuste mensal, pois o distanciamento entre a data a ser estimada e a amplitude das variáveis colhidas tende a distorcer o resultado estimado, afastando-o cada vez mais da realidade.

É aconselhável também determinar a equação de ajuste com variáveis colhidas ao longo de um ano, pelo menos, pois serão considerados aumentos ou retrações em vendas ou custos, decorrentes da estação de alta ou de baixa nas vendas.

Para o caso de previsão de custos, o procedimento é semelhante.

13.3 Utilização de programas eletrônicos

13.3.1 Regressão simples utilizando o Excel

A forma empírica de cálculo quando temos duas variáveis é semelhante ao cálculo já visto com uma variável, apenas sendo a outra temporal. Essa parte do estudo pretende familiarizar o leitor com a resolução dessas pesquisas por meio do Excel e ratificar a interpretação para a tomada de decisão gerencial. A planilha eletrônica Excel tem recursos de cálculo para a regressão simples e múltipla.

Vamos ilustrar uma problemática de marketing na determinação da equação que explique o comportamento das **vendas** dado certo montante periódico de **investimentos em propaganda**.

A variável a ser explicada (variável dependente) é **vendas**, porque se espera que elas se modifiquem ao serem alterados os esforços financeiros e de investimentos em campanhas de marketing, das quais a **propaganda** (variável independente) é parte.

Os dados levantados estão reportados na Tabela 13.7.

Tabela 13.7 Marketing × Vendas

Mês	Investimentos em propaganda (X independente)	Vendas totais (Y dependente)
Jan./00	28	169
Fev./00	31	134
Mar./00	27	156
Abr./00	22	137
Maio/00	28	145
Jun./00	21	123
Jul./00	29	112
Ago./00	25	167
Set./00	22	114
Out./00	18	98
Nov./00	24	123
Dez./00	27	158
Jan./01	25	179
Fev./01	26	187

Fonte: elaborada pelos autores.

13.3.2 Método gráfico

Iniciaremos mostrando o método gráfico para a obtenção da equação linear de regressão.

O primeiro passo é fazer um gráfico dos dados levantados. O Excel solicitará a identificação da série de variáveis dependentes e independentes, pois necessita dessa definição que o analista possui.

Antes de iniciarmos o processo, ressalta-se ao leitor que, se nada for especificado, e no caso de duas variáveis, ao serem selecionadas, o Excel considerará a primeira coluna do intervalo que contém os dados para o gráfico como a variável independente, e a segunda coluna, a da variável dependente. Assim, recomenda-se que sejam ingressadas as variáveis nas colunas obedecendo a essa ordem.

Uma vez ingressadas as variáveis, selecione o intervalo todo e clique em INSERIR/GRÁFICO, como indicado na figura a seguir:

Avisa-se que o Excel considera a primeira coluna de dados (da esquerda para a direita) sempre como a variável independente. Em seguida, selecione GRÁFICO DE DISPERSÃO (XY) e clique em AVANÇAR:

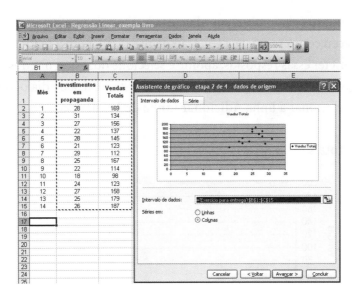

Se o leitor selecionar a alça **Série**, poderá verificar que **o Excel identificou** a primeira série de dados na coluna B do nosso exemplo como os dados da variável independente X, e a outra série de dados, na coluna seguinte, como a variável dependente Y.

Estando em qualquer das duas alças, clique em AVANÇAR e, em seguida, desabilite a opção **Mostrar Legenda**. Selecione a alça **Título** e ingresse o nome das variáveis nas respectivas caixas (dependente e independente); por fim, clique em CONCLUIR. O aspecto final deverá ficar como:

Gráfico 13.4 Vendas totais

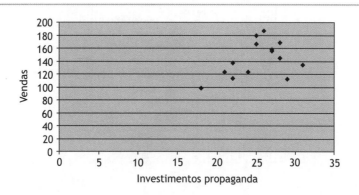

Fonte: elaborado pelos autores.

Observe que cada ponto é dado pelas coordenadas *X, Y*, conforme ingressado anteriormente, e que o Excel ainda não ofereceu como resposta a equação de regressão, nem a tendência e tampouco o coeficiente de correlação. Para ter essas respostas, aponte e selecione qualquer um dos pontos do gráfico com o botão direito do *mouse*. Ao fazer isso, ganhará como resposta a caixa de diálogo mostrada no gráfico a seguir, no qual deverá selecionar a linha **Adicionar Linha de Tendência**:

Gráfico 13.5 Vendas totais

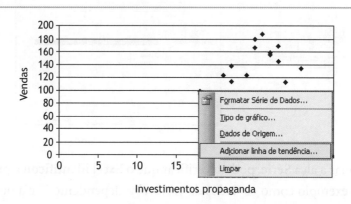

Fonte: elaborado pelos autores.

Selecione LINEAR; ao fazê-lo, significa que o analista quer que o Excel calcule a equação de regressão linear (equação da reta). Selecione, a seguir, a alça OPÇÕES e habilite as opções "exibir equação no gráfico" e "exibir valor *R*-quadrado no gráfico". Clique **OK** para obter esta resposta:

Gráfico 13.6 Propaganda × vendas

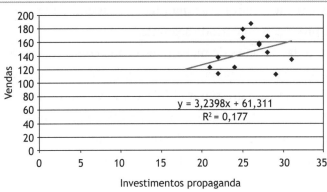

Fonte: elaborado pelos autores.

Observe que há uma correlação positiva entre as variáveis, pois o coeficiente angular (3,2398) é positivo. Esta estatística determina a inclinação ascendente para a reta de tendência formada entre essas duas variáveis.

Tal correlação indica que, se aumentarmos os valores da variável independente (investimentos em propaganda), aumentarão os valores da variável dependente (vendas). Por sua vez, se diminuirmos os valores da variável independente, diminuirão os valores da variável dependente.

O valor de **R-quadrado = 0,177** (coeficiente de determinação). Extraindo-se a sua raiz quadrada, obtém-se o coeficiente de correlação **r = 0,4207**.

A equação que identifica esse comportamento de correlação e dependência é:

$Y = 61{,}311 + 3{,}2398X$, ou seja, *Vendas* $= 61{,}311 + 3{,}2398 \times$ *Investimentos Propaganda*

Dessa forma, o analista poderá *projetar o* **valor das vendas** *tomando por base um valor desejado de* **investimentos em propaganda**.

Se para o mês seguinte forem investidos $ 30 em propaganda, poderemos esperar de vendas valores em torno de: $Y = 61{,}311 + 3{,}2398 \times 30 = 158{,}50$.

13.3.3 Interpretando a equação linear obtida

A credibilidade e a interpretação da equação de regressão dependem do domínio da técnica descrita, visto que ela é um algoritmo matemático que identifica o comportamento final da variável dependente dado o comportamento (correlação) da independente.

Assim, projetaremos valores que, mercadologicamente falando, poderão servir como **orçamento a realizar** (meta de vendas), visto que no passado se conseguiu essa tendência revelada pela equação, mas também podem servir como um **guia para as ações de marketing**, ou seja, com aferição dessas ações. O resultado, sendo bom, pode significar que as ações foram bem idealizadas e executadas pelo departamento de marketing e por todos os envolvidos no processo.

Em outras palavras, o departamento de marketing deve registrar em seus planos semestrais ou anuais as ações tomadas em cada época (**sazonalidade**) e, assim, tentar repetir ou reformular essas ações, visando atingir tal produção no período seguinte.

Caso forem tomadas todas as ações de maneira estimada como correta e as vendas não se realizarem, significa que há outras variáveis condicionando a realização. Essas variáveis deverão ser identificadas e equacionadas com técnicas de regressão múltipla, como veremos mais adiante.

O número obtido na projeção é, portanto, uma estimativa muito importante, carregando consigo a possibilidade de se antever e entrever aspectos objetivos e subjetivos da atividade como um todo – mas isso, é claro, depende da experiência individual em seu respectivo negócio.

13.3.4 Ajuste periódico da equação de regressão

Ao se encerrar o período para o qual foi feita a projeção, o valor real das vendas será computado pelo departamento de marketing e pelo financeiro, como os investimentos nessa ação. Imediatamente, a equação de regressão deverá ser modificada para refletir a manutenção, modificação ou inversão da tendência. Para fazê-lo, devemos ingressar o novo par de coordenadas na tabela de controle e calcular a nova tendência das variáveis envolvidas e as novas metas de vendas nesse caso.

Pensemos em duas hipóteses. A primeira é a de que os departamentos de vendas, telemarketing, promoção e outras ações de marketing trabalharam tão bem que as vendas superaram as projeções. Vamos supor que o valor atingido com os $ 30 de investimentos tenha sido $ 178,00.

Observe o que aconteceria com a reta de regressão ao ingressarmos os referidos valores e calcularmos de maneira gráfica novamente:

Gráfico 13.7 Propaganda × vendas

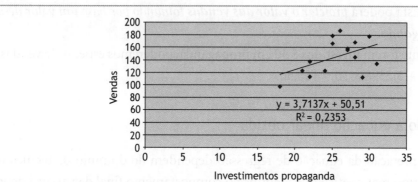

Fonte: elaborado pelos autores.

O coeficiente angular passou de 3,239 na equação de comportamento calculada até o mês anterior para 3,713 com as variáveis calculadas até este mês.

A equação de regressão aponta imediatamente para níveis mais altos de realizações, pois os investimentos em propaganda foram apontados como responsáveis pela realização de 23,5% da variação das vendas – assim indica o *R*-quadrado de 0,235.

A segunda hipótese é que, ao se investir os $ 30 em propaganda, o resultado tenha sido de apenas $ 90 e, então, o gráfico indicaria mudança no coeficiente angular da reta de regressão.

Gráfico 13.8 Propaganda × vendas

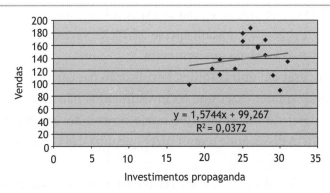

Fonte: elaborado pelos autores.

Nesse caso, o coeficiente angular teria um decréscimo significativo de aproximadamente 59% do valor original 3,71. A próxima projeção ficaria condicionada pelo fraco desempenho das vendas naquele período.

O valor total de explicação que a propaganda exerce sobre a variação das vendas cairia para 3,72%, pois o *R*-quadrado seria de 0,0372.

Há que se notar a excelente indicação que essa ferramenta proporciona em termos de manutenção ou modificação de estratégias, visto que o desempenho de qualquer variável dependente pode ser acompanhado de perto, e qualquer anomalia, detectada em tempo real.

13.3.5 Informações adicionais da equação de regressão

A equação de regressão não para de nos fornecer informações. Até agora, estudamos e constatamos que há, nesse exemplo hipotético, uma correlação positiva, ainda que moderada. Lembre-se do significado dessa correlação: a resultante da interação dos efeitos entre as duas variáveis, a independente e a dependente, é positiva, e isso significa que **as duas variáveis se movem no mesmo sentido**, seja quando uma e outra aumentam ou quando ambas diminuem.

Entretanto, há um atraso nessa interação que não pode ser estudado na regressão simples, mas que pode indicar que uma das variáveis está iniciando seu movimento de queda e que a outra ainda está aproveitando a inércia dos investimentos feitos no passado recente.

Apesar de essa correlação ser positiva, até este momento, não temos detalhes suficientes para saber se ocorre tal situação e, desse modo, qual das duas variáveis está com qual tendência.

Suponha por um instante que a variável **investimentos** esteja, sem que isso tenha sido planejado ou percebido, **decrescendo**. Esse fato poderá fazer reverter a tendência das vendas de positiva para negativa em um curto intervalo de tempo.

O **coeficiente de determinação** pode ser um indicador dessa situação, pois sua interpretação é: "quantos porcentos" da variação da **variável dependente** são explicados (ocasionados) pela variação da **variável independente**. No nosso exemplo, o grau de explicação é muito baixo; R-quadrado = 0,177, ou seja, os investimentos em propaganda explicam apenas 17,7% da variação sofrida pelas vendas segundo o comportamento que ambas as variáveis apresentaram.

O analista deverá procurar em outras fontes a explicação para as variações mais substanciais das vendas. Essa indicação pode querer dizer que os investimentos não estão sendo bem direcionados, que não surtem o efeito desejado ou, ainda, que esteja ocorrendo um decréscimo de investimento nessa ação de marketing. Além disso, pode querer dizer que uma das variáveis está começando a afetar negativamente a outra.

Esse fato poderá ser identificado a seguir com a elaboração de gráficos individuais para cada variável.

13.3.6 Identificando as tendências individuais

Vamos construir dois gráficos, um para cada variável.

Escolha como primeira variável as **vendas**. Proceda como indicado no item 13.3.2, Método gráfico, até inserir a reta de tendência. Não habilite a opção de exibir os valores de R-quadrado nem a equação, pois os dados não estão ingressados da maneira propícia para calcular a equação de regressão quando a variável independente for o **tempo**. Exemplificaremos mais adiante como proceder nesses casos.

O leitor chegará a um gráfico de dispersão com uma linha de tendência, conforme o Gráfico 13.9.

Gráfico 13.9 Vendas totais

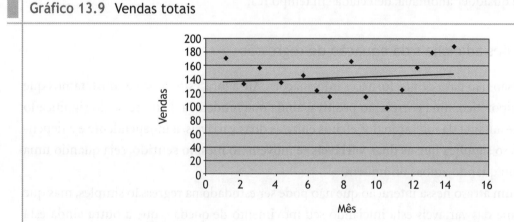

Fonte: elaborado pelos autores.

Observe que as vendas têm por si só tendência positiva, porque a nuvem de pontos que as variáveis originam aponta para cima de forma crescente, e a reta de tendência ratifica esse fato.

O gráfico da segunda variável, investimentos em propaganda, ficará como o Gráfico 13.10.

Gráfico 13.10   Investimentos em propaganda

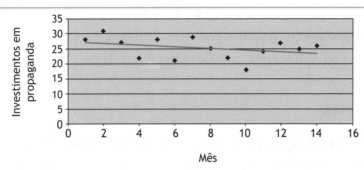

Fonte: elaborado pelos autores.

Pode-se ver que a tendência dos investimentos em propaganda é decrescente.

Se essa situação hipotética acontecer na vida real, muitas podem ser as causas, por exemplo, decréscimo intencional ou não intencional nos investimentos em propaganda por descontrole ou por negociação de preços melhores com os fornecedores desse serviço.

A pergunta que resta é: mesmo com esse decréscimo financeiro de aporte, as vendas resistirão à tendência de queda? Até quando?

Mas outra também pode surgir: não seria melhor estudarmos a eficácia da propaganda, medindo seus efeitos com novas pesquisas, para verificar por que a propaganda tem poder de explicação tão baixo quanto 17,7%? E mais: será que, se investíssemos um pouco mais, o coeficiente de crescimento das vendas não seria significativamente maior?

Essas e outras situações são sugeridas implicitamente pela análise numérica e fomentam as decisões gerenciais de forma científica.

Alerta-se que, nesse exemplo, assumiu-se que a regressão linear produz o melhor ajustamento, o que, como visto anteriormente, nem sempre ocorre.

Com o decorrer do tempo, novos valores irão ingressar no modelo. Esse fato influenciará a equação da curva (exponencial, parábola, reta, entre outras) de tendência. Aquela equação de tendência que produzir o maior coeficiente de determinação ou a menor das variações não explicadas será a equação que projetará os valores futuros com melhor precisão.

13.3.7   Regressão simples utilizando o STATISTICA

Foi visto como proceder para obter as regressões linear, polinomial do segundo grau e exponencial de maneira empírica quando a **variável independente é temporal**.

Verifique a seguir que, com a transformação do **mês variável independente temporal** em uma **variável fictícia** (segundo a técnica matemática), esta passa a ser ingressada como a **variável independente** nestes exemplos resolvidos com a ajuda do programa estatístico.

Uma vez conhecida a teoria, o STATISTICA pode auxiliar com rapidez na obtenção dos coeficientes de cada equação e determinar os coeficientes de variação para que o pesquisador decida qual das funções produz o melhor ajustamento, verificando, desse modo, a regra dos mínimos quadrados. Alerta-se, porém, que os métodos aqui descritos por meio do programa STATISTICA não são os únicos e que os resultados podem ser obtidos por meio de outras ferramentas afins constantes no programa.

13.3.8 Regressão linear

Para o exemplo considerado, de apenas uma variável dependente **vendas**, abra uma planilha em branco no programa demonstrativo do STATISTICA e insira os dados considerados. Se preferir, abra o arquivo **Regressão Linear Simples.sta**, que já contém os valores mostrados a seguir:

	1 NewVar	2 Vendas
Jan	-3	8
Feb	-2	10
Mar	-1	15
Apr	0	12
May	1	14
Jun	2	19
Jul	3	16
Aug		
Sep		
Oct		

Selecione ESTATÍSTICAS/REGRESSÃO MÚLTIPLA/VARIÁVEIS e, depois, a variável dependente (vendas) e a independente (meses, aqui reportada como NewVar), conforme segue:

Selecione **OK** e **OK** novamente. Observe que o programa já começa a exibir detalhes, por exemplo, o Coeficiente de Variação (R^2) dessa Regressão, que é uma das estatísticas para se justificar a escolha da melhor equação de ajuste para o nosso problema. O maior (R^2) determinará a melhor equação para projetar as vendas (ou outro valor) para o próximo período:

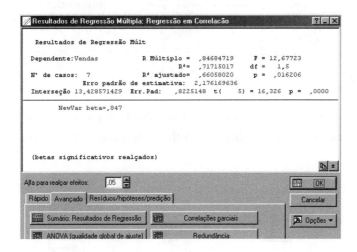

Na alça **Avançado**, selecione o botão SUMÁRIO DE REGRESSÃO e o programa responderá:

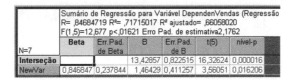

Pode-se ver os coeficientes de Regressão: Intersecção 13,428 e declive da reta 1,46, assim como o coeficiente de variação $R^2 = 0,717$. A equação linear de ajuste, então, ficará $Y = 13,428 + 1,46X$ (sendo X o valor mensal das vendas). Teste todas as outras opções de gráficos e relatórios que estão disponíveis no programa demonstrativo.

13.3.9 Regressão não linear

Para encontrar os coeficientes de regressão pelo método de ajuste polinomial com o STATISTICA, selecione ESTATÍSTICAS/MODELOS LINEARES, NÃO LINEARES/MODELOS DE REGRESSÃO GENÉRICOS. O programa responderá com esta figura:[1]

---

[1] Esta opção não está disponível no programa demonstrativo.

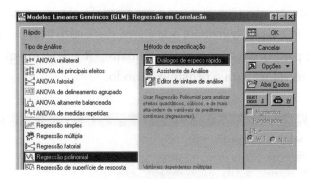

Selecione REGRESSÃO POLINOMIAL e, em seguida, OK. Indique a variável dependente Vendas e a independente Meses (NewVar). Depois, clique em OK e selecione COEFICIENTES:

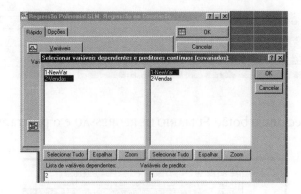

O sistema responderá com os valores dos coeficientes da equação:

Efeito	Vendas Parâm.	Vendas Err.Pad	Vendas t
Intercept	14,14286	1,322876	10,69100
NewVar	1,46429	0,433013	3,38162
NewVar^2	-0,17857	0,250000	-0,71429

A seguir, o sistema fornecerá os três termos da equação, que deverão ser considerados da seguinte forma: $-0,178$ é o termo ao quadrado; $1,464$ é o termo linear e $14,1428$ é o intercepto ou termo independente (eixo). Assim, a equação será $Y = -0,178X^2 + 1,464X + 14,1428$.

Para obter o coeficiente de variação, **retorne ao quadro de análise** e selecione Modelo R completo. O resultado indicará 0,7491:

Dependnt Variável	Teste de Modelo SS	
	Múltiplo R	Múltiplo R²
Vendas	0,865533	0,749147

Na determinação do coeficiente de variação, o melhor ajuste foi produzido pela equação polinomial de segundo grau (parábola).

Basta comparar os coeficientes de variação obtidos com o STATISTICA e o pesquisador chegará à mesma conclusão: Reta 0,717, parábola 0,749; assim, o melhor ajuste é reconhecido pelo **maior coeficiente de variação**, ou seja, da **parábola**.

Conclusão

Neste capítulo pudemos constatar a importância da aplicação de métodos estatísticos de projeção, como a regressão linear simples e a regressão polinomial de segundo grau, na previsão de venda e de demanda.

Ambas as situações são problemas de gerenciamento e controle de marketing, pois ao elaborarmos um plano de marketing e seu relativo orçamento operacional, devemos também pensar no controle do retorno que essas ações mercadológicas propiciam. Em outras palavras, se houver investimento deverá haver um retorno previsível e estabelecido em metas atingíveis.

Esses controles devem ser estabelecidos periodicamente e monitorados por meio de cálculos. Por fim, um controle periódico pode também prever e corrigir o rumo das ações de marketing e tornar-se um elemento de otimização desses investimentos mudando o rumo das ações mercadológicas não tão bem-sucedidas.

14 Método avançado de projeção e previsão — ARIMA

Introdução

Esse tipo de análise é bastante aplicada em engenharia e vem apresentando uma crescente aplicação tanto em marketing quanto em finanças por propiciar a identificação da periodicidade de fluxos financeiros e de vendas. Correndo o risco de cometer um erro de avaliação, podemos classificar a ARIMA como uma técnica de interdependência, pois a projeção está intimamente ligada às técnicas matemáticas de regressão. Quando estudamos a regressão linear simples (série temporal), a inclusão de comportamentos recentes no modelo formado alterava a todo momento as tendências futuras, mas mantinha clara interdependência do comportamento passado das variáveis. Nada impede que o leitor discorde na essência da classificação desse método.

Frequentemente, em marketing, deparamos com a necessidade de projeção para tentar estimar como se comportarão as vendas no futuro, os gastos, incremento nos negócios etc.

Essa análise tem como base diversos modelos matemáticos. O mais importante deles é a série de Fourier,[1] que surgiu quando esse matemático estudou a propagação de calor em sólidos. Ele acreditava que a propagação de calor ocorria mediante vibrações cíclicas ou ondas. Seu modelo consiste em uma equação diferencial que identifica a difusão de calor, e Fourier a resolve transformando-a em uma série infinita de funções trigonométricas de **senos** e **cossenos**. Essa transformação (chamada de transformação de Fourier) identifica a periodicidade dessas ondas, determinando, assim, sua frequência.

Segundo a StatSoft, essa técnica envolve duas preocupações:

1. Identificar a natureza cíclica do fenômeno em estudo.
2. Prever o comportamento cíclico dessas variáveis no futuro.

---

[1] Jean Baptiste Joseph Fourier nasceu em Auxerre, Bourgogne, na França, em 21 de março 1768, e faleceu em Paris, em 16 de maio de 1830.

A essência do método é a regressão, que, neste capítulo, não será tratada como uma função predeterminada, mas como uma **variação média de comportamento passado** das variáveis estudadas.

Algumas atividades industriais têm o comportamento de seus ingressos de caixa, oriundos de suas vendas, afetados por demandas sazonais e, às vezes, até por deterioração da imagem da empresa ou do produto em determinados períodos.

O exemplo que será abordado neste capítulo não foge a essa regra por ser baseado em um produto de extrema volatilidade: número de passageiros embarcados em uma empresa fictícia de aviação comercial.

14.1 Generalidades da ARIMA

Como mencionado no Capítulo 13, a metodologia ARIMA ou **Modelo de Média Móvel Autorregressiva Integrada** (*Autoregressive Integrated Moving Average Model*) foi criada por Box e Jenkins em 1976.

Trata-se de metodologia largamente utilizada em inúmeros campos, por exemplo, aviação comercial para projeção e estimação de atividades futuras (metas de vendas, número de passageiros embarcados, estratégia de negócios e políticas de vendas por regiões ou países), como em campos nos quais se procura projetar valores futuros a partir de grande número de observações em que, devido ao tipo de atividade, ocorram ciclos de com valores altos, médios ou baixos.

O modelo ARIMA possui três características básicas:

- O parâmetro autorregressivo (p).
- O parâmetro número de passos (d).
- O parâmetro de média móvel (q).

O ARIMA necessita ainda de certa estabilidade das variâncias e covariâncias ao longo do tempo; por isso, às vezes é necessária, ao longo do processo, a estabilização das variáveis com métodos de alisamento para expurgar a série das variáveis muito acima ou muito abaixo das demais (*outliers*) e que distorcem em muito as médias móveis. A função desse processo é não permitir que fatos não previstos (mudanças sazonais não explicadas por ações específicas da empresa ou quedas bruscas sofridas em virtude de variáveis incontroláveis), ocorridos de forma única ao longo do tempo, afetem definitivamente as análises de previsão.

Para minimizar e alisar as séries, são aplicados parâmetros de diferenciação (chamados de *Lag*). O número de intervenções dependerá do número de **picos** ou **baixas** que se quer eliminar para não afetar as previsões futuras, condicionando-as a efeitos que não foram corretamente eliminados.

Alerta-se que não serão feitas no exemplo demonstrações de natureza matemática. Àqueles que sentirem falta de demonstrações dessa natureza, sugere-se consultar a literatura original de Box e Jenkins.[2]

---

[2] BOX, G.; JENKINS, G. *Time series analysis: forecasting and control*. San Francisco: Holden-day, 1976.

Em termos mercadológicos, os ***outliers*** (dados muito discrepantes) são identificados pelos acontecimentos indesejáveis de variáveis incontroláveis ou exógenas à empresa. Se, em termos de realização de receita, uma venda muito alta e inesperada é desejável, por outro lado, em termos estatísticos e para projeção, essa tendência deve ser estudada com parcimônia pelo analista.

14.2 Utilização de programas eletrônicos

14.2.1 Previsão de embarques na Projeção Airlines

O objetivo do estudo é a determinação da quantidade esperada (projetada) de passageiros para o ano seguinte em função do crescimento verificado em anos anteriores e que foi registrado devidamente em um banco de dados pelo departamento de marketing da empresa.

Dependendo da quantidade prevista, o departamento de marketing informará ao departamento de operações técnicas a necessidade de aumentar a frequência naquela rota aérea ou, na impossibilidade, de adquirir ou contratar por meio de *leasing* novas aeronaves que possam atender a demanda. Nesse caso, haveria a necessidade de novas tripulações de bordo, o que acarretaria admissões de novos funcionários, além, é claro, de *catering* (serviços de alimentação a bordo), departamento de reservas e lojas de atendimento.

O arquivo **Séries Temporais.sta** ilustra 12 anos de embarques mensais de passageiros na empresa aérea fictícia **Projeção Airlines**.

Nesse banco de dados[3] estão representados o número de passageiros e as respectivas mudanças sazonais de março (alta) e de fevereiro e abril (baixa) que são comuns às empresas de aviação. Os meses de alta e baixa diferem dependendo do país de origem da viagem e dos destinos. Na vida real, para uma mesma empresa de aviação pode haver rotas que estejam com alta demanda (chamada de alta estação) em razão de periodicidade, rotas de demanda média (*shoulder* ou intermediária) e outras de demanda baixa (baixa estação).

É importante a identificação desse ciclo, por meio das séries temporais e da média móvel autorregressiva, quando se quer analisar fluxos financeiros em empresas cuja produção e cujas vendas ocorrem em números elevados.

14.2.2 Definindo frequências e períodos

O comprimento de onda de uma função de senos e cossenos é tipicamente expresso em termos de ciclos por unidade de tempo, que, em notação matemática, é expressa pela letra grega v. Por exemplo, o número de cartas que passam pelos postos do correio exibe comumente 12 ciclos por ano, porque no início de cada mês muitas correspondências comerciais são enviadas (faturas de cartão de crédito,

---

[3] Essa técnica não está disponível no programa demonstrativo.

contas de água, luz e gás, malas diretas de novos produtos etc.) e a quantidade vai decrescendo à medida que o mês transcorre. Durante esse período de um mês, a flutuação no total geral de objetos do correio completa seu ciclo. Assim, nesse caso, a unidade de análise seria igual a 12, pois há 12 ocorrências dessa natureza por ano.

Nem todos os ciclos são mensais. Há ciclos anuais, semanais etc. Por exemplo, nos ciclos anuais, v será igual a 1; nos ciclos semanais, v será igual a 52, uma vez que temos 52 semanas por ano.

14.2.3 Descobrindo os ciclos com o teste de Fourier

O teste de Fourier é também chamado transformada de Fourier, pois está relacionado com a identificação do padrão de comportamento cíclico que as variáveis em análise possuem.

A série de Fourier (BUTKOV, 1978) surgiu no campo da Matemática de maneira teórica e encontrou na Física aplicação para identificar ciclos de propagação de calor em sólidos.

Sabemos que as empresas, de um modo geral, possuem épocas de altas vendas, de entressafra e de vendas baixas. A análise de Fourier é apropriada para a identificação da senoide ou cossenoide representada pelo ciclo em questão.

Em nosso exemplo, com a ajuda do programa STATISTICA, poderemos identificar o ciclo da função que é determinada pelas variáveis.

Nesse caso, é possível identificar de maneira visual a existência de um ciclo de 12 meses, mas na maioria das análises isso nem sempre é tão fácil. A transformação de Fourier nos ajuda a identificar o parâmetro *Lag*, que deverá ser inserido no campo apropriado para o prosseguimento dos testes.

Inicie a análise abrindo o arquivo **Séries Temporais.sta** e selecionando ESTATÍSTICAS/MODELOS LINEARES_NÃO-LINEARES AVANÇADOS/PREVISÃO_SÉRIES TEMPORAIS:

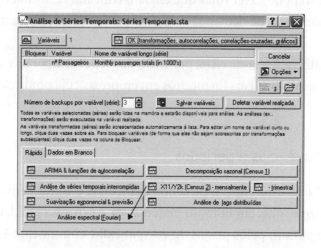

Selecione a seguir ANÁLISE ESPECTRAL (FOURIER) para identificar o ciclo desses embarques:

Capítulo 14 • Método avançado de projeção e previsão – ARIMA   323

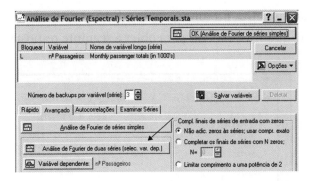

Na alça **Avançado**, selecione ANÁLISE DE FOURIER DE SÉRIES SIMPLES e ganhará como resposta esta caixa de diálogo:

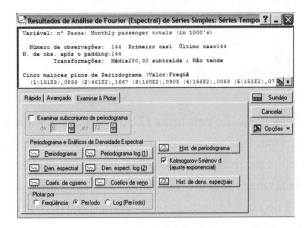

Na alça **Examinar e Plotar**, selecione PLOTAR POR PERÍODO e, a seguir, clique em PERIODOGRAMA para obter a resposta gráfica do programa.

Gráfico 14.1 Análise espectral

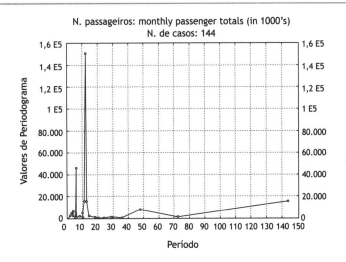

Fonte: elaborado pelos autores.

Volte para a caixa de análise ativa no canto inferior de sua tela e selecione a alça RÁPIDO ou a alça AVANÇADO. Em uma delas clique em SUMÁRIO para obter a seguinte resposta:

	Freqüênc	Período	Co-seno Coefs	Seno Coefs	Periodog	Densidad	Hamming Pesos
0	0,000000		-0,0000	0,0000	0,0	7560,14	0,035714
1	0,006944	144,0000	14,5326	-1,9252	15473,1	8093,38	0,241071
2	0,013889	72,0000	1,9889	3,9332	1398,6	6363,03	0,446429
3	0,020833	48,0000	9,8460	-4,2613	8287,4	4695,91	0,241071
4	0,027778	36,0000	0,7533	-1,8923	298,7	2431,07	0,035714
5	0,034722	28,8000	-0,3070	-3,6452	963,5	919,00	
6	0,041667	24,0000	1,3531	2,2445	494,6	519,48	
7	0,048611	20,5714	0,7847	-0,1746	46,5	484,21	
8	0,055556	18,0000	0,7816	-4,0877	1247,1	716,45	
9	0,062500	16,0000	-0,6786	-1,7621	256,7	1422,15	
10	0,069444	14,4000	0,2803	-5,1710	1930,9	10010,04	
11	0,076389	13,0909	-0,6577	-14,4734	15113,6	44230,14	
12	0,083333	12,0000	-45,4922	5,4535	151148,3	75196,73	
13	0,090278	11,0769	-3,2709	14,5353	15982,1	45213,84	
14	0,097222	10,2857	-0,7207	7,7188	4327,1	11609,41	
15	0,104167	9,6000	0,4410	4,7494	1638,1	2611,18	
16	0,111111	9,0000	0,0770	3,5148	889,9	1373,90	
17	0,118056	8,4706	-0,4206	4,4521	1439,9	1489,45	
18	0,125000	8,0000	-0,5611	5,5519	2241,9	1628,68	
19	0,131944	7,5789	-0,1950	3,5844	927,8	1207,23	
20	0,138889	7,2000	1,6675	2,6531	707,0	846,94	

Observe que no período identificado pela linha 12 ocorre o maior valor dos coeficientes de cosseno e o maior valor do Periodograma. Esse valor (12) identifica o número de períodos em que acontece a repetição ou o reinício do ciclo. Essa indicação está relacionada com os valores demonstrados pelo gráfico anterior, no qual o pico máximo exibe um valor altíssimo; além disso, é o único pico. Também está relacionado com o número 12 no eixo do período (eixo das abscissas). Esse é um dos parâmetros que no STATISTICA é chamado **Lag sazonal** ou ciclo estacional.

14.2.4 Especificações técnicas na análise ARIMA

Clique em CANCELAR para voltar à caixa de diálogo **Análise de Séries Temporais** mostrada na figura:

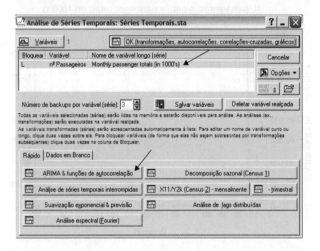

Não esqueça que, antes de iniciar uma opção, a linha que define a variável no estado em que ela se encontra no processo da análise deverá estar selecionada, como indicado na figura anterior (n. passageiros). Clique em CANCELAR novamente e, a seguir, selecione ARIMA & FUNÇÃO DE AUTOCORRELAÇÃO para que o STATISTICA responda:

Selecione a alça AVANÇADO e, em seguida, a alça EXAMINAR SÉRIES.[4]

Habilite as opções **Escala X** e ajuste o número das caixas Mínimo e Passo para refletir as variações de 1 a 12 anos, selecione a VARIÁVEL N. PASSAGEIROS e habilite o NOMES DE CASOS, como mostrado na figura seguinte:

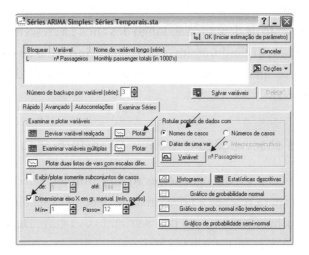

---

[4] Na versão em inglês do *software*, selecionar antes o botão **Other Transformations & Plots** (outras transformações) e, a seguir, a alça **Review & Plot** (examinar e plotar).

Por último, selecione PLOTAR. O STATISTICA responderá com o gráfico que representa a série de dados em estudo.

Gráfico 14.2 Embarques mensais de passageiros da projeção Airlines

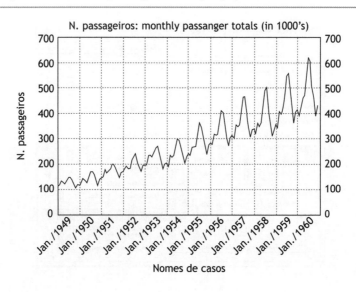

Fonte: elaborado pelos autores.

Nesse gráfico, ficam evidentes os momentos de alta e de baixa dentro de cada ano, assim como é evidente que a amplitude das alterações sazonais tem um efeito multiplicador e aumenta com o passar do tempo.

Esse fato se deve ao aumento de demanda ao longo dos anos e à crescente necessidade de ampliação da capacidade das aeronaves, expandindo, assim, a capacidade instalada de oferta.

Para se estabilizarem essas altas e baixas, serão utilizadas técnicas de diferenciação como autocorrelação e autocorrelação parcial.

14.2.5 Alisamento das observações extremas (transformação logarítmica)

De volta à alça **Avançado** da caixa de diálogo, **Séries Arima Simples**, selecione agora o botão OUTRAS TRANSFORMAÇÕES E GRÁFICOS para receber a nova caixa de diálogo (a seguir), na qual você deverá selecionar a alça $x = f(x)$ e, então, habilitar a opção LOG NATURAL (X = LN(X)). Depois, clique em OK (TRANSFORMAR SÉRIES SELECIONADAS) para transformar a série:

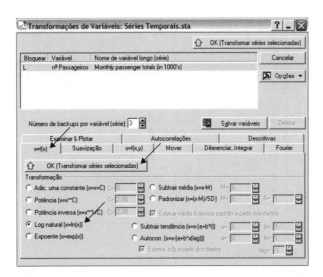

O STATISTICA responderá com um gráfico com a série temporal **suavizada**.

Observe que a série está agora mais uniforme (dentro de um mínimo e máximo) e que a amplitude das variações sazonais foi abrandada, mostra-se mais estável, estando pronta para as análises das autocorrelações.

Gráfico 14.3 Plot of variable

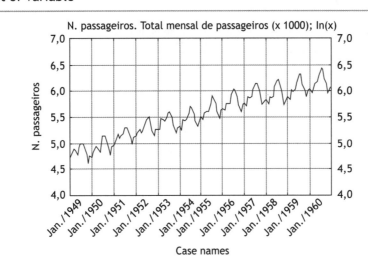

Fonte: elaborado pelos autores.

14.2.6 Autocorrelações

Na mesma caixa de diálogo, selecione a alça AUTOCORRELAÇÕES.

Mude a opção **Número de Lags** para 25 (no nosso exemplo). Esse Lag não tem relação com o ciclo de 12 meses. Ele é apenas uma amplitude para se verificar o ajuste das autocorrelações:

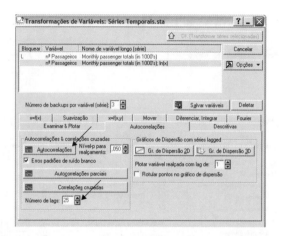

Agora, clique no botão AUTOCORRELAÇÕES, e o STATISTICA responderá com a análise de Autocorrelações com uma análise de resíduos e um intervalo de confiança de aceitação.

Deverá ser verificada a existência de correlações muito discrepantes.

Salienta-se que, para esse tipo de análise, **são indesejáveis** correlações altamente positivas (acima de 0,7). No nosso exemplo, há correlações acima de 0,7 indicadas pelo retângulo de cantos arredondados em destaque no Gráfico 14.1.

Gráfico 14.4 Função de Autocorrelação

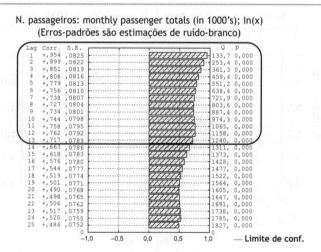

Fonte: elaborado pelos autores.

Esse tipo de transformação decorre da necessidade de analisar a correlação entre as variáveis e abrandar aquelas acima de 0,7 para diminuir a dependência serial entre elas.

14.2.7 Parâmetros de diferenciação (*Lags*)

Selecione agora a alça DIFERENCIAR, INTEGRAR:

Observe que cada transformação é registrada pelo programa e mostrada em realce. Habilite a opção DIFERENCIANDO (X = X – X(LAG)), mas **não altere** a opção Lag = 1, pois se deseja uma projeção mais adiante mês a mês.

A seguir, selecione OK (TRANSFORMAR A SÉRIE SELECIONADA), e o STATISTICA responderá com o Gráfico 14.5, já com a remoção da primeira dependência serial.

Gráfico 14.5 Primeira dependência serial removida

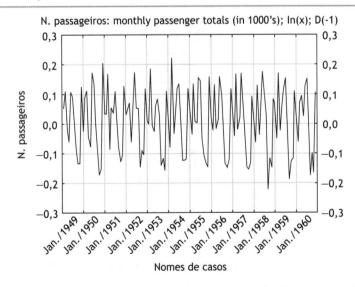

Fonte: elaborado pelos autores.

Nesse momento, a representação gráfica da série temporal exibe valores que representam a diferença entre cada valor original e o valor de seu adjacente (diferença com base móvel).

Retorne ao quadro de **Transformação de Variáveis** (que se encontrará minimizado no canto inferior esquerdo da tela de seu computador), selecione a alça AUTOCORRELAÇÕES e, por último, clique em AUTOCORRELAÇÕES:

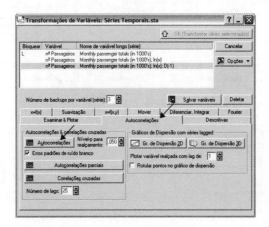

A resposta do programa será:

Gráfico 14.6 Função de autocorrelação

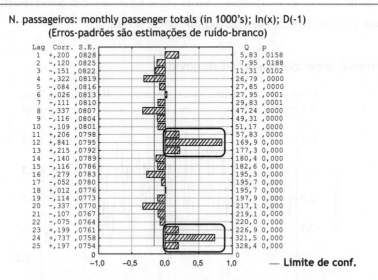

Fonte: elaborado pelos autores.

Percebe-se que, depois da transformação de primeira ordem lag = 1, a maioria das dependências seriais desapareceu. No entanto, agora ficaram expostas duas fortes tendências sazonais que estão indicadas no gráfico anterior (Função de Autocorrelação): posições 12 e 14 indicadas na numeração da coluna esquerda. Existe, assim, uma variação sazonal que se repete a cada 12 meses.

Volte ao quadro **Transformações de Variáveis**, clique na alça DIFERENCIAR, INTEGRAR e altere a opção **Diferenciando** ($x = x - x(\text{Lag})$) para 12. Deixe a série realçada no quadro **Transformações de Variáveis** como mostrado a seguir. Assim, o programa entenderá que deverá proceder a uma nova transformação, alisando a série dessa variação estacional de 12 meses:

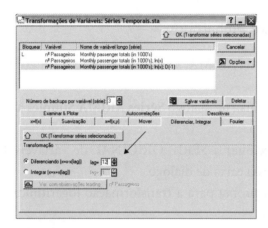

Clique em **OK** (TRANSFORMAR SÉRIES SELECIONADAS) para que o programa volte a transformar a série, removendo, assim, as duas dependências seriais restantes.

Volte agora para a alça **Autocorrelações** e, a seguir, selecione AUTOCORRELAÇÕES.

Gráfico 14.7 Função de Autocorrelação

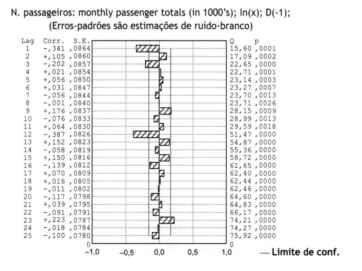

Fonte: elaborado pelos autores.

Percebe-se que, em sua maioria, as autocorrelações não desejadas foram eliminadas, apesar de existirem ainda algumas tendências (1 e 12).

Neste ponto, depende do observador realizar mais regressões ou dar-se por satisfeito e, a partir de agora, aplicar a técnica de ARIMA (autorregressão).

Como a maioria das variáveis se encontra sem nenhuma dependência serial, aplicaremos, a seguir, a ARIMA.

14.2.8 Projeção anual dos embarques

Para voltar à caixa de diálogo da ARIMA, selecione o botão CANCELAR na **Caixa de Transformação de Variáveis**.

Agora você estará com a caixa de diálogo **Séries ARIMA Simples** ativa em sua tela.

Selecione a alça AVANÇADO.

Não se esqueça de selecionar a SÉRIE ORIGINAL de variáveis **Total Mensal de Passageiros (× 1000)** na parte superior dessa caixa de diálogo.

Neste ponto, a série está pronta para a transformação logarítmica; falta, porém, a indicação dos parâmetros de autorregressão.

O leitor já se encontra na caixa de diálogo **Séries ARIMA Simples**. Na caixa **Parâmetros do Modelo ARIMA**, indique os primeiros dois parâmetros, que serão não sazonais: **P-Autorregressivo = 0, Q-Média móvel = 1**.

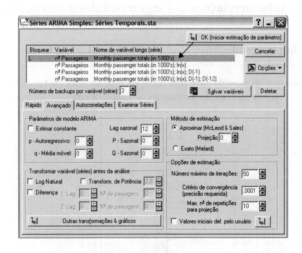

Os outros três parâmetros são sazonais: **Lag Sazonal = 12, P-Sazonal = 0 e Q-Sazonal = 1**.

Na caixa **Transformar variáveis (séries) antes da análise**, indique as variáveis de transformação, habilitando as opções **Log Natural** e **Diferença**. Mude as opções conforme segue: Diferença 1 para **Lag = 1** com **N. de Passes = 1** e Diferença 2 para **Lag = 12** com **N. de Passes = 1**. Para o **Método de estimação**, selecione **Exato (Melard)**.[5]

---

[5] A discussão sobre os prós e contras desses dois métodos pode ser encontrada na Introdução à ARIMA da Ajuda do STATISTICA ou no original de Box e Jenkins (1976).

O aspecto da caixa de diálogo deverá ser:

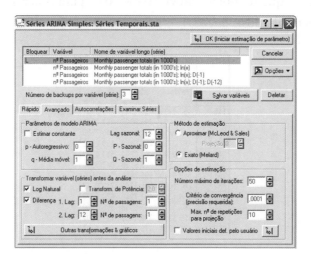

Agora selecione **OK** (INICIAR ESTIMAÇÃO DE PARÂMETRO).

O programa responderá confirmando os parâmetros de transformação, de estimação e os respectivos erros-padrões:

Selecione agora o botão SUMÁRIO ESTIMAÇÃO DE PARÂMETROS para ter os dados anteriores na forma tabular:

Parâmet.	Parâm.	Assint. Err.Pad.	Assint. t(129)	p	Inferi 95% de C	Superi 95% de C
q(1)	0,401823	0,090686	4,430945	0,000020	0,222399	0,581247
Qs(1)	0,556937	0,073949	7,531376	0,000000	0,410627	0,703246

Observe que, por serem q(1) = 0,401823 e Qs(1) = 0,556937 bem maiores que α = 0,05, indicado pelo programa como $p < 0,05$, esses estimadores são bem significantes.

Retorne para a caixa de diálogo minimizada no canto inferior de seu monitor e selecione agora a alça AVANÇADO e, a seguir, clique no botão PREVISÃO DE CASOS para obter a projeção. O programa responderá com os seguintes resultados:

CasoNº	Previsão	Inferio 90,0000%	Superio 90,0000%
145	450,3939	423,1511	479,3906
146	425,6906	395,8395	457,7928
147	478,9716	441,3850	519,7590
148	492,3758	450,0683	538,6603
149	509,0141	461,8264	561,0232
150	583,2924	525,5728	647,3510
151	669,9440	599,7494	748,3542
152	667,0088	593,4766	749,6517
153	558,1345	493,7240	630,9478
154	497,1610	437,3513	565,1500
155	429,8310	376,1138	491,2202
156	477,1891	415,4215	548,1407

A série original de 12 anos terminava no **Caso** (linha) de número 144. Agora o STATISTICA, utilizando a metodologia ARIMA, projeta mais 12 meses à frente, cujos valores de embarques projetados estão relacionados na coluna **Previsão** com um intervalo de confiança de 90%. As projeções mês a mês para o ano de 1961 estão indicadas na tabela anterior.

Essa resposta deve ser interpretada como uma sugestão de que o número médio de passageiros a ser buscado com as estratégias de marketing não pode ser inferior a 423,15 (× 1.000), sendo o razoável atingir-se 450,39 (× 1.000) e, lógico, dentro da projeção feita, não ultrapassar os 479,39 (× 1.000) passageiros. Como as variáveis estudadas foram colhidas até dezembro de 1960, o mês de número 145 representa a projeção para janeiro do ano seguinte (janeiro de 1961).

Na mesma caixa de diálogo, solicite ao programa o gráfico dessa projeção, selecionando o botão PLOTAR & SÉRIES E PREVISÃO para obter:

Gráfico 14.8 Previsões; Modelo (0,1,1)(0,1,1) Lag sazonal

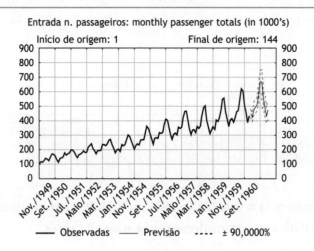

Fonte: elaborado pelos autores.

Observe também que esse gráfico contém as linhas que representam a previsão e o intervalo de confiança de 90%, mas ainda não inclui a linha de projeção para o ano de 1961.

Para completarmos o **gráfico de projeção**, com essa nova série, retorne à caixa de diálogo **Séries ARIMA Simples** e selecione a alça Avançado novamente.

Indique o retrocesso de 12 meses (145 – 12) + 1 = 133 e clique no botão Plotar séries & previsão novamente para obter o seguinte resultado:

Gráfico 14.9 Previsões; Modelo (0,1,1)(0,1,1) Lag sazonal

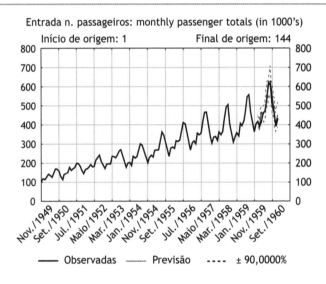

Fonte: elaborado pelos autores.

A linha cheia, que representa a projeção para o ano de 1961, ajusta-se perfeitamente entre as linhas de previsão e o intervalo de confiança.

Pode-se concluir que o método representa uma excelente ferramenta de **projeção**, e caberá aos administradores manter as respectivas empresas no rumo para atingir as metas que são projetadas a partir dessa metodologia.

Conclusão

Neste capítulo, estudou-se a importância da ARIMA – média móvel autorregressiva integrada como método de projeção e previsão. Diferente da regressão linear simples, este método possibilita a projeção de muitos períodos à frente, com frequência mensal, e ainda estabelece um intervalo de confiança para a variável projetada. Neste caso, tratava-se do embarque de passageiro, para que a Projeção Airlines pudesse decidir que tipo de equipamento (avião) deveria comprar para os próximos anos de operações e atender a demanda.

Note-se também que apesar do avanço técnico que esta ferramenta propicia, trata-se ainda de uma técnica que considera apenas uma variável por vez.

De agora em diante, poderemos estudar a presença e o efeito de múltiplas variáveis no planejamento de marketing, por meio de técnicas de estatística multivariada que propiciarão constatações ainda mais técnicas e específicas em cada caso.

15 Análise multivariada em pesquisa de marketing

Introdução

Em certos momentos, a estatística básica, da maneira já mostrada (análise univariada quantitativa), não consegue mais proporcionar todas as explicações sobre as variáveis em estudo. Inúmeras vezes, deparamos com situações em que não é possível graduar quantitativamente uma variável a ser estudada, existindo ainda variáveis qualitativas influenciadas por fatores subjetivos como utilidade, comodidade, facilidade, satisfação etc.

Em marketing especialmente, mas também em outros campos de pesquisa, as empresas deparam com a crescente demanda de analisar dados "qualitativos" e correlacioná-los com variáveis quantitativas para a tomada de decisão sobre lançamento de um novo produto, reformulação de detalhes em produtos já existentes no mercado, análise de técnicas para prevenção ou cura de moléstias, até problemas ligados à reprodução animal ou humana.

Nos problemas de contagens de frequências, as tabelas de tabulação cruzada nos auxiliam a verificar como o nosso produto ou serviço é aceito pelo mercado e em que proporções. Entretanto, não comparam seus atributos com aqueles do produto concorrente. Neste momento, entra em cena a **análise multivariada** com suas técnicas de verificação e quantificação dos relacionamentos existentes entre as variáveis em estudo.

Mais adiante, também enfocaremos exemplos de *Data Mining*, que, ao contrário do que possa parecer, não é um ramo "dissidente" da técnica estatística, mas a convergência de todas as técnicas (univariadas ou multivariadas) dessa ciência. Definições e pressupostos devem estar bem claros na mente do analista para poder aplicá-las na análise de grandes bancos de dados e para a consequente tomada de decisão gerencial.

Neste estudo, procuraremos mostrar exemplos básicos para que o leitor possa ter um primeiro contato com tais técnicas, as quais terão também o auxílio do STATISTICA nas resoluções, mostrando-lhe as diversas situações que requerem a aplicação prática desses métodos.

15.1 Pesquisa multivariada em marketing

No início deste estudo foi dito que a estatística pode analisar variáveis de forma unidimensional e multidimensional. No estudo do índice de correlação de Pearson, mesmo sendo possível aproximar dois eventos e verificar sua relação, ambas as variáveis de cada grupo tinham apenas uma dimensão.

Por exemplo, quando relacionamos o incremento em vendas com o investimento em propaganda, claramente foi definido que o investimento em propaganda era uma variável quantitativa com uma dimensão única em quantidade de moeda corrente no País. A moeda, por sua vez, ocasionava mudanças em outra variável quantitativa, que eram os resultados com vendas, que, por seu turno, também são uma variável quantitativa unidimensional medida em moeda corrente. Ambas, nesse caso, eram variáveis de mesma espécie, moeda corrente.

Fica evidente que também se pode estudar a correlação entre variáveis de espécies diferentes, mas sempre unidimensionais, por exemplo, o crescimento em centímetros de certa espécie cultivável em relação ao índice pluviométrico da estação em determinada região do País. Claramente, nesse exemplo, temos duas variáveis quantitativas de espécies diferentes, apesar de ambas serem medidas em centímetros.

A análise multivariada ajuda o observador a responder outros tipos de questões, como se certo produto tem aceitação pelo consumidor e se este se sente prestigiado ao consumi-lo de modo: distinto dos demais, muito prestigiado, moderadamente prestigiado ou pouco prestigiado. Pode ainda verificar se esse sentimento do consumidor vem de pessoas do sexo masculino ou feminino, qual seu grau de instrução, seu nível de renda individual e familiar, e o nível de consumo: se em quantidade alta, média, moderada ou baixa.

Dessa forma, a análise multivariada pode ajudar a verificar as relações existentes dentro dos grupos de respondentes e entre os grupos de respondentes a certa pesquisa ou que atendam a certo perfil de interesse.

Além disso, como já mencionado, a relação procurada poderá ser entre variáveis qualitativas, quantitativas, categóricas ou uma mistura dos três casos.

Por exemplo, uma pesquisa dentro da empresa que relacione o nível salarial com a satisfação em trabalhar pela empresa, satisfação com a chefia e diretoria, a visão de possibilidade de crescimento futuro e em que escala de valores o respondente classifica tais variáveis pelos seus anseios pessoais.

De forma geral, então, podemos definir a análise multivariada como um conjunto de técnicas estatísticas que possibilitam analisar, ao mesmo tempo, várias dimensões (multidimensional) de cada uma das variáveis em estudo.

Antes de estudarmos em detalhes as técnicas multivariadas, devemos ter de forma clara a sequência lógica de uma pesquisa.

Primeiro, deve-se definir nitidamente qual é o problema da pesquisa.

O problema de pesquisa quase sempre diz respeito ao *core business* (**atividade fim ou principal**) de uma empresa. Assim, uma empresa pode querer saber se sua marca é reconhecida como pertencente a determinado ramo de atividade econômica. Por exemplo: quando falamos Nestlé, claramente vem à mente "chocolate". Entretanto, essa empresa não atua apenas no ramo dos chocolates, e sim no ramo de alimentos. Quando falamos em Votorantim, ligamos a imagem da empresa à produção de cimento, mas ela atua em diversos segmentos, como setor bancário e financeiro, papel e celulose, alumínio, entre outros.

Se falarmos em Sadia, imediatamente pensamos em alimentos derivados da carne bovina, suína e de alguns ovíparos, como galinhas e perus. Se pensarmos em Varig, logo nos vêm à mente viagens aéreas e não lembramos as escolas de treinamento de pilotos e a atividade de manutenção de aeronaves de grande porte.

A Embraer pode representar uma fábrica de aviões comerciais, mas também fabrica aviões militares.

Claramente, em alguns casos, o nome da empresa representa por si só a atividade central ou, pelo menos, uma das suas atividades mais importantes.

À medida que o tamanho da empresa diminui, sua marca e seu produto podem não estar tão presentes na mente dos consumidores, e isso depende de diversos fatores, como utilidade do produto e marketing da empresa, entre outros. Nesses casos, o analista pode estar interessado em determinar aspectos relacionados ao *market share* (**participação no mercado**), *top of mind* (**fixação de marca**), imagem ou credibilidade que o consumidor atribui à marca.

Em muitas ocasiões, a definição do problema de pesquisa é confundida com o tipo de entrevistado para se atingir um objetivo.

Por exemplo, o problema de pesquisa para uma empresa do ramo de consultoria de marketing é saber se empresas de pequeno e médio porte têm interesse em campanhas de marketing para seus produtos por meio de uma consultoria especializada. Outro problema de pesquisa pode ser o quanto uma empresa está presente na mente do cliente quando se menciona um de seus produtos.

Após a definição do problema de pesquisa, devemos pensar no formulário de pesquisa, o qual deverá propiciar a identificação do objetivo ou significado pretendido pela empresa. Nessa fase, são definidos os formulários de pesquisa, a pergunta-filtro (que visa identificar o público-alvo da pesquisa) e os tipos de perguntas (abertas ou fechadas). Quase sempre, nessa etapa são listadas todas as perguntas que, no julgamento do analista, identificarão no público-alvo a característica de interesse do estudo. Nenhuma pergunta deverá ser descartada, por mais absurda que possa parecer. As perguntas redundantes ou que não adicionem poder de explicação à pesquisa deverão ser removidas do questionário pela aplicação de técnicas multivariadas, que serão explicadas mais adiante.

O tipo de veículo da pesquisa é também muito importante. O analista deve definir se a pesquisa será conduzida pessoalmente, por consultoria especializada, por formulários eletrônicos da internet ou por formulários enviados por correio.

As escalas envolvidas em cada uma das perguntas, como a quantidade delas que deverá ser apresentada aos entrevistados, devem ser atribuídas pelo analista (ver o Capítulo 9). Definem-se ou identificam-se a seguir os pontos físicos onde a pesquisa será conduzida, como o tipo de amostra (quase sempre aleatória simples) e seu tamanho (número de pessoas ou empresas a serem entrevistadas), com base no erro-padrão máximo que o analista deseja.

Deve-se conduzir na sequência uma pesquisa-piloto ou pré-teste, em que todas as perguntas deverão ser feitas. Depois dessa pesquisa, os resultados serão analisados com a técnica de validação de escalas.

Com o indicador *R*-quadrado ou o Alfa de Cronbach (algoritmo matemático que será ilustrado no Capítulo 16), serão identificadas as perguntas que não acrescentam poder de explicação ao modelo e as redundantes. A sua exclusão e/ou substituição por outras perguntas dependerão do analista. Uma vez estabelecido o questionário que produz o melhor modelo de explicação, será conduzida a pesquisa definitiva, considerando-se os pontos estabelecidos, a pergunta-filtro e todos os passos seguintes.

De volta com os questionários preenchidos, o(s) pesquisador(es) deve(m) entregar os dados ao analista, o qual se encarregará de tabulá-los para, então, aplicar a técnica multivariada mais apropriada. Dependendo do objetivo da pesquisa, haverá uma técnica multivariada que melhor identificará a característica em estudo.

Na Figura 15.1, ilustra-se o fluxograma do procedimento que se acabou de sugerir.

Figura 15.1 Sequência de procedimentos para elaboração e aplicação da pesquisa

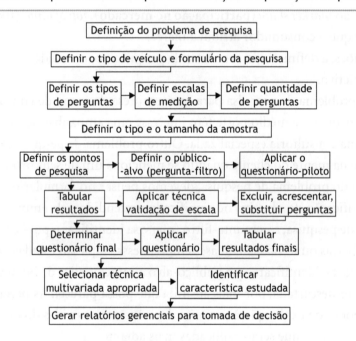

Fonte: elaborada pelos autores.

15.2 Técnicas de análise multivariada

Descreveremos brevemente a utilidade de algumas técnicas multivariadas ilustradas neste trabalho. Pode-se dividir as técnicas de análise multivariada em exploratórias de dependência e de interdependência.

As **técnicas de dependência** são aquelas que definem uma variável ou um conjunto de variáveis como "variável dependente", a qual deverá ser explicada pela(s) variável(eis) dita(s) independente(s).

As **técnicas de interdependência** são aquelas que, ao contrário da anterior, não definem dentro de um experimento quais serão as variáveis dependentes ou as independentes.

Anderson[1] sugerem uma classificação para as técnicas de análise multivariada com base na natureza e no objetivo da análise desejada pelo observador. Tal classificação toma por base três fatos:

1. Se as variáveis em estudo podem ser divididas em dependentes e independentes.
2. O número de variáveis que serão tratadas como dependentes dentro de uma única análise.
3. A forma como as variáveis dependentes e independentes são medidas.

Pode-se dizer ainda que, apesar dessa divisão, a maioria dos experimentos recai sobre técnicas de dependência, variando apenas no tipo de variáveis envolvidas (quantitativas ou não) e no número das variáveis que serão consideradas como dependentes.

15.2.1 Técnicas preparatórias ou exploratórias

São técnicas que se destinam a explorar a natureza dos dados em análise para testar os pressupostos básicos ou pré-requisitos para a aplicação dos métodos escolhidos posteriormente pelo observador. A avaliação é um passo importante para a validação dos resultados; sem ela, corre-se o risco de invalidar a pesquisa ou de se obterem conclusões equivocadas.

Algumas das mais importantes são:

■ Testes de normalidade (aderência, descrição gráfica).

■ Análise da variância ANOVA e MANOVA, que testam a igualdade das médias e se as amostras foram extraídas de populações de médias iguais.

■ Amostragem, tamanho de amostras e erro-padrão suportado pelo analista.

■ Validação das escalas ou análise de confiabilidade de escalas (*reliability and item analysis*), que explora se a estrutura da pesquisa é a mais apropriada para atingir os resultados pretendidos pelo analista. A medição do acréscimo do poder explicativo que cada variável faz ao modelo é realizada pelo coeficiente de determinação R-quadrado no STATISTICA ou pelo Alfa de Cronbach.

■ Análise de fatores (*factor analysis*), que explora as correlações entre as variáveis em estudo e ajuda a definir a estrutura dos dados para as análises subsequentes. Aconselha-se a aplicação dessa técnica de **redução** do número de variáveis a serem estudadas antes da técnica de correlação canônica, pois, com um número menor de fatores, é mais fácil interpretar e tirar conclusões.

---

[1] ANDERSON, D. R.; SWEENEY, D. J.; WILLIAMS, T. A. *Quantitative Methods for Business*, 8th Cincinnati – Ohio – USA: South-Western College Publishing, 2000. CD-ROM.

15.2.2 Técnicas de dependência

São técnicas que se utilizam das variáveis estruturadas de maneira que diversas variáveis chamadas independentes predizem ou explicam uma ou mais variáveis dependentes:

- Análise de regressão múltipla, derivada das técnicas já vistas de regressão, e que hospeda mais de duas séries de variáveis para análise.
- Análise discriminante multivariada, que busca discriminar uma observação como pertencente a determinado grupo previamente estabelecido por outras técnicas ou definido *a priori* pelo analista.
- Regressão logística LOGIT ou regressão passo a passo (*Stepwise*) – ajuda a inserir ou excluir determinada variável do processo de regressão mediante a comparação do grau de discriminação que ela adiciona ao modelo matemático que explicará a(s) variável(eis) dependente(s).
- Análise multivariada da variância MANOVA, que é uma decorrência da técnica univariada de análise da variância ANOVA, própria para hospedar mais de dois grupos de variáveis e testar as médias das respectivas populações de origem.
- Análise conjuntural (*conjoint analysis*), a qual avalia de que forma os indivíduos atribuem valores subjetivos às variáveis que norteiam suas decisões de escolha. Essa técnica é largamente utilizada nas pesquisas de marketing.
- Análise de correspondência, a qual pode ser vista como uma alternativa à análise fatorial, pois agrupa as características estudadas em torno de significados, a partir das frequências observadas.
- Correlação canônica (*canonical correlation*), a qual estuda as correlações entre dois grupos de variáveis. Suponha um estudo sobre os fatores que trazem satisfação com a projeção pessoal no campo da educação e a correlação que esses fatores possam ter com a satisfação pessoal no ambiente familiar.

15.2.3 Técnicas de interdependência

São técnicas que analisam a estrutura das variáveis em estudo, não formulando nenhum tipo de inferência a respeito da contribuição individual das variáveis para o modelo matemático a ser construído pelo analista.

- Análise de grupos (*cluster analysis*) – explora a formação de grupos entre as variáveis em estudo com características em comum. Muitos analistas preferem mencioná-la também como uma técnica preparatória, porque a utilizam para agrupar as variáveis que posteriormente serão analisadas por outras técnicas.
- Análise de escala multidimensional (*multidimensional scaling*), que, segundo a StatSoft, é outra alternativa para a técnica de análise de fatores e, assim como a análise conjuntural e a análise de correspondência, é utilizada em marketing para definir os grupos de atributos (e não apenas os

atributos singulares) que mais contribuem para a escolha de produtos, candidatos políticos etc. Essa escolha é identificada por meio das distâncias matemáticas que cada atributo tem de outro também determinante para a escolha.

- Modelagem estrutural de equações (*structural equation modeling*), a qual reúne uma série de técnicas para a modelagem final e construção de modelos de análise. Como esta técnica transcende o objetivo deste trabalho, aconselhamos sua leitura no menu de ajuda do programa estatístico STATISTICA que você já deve ter baixado do site da editora Saraiva Educação.

- Análise de séries temporais, que estuda a inter-relação entre as variáveis e sua variação (positiva ou negativa) por meio do tempo. Utilizada na análise de metas industriais de produção ou de serviços.

15.2.4 Técnicas emergentes

- Data Warehousing, técnica de manutenção de grandes bancos de dados para posterior aplicação das técnicas de análise já descritas.

- *Data Mining* (mineração de dados), técnica que engloba de forma dinâmica as demais técnicas de estatística básica e avançada conforme escolha do analista.

- Redes neurais (*neural network*) – segundo Anderson,[2] é uma técnica não matemática que explora a estrutura e a estratégia cerebral do observador-analista para construir estruturas de análise e estratégias.

- *Text Mining*, que estuda, a partir das frequências, a associação de significados, sentimentos e características preferidas pelos consumidores em torno de objetos estudados. É tema do Capítulo 24 no final do livro.

Nesta obra, entre as várias técnicas de análise multivariada existentes, serão apresentadas algumas que atendem de forma ampla às necessidades da análise mercadológica, bem como aos demais campos de pesquisa.

Não serão aqui discutidos aspectos matemáticos ou formulações de tal natureza, somente, e de **forma básica**, os métodos, e serão apresentados casos de análise resolvidos com a utilização do programa STATISTICA.

Neste ponto, é aconselhável rever os conceitos básicos sobre **variáveis**, pois eles são, na verdade, a base de toda a estrutura da análise multivariada, que, sem a correta tabulação da base de dados e do tipo de variáveis envolvidos em cada uma delas, coloca o analista em situação de errar na escolha da técnica, nos resultados e na interpretação destes.

---

[2] ANDERSON; SWEENEY; WILLIAMS, 2000.

15.2.5 Relembrando as variáveis e suas medidas

Antes de prosseguirmos, é aconselhável ao leitor relembrar os conceitos sobre os tipos de variáveis e qual delas deve ser utilizada como dependente e/ou independente nas diversas técnicas aqui descritas, inclusive para a correta construção dos bancos de dados dos quais serão extraídas as amostras para análise.

Em análise multivariada, a principal preocupação é **como são medidas as variáveis**.

15.2.6 Variáveis qualitativas (não métricas)

Resultam da classificação não quantitativa das observações. São informações a respeito das variáveis – e uma condição exclui automaticamente a outra.

Exemplos

População: peças
Variável qualitativa: boas ou defeituosas (não há como ter uma peça boa e defeituosa ao mesmo tempo)
População: candidatos a vagas de médicos em um hospital
Variável qualitativa: sexo masculino ou feminino (o candidato só poderá ser do sexo masculino ou feminino)

Em alguns casos, quando determinados tipos de análise multivariada requererem, as variáveis **qualitativas (não métricas)** precisam ser transformadas em **variáveis quantitativas**. Essa técnica é conhecida como atribuição de **variáveis fictícias** (*dummy variables*), em que, normalmente, para um dos atributos expressos pela variável é atribuído o valor **1**, e para o outro, o valor **0**.

Essa condição deve ser previamente projetada na construção da base de dados que será utilizada nas análises.

15.2.7 Variáveis quantitativas (métricas)

Seus valores são expressos em números; podem ser discretas ou contínuas.

Discreta, quando seu valor estiver contido em um intervalo razoável e pequeno. São representações numéricas. É também chamada de **categórica** (não confundir com categoria), pois representa uma **escala nominal de valores**, atestando um único **valor ou informação**.

Exemplo 1

> População: número de aparelhos de som produzidos
> Variável quantitativa discreta: número de defeitos por unidade produzida
> **Contínua**, quando a mensuração de seu valor no experimento puder assumir magnitudes diferentes em escalas contínuas de medidas (altura, peso, índice pluviométrico).

Exemplo 2

> População: casas de uma pequena cidade
> Variável quantitativa contínua: consumo de energia elétrica

Chama-se a atenção para o fato de que uma variável que identifica níveis de satisfação – por exemplo, *satisfação* com uma rede de lojas (que pode ir de totalmente satisfeito a totalmente insatisfeito) – é frequentemente confundida com uma variável qualitativa.

Na verdade, a esse julgamento subjetivo (informação de satisfação) se anexa uma **escala de valores** que poderá ser percentual (de 0 a 100%) ou representativa (de 0 a 10).

15.2.8 Variável dependente

São o efeito, a reação ou a resposta às mudanças da variável independente.

Em análise discriminante, são referidas como as variáveis que serão determinadas (preditas ou estimadas) pelas mudanças ocorridas ou pelo comportamento das variáveis independentes.

15.2.9 Variável independente

São as que predizem (estimam, determinam) as causas das mudanças nas variáveis dependentes.

Exemplo 3

> Independente: índices financeiros de empresas no Estado de São Paulo
> Variável dependente: situação financeira boa ou ruim

Os índices financeiros determinam ou predizem a situação financeira (qualitativa) das empresas. Nesse caso, a **variável dependente é qualitativa**, e para a utilização de alguns tipos de ferramentas de análise multivariada, deve-se usar a técnica de atribuição de **variável fictícia (0 e 1)**.

15.2.10 Como o STATISTICA enxerga as variáveis

Cada técnica estatística admite certo tipo de variáveis. As variáveis dependentes e as independentes podem assumir naturezas diversas. Dependendo da técnica multivariada, será exigido que a variável dependente ou a independente tenha natureza específica, além de determinar a forma de tabulação.

A Figura 15.2 mostra esquematicamente as diferenças entre variáveis quantitativas e qualitativas, como a natureza de ambas.

Figura 15.2 Comparação esquemática entre as variáveis quantitativas e qualitativas

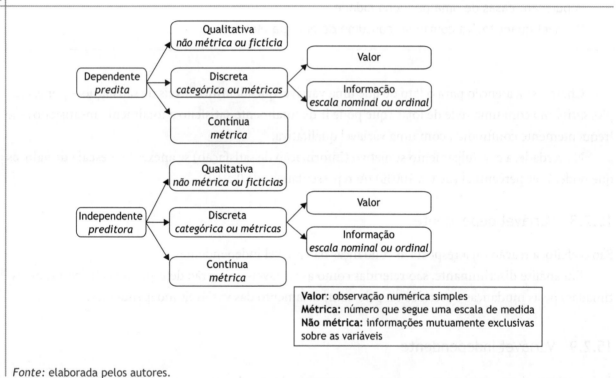

Fonte: elaborada pelos autores.

15.2.11 Relações entre as variáveis nas técnicas de análise multivariada

O quadro a seguir ajudará na definição dos parâmetros "variáveis" quando da utilização das técnicas multivariadas.

Quadro 15.1 Relações entre as variáveis nas técnicas multivariadas

Técnica multivariada	Variável dependente	Variável independente
Regressão múltipla	Uma variável quantitativa (métrica)	Duas ou mais variáveis quantitativas (métricas)
Análise discriminante	Uma variável qualitativa (não métrica) categórica e dicotômica. Exemplo: homem ou mulher; ou alto, médio, baixo; ou bom, ruim	Duas ou mais variáveis quantitativas (métricas)
Análise multivariada da variância — MANOVA	Duas ou mais variáveis quantitativas (métricas)	Uma variável qualitativa (não métrica)
Correlação canônica	Duas ou mais variáveis quantitativas (métricas)	Duas ou mais variáveis quantitativas (métricas)
Análise de grupos (*Cluster*)	Todas as variáveis, quantitativas e/ou qualitativas (métricas e/ou não métricas)	Depende da técnica que será aplicada após a formação do(s) grupo(s)
Modelos de probabilidade linear LOGIT. Combinação da regressão múltipla e da análise discriminante	Uma variável qualitativa (não métrica)	Duas ou mais variáveis quantitativas (métricas) ou qualitativas (não métricas)

Fonte: elaborado pelos autores.

Conclusão

Neste capítulo procurou-se mostrar as principais técnicas de estatística multivariada dentro de suas classificações metodológicas e as possibilidades de aplicações em marketing.

As classificações e definições apresentadas servirão para que possamos decidir qual técnica é a mais apropriada para cada situação e entender as suas aplicações nos capítulos seguintes.

A aplicação das técnicas de análise multivariada em marketing ocorrerá nos próximos capítulos, por meio de exemplos e estudos de casos em diversas situações de pesquisa mercadológica.

16 Validação de escalas

Introdução

O objetivo deste capítulo é apresentar ao leitor diversas considerações sobre a validação de escalas utilizadas nas pesquisas de marketing. A validação de escala é um dos primeiros passos a serem tomados pelo analista, pois legitima o seu arcabouço de ideias de como provar cientificamente o fenômeno observado. A esse arcabouço de ideias chama-se **constructo**.

Assim, o *constructo* é o conjunto científico formado por teorias existentes, técnicas utilizadas tanto para a coleta de dados como para, com sua análise, estabelecer-se as variáveis apropriadas, o que se deseja detectar com as medições efetuadas por elas até que a verdade que se procura seja provada.

Por exemplo, no campo da psicologia, as medições sobre as atitudes que definem a personalidade das pessoas devem ser feitas de maneira científica antes de tentarmos provar qualquer teoria sobre o que leva um indivíduo a agir e como ele o faz, sob condições normais ou extremas como as de perigo. De maneira geral, podemos dizer que, se falharmos na escolha das variáveis e nas medições que identificam certo comportamento, falharemos a seguir em predizer as escolhas feitas e as atitudes tomadas por esses mesmos indivíduos.

Nesse aspecto, as técnicas de validação de escala nos ajudam a avaliar se as variáveis utilizadas em nosso *constructo* e as suas respectivas medições possuem significado científico ou se as escalas já utilizadas propiciam a exatidão necessária para as análises e conclusões a que se destinam.

O que foi exposto até agora nos induz a pensar que podemos utilizar essa técnica para construir questionários mais confiáveis a partir de questionários-piloto. Essa é exatamente a ideia a que se propõe esta técnica, além, é claro, de validar questionários já existentes que nunca tenham passado por uma análise mais detalhada no quesito **confiabilidade**.

A avaliação da confiabilidade de uma ou mais variáveis e da escala ou escalas subsequentemente formadas por elas é baseada na correlação entre a variância da variável em questão e a variância total calculada com todas as variáveis, ou seja, no que elas possuem em comum.

350 Pesquisa de marketing

Existem inúmeras teorias para validar escalas, as quais se apoiam em algoritmos matemáticos cuja explicação foge ao escopo deste livro. Entretanto, ilustraremos um deles, que é mais comumente utilizado: o indicador **Alfa de Cronbach**.[1]

16.1 Considerações e erros associados às escalas

Suponha que se queira construir um questionário para avaliar o conceito *a priori* que as pessoas têm a respeito dos **automóveis importados**. Podemos iniciar o questionário escolhendo uma escala diferencial semântica (ver Capítulo 9) graduada de 1 discordo totalmente até 9 concordo totalmente.

Logo após, começamos a esboçar perguntas ou asserções que consideramos que revelarão os sentimentos existentes nas pessoas a respeito do assunto estudado. Por exemplo, "os carros importados são muito parecidos" ou "todos os carros importados carecem de personalidade".

Independentemente de tais afirmações poderem reproduzir a realidade do que as pessoas pensam sobre o objeto da pesquisa, o analista considera que elas, inclusive a forma como são medidas, refletirão a realidade ou a essência do julgamento que as pessoas fazem dos carros importados. E mais: o analista espera um percentual de erro nessa medição, atribuído a fatores subjetivos de cada indivíduo.

Se o respondente, nos dias anteriores à pesquisa, sentiu-se inferiorizado pelo fato de que seu chefe – de quem ele não gosta muito – comprou um carro importado novo, provavelmente reforçará o aspecto de que o carro é feio. Claro que esse julgamento recebeu interferências externas e subjetivas não pertencentes ao objeto analisado, acrescentando ao indicador ou variável o que os matemáticos definem como **ruído** ou **erro**, que influenciará o resultado da pesquisa.

Esse pensamento reflete a essência dos modelos de teste, em que a medida ou variável X é uma função de sua habilidade e exatidão em mensurar o fenômeno (T) mais o erro aleatório associado a esse fenômeno.

16.2 Medindo a confiabilidade da escala

A confiabilidade ou exatidão de uma pesquisa depende não só do que é perguntado, mas também de como se pergunta. Dependendo desses dois elementos, a exatidão e o erro aumentam ou diminuem.

Por exemplo, se em vez da asserção "os carros importados são feios" disséssemos "os carros verdes importados são feios", provavelmente acrescentaríamos mais ruído (erro) à variável e à pesquisa, pois estaríamos acrescentando à variável outro caráter, que é a preferência pela cor, aliado à preferência pelos carros importados. Assim, a resposta poderia estar carregada da preferência pela cor em vez de considerar o objetivo da asserção, que se refere ao veículo essencialmente.

---

[1] CRONBACH, L. J. Coefficient alpha and the internal structure of tests. *Psychometrika*, Cambridge, v. 16, n. 3, p. 297-334, Sept. 1951.

Pelo exposto até aqui, podemos entender que um indicador de confiabilidade em uma escala de medida pode ser definido em termos da variância proporcional de T (exatidão) – que pode ser detectada por meio de cada uma das variáveis – relativa à variância total observada entre todas as variáveis. Podemos esquematicamente escrever que a:

$$Confiabilidade = \frac{\sigma^2 exatidão\ T}{\sigma^2 total\ observada}$$

16.2.1 Confiabilidade da somatória das escalas das variáveis

É lícito pensar que, ao acrescentarmos mais variáveis – que a princípio podem ser mais ou menos confiáveis na detecção do sentimento dos respondentes – e considerarmos o erro como uma aleatoriedade, podemos esperar que a soma dos erros tenda a zero se entendermos que o erro de uma resposta pode ser anulado pelo da outra resposta a outra variável.

Podemos, então, afirmar que, quanto mais variáveis confiáveis adicionamos ao modelo, maior será sua confiabilidade e menor o seu erro.

Em outras palavras, se o analista pretende medir jacarés com um galho de 1 metro, medindo cada animal uma vez apenas, poderá ter uma ideia aproximada do comprimento da população de jacarés da região, pois seu padrão de medida não é exato, enquanto só é possível medir o animal em "múltiplos de galhos". Se ele somar as medidas individuais e tirar a média do comprimento (exatidão), minimizará o erro causado, por exemplo, pelas movimentações ou contrações do animal ocasionadas pelo seu manuseio (erro).

16.2.2 O índice Alfa de Cronbach

O indicador Alfa de Cronbach considera a variância de cada variável medida em relação à variância total, entre todas as medições de cada variável do modelo.

A variância da soma total das escalas será menor do que a soma das variâncias de cada item considerado individualmente.

Segundo a StatSoft, a variância da soma de dois itens é igual à soma das duas variâncias menos duas vezes a covariância entre eles, isto é, a variância da exatidão medida nos dois itens.

Escreve-se como:

$$\alpha = \left[\frac{k}{(k-1)} \right] \times \left[1 - \sum \frac{S_i^2}{S_{soma}^2} \right]$$

Em que:

S_i^2 é a variância individual dos k itens considerados na pesquisa;

S_{soma}^2 é a variância da soma de todos os itens medidos.

352 Pesquisa de marketing

Se, por acaso, em um exemplo absurdo, as variáveis refletirem apenas erros e nenhuma exatidão, a variância da soma será idêntica à soma das variâncias de cada item considerado individualmente. Nesse caso, o segundo termo da expressão será igual a zero, o que fará resultar o Alfa de Cronbach em **zero** também. Isso reflete a pouca exatidão do modelo.

Em outras palavras, quanto mais próximo o Alfa de Cronbach for de 1, maior será a exatidão refletida pelo item (variável) perguntado ou afirmado.

16.2.3 Consistência interna do modelo

De maneira geral, o conjunto de variáveis (perguntas, asserções, negações, perguntas abertas, fechadas etc.) que chamamos de modelo será mais exato quanto mais houver consistência interna do modelo, ou seja, diminuírem os erros causados pelas perguntas que contribuem pouco para o total da sua confiabilidade.

Em termos matemáticos, a confiabilidade do conjunto de perguntas que formam o formulário de pesquisa dependerá das escalas dessas perguntas, e aceita-se como um indicador da validação dessa escala o Alfa de Cronbach. Quanto mais próximo esse indicador for de 1, maior é a consistência interna do modelo.

O programa estatístico testa a consistência interna do modelo e aponta para o acréscimo possível nessa mesma confiabilidade mediante o Alfa de Cronbach. A indicação na resposta do programa será mostrada adiante, mas podemos antecipar que se refere ao aumento do Alfa se determinada variável for removida do modelo.

Aqui o analista deve tomar muito cuidado, pois, apesar do posicionamento teórico de que o Alfa deve ser o maior possível, pesquisas de campo raramente atingem níveis acima de 0,7. Podemos afirmar – mas sem impor – que, se o analista conseguir qualquer número acima de 0,6, poderá dar-se por satisfeito.

No entanto, a remoção sistemática das variáveis menos significativas do modelo de pesquisa, sem a adição de novas tentativas, poderá, em termos matemáticos, aproximar o indicador do nível mais expressivo, que é 1, mas pode acontecer que, ao olharmos o número de variáveis remanescentes, tenham sobrado apenas duas, o que, então, não será significativo para o modelo. Por isso, recomenda-se muita cautela com essa técnica.

Por último, outras técnicas de agrupamento, como a análise de conglomerados (*Clusters* ou grupos) e a análise fatorial, também possuem outros indicadores que possibilitam remover as variáveis do modelo caso o analista verifique sua baixa contribuição ou sua ineficácia. Destaca-se entre eles o Kaiser-Meyer-Olkin (KMO), que será detalhado no Capítulo 17.

16.3 Utilização do STATISTICA

Considere-se uma pesquisa fictícia de 10 itens de percepção sobre carros importados respondida por 100 estudantes universitários. O analista deseja refinar o conteúdo do questionário assegurando a confiabilidade por meio da alta consistência interna.

As variáveis fictícias são:

1. Carros importados possuem o mesmo aspecto.
2. Devemos dar preferência aos carros nacionais.
3. Carros importados não possuem muito espaço interno.
4. Os carros nacionais são construídos com o mesmo padrão.
5. Carros importados são geralmente muito caros.
6. Carros importados utilizam tecnologia estrangeira.
7. Carros importados não têm personalidade.
8. Carros importados não possuem qualidade maior que os nacionais.
9. Carros importados deixam a desejar na sua essência.
10. Carros importados não são melhores que os nacionais.

Iniciemos a análise abrindo no *site* da editora Saraiva Educação, disponível em: <http://www.saraivauni.com.br/9788547220938>, o arquivo **10-itens.sta**, que terá este aspecto:

	1 ITEM1	2 ITEM2	3 ITEM3	4 ITEM4	5 ITEM5	6 ITEM6	7 ITEM7	8 ITEM8	9 ITEM9	10 ITEM10
1	4	5	4	6	4	7	4	6	6	3
2	4	3	4	5	5	4	4	4	2	4
3	4	4	3	5	7	5	3	5	5	3
4	4	3	6	5	4	2	5	3	6	4
5	4	6	7	5	5	3	4	5	5	2
6	5	6	6	8	4	5	6	7	7	7
7	5	5	5	5	6	6	5	5	5	5
8	4	3	2	5	5	5	3	2	4	3
9	4	4	5	3	7	4	4	5	5	4
10	4	3	5	3	1	3	4	5	6	4

Selecione ESTATÍSTICAS/TÉCNICAS EXPLORATÓRIAS MULTIVARIADAS/ANÁLISE DE ITEM/CONFIABILIDADE. Na alça **Avançado**, aceite as opções-padrão indicadas pelo programa.

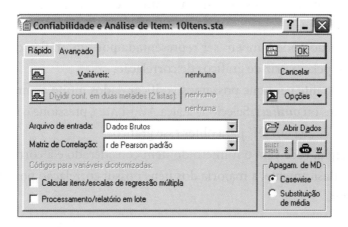

A seguir, clique no botão VARIÁVEIS, selecione TODAS AS VARIÁVEIS e clique em OK e OK novamente para obter esta caixa de diálogo:

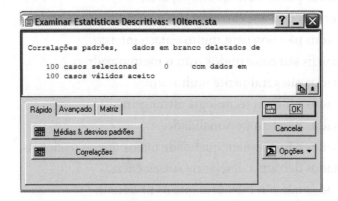

16.3.1 Matriz de correlação

Vamos examinar a matriz de correlação entre todas as variáveis. Clique no botão CORRELAÇÕES do quadro anterior. O sistema responderá com a seguinte tabela:

variável	ITEM1	ITEM2	ITEM3	ITEM4	ITEM5	ITEM6	ITEM7	ITEM8	ITEM9	ITEM10
ITEM1	1,000	0,576	0,491	0,428	0,040	0,139	0,539	0,375	0,396	0,500
ITEM2	0,576	1,000	0,464	0,361	-0,025	0,115	0,569	0,552	0,442	0,468
ITEM3	0,491	0,464	1,000	0,364	0,110	0,048	0,377	0,353	0,293
ITEM4	0,428	0,361	0,364	1,000	0,055	-0,043	0,267	0,353	0,418	0,369
ITEM5	0,040	-0,025	0,110	0,055	1,000	0,026	0,008	0,132	-0,036	0,007
ITEM6	0,139	0,115	0,048	-0,043	0,026	1,000	0,141	0,098	0,068	0,088
ITEM7	0,539	0,569	0,468	0,267	0,008	0,141	1,000	0,441	0,288	0,432
ITEM8	0,375	0,552	0,377	0,353	0,132	0,098	0,441	1,000	0,411	0,515
ITEM9	0,396	0,442	0,353	0,418	-0,036	0,068	0,288	0,411	1,000	0,405
ITEM10	0,500	0,468	0,293	0,369	0,007	0,088	0,432	0,515	0,405	1,000

A princípio, todas as correlações são positivas, com exceção para algumas negativas, como a indicada no retângulo em negrito.

A matriz de correlação pode também ser representada por um gráfico de dispersão das variáveis tomadas duas a duas ou pela matriz de gráficos de correlação.

Essa matriz é importante para que possamos verificar dados muito acima ou abaixo dos demais e denominados discrepantes ou *outliers*. Selecione a alça AVANÇADO, pressione o botão MATRIZ DE GRÁFICO DE DISPERSÃO e, a seguir, clique em OK para obter esse gráfico.

Na diagonal principal, você verá o número do item considerado e a correlação (positiva ou negativa) com outros itens. Basicamente, a maioria dos itens possui correlação positiva e não há evidências de variáveis discrepantes.

16.3.2 Elementos descritivos

Na mesma sessão do programa (alça Rápido), selecione o botão MÉDIAS E DESVIOS-PADRÕES e obterá a seguinte resposta:

variável	Média	DesPad
ITEM1	4,500000	1,445998
ITEM2	4,740000	1,260271
ITEM3	4,700000	1,352140
ITEM4	4,480000	1,321768
ITEM5	4,590000	1,477747
ITEM6	4,550000	1,479660
ITEM7	4,650000	1,366075
ITEM8	4,780000	1,396822
ITEM9	4,670000	1,421729
ITEM10	4,450000	1,416889

Podemos notar que todas as variáveis possuem médias e desvio-padrão muito próximos.

No menu principal, selecione GRÁFICOS/HISTOGRAMA, logo após clique no botão VARIÁVEIS e indique o ITEM 1 para que o programa lhe ofereça o histograma dessa variável individual, como a comparação de suas frequências com o padrão normal esperado.

Gráfico 16.1 Histograma (10 itens.sta 10v*100c)

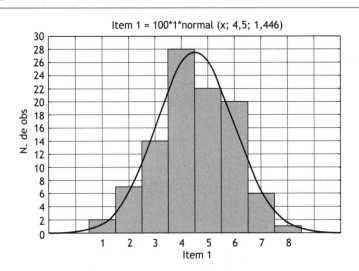

Fonte: elaborado pelos autores.

A normalidade das variáveis deverá ser examinada todas as vezes. É sempre desejável esse comportamento. Variáveis bimodais ou multimodais indicam que a população pode ser considerada não homogênea, o que compromete a consistência interna do modelo, pois a variável poderá discriminar bem entre dois grupos de indivíduos (aqueles representados pelas duas modas), mas não consegue identificar diferenças entre os indivíduos dentro de cada um dos grupos.

Na caixa de diálogo (examinar estatísticas descritivas), clique em GRÁFICOS DE BOX E WHISKER. A seguir, selecione todas as variáveis e, depois, **OK**. O programa responderá com uma caixa de diálogo na qual o analista deverá escolher o melhor tipo de gráfico conforme sua necessidade de análise:

São quatro as opções:

1. Mediana/Quartis/Faixa (amplitude).
2. Média/Erro-padrão da média/Desvio-padrão.
3. Média/Desvio-padrão e 95% ($Z_i = 1{,}96$) de intervalo de confiança para o desvio-padrão.
4. Média/Erro-padrão e 95% ($Z_i = 1{,}96$) de intervalo de confiança para o erro-padrão.

A mais utilizada é a opção-padrão. A seguir, clique em **OK** e obterá a resposta como no Gráfico 16.2.

Gráfico 16.2 Gráfico Box e Whisker

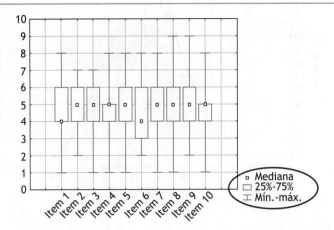

Fonte: elaborado pelos autores.

Esse tipo de gráfico é fundamental para identificar se a distribuição das variáveis individuais é simétrica. Variáveis como as do item 5 possuem boa simetria, enquanto variáveis como as do item 3, nem tanto.

Gráfico 16.3 Histograma (10 itens.sta 10v*100c)

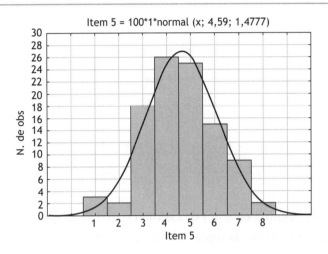

Fonte: elaborado pelos autores.

Gráfico 16.4 Histograma (10 itens.sta 10v*100c)

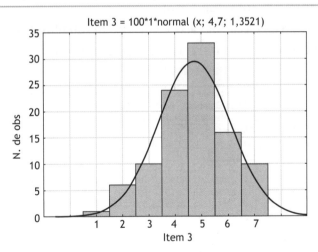

Fonte: elaborado pelos autores.

16.3.3 Medindo e avaliando a consistência interna

Volte para a caixa de diálogo **Examinar Estatísticas Descritivas** e, a seguir, clique em **OK** para obter esta resposta:

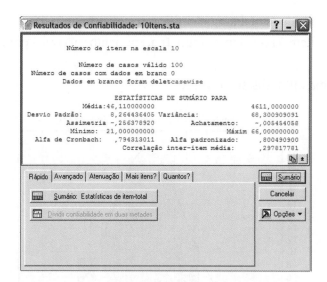

Observem-se os valores muito pequenos de assimetria e curtose, que, por si só, constituem excelentes indicadores da normalidade da escala representada pela somas de todas as variáveis. De fato, quando isso acontece, pode-se esperar que o indicador Alfa de Cronbach tenha valores próximos de 1. Em nosso exemplo, para as 10 variáveis do quadro **Resultados de Confiabilidade: 10Itens.sta** mostrado anteriormente, esse indicador foi de 0,79431. Isso garante que as variáveis conseguem extrair 79% da variabilidade do modelo. Em outras palavras, as perguntas feitas extraíram 79% do ***constructo*** que se deseja formar e indicam que apenas 21% constituem erro.

Para continuar a avaliação da escala, na caixa de diálogo **Resultados de Confiabilidade: 10Itens.sta**, pressione o botão S<small>UMÁRIO</small>: <small>ESTATÍSTICAS DE ITEM-TOTAL</small> para a resposta a seguir:

variável	Média se deletado	Var. se deletada	DesPad s deletado	Itm-Totl Correl.	Alfa se deletado
ITEM1	41,61000	51,93790	7,206795	0,656298	0,752243
ITEM2	41,37000	53,79310	7,334378	0,666111	0,754691
ITEM3	41,41000	54,86190	7,406882	0,549226	0,766778
ITEM4	41,63000	56,57310	7,521509	0,470852	0,776015
ITEM5	41,52000	64,16961	8,010593	0,054609	0,824907
ITEM6	41,56000	62,68640	7,917474	0,118561	0,817907
ITEM7	41,46000	54,02840	7,350401	0,587637	0,762033
ITEM8	41,33000	53,32110	7,302130	0,609204	0,758992
ITEM9	41,44000	55,06640	7,420674	0,502529	0,772012
ITEM10	41,66000	53,78440	7,333785	0,572875	0,763314

Sumário para escala: Méd46,1100 DesPa8,26444 N vál
Alfa de Cronbach,794313 Alfa padronizado: ,800491
Corr. inter-item média: --,297818

Perceba que nas colunas **Item-Total Correlação** e **Alfa se deletado** (excluído) os itens 5 e 6 são aqueles que exibem a menor contribuição em termos de correlação (0,0546 para o item 5 e 0,1185 para o item 6). Então, se esses itens forem excluídos, o Alfa de Cronbach, que indica o poder de explicação do modelo escalar ou a consistência interna das variáveis, aumentará para 0,824 ou 82,4% e, depois, para 0,8549 ou 85,49%.

Se voltarmos para a caixa de diálogo atual e pressionarmos cancelar, teremos de volta a possibilidade de selecionar as variáveis do estudo. Fazendo isso, selecionando as variáveis *sem os itens 5 e 6* (removidos de uma só vez) e repetindo os passos indicados anteriormente, teremos do programa a nova resposta, mostrada a seguir:

Como a consistência interna inicial era de 79%, caberá ao analista avaliar se o ganho de aproximadamente 3 pontos, se excluída a variável número 5, e o ganho de 6 pontos pontos percentuais, se excluída a variável de número 6, justificam a exclusão desses dois itens, como ele poderá optar por mantê-los no modelo.

Conclusão

A técnica de análise da confiabilidade das variáveis nos ajuda a construir formulários de pesquisa que forneçam maior poder de explicação sobre o fenômeno estudado. O emprego dessa técnica depende, entretanto, da experiência do analista e do bom senso – bom senso que passa por conhecimentos interdisciplinares de sociologia e psicologia, por exemplo. O correto emprego das asserções ou perguntas, aliado a uma escala capaz de captar todos os sentimentos do respondente, adiciona credibilidade à pesquisa, dá segurança na aplicação de técnicas subsequentes a esta e fornece informações de extrema relevância para a tomada de decisão em marketing, como em outros campos de pesquisa.

17 Análise fatorial

Introdução

A análise fatorial é uma técnica da estatística multivariada muito utilizada em marketing por diversos motivos. Os dois principais motivos estão ligados à redução do número de variáveis quando se constrói um modelo de análise e à classificação das variáveis de modo que exibam a **estrutura** latente (subjetiva) que porventura exista entre elas.

O terceiro motivo deriva desses dois primeiros: a análise de fatores é uma ferramenta válida para detectar a redundância de variáveis que o analista queira ingressar no referido modelo enquanto tenta construí-lo.

A princípio, pode parecer difícil compreender a terminologia utilizada e relacioná-la com outras técnicas. Tentaremos esclarecer o significado e o propósito dessa técnica multivariada com exemplos práticos.

Vamos supor inicialmente que um analista queira estudar o potencial do mercado exportador de certo produto de consumo popular e tenha à disposição um banco de dados com duas variáveis que representam a magnitude das exportações, uma em moeda local do seu país e outra variável, com o mesmo valor convertido no seu equivalente em dólares norte-americanos.

A pergunta que vem a seguir é: Será que a utilização de ambas as moedas na construção do modelo matemático de análise modificará os resultados ou conclusões só porque existem dois valores de moedas que, na verdade, são equivalentes?

Logicamente, não. Se o valor em dólares aumentar, isso também acontecerá com o valor em moeda local e vice-versa.

A magnitude das exportações não se alterou nem se alterará, independentemente da maneira como elas forem medidas.

A análise fatorial ajudará o analista a identificar quais variáveis são redundantes, e, assim, excluí-las do modelo, bem como ajudará a agrupar o significado comum com outras variáveis que estejam latentes e imperceptíveis.

O exemplo a seguir nos ajudará a entender melhor a aplicação desta importante ferramenta estatística na pesquisa de marketing.

17.1 Análise fatorial

Suponhamos outro estudo no qual se deseja estabelecer a satisfação do cliente com a marca de um produto e que, no formulário de pesquisa, estejam presentes duas perguntas para as quais o respondente deverá atribuir notas de 0 a 10: uma, relacionada com a **satisfação com o produto**, e a outra, com a **satisfação** que o cliente sente **pela empresa** que o fabrica.

O senso comum nos alerta que é quase impossível algum consumidor estar satisfeito com um produto se não estiver satisfeito com a empresa que o fabrica e, consequentemente, com a marca. Então, é implícito que se pense em uma correlação entre os graus de satisfação, e que essa correlação seja de natureza positiva.

Tabela 17.1 Satisfação produto × empresa

Cliente	Satisfação com o produto	Satisfação com a empresa
1	9	9
2	5	7
3	3	4
4	9	10
5	8	9
6	8	8
7	6	8
8	7	9
9	8	10
10	6	8
11	7	8
12	9	10

Fonte: elaborada pelos autores.

O cálculo da correlação entre as duas variáveis demonstra a existência de uma correlação altamente positiva (0,9114):

	Satisfação com o produto	Satisfação com a empresa
Satisfação com o produto	1	
Satisfação com a empresa	0,911427328	1

E seu respectivo gráfico de correlação indica o forte agrupamento dos pontos que representam as variáveis em análise em torno da reta de regressão (a maioria dos pontos está dentro do intervalo de confiança de 95%). Observe também, ao se atribuir à variável Empresa (satisfação com) o *status* de variável dependente, que a resposta gráfica do sistema inclui a equação de regressão (Empresa = 2,4492 + 0,830 × Produto).

Gráfico 17.1 Gráfico de dispersão: produto × empresa (apagamento casewise de MD)

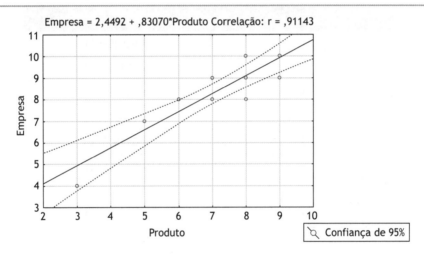

Fonte: elaborado pelos autores.

Assim, duas perguntas emergem dessa constatação. A primeira: não seriam as duas variáveis redundantes? E a segunda: Não seria possível combinar as duas variáveis em uma única nova variável (único **fator**) que as combinasse e produzisse o mesmo efeito?

A resposta é sim para ambas, e a técnica que pode realizar esse efeito já foi vista neste trabalho, chama-se **regressão**.

De fato, sendo as duas variáveis em questão altamente relacionadas, pode-se calcular a equação de regressão linear entre as duas variáveis e, atribuindo-se valores à variável independente dessa equação, obter os pontos sobre a curva (reta) como representativos das características de ambas as variáveis correlacionadas.

Então, se pensarmos que a equação de regressão desse exemplo é dada pelos coeficientes:

	Coeficientes
Interseção	2,449209932
Produto	0,830699774

O resultado será uma equação $Y = 2,449 + 0,830 \times X$, sendo a variável dependente a Satisfação com a Empresa, e a independente, a Satisfação com o Produto.

Dessa forma, os valores sobre a reta de regressão serão os que estão relacionados na coluna "Previsto(a) Empresa", representantes dos valores que expressam os dois sentimentos de satisfação, com a empresa e com o produto:

Observação	Previsto(a) empresa
1	9,925507901
2	6,602708804
3	4,941309255
4	9,925507901
5	9,094808126
6	9,094808126
7	7,433408578
8	8,264108352
9	9,094808126
10	7,433408578
11	8,264108352
12	9,925507901

Em outras palavras, as séries de dados que representavam as duas variáveis foram combinadas em um único **fator**. Daí o nome da técnica, análise de fatores.

Cada vez que combinarmos diversas variáveis em um fator reduziremos o número de variáveis à disposição para o modelo e, por isso, essa técnica permite a análise preliminar do banco de dados à disposição do analista com o objetivo de reduzi-lo a um número menor de variáveis, combinando-as em fatores que tenham o mesmo significado das variáveis que os originaram.

O gráfico a seguir foi feito a partir do arquivo **Avaliação_Shopping_Matrix2.sta**, que consta no *site* da editora Saraiva Educação, disponível em: <http://www.saraivauni.com.br/9788547220938>, e ilustra o agrupamento (correlação) que ocorre entre diferentes variáveis, no caso, Shows, Cinema e Espaço Cultural de um exemplo fictício sobre avaliação de serviços de um shopping center.

Uma precaução deve ser tomada. O fato de que duas variáveis estejam correlacionadas numericamente não significa que entre elas haja uma correlação conceitual. Podemos ter sequências numéricas que aumentam ou diminuem ao mesmo tempo que outras, mas essa variação nada tem a ver com o conceito das duas variáveis.

Gráfico 17.2 Gráfico de dispersão (avaliação shopping 12v*50c)

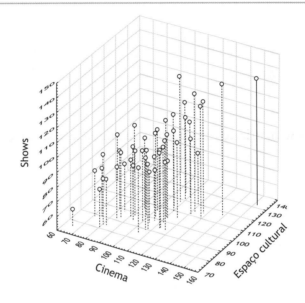

Fonte: elaborado pelos autores.

Ao calcularmos o coeficiente de correlação entre o número de nascimentos de pássaros de certa espécie na região Norte do País e o índice pluviométrico da região Sul, obteremos um resultado que pode sugerir ou expressar "correlação", mas será apenas numérico, pois não quer dizer que o nascimento de pássaros no Norte ocorre por causa das chuvas do Sul e vice-versa.

Isso também pode acontecer com variáveis no campo administrativo, isto é, o número de acidentes de trabalho pode estar aumentando e, ao tentarmos correlacionar essa sequência numérica com o valor das vendas, que também estão aumentando, será hilário concluir que, quanto mais acidentes de trabalho ocorrerem, mais as vendas aumentarão. A esses dois tipos de correlação "ilógica" denomina-se **correlação espúria**.

Em razão do exposto, acreditamos que a análise fatorial deve ser utilizada em primeiro lugar antes que qualquer outra técnica multivariada, mas com certa parcimônia, para se ter certeza de estar tratando apenas com as variáveis de maior poder de explicação sobre o fenômeno que se quer estudar.

17.2 Como tabular as variáveis para análise

Cada técnica multivariada exige certa estrutura na tabulação das variáveis e na forma de ingresso na planilha para que o programa proceda ao cálculo. No caso da análise fatorial, há dois métodos de ingresso para que as variáveis possam ser analisadas pelo programa estatístico.

A **primeira** delas é ingressar as variáveis como **dados brutos**, ou seja, simplesmente pelos valores obtidos na consulta aos respondentes, conforme a escala do questionário de pesquisa:

1 Shows	2 Espaço Cultural	3 Conforto	4 Distinção	5 Localização	6 Aparência Loja	7 Cinemas	8 Praça Alimentação	9 Produtos	10 Atend. Médico	11 Preços	12 Seguranç
73	72	85	72	63	72	80	70	60	77	64	89
59	73	47	81	94	43	81	79	69	89	70	65
96	80	49	80	93	52	99	89	67	65	64	88
46	76	66	94	92	76	54	60	96	84	93	36
95	88	69	67	69	62	77	97	53	36	56	60
94	98	38	77	88	58	79	86	65	60	69	88
74	76	68	75	64	65	78	67	87	88	93	77
79	70	76	66	78	75	60	70	71	76	78	44
92	89	64	78	67	67	93	97	63	44	54	61

A **segunda** delas é como matriz de correlação; para tanto, deve-se tomar alguns cuidados:

	1 Shows	2 Espaço Cultural	3 Conforto	4 Distinção	5 Localização	6 Aparência Loja	7 Cinemas	8 Praça Alimentação	9 Produtos
Shows	1,00	0,67	0,13	-0,08	-0,04	-0,04	0,71	0,59	-0,15
Espaço Cultural	0,67	1,00	0,09	0,05	0,12	0,06	0,68	0,62	-0,01
Conforto	0,13	0,09	1,00	-0,00	-0,04	0,39	0,33	0,31	0,10
Distinção	-0,08	0,05	-0,00	1,00	0,77	0,13	0,16	0,03	0,45
Localização	-0,04	0,12	-0,04	0,77	1,00	-0,14	0,15	0,08	0,37
Aparência Loja	-0,04	0,06	0,39	0,13	-0,14	1,00	0,10	-0,04	-0,02
Cinemas	0,71	0,68	0,33	0,16	0,15	0,10	1,00	0,78	-0,01
Praça Alimentação	0,59	0,62	0,31	0,03	0,08	-0,04	0,78	1,00	-0,06
Produtos	-0,15	-0,01	0,10	0,45	0,37	-0,02	-0,01	-0,06	1,00
Atend.Médico	-0,26	-0,11	0,11	-0,17	-0,16	0,12	-0,14	-0,18	-0,04
Preços	-0,08	-0,04	0,11	0,61	0,43	0,10	0,06	-0,13	0,64
Segurança	0,06	-0,10	-0,18	-0,35	-0,30	-0,18	-0,05	-0,17	-0,12
Médias	68,58	70,96	66,42	70,54	70,26	65,34	70,82	70,82	68,58
Desv.Pad.	15,18	11,28	12,52	13,63	17,40	10,55	15,49	15,04	12,10
No.Casos	600								
Matriz	1								

Primeiro, devemos calcular a matriz de correlação por meio da planilha original das variáveis. Segundo, devemos calcular a **média** e o **desvio-padrão** de cada variável e inseri-los conforme a figura anterior.

Devemos inserir também o **número de observações** – nesse exemplo, igual a 600 (50 × 12) – na primeira coluna e na linha após o desvio-padrão.

Além disso, devemos indicar que tipo de **matriz de dados** está se oferecendo ao sistema para análise: nesse programa, os códigos são: 1 = Correlação, 2 = Similaridades, 3 = Dissimilaridades e 4 = Covariança. No nosso exemplo, ingressaremos a **matriz de correlação** e, portanto, devemos ingressar o número 1 (o programa entende como matriz do tipo 1). Observe que o sistema reconhecerá a matriz de correlação pelas palavras **Médias, Desv.Pad., No.Casos** e **Matriz** – respeitando-se os pontos no meio e no final das palavras indicadas, caso contrário o sistema não reconhecerá a matriz como aquela que contém dados válidos para os cálculos.

Segundo Hair Junior,[1] "se o objetivo do pesquisador é reduzir o número de variáveis, então deve aplicar a matriz de correlação das variáveis estudadas à análise de fatores".

Iniciaremos neste ponto a demonstração da utilização da técnica com um exemplo sobre a avaliação dos serviços oferecidos aos clientes por um shopping center fictício.

A gerência do shopping center deseja verificar qual a percepção (a leitura) que o cliente faz de seu espaço de lojas, do conjunto de lazer, da segurança e da exclusividade do shopping, de suas lojas, produtos e nível de preços, entrevistando os clientes que passam pelos corredores do shopping.

O analista pensa em agrupar as variáveis em dimensões (fatores) que nomeará como: **Conforto, Lazer, Segurança, Exclusividade**.

Foram entrevistados 50 clientes. A escala utilizada para atribuição de notas pelos clientes foi graduada de 0 a 100 pontos para qualquer uma das perguntas. O banco de dados é composto por 12 variáveis: Espaço Cultural, Shows, Praça de Alimentação, Conforto, Distinção, Localização, Aparência das Lojas, Cinemas, Produtos, Atendimento Médico, Segurança e Preços.

O aspecto do banco de dados **Avaliação_Shopping_2.sta** em estudo é este:

1 Shows	2 Espaço Cultural	3 Conforto	4 Distinção	5 Localização	6 Aparência Loja	7 Cinemas	8 Praça Alimentação	9 Produtos	10 Atend. Médico	11 Preços	12 Seguranç
73	72	85	72	63	72	80	70	60	77	64	89
59	73	47	81	94	43	81	79	69	89	70	65
96	80	49	80	93	52	99	89	67	65	64	88
46	76	66	94	92	76	54	60	96	84	93	36
95	88	69	67	69	62	77	97	53	36	56	60
94	98	38	77	88	58	79	86	65	60	69	88
74	76	68	75	64	65	78	67	87	88	93	77
79	70	76	66	78	75	60	70	71	76	78	44
92	89	64	78	67	67	93	97	63	44	54	61

17.3 Métodos de associação das variáveis em fatores

Os resultados ou conclusões aparentemente simples da análise de fatores podem sugerir, à primeira vista, que o método possui formulações matemáticas razoavelmente simples. Mas esse, na verdade, é o ponto crítico de entendimento do método, pois nos propusemos a tal explicação isentando ao máximo as demonstrações de caráter matemático, visto que a complexidade dessas formulações está muito além do objetivo deste trabalho.

Como mencionamos, uma forma de entender o significado do que vem a ser um **fator** é pensá-lo como a resultante de uma combinação linear de duas ou mais variáveis, ou, ainda, como um novo conjunto de dados (nova variável) cujos valores se aproximem da reta de regressão ou até mesmo coincidam com ela.

O problema inicial da técnica reside no fato de se determinar como formar os fatores, quer dizer, que método empregar para isso. Em segundo lugar, vem a decisão sobre quantos fatores deverão ser formados (extraídos), tomando por base o total das variáveis disponíveis.

---

[1] HAIR JUNIOR, J. F.; ANDERSON, R. E.; TATHAM, R. L.; BLACK, W. C. *Multivariate data analysis*. 5th ed. New Jersey: Prentice-Hall, 1998. p. 95.

17.3.1 Componente principal e fator principal

Para formar e analisar os fatores, há dois métodos: um chamado **componente principal** e outro de **análise (ou ajuste) de fator principal**.

Seguindo a orientação anterior, **se o objetivo é detectar a estrutura latente (significado) entre as variáveis, é melhor** utilizarmos o método de **análise dos componentes principais** e, assim, as variáveis deverão ser ingressadas no sistema como **dados brutos**. Se o objetivo for a **redução do número de variáveis** do modelo, obtém-se melhor efeito utilizando o método de **análise de fator principal**, ingressando as variáveis como uma **matriz de correlação**.

7.4 Análise de componentes principais com o STATISTICA

Com o arquivo **Avaliação_Shopping_2.sta** aberto pelo programa estatístico STATISTICA (este arquivo pode ser encontrado no *site* da editora Saraiva Educação, disponível em: <http://www.saraivauni.com.br/ 9788547220938>), iniciamos o estudo.

Selecione então Estatísticas/Técnicas exploratórias multivariadas/Análise de fator:

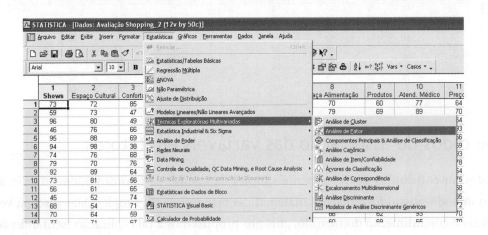

Observe que o programa segue as definições encontradas na literatura, ou seja, classifica a análise de fatores como uma **técnica exploratória** de dados e, portanto, preliminar às outras técnicas. A seguir, selecione o botão Variáveis e todas as variáveis para que ingressem no modelo de avaliação. O leitor notará que o STATISTICA já analisou as variáveis do arquivo e as considera dados **Brutos** no campo **Arquivo de Entrada**. Depois, selecione OK.

Agora é o momento de decidir sobre o **método de extração de fatores**, o número de fatores (4, conforme pretensão inicial do analista e já indicado: Conforto, Lazer, Segurança, Exclusividade) que o analista deseja e o valor mínimo de variância extraída a partir do qual não se aceitará mais o fator formado. No nosso exemplo, especificou-se 0,5 no campo **Eigenvalue mínimo**. O *eigenvalue* mínimo é a menor variância desejada para se formar um fator:

Segundo a StatSoft, a característica que diferencia os dois tipos de métodos de extração de fatores (**componente principal** e outro de **análise – ou ajuste – de fator principal**) é que na análise do componente principal assume-se que toda a variabilidade intrínseca de uma variável deve ser utilizada pelo modelo, enquanto na análise do fator principal é utilizada apenas a variabilidade que uma variável (item) divide com os outros itens (outras variáveis).

Essa indicação fica clara na caixa de diálogo anterior quando, para a utilização do **fator principal** como método de extração, o sistema indica ***Communalities* = múltiplo R^2**, que provém do fato de que a **matriz de correlação** deve ser escolhida como entrada de dados. Por sua vez, essa é característica básica para a redução do número de variáveis e utiliza apenas a variância que as variáveis têm em comum, e não a variância total.

Quando utilizarmos o **componente principal** como método de extração, o programa indicará como referência os *eigenvalues* (variância total extraída pelos fatores). Faremos a resolução desse caso por ambos os métodos.

Em outras palavras, na análise de componente principal, toda a variância (amplitude entre seus valores extremos) que existe entre duas ou mais variáveis é considerada nos cálculos, incluindo aí o erro ocasionado pela variância que pode estar presente em razão do erro de amostragem e da heterogeneidade dos respondentes.

Na análise de fator principal, é considerada apenas a variância que uma variável tem em comum com a outra, ou seja, o que de comum existe com a outra variável.[2]

---

[2] STATSOFT INC (Usa Tulsa). *STATISTICA*. 2. ed. Tulsa: Statsoft, 1999. v. III, p. 3205.

A extração de fatores pelo método de análise de componentes principais deve ser preferida pelo analista quando o objetivo é a **redução do número de variáveis**, enquanto a análise de fator principal é mais indicada quando o objetivo é detectar a **estrutura do relacionamento entre as variáveis**.

A extração ocorre levando-se em conta a variância (variabilidade) que uma variável tem em comum com o fator e com outras variáveis, visto que a multicolinearidade (correlação alta) é desejada nessa técnica, pois é ela que facilita a formação e a identificação dos fatores.

Duas perguntas emergem neste momento:

1. Dado certo número de variáveis, quantos fatores poderemos formar com os métodos de extração?
2. Quais estatísticas indicarão esse limite e que valores devem ser considerados?

A resposta está nos itens seguintes.

17.4.1 *Eigenvalues* e o número de fatores a extrair

Representam a quantidade de explicação (variância extraída) do modelo até a formação de determinado fator.

A extração de fatores ocorre, portanto, a partir das variâncias, ou seja, a primeira e mais importante dimensão (a que consegue explicar melhor a essência da vontade dos respondentes, expressa por números nesse caso) será aquela que extrair a maior variância. O segundo fator será aquele que extrair o segundo melhor valor, e assim por diante, até que não se consiga mais extrair variância (poder de explicação) entre as variáveis. O analista considerará indicar ao sistema para extrair quantos fatores forem necessários até que se atinja o percentual desejado de explicação no modelo. Em alguns casos, a demanda é por dois ou até três fatores; em outros, são necessários mais.

Não há um número ideal de fatores, pois estes devem explicar a formação de tendências.

17.4.2 Comunalidades

A formação dos fatores, como vimos, depende da quantidade de variância (explicação) que estes conseguem extrair do modelo (conjunto de variáveis). Por sua vez, as variáveis mantêm correlações (positivas ou negativas) de diversas magnitudes entre si. A **variância comum** (**comunalidade**) entre elas depende dessa correlação, porque o quadrado do coeficiente de correlação é o R^2 ou R-quadrado, que explica, nesse caso, a quantidade da variância que as variáveis possuem em comum.

Para entender melhor a questão, selecione a alça **Variância Explicada** e, a seguir, o botão ***Communalities*** para obter esta resposta:

Variável	Communalities (Avaliação Shopping_2.sta) Extração: Rotação:				
	De Fator	De Fatores	De Fatores	De Fatores	Múltiplo R-Quadra
Shows	0,586798	0,726313	0,749466	0,764641	0,661296
Espaço Cultural	0,640836	0,682497	0,687736	0,693355	0,619114
Conforto	0,116895	0,117307	0,687406	0,693366	0,429050
Distinção	0,089278	0,785060	0,797233	0,816583	0,755845
Localização	0,095815	0,619650	0,708681	0,718178	0,677547
Aparência Loja	0,010700	0,017494	0,538919	0,637411	0,406930
Cinemas	0,816692	0,840006	0,842860	0,859587	0,777938
Praça Alimentação	0,696232	0,758337	0,758351	0,759158	0,714933
Produtos	0,011413	0,514087	0,514090	0,701156	0,491815
Atend. Médico	0,065352	0,066257	0,413656	0,579005	0,273822
Preços	0,020972	0,657026	0,671236	0,773139	0,622694
Segurança	0,064563	0,244482	0,292131	0,679970	0,282095

Observe que as variáveis com a menor correlação entre cada uma delas e as outras são exatamente o **Atendimento Médico** e a **Segurança**.

Esse indicador seria suficiente para eliminar essas duas variáveis do modelo, mas devemos mantê-las, pois pode acontecer que elas formem um significado juntas (fator) e que ele seja importante no modelo.

O método de componentes principais, como já mencionado, tem por finalidade explorar e identificar significados latentes entre as variáveis e, assim, formar fatores. Mais adiante, veremos o método **análise de fator principal**, cuja finalidade é diminuir (quando possível e lógico) o número de variáveis do modelo. Esse segundo método analisa a grandeza do indicador R-quadrado para eliminar do modelo as variáveis em questão. É claro que a palavra final depende do analista, mas a técnica funciona assim.

Podemos adiantar também se eliminarmos do modelo as variáveis com o menor R-quadrado; essa decisão coincide com a maior contribuição (aumentará o Alfa de Cronbach) para o poder de explicação do modelo, como já demonstrado no Capítulo 16.

Mais adiante, faremos o teste de validação de escala com esse banco de dados para comprovarmos tal afirmação.

Outros programas eletrônicos utilizam dois outros indicadores que não estão presentes no STATISTICA. Um deles é a matriz de anti-imagem, que na diagonal principal identifica o menor valor de *Measure of Sample Adequacy* (MAS) – o menor MAS candidata a variável à exclusão do modelo. O segundo é a Estatística KMO de Kaiser-Meyer-Olkin, a qual deverá estar acima de 0,5 para indicar que o modelo começa a ter um bom nível de explicação.

No STATISTICA, essa indicação é dada pelo R-quadrado e comprovada pela validação de escala.

17.4.3 Considerações adicionais sobre o número de fatores

Os *eigenvalues* representam o valor da variância extraída por determinado fator e sugerirem ao analista qual o número de fatores a ser extraído.

Conforme selecionado no quadro anterior, o analista deseja agrupar as variáveis em quatro dimensões. Selecione **OK** e obterá a seguinte resposta:

372 Pesquisa de marketing

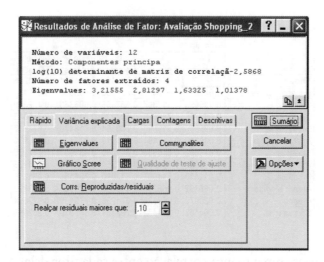

Observe as indicações dessa caixa de respostas: o sistema conseguiu incluir todas as 112 variáveis; utilizou o método de agrupamento componentes principais que determina um fator; e o valor total da variância de todas as 12 variáveis é –2,5868 (o máximo seria 12), pois o sistema calcula a matriz de correlação entre todas as variáveis e o valor de seu determinante. Não esqueça que na matriz de correlação os valores estão duplicados, pois haverá a correlação entre as variáveis A e B, como a correlação entre B e A, que obviamente terá o mesmo valor (lembre-se da teoria da correlação).

Variável	Shows	Espaç.Cult.	Conforto	Distinção	Localização	Aparência Loja	Cinemas	P. Alimentação	Produtos	Atend. Médico	Preços	Segurança
Shows	1,00	0,67	0,13	-0,08	-0,04	-0,04	0,71	0,59	-0,15	-0,26	-0,08	0,06
Espaço Cultural	0,67	1,00	0,09	0,05	0,12	0,06	0,68	0,62	-0,01	-0,11	-0,04	-0,10
Conforto	0,13	0,09	1,00	-0,00	-0,04	0,39	0,33	0,31	0,10	0,24	0,11	-0,18
Distinção	-0,08	0,05	-0,00	1,00	0,77	0,13	0,16	0,03	0,45	-0,17	0,61	-0,35
Localização	-0,04	0,12	-0,04	0,77	1,00	-0,14	0,15	0,08	0,37	-0,16	0,43	-0,30
Aparência Loja	-0,04	0,06	0,39	0,13	-0,14	1,00	0,10	-0,04	-0,02	0,12	0,10	-0,18
Cinemas	0,71	0,68	0,33	0,16	0,15	0,10	1,00	0,78	-0,01	-0,14	0,06	-0,05
Praça Alimentação	0,59	0,62	0,31	0,03	0,08	-0,04	0,78	1,00	-0,06	-0,18	-0,13	-0,17
Produtos	-0,15	-0,01	0,10	0,45	0,37	-0,02	-0,01	-0,06	1,00	-0,04	0,64	-0,12
Atend. Médico	-0,26	-0,11	0,24	-0,17	-0,16	0,12	-0,14	-0,18	-0,04	1,00	0,08	0,05
Preços	-0,08	-0,04	0,11	0,61	0,43	0,10	0,06	-0,13	0,64	0,08	1,00	-0,25
Segurança	0,06	-0,10	-0,18	-0,35	-0,30	-0,18	-0,05	-0,17	-0,12	0,05	-0,25	1,00

Ao abordarmos um problema representado por certo número de variáveis, devemos determinar a sua matriz de correlação. Nessa matriz, os valores terão variância no máximo igual a 1, ou 100%. Dessa maneira, a variância total da matriz de correlação das variáveis será no máximo igual ao número de variáveis multiplicado pelo número máximo da variância, que no presente exemplo seria 12 × 1 = 12. O programa indica ainda o número de fatores extraídos e o valor da variância (*eigenvalue*) que cada fator extrai das variáveis que o compõem – no caso, o primeiro fator tem valor 3,21; o segundo, 2,81, e assim por diante.

Isso pode ser analisado pressionando-se o botão EIGENVALUES na caixa de diálogo **Resultados de Análise de Valor** (página anterior), obtendo-se a seguinte resposta:

Valor	Eigenvalues (Avaliação Shopping_2) Extração:			
	Eigenvalue	% Total variância	Cumulativa Eigenvalue	Cumulativa %
1	3,215545	26,79621	3,215545	26,79621
2	2,812970	23,44142	6,028515	50,23763
3	1,633250	13,61042	7,661765	63,84804
4	1,013783	8,44819	8,675548	72,29623

A variância que cada fator consegue extrair está listada no campo **% Total variância**, e a variância cumulativa, nesse caso, atingiu 72,29%.

O analista pode agora decidir-se por estabelecer **quatro dimensões**, mas o presente exemplo contém um alerta quanto à variabilidade que ficaria sem identificação. Veja o que aconteceria se o analista optasse por 8 fatores e por não aceitar nenhum cuja variância estivesse abaixo de 5%. A resposta do sistema seria:

Valor	Eigenvalues (Avaliação Shopping_2) Extração:			
	Eigenvalue	% Total variância	Cumulativa Eigenvalue	Cumulativa %
1	3,215545	26,79621	3,21555	26,79621
2	2,812970	23,44142	6,02852	50,23763
3	1,633250	13,61042	7,66177	63,84804
4	1,013783	8,44819	8,67555	72,29623
5	0,810617	6,75514	9,48617	79,05138
6	0,684751	5,70626	10,17092	84,75764
7	0,616805	5,14004	10,78772	89,89768

Os cálculos **não atingiriam os oito fatores**, pois o oitavo deles possuiria variância abaixo de 5% (indicado inicialmente pelo analista) e, assim, não é considerado para ingressar no modelo, não sendo mostrado no quadro.

Observe também na caixa de diálogo **Resultados de Análise de Valor** que o sistema sugere visualizações gráficas para os fatores apenas formados. Alguns métodos gráficos são úteis nesse momento, e o que mais se utiliza é o método gráfico *Scree* de Kaiser.[3]

Exatamente como revelado pelos cálculos do programa, haveria a possibilidade de aceitar sete fatores antes de se atingir a linha abaixo de 0,5 no gráfico, e então a variância total do modelo (poder de explicação) com quatro fatores somaria 89,89% em vez dos 72,29%. A decisão fica a cargo do analista.

---

[3] KAISER apud STATSOFT, 1999.

Gráfico 17.3 Plotagem de *eigenvalues*

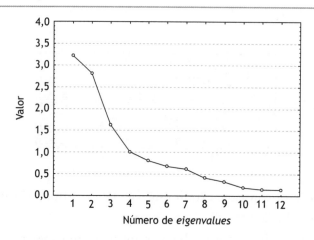

Fonte: elaborado pelos autores.

17.4.4 Variáveis que compõem os fatores

O gráfico de Kaiser permite que se estabeleça o número de fatores, mas não indica quais são as variáveis que estão contidas em cada uma dessas dimensões. Para visualizar a composição desses fatores, devemos selecionar na alça **Cargas** a opção SUMÁRIO: CARGA DE FATORES:

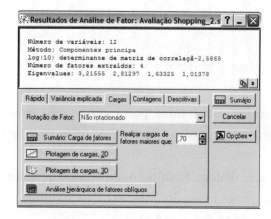

17.4.5 Carga (peso) dos fatores

A carga dos fatores é uma estatística que representa a correlação entre a variável mostrada e o respectivo fator. Lembre-se de que a carga fatorial é formada a partir das contribuições individuais de cada caso (resposta dada por cada entrevistado) para cada uma das perguntas (variáveis). Então, quando se fala em correlação da variável com o fator, na verdade analisa-se a correlação entre duas sequências numéricas, aquela formada pelas respostas da própria variável e aquela formada pelo conjunto das respostas das demais variáveis do modelo. No caso, dizer que existe uma correlação negativa de –0,7660 entre a variável Show e o Fator 1 significa que os respondentes identificam os shows como parte do Lazer dentro do shopping e que esta variável se move em sentido contrário àquele do fator (contribuição negativa ao fator), assim como o fazem todas as outras variáveis dentro desse fator, à exceção da segurança. Ao selecionar o botão SUMÁRIO: CARGA DE FATORES, obtém-se:

Variável	Fator 1	Fator 2	Fator 3	Fator 4
Shows	-0,766028	-0,373516	-0,152163	-0,123185
Espaço Cultural	-0,800522	-0,204110	-0,072380	-0,074964
Conforto	-0,341898	0,020310	0,755049	-0,077202
Distinção	-0,298795	0,834135	-0,110333	0,139103
Localização	-0,309540	0,723765	-0,298380	0,097452
Aparência Loja	-0,103439	0,082427	0,722097	0,313835
Cinemas	-0,903710	-0,152691	0,053422	-0,129333
Praça Alimentação	-0,834405	-0,249208	-0,003791	0,028403
Produtos	-0,106833	0,708995	-0,001678	-0,432511
Atend. Médico	0,255640	-0,030085	0,589406	-0,406631
Preços	-0,144816	0,797530	0,119204	-0,319222
Segurança	0,254093	-0,424168	-0,218288	-0,622767
Expl.Var	3,215545	2,812970	1,633250	1,013783
Prp.Totl	0,267962	0,234414	0,136104	0,084482

Cargas de FatoresNão rotac) (Avaliação Shopping_2.sta) Extração: (As cargas marcadas são >,700000)

O programa dá ainda a opção de plotagem das variáveis desses fatores de forma bidimensional e tridimensional, bastando, para isso, selecionar o botão apropriado na caixa de diálogo **Resultados de Análise de Fator**.

A opção gráfica bidimensional é representada pelo Gráfico 17.4.

Gráfico 17.4 Cargas de Fator, Fator 1 × Fator 2

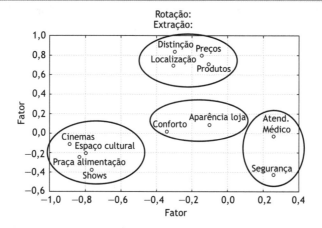

Fonte: elaborado pelos autores.

Já opção gráfica tridimensional é representada pelo Gráfico 17.5.

Gráfico 17.5 Cargas de Fator, Fator 1 × Fator 2 × Fator 3

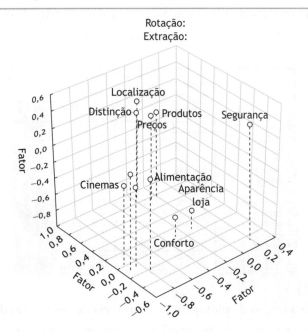

Fonte: elaborado pelos autores.

Entretanto, parece que as variáveis Segurança e Atendimento Médico estão isoladas, o que não quer dizer que o público não as aprecia. Essa constatação coincide com os menores valores de R-quadrado. Lembre-se de que o método demonstrado até agora foi o "Não Rotacionado", ou seja, não se deslocou nenhum dos eixos para que fosse capturada a variância latente entre algumas das variáveis.

17.4.6 Examinando e interpretando a carga dos fatores

A carga fatorial representa a contribuição individual da variável para a quantidade da variância que o fator consegue extrair do modelo. A interpretação da carga dos fatores é o caminho para atribuir o significado necessário à análise. Para facilitar a interpretação, repetimos a figura a seguir com as cargas fatoriais.

Perceba que o programa estatístico apresenta o número de fatores previamente selecionados, em nosso exemplo, **quatro**. Ele também atribui cargas às variáveis, dependendo da sua contribuição para o fator. As cargas maiores que 0,7, por padrão, são realçadas em vermelho pelo programa e representam um agrupamento com um significado latente expressado pelos respondentes. Não importa o sinal, apenas a magnitude da carga fatorial.

Pode-se perceber ainda que a atribuição de cargas altas para uma variável dentro de um fator corresponde a uma carga extremamente baixa para a mesma variável no outro fator. Em nosso exemplo, à variável Cinemas foi atribuída a carga –0,9037 no Fator 1 e –0,1526 no Fator 2, e assim por diante. Para amostras menores que 100 elementos, o valor mínimo da carga de uma variável, para que esta possa ser considerada significativa, é ± 0,30, segundo Hair Junior.[4] A opção gráfica bidimensional é representada pelo Gráfico 17.4.

Variável	Cargas de FatoresNão rotac) (Avaliação Shopping_2.sta) Extração: (As cargas marcadas são >,700000)			
	Fator 1	Fator 2	Fator 3	Fator 4
Shows	-0,766028	-0,373516	-0,152163	-0,123185
Espaço Cultural	-0,800522	-0,204110	-0,072380	-0,074964
Conforto	-0,341898	0,020310	0,755049	-0,077202
Distinção	-0,298795	0,834135	-0,110333	0,139103
Localização	-0,309540	0,723765	-0,298380	0,097452
Aparência Loja	-0,103439	0,082427	0,722097	0,313835
Cinemas	-0,903710	-0,152691	0,053422	-0,129333
Praça Alimentação	-0,834405	-0,249208	-0,003791	0,028403
Produtos	-0,106833	0,708995	-0,001678	-0,432511
Atend. Médico	0,255640	-0,030085	0,589406	-0,406631
Preços	-0,144816	0,797530	0,119204	-0,319222
Segurança	0,254093	-0,424168	-0,218288	-0,622767
Expl.Var	3,215545	2,812970	1,633250	1,013783
Prp.Totl	0,267962	0,234414	0,136104	0,084482

17.4.7 Nomeando os fatores

Como podemos ver, as maiores cargas (realçadas em negrito na figura e em vermelho pelo programa) dentro do Fator 1, **sem considerarmos os sinais**, referem-se às variáveis Shows (0,766), Espaço Cultural (0,800), Cinemas (0,903) e Praça de Alimentação (0,834). Essas variáveis condicionam o fator e sugerem um nome para ele, que deve ser escolhido pelo analista. Que tal se nomeássemos o Fator 1 como **Lazer**?

Dentro do Fator 2, as maiores cargas são atribuídas às variáveis Distinção (0,834), Localização (0,723), Produtos (0,708) e Preços (0,797). Como se pode ver, essas variáveis possuem um significado interligado que podemos chamar de **Exclusividade**.

Dentro do Fator 3, duas variáveis aparecem com as maiores cargas: Conforto (0,755) e Aparência Loja (0,722), que sugerem um nome de **Ambiente** ou Atmosfera Interna para o fator.

Perceba que as duas únicas variáveis que restaram para o Fator 4 foram: Atendimento Médico (0,406) e Segurança (0,622), exatamente as que possuem a menor carga de fatores e o menor R-quadrado, como já afirmado. Ora, algo sugere que as duas variáveis estão ligadas à segurança individual do cliente, e podemos chamar o Fator 4 de **Segurança**.

No quadro de resposta, clicando duas vezes sobre o nome de cada fator (Fator 1, Fator 2 etc.), poderemos alterar o nome de cada um individualmente, atribuindo aquele escolhido pelo analista.

Observe novamente, no quarto fator, **Segurança**, os valores das duas variáveis (Atendimento Médico e Segurança) que não foram consideradas em nenhum dos fatores anteriores por não apresentarem cargas fatoriais adequadas para ingressarem neles (–0,406 e –0,622).

Apesar de o sinal não ser considerado, observa-se que, dentro de cada fator, as variáveis que mais contribuem para a importância (variância extraída do fator) neste exemplo possuem o mesmo sinal:

---

[4] HAIR JUNIOR; ANDERSON; TATHAM; BLACK, 1998. p. 113.

Variável	Cargas de FatoresNão rotac) (Avaliação Shopping_2.sta) Extração: (As cargas marcadas são >,700000)			
	LAZER 1	EXCLUSIVIDADE 2	AMBIENTE 3	SEGURANÇA 4
Shows	-0,766028	-0,373516	-0,152163	-0,123185
Espaço Cultural	-0,800522	-0,204110	-0,072380	-0,074964
Conforto	-0,341898	0,020310	0,755049	-0,077202
Distinção	-0,298795	0,834135	-0,110333	0,139103
Localização	-0,309540	0,723765	-0,298380	0,097452
Aparência Loja	-0,103439	0,082427	0,722097	0,313835
Cinemas	-0,903710	-0,152691	0,053422	-0,129333
Praça Alimentação	-0,834405	-0,249208	-0,003791	0,028403
Produtos	-0,106833	0,708995	-0,001678	-0,432511
Atend. Médico	0,255640	-0,030085	0,589406	-0,406631
Preços	-0,144816	0,797530	0,119204	-0,319222
Segurança	0,254093	-0,424168	-0,218288	-0,622767
Expl.Var	3,215545	2,812970	1,633250	1,013783
Prp.Totl	0,267962	0,234414	0,136104	0,084482

17.4.8 Significância estatística do modelo

Nesse momento, pode-se perguntar se os fatores encontrados são estatisticamente significantes. A resposta vem da própria carga dos fatores.

Hair Junior[5] sugerem uma análise que toma por base a carga do fator e o número de respondentes na amostra disponível:

Tamanho da amostra	Carga mínima dos fatores
350	0,30
250	0,35
200	0,40
150	0,45
120	0,50
100	0,55
85	0,60
70	0,65
60	0,70
50	0,75

O valor do teste de qui-quadrado é particularmente afetado pelo tamanho da amostra, segundo afirma o manual da StatSoft.[6]

Essa significância pode ser testada para o modelo. O programa STATISTICA habilita o teste de significância somente quando no quadro principal de análise for selecionado o método de fatores de probabilidade máxima como forma de extração de fatores.

---

[5] HAIR JUNIOR; ANDERSON; TATHAM; BLACK, 1998. p. 112.
[6] STATSOFT INC, 1999. v. III, p. 3225.

Habilite a opção **Fatores de probabilidade máxima** (*Maximum Likelihood*) na caixa de diálogo inicial, como mostrado a seguir:

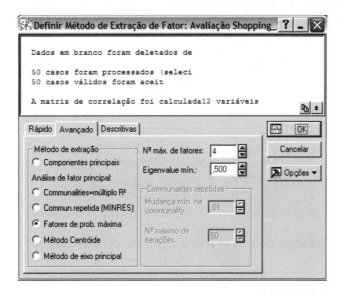

Perceba que agora, no quadro seguinte, o botão **Qualidade de teste de ajuste** está habilitado e disponível para ser acionado:

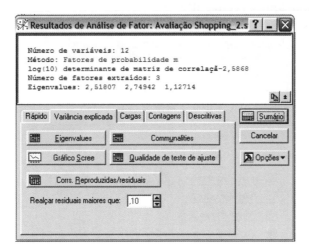

Clique sobre esse botão e obterá a seguinte resposta:

	Qualidade de Ajus3efatores (Avaliação Shopping_2.sta) (Testa se todos os elementos fora da diagonal na mat. de corr. residual são iguais a 0)			
	Porcent expl.	Qui-quad	df/gl	p
Resultad	53,28857	46,08977	33	0,064796

Com esse método, o número de fatores seria menor, o que eliminaria diversas variáveis de interesse, e não queremos isso nesse exemplo acadêmico.

O valor alto (53,28) do qui-quadrado e o valor da estatística p (0,064) acima de 0,05 indica que estamos fora da área de rejeição da hipótese inicial e, portanto, o modelo pode ser considerado como possuidor de bom ajuste (grau de exatidão).

Verifique que o grau de explicação do modelo também se alterou, subindo de 50% para 53,28857%, como pode ser comprovado neste quadro de *eigenvalues*:

Valor	Eigenvalue	% Total variância	Cumulativa Eigenvalue	Cumulativa %
1	2,518071	20,98393	2,518071	20,98393
2	2,749419	22,91182	5,267490	43,89575
3	1,127139	9,39283	6,394629	53,28857

Eigenvalues (Avaliação Shopping_2.sta) Extração:

Procedendo assim, o analista poderá avaliar a significância estatística de seu modelo.

17.5 Rotação dos fatores

Os cálculos anteriores foram feitos sem nenhuma rotação dos fatores. Escolhendo o método VARIMAX normalizado (variância máxima normalizada), será possível encontrar um novo significado para a situação anterior ou reafirmar aquele já encontrado:

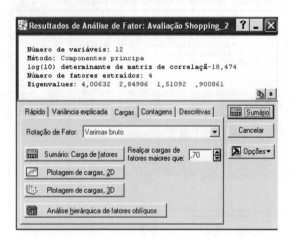

As distâncias euclidianas seriam reduzidas entre os elementos, enquanto as variâncias seriam maximizadas, agrupando-as em significados diferentes ou, como já mencionado, reafirmando os já encontrados.

Perceba agora que, ao selecionarmos o método de **Rotação de Fator** e solicitarmos a seguir o novo gráfico em duas dimensões (Fator 1 e 2), obteremos uma resposta ligeiramente diferente, como no Gráfico 17.6.

Gráfico 17.6 Cargas de Fator, Fator 1 × Fator 2

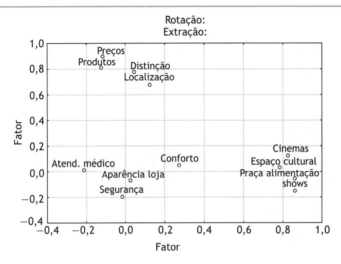

Fonte: elaborado pelos autores.

O método agrupou agora as variáveis Atendimento Médico, Segurança, Aparência das Lojas e Conforto. Essa rotação pode informar que a Aparência das Lojas é vista pelos clientes como uma variável ligada à segurança (lembre-se das denominações anteriores). As demais variáveis parecem não ter sofrido alterações em seus significados.

Agora se consegue capturar a variância não considerada anteriormente entre a variável segurança e o Fator 1, e as demais permanecem inalteradas, ou seja, Preços, Produtos, Localização e Distinção são fatores que fazem o cliente sentir-se diferenciado em relação aos clientes de outros shopping centers.

Nessa ordem de ideias, os fatores de Lazer, Praça de Alimentação, Shows, Cinemas, Atendimento Médico e Espaço Cultural continuam formando um agrupamento de variáveis para as quais o cliente tem percepções de conjunto.

Nesse sentido, os clientes, na realidade, apreciam o conjunto formado pela aparência das lojas, pelo conforto e pela segurança do shopping center.

Qualquer uma dessas opções identifica o agrupamento de variáveis em fatores relevantes para a tomada de decisão em marketing.

Fator é, portanto, um vetor (ou reta de tendência) que representa a correlação entre duas (correlação bivariada) ou mais (correlação multivariada) variáveis e que substitui essas variáveis, oferecendo a elas uma nova dimensão (entendimento) para essa relação.

Obviamente, a correlação entre duas variáveis tem uma extensão (variância) que possui partes comuns e outras não comuns às variáveis que formam o fator.

Para construir um fator, devemos então estudar a correlação entre as variáveis, e para estudarmos a porção de variância que é dividida por todas as variáveis e aquela que não o é, lançamos mão do conceito de rotação de eixos.

Como afirmamos, uma correlação pode ser representada como no Gráfico 17.7.

Gráfico 17.7 Gráfico de dispersão (avaliação shopping 12v*50c)

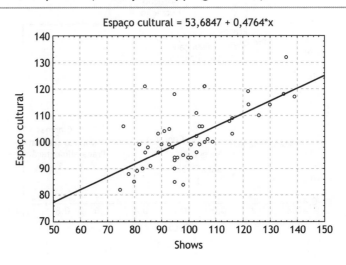

Fonte: elaborado pelos autores.

Observe que a reta de regressão entre as variáveis Shows e Espaço Cultural concorrem para a formação de um fator que chamamos de Lazer. Se olharmos para cada ponto, poderemos ver que existem duas distâncias em relação à origem: aquela computada pelo valor no eixo das abscissas (Shows) e a computada nos eixos das ordenadas (Espaço Cultural).

Nessa relação está contida **toda** a variância (amplitude) entre as duas variáveis, incluindo-se aí o erro de amostragem. O que nos interessa realmente é a variância (significado da variação entre as duas variáveis) que há nessa relação, porque existem pontos mais distantes que os outros quanto à reta de regressão.

Pensemos assim: a amplitude de pontos atribuídos pelos respondentes à variável Show possui uma variação que vai de 0 a 140 aproximadamente pelo gráfico, e no caso da variável Espaço Cultural, de 0 a 130.

No entanto, existe uma variação que não foi captada pelo estudo e que pode distorcer os cálculos, que é a pontuação entre 0 a 75 (onde a reta de regressão corta o eixo das ordenadas Espaço Cultural). A essência do sentimento do respondente em considerar o Show como parte importante para um Espaço Cultural será captada pelo estudo da variação de amplitude que há entre as duas variáveis entre os valores 75 a 130.

Gráfico 17.8 Gráfico de dispersão (avaliação shopping 12v*50c)

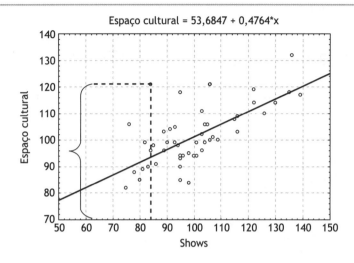

Fonte: elaborado pelos autores.

Para estudarmos essa variação e estimar a distância real entre esses pontos e a origem, e assim captarmos a essência da relação existente entre as duas variáveis (nesse exemplo), devemos rodar o eixo das abscissas até que ele coincida com a reta de regressão (o eixo das ordenadas se deslocaria para a esquerda). Desse modo, obteremos o valor das variâncias que a variável Show divide com a variável Espaço Cultural.

Obviamente que, ao tratarmos de mais de duas variáveis formando vários fatores, esse raciocínio ficará cada vez mais complexo.

Para o entendimento a esse nível de conhecimento, basta considerarmos que as diferenças entre as variâncias de duas ou mais variáveis poderá incluí-las ou excluí-las de certo fator (dimensão). Teremos, dessa forma, a maneira de avaliar quais variáveis possuem características com sinergias entre elas para formarem um fator.

Gráfico 17.9 Gráfico de dispersão (simulação de rotação)

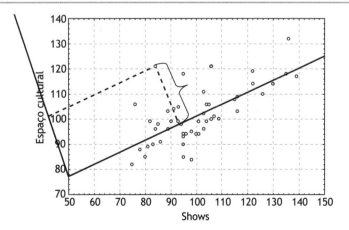

Fonte: elaborado pelos autores.

Mais adiante, abordaremos como interpretar as estatísticas propícias para avaliarmos a inclusão ou não de uma variável em um fator.

17.6 Análise de fator principal com o STATISTICA

O objetivo da **análise de fator principal** é reduzir o número de variáveis do modelo e, ao mesmo tempo, não alterar o significado latente que os fatores conseguem extrair das variáveis que formam o questionário. Nesse caso, como já afirmamos, quando o intuito do analista é tentar reduzir o número de variáveis do modelo, os dados devem ser inseridos como matriz de correlação.

Abra o arquivo **Avaliação Shopping_Matrix_2.sta,** cujo aspecto está mostrado a seguir:

	1 Shows	2 spaço Cultur	3 Conforto	4 Distinção	5 Localização	6 parência Lo	7 Cinemas	8 ça Alimenta	9 Produtos	10 Atend.Médic	11 Preç
Shows	1,00	0,67	0,12	-0,06	-0,03	-0,01	0,70	0,59	-0,12	0,67	
Espaço Cultural	0,67	1,00	0,09	0,05	0,13	0,02	0,71	0,68	0,01	1,00	
Conforto	0,12	0,09	1,00	-0,01	-0,05	0,40	0,30	0,29	0,08	0,09	
Distinção	-0,06	0,05	-0,01	1,00	0,77	0,13	0,18	0,04	0,47	0,05	
Localização	-0,03	0,13	-0,05	0,77	1,00	-0,12	0,18	0,13	0,40	0,13	
Aparência Loja	-0,01	0,02	0,40	0,13	-0,12	1,00	0,10	-0,01	-0,02	0,02	
Cinemas	0,70	0,71	0,30	0,18	0,18	0,10	1,00	0,81	0,01	0,71	
Praça Alimentação	0,59	0,68	0,29	0,04	0,13	-0,01	0,81	1,00	-0,06	0,68	
Produtos	-0,12	0,01	0,08	0,47	0,40	-0,02	0,01	-0,06	1,00	0,01	
Atend.Médico	0,67	1,00	0,09	0,05	0,13	0,02	0,71	0,68	0,01	1,00	
Preços	-0,07	-0,09	0,09	0,63	0,48	0,06	0,05	-0,11	0,63	-0,09	
Segurança	0,04	-0,09	-0,23	-0,33	-0,27	-0,18	-0,06	-0,15	-0,11	-0,09	
Means	78,69	81,33	77,12	81,37	80,80	76,08	81,37	81,55	79,51	81,33	82,7
Std. Dev	14,05	10,54	12,21	13,43	16,63	10,49	15,09	14,01	11,78	10,54	10,8
No Cases	50										
matrix	1										

Selecione no menu principal: **Estatísticas/Técnicas Exploratórias Multivariadas/Análise de Fator**. O arquivo já foi construído pelo analista sob a forma de matriz de correlação, conforme já mencionado no item 17.2 (Como tabular as variáveis para análise). Observe que o programa já reconhece a matriz de correlação e automaticamente a menciona no campo **Arquivo de Entrada** do quadro **Análise de Fator** a seguir:

A seguir, selecione todas as variáveis e clique em **OK**. Marque a opção **Communalities=múltiplo R²** na caixa de diálogo ANÁLISE DE FATOR PRINCIPAL, reduza o *eigenvalue* para 0,5 e aumente o número de fatores para quatro, conforme mostrado a seguir:

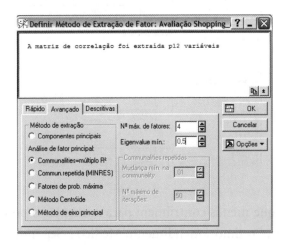

Clique em **OK**. Clique em VARIÂNCIA EXPLICADA e em EIGENVALUES. O programa atribuiu somente três fatores ao modelo, extraindo o total de 53,21% de significado (variância):

Valor	Eigenvalue	% Total variância	Cumulativa Eigenvalue	Cumulativa %
1	2,892283	24,10236	2,892283	24,10236
2	2,444406	20,37005	5,336689	44,47241
3	1,049437	8,74531	6,386126	53,21772

Clique em COMMUNALITIES e perceba as variáveis Atendimento Médico e Segurança, que possuem os menores valores de *R*-quadrado, respectivamente 0,27 e 0,28. Como já afirmamos, esse indicador as candidata à exclusão do modelo:

Variável	De Fator	De Fatores	De Fatores	Múltiplo R-Quadra
Shows	0,540368	0,642792	0,662319	0,661296
Espaço Cultural	0,565194	0,590433	0,595307	0,619114
Conforto	0,086370	0,086712	0,468066	0,429050
Distinção	0,069452	0,761815	0,769824	0,755845
Localização	0,074088	0,573295	0,652996	0,677547
Aparência Loja	0,006545	0,010917	0,348431	0,406930
Cinemas	0,796985	0,809736	0,814361	0,777938
Praça Alimentação	0,654688	0,698602	0,698602	0,714933
Produtos	0,005480	0,397312	0,398881	0,491815
Atend.Médico	0,043711	0,045105	0,209101	0,273822
Preços	0,012174	0,563629	0,585881	0,622694
Segurança	0,037227	0,156342	0,182357	0,282095

Agora clique na alça CARGA e no botão CARGA DE FATORES:

Variável	Fator 1	Fator 2	Fator 3
Shows	-0,735097	-0,320037	0,139739
Espaço Cultural	-0,751794	-0,158867	0,069811
Conforto	-0,293888	0,018496	-0,617538
Distinção	-0,263538	0,832083	0,089495
Localização	-0,272192	0,706546	0,282313
Aparência Loja	-0,080901	0,066120	-0,580960
Cinemas	-0,892740	-0,112918	-0,068012
Praça Alimentação	-0,809128	-0,209556	-0,000721
Produtos	-0,074028	0,625965	-0,039613
Atend.Médico	0,209071	-0,037337	-0,404964
Preços	-0,110337	0,742600	-0,149171
Segurança	0,192942	-0,345131	0,161293
Expl.Var	2,892283	2,444406	1,049437
Prp.Totl	0,241024	0,203700	0,087453

Cargas de FatoresNão rotac) (Avaliação Shopping_ Extração: (As cargas marcadas são >,700000)

Dessa feita, as variáveis que menos contribuem para aumentar o poder de explicação do modelo são: Conforto, Aparência Loja, Produtos, Atendimento Médico e Segurança.

O analista pode optar por excluir essas variáveis ou formar um novo fator com elas. Se a opção for a de excluí-las, então aconselhamos o analista a fazer um teste de validade da escala utilizada para o modelo antes de proceder à exclusão definitiva.

Com o arquivo original **Avaliação_Shopping_2.sta** (não o que possui formato de matriz de correlação), selecione ESTATÍSTICAS/TÉCNICAS EXPLORATÓRIAS MULTIVARIADAS/ANÁLISE DE ITEM E CONFIABILIDADE. No botão VARIÁVEIS, selecione TUDO, aceitando as demais opções-padrão e clicando a seguir em **OK** e **OK** novamente para obter a resposta a seguir. Caso tenha dúvida, consulte o Capítulo 16.

Observe que, com todas as variáveis, o indicador Alfa de Cronbach atualmente está em 0,54 (acima de 0,50), o que por si só já demonstra bom poder de explicação do modelo:

Clique no botão SUMÁRIO: ESTATÍSTICAS DE ITEM-TOTAL:

variável	Média se deletado	Var. se deletada	DesPad s deletado	Itm-Totl Correl.	Alfa se deletado
Shows	768,4200	3784,844	61,52108	0,339661	0,492772
Espaço Cultural	766,0400	3838,678	61,95707	0,488105	0,472310
Conforto	770,5800	4014,163	63,35743	0,299908	0,507666
Distinção	766,4600	3897,728	62,43179	0,331616	0,498032
Localização	766,7400	3843,353	61,99478	0,233369	0,522334
Aparência Loja	771,6600	4429,704	66,55602	0,071869	0,552171
Cinemas	766,1800	3262,988	57,12257	0,651045	0,398807
Praça Alimentação	766,1800	3664,508	60,53518	0,417578	0,471566
Produtos	768,4200	4145,043	64,38201	0,226883	0,523715
Atend. Médico	764,4400	4695,607	68,52450	-0,136707	0,609736
Preços	764,7000	4061,770	63,73202	0,311494	0,507655
Segurança	767,1800	5062,308	71,14989	-0,296337	0,656275

Sumário para escala: Méd837,000 DesPa68,7984 N váli50: (Avaliaç Alfa de Cronbach,546439 Alfa padronizado: ,575065 Corr. inter-item média: --,122970

Novamente, fazemos notar que, nesta fase, se for excluída do modelo a variável Atendimento Médico, o poder de explicação do modelo aumenta para 60,9%. Se, no entanto, optarmos pela exclusão da variável Segurança, o modelo terá poder de captar 65,6% da variabilidade total. Veja o resultado comprobatório a seguir. Se eliminarmos as duas ao mesmo tempo, espera-se um aumento ainda maior. Para eliminar uma variável, basta excluí-la do quadro de seleção de variáveis.

Com a eliminação do Atendimento Médico, teremos o seguinte resultado para o Alfa de Cronbach: 0,609.

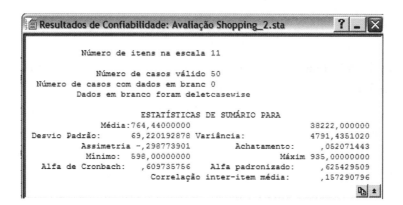

Com a eliminação da variável Segurança (mantendo o Atendimento Médico), teremos o seguinte resultado para o Alfa de Cronbach: 0,6562.

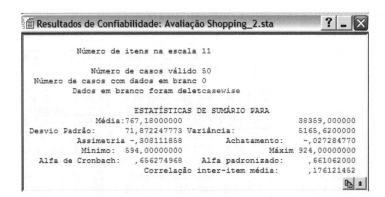

Se retirarmos as duas ao mesmo tempo, obteremos o Alfa de Cronbach como 0,7181:

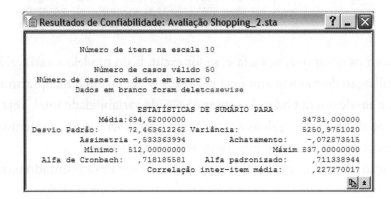

Conclusão

A exclusão das variáveis indicadas no terceiro fator aumentaria o Alfa de Cronbach, mas perderíamos contribuições latentes importantes, mesmo que pequenas.

Assim, a exclusão de variáveis após a formação do modelo é uma decisão de muito risco, uma vez que se entende que a fase de questionários está então finalizada. Aconselha-se modificar o modelo antes de iniciar os testes por meio de técnicas preliminares de avaliação como a análise de confiabilidade.

Está assim demonstrada a convergência dos dois métodos; a forma e a sequência de utilização dependerão da experiência do analista em excluir do modelo esta ou aquela variável.

Para efeito desse exemplo, utilizaríamos a **análise de componentes principais** e não excluiríamos nenhuma delas, pois, mesmo com baixo poder de explicação, ao mantermos todas as variáveis, conseguiríamos capturar quatro aspectos (fatores) importantes para que os administradores de um shopping center pudessem identificar e sanar problemas de marketing.

18 Análise de grupos (conglomerados)

Introdução

Conforme já afirmamos, essa é uma técnica que procura na população grupos que expressem, por meio de suas variáveis, comportamentos que possam ser julgados como semelhantes.

A sua aplicação proporciona resultados para a tomada de decisão gerencial em vários campos. Na medicina, é possível valer-se dessa técnica quando se quer encontrar moléstias causadas por fatores externos comuns à patologia em análise. Na biologia, quando se quer diferenciar grupos de animais, deve-se constituí-los a partir de características comuns para, depois, discriminar se um dado animal pertence a determinada categoria ou grupo. No campo das finanças, pode-se utilizá-la para agrupar empresas que tenham comportamentos similares em relação a certo grupo de índices financeiros.

De forma geral, quando se quer classificar inúmeras informações em grupos que contenham semelhanças entre si, é a técnica mais aconselhada. Daí a sua larga aplicação na pesquisa de marketing, pois as características de consumo, de comportamento do consumidor, de produto etc. são vistas de maneira a agrupar semelhanças para possibilitar aos analistas a tomada de decisão para satisfazer essas necessidades.

Alerta-se, porém, que apesar de ter como base um procedimento matemático de determinação de distâncias, segundo Hair Junior,[1] a análise de grupos, assim como a análise de escala multidimensional (*Multidimensional Scaling*), é tida como **técnica de agrupamento não estatístico** e, portanto, sua aplicação é muito sensitiva à falta de experiência do observador-analista.

Esta obra, por se tratar de um trabalho que pretende propiciar um contato inicial do leitor com essas técnicas, não incluirá a análise de escala multidimensional, e fará uma explanação bastante reduzida da análise de grupos, mesmo incorrendo no risco de cometer algum erro metodológico ou ferir pressupostos básicos de aplicação.

---

[1] HAIR JUNIOR, J. F.; ANDERSON, R. E.; TATHAM R. L.; BLACK W. C. *Multivariate data analysis*. 5th ed. New Jersey: Prentice-Hall, 1998.

Obviamente, tal risco é minimizado pela aplicação do *software* STATISTICA, mas, mesmo assim, por ser uma ferramenta que exige larga experiência, recomenda-se parcimônia ao analista na sua aplicação e tomada de decisão com base nela.

18.1 Técnicas de agrupamento e ligação

A necessidade de definir as formas de aglomeração dos grupos provém do fato de que, no início, cada objeto pesquisado é um grupo em si mesmo. Entretanto, deve-se determinar regras para se aglomerar objetos em grupos para, depois, determinar as distâncias entre estes.

É preciso determinar as distâncias entre os objetos para estabelecer a que grupo eles pertencem. Uma vez determinados os objetos que mais se aproximam, forma-se o grupo.

Um grupo é o conjunto de objetos (tendências, vontades, ações, opiniões) que possuem em comum características de interesse ou afins. Uma vez que o grupo tenha sido formado, será estabelecida a distância entre os grupos para se ter certeza de que aquela manifestação, além de única, é inequívoca a respeito do objeto pesquisado.

Todavia, quando falamos de distâncias, devemos definir de que tipo elas são ou qual a sua forma de medida, lembrando sempre que se está falando de um espaço tridimensional.

18.1.1 Esquemas das técnicas de agrupamento e ligação

Figura 18.1 Funcionamento esquemático das técnicas de agrupamento e de ligação

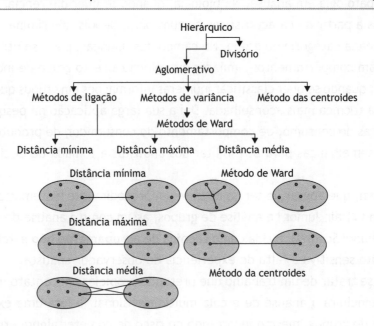

Fonte: elaborada pelos autores.

Suas áreas de aplicação são:

- Marketing – segmentação de mercado, estabelecimento do comportamento de compra e do perfil do consumidor.
- Medicina – agrupamento por sintomas, por doenças, por procedimentos de curas ou tempo de recuperação.
- Psiquiatria – agrupamentos por sintomas de paranoia e esquizofrenia.
- Arqueologia – agrupamento por semelhanças de tipos de ferramentas, sua utilização, material empregado, objetos e utensílios do cotidiano da época.
- De maneira geral, onde for necessário agrupar números elevados de informações e classificar suas semelhanças, essa técnica é a mais apropriada.

18.1.2 Consistência da escala de medida das variáveis

Em certos experimentos, as medidas das diversas variáveis podem ser dadas em diferentes escalas. Por exemplo, se o nosso experimento pertencesse ao campo médico e incluísse dias de recuperação e a medida da temperatura média dos pacientes em cada dia, claramente teríamos escalas diferentes de medidas e magnitudes diferentes também.

Existem algumas técnicas matemáticas para padronizar essas medidas de forma a não comprometer as análises futuras. No STATISTICA, a opção do menu principal, **Dados/Padronizar** propicia essa adequação quando isso for necessário.

18.1.3 Objetivo do agrupamento

O objetivo dessa técnica é agrupar objetos que tenham características semelhantes entre si. Tal objetivo impõe ao mesmo tempo questões que dificultam a sua aplicação e, por isso, requerem experiência do analista.

Por exemplo: de que maneira considerar a(s) semelhança(s) entre objetos? A correlação poderia ser uma delas, segundo sugere Hair Junior. Outra forma poderia ser pelas médias ou pelos desvios-padrões. Pode-se perguntar ainda de que maneira formar os grupos, como quantos grupos devem ser formados?

Essas e outras questões reafirmam a exigência de experiência na aplicação da técnica.

Neste ponto, a ajuda do programa estatístico é fundamental, pois as técnicas de agrupamento já estão previamente classificadas, bastando que o observador as escolha e as compare, a depender de sua conveniência.

Segundo StatSoft, pode-se pensar na análise de grupos como o processo inverso da análise da variância (ANOVA). O programa estatístico inicia seu processo com um número k de grupos e move as observações de forma a:

- Minimizar a variabilidade dentro dos grupos para que a média interna das variáveis que compõem o grupo seja a mais próxima possível.
- Maximizar a variabilidade entre os grupos.

Percebe-se aqui que a análise discriminante multivariada e a regressão logística, implicitamente, utilizam essa ferramenta para agrupar as variáveis de modo a poder discriminar se um objeto observado pertence a este ou àquele grupo.

Outra indicação válida para a separação entre os grupos é a **estatística F de Snedecor**, sendo desejada uma diferença considerável para esse item em relação à mesma estatística de outro grupo formado.

18.2 Utilização de programas eletrônicos

Estudo de caso

Estudo de caso com o STATISTICA

Suponha uma pesquisa de mercado sobre modelos e marcas de automóveis em que os pesquisados foram convidados a responder a respeito de preço, desempenho, freios, dirigibilidade e consumo de diversos veículos.

A pesquisa será divulgada por uma revista especializada e servirá como referência de mercado para consumidores e concessionárias de veículos que desejam verificar quais as marcas mais bem avaliadas pelos consumidores.

Para efeitos de exemplo didático, modificamos um arquivo do STATISTICA em que foi aplicada a técnica de padronização de variáveis, pois cada uma delas tinha uma **escala diferente de medida**, e prefeririremos o agrupamento pelo método das médias por ser mais básico e de interpretação mais simples.

Com o arquivo **Análise_de_Grupos.sta** aberto, selecione ESTATÍSTICAS/TÉCNICAS EXPLORATÓRIAS MULTIVARIADAS/ANÁLISE DE CLUSTERS (GRUPOS) e, depois, a opção AGRUPAMENTO DE MÉDIAS:

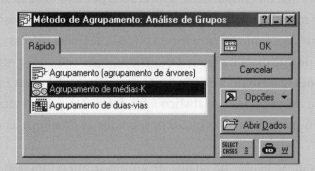

Selecione OK para especificar outras opções da análise. Indique TODAS as variáveis como participantes do modelo e clique em OK; selecione a alça AVANÇADO e modifique o **Número de *clusters*** (grupos) para 3 e a opção *Clusters* (Grupos) para **Casos** (Linhas) e obterá a seguinte resposta:

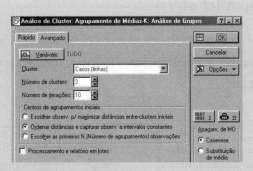

Clique em **OK**. Na próxima resposta do STATISTICA, selecione Avançado e assim obterá:

Verifique, pelos botões de opções, como já dissemos, que essa técnica apoia-se nas técnicas da estatística descritiva, na ANOVA e nas distâncias euclidianas.

Selecione **Análise de Variância** para se identificar possíveis agrupamentos de casos:

Variável	Entre SS	df	Dentro SS	df	F	signif. p
PREÇO	9,08159	2	11,91841	19	7,23881	0,004602
DESEMPENHO	6,74790	2	14,25210	19	4,49794	0,025163
FREIOS	10,11892	2	10,88108	19	8,83457	0,001938
DIRIGIBILIDADE	10,87750	2	10,12250	19	10,20857	0,000975
CONSUMO	7,99118	2	13,00882	19	5,83575	0,010573

Observe que os maiores valores da estatística F de Snedecor estão relacionados aos maiores valores das somas das distâncias ao quadrado SS (*Square of Sums*).

Assim, verifica-se nesse exemplo que os fatores Preço, Freios e Dirigibilidade são os critérios percebidos pelos clientes como maiores apelos e que, portanto, resumem características em comum: a preferência do consumidor.

Esse pode ser um fator de agrupamento.

18.2.1 Formação dos grupos (*clusters*)

Para formar os grupos, selecione o botão MEMBROS DE CADA CLUSTER (GRUPO) e DISTÂNCIAS, e o STATISTICA responderá com a formação de três grupos distintos (Clust 1, Clust 2 e Clust 3) como foi selecionado anteriormente e indicado a seguir:

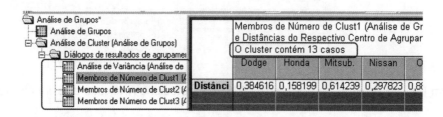

Abrindo a planilha **Membros de Número de *Cluster*** 1 ou 2 ou 3, o leitor poderá verificar quais veículos fazem parte de cada grupo.

Por exemplo, no Grupo 1 (*Cluster* 1), estão presentes **13 marcas**: Acura, Buick, Chrysler, Dodge, Honda, Mitsubishi, Nissan, Oldsmobile, Pontiac, Saab, Toyota Volkswagen e Volvo:

	Acura	Buick	Chrysler	Dodge	Honda	Mitsub.	Nissan	Olds	Pontiac	Saab	Toyota	VW	Volvo
Distânci	0,754166	0,766466	0,356816	0,384616	0,158199	0,614239	0,297823	0,889882	0,255611	0,508612	0,766000	0,284704	0,362700

O grupo 2 é composto por:

O grupo 3 é composto por:

Esse agrupamento por características possibilita ao pesquisador e aos clientes tomar decisões de compra ou investimento em empresas comerciais com base nos aspectos técnicos apresentados.

18.2.2 Análise gráfica das médias

A análise gráfica das médias de cada grupo ajuda a identificá-los melhor e representa a consistência das características estudadas nos modelos de veículos de cada grupo. Por exemplo, no caso do Grupo 1, a linha indicada pela seta, formada pelas diversas características, é mais estável, não possuindo grandes desníveis. Essa estabilidade significa semelhança das características entre os veículos das diversas marcas na opinião dos clientes. Para obter este gráfico, selecione o botão GRÁFICO DE MÉDIAS.

Gráfico 18.1 Gráfico de médias para cada grupo

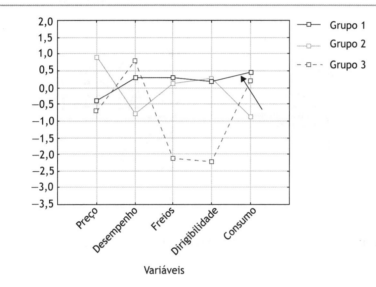

Fonte: elaborado pelos autores.

Observe novamente que o Grupo 1 é o que mantém a maior homogeneidade da média dos cinco quesitos de análise e que, portanto, deverá ser alvo de atenção comercial das concessionárias para que considerem a possibilidade de comercializar com maior intensidade os veículos dessas marcas.

18.2.3 Análise das distâncias euclidianas em relação às médias

Selecione o botão SUMÁRIO DE MÉDIAS E DISTÂNCIAS EUCLIDIANAS e obterá a seguinte resposta:

Cluster Número	Nº 1	Nº 2	Nº 3
Nº 1	0,000000	0,938877	2,403320
Nº 2	0,968957	0,000000	3,519362
Nº 3	1,550264	1,875996	0,000000

Distâncias Euclidianas entre Cluster
Distâncias abaixo da diagonal
Distâncias quadradas acima da diagonal

A distância entre o Grupo 1 e o 2 é relativamente pequena (0,968) se comparada com a distância entre o Grupo 1 e o 3 (1,550). O Grupo 2 também se distancia significativamente do 3. Dessa maneira, o leitor poderá formar seus grupos em relação às características mais comuns encontradas nas pesquisas que demandam formação de grupos de características de bens e/ou serviços.

18.2.4 Formas de representação gráfica

O Dendograma e o Icicle (móbile) são as duas formas de representação gráfica do agrupamento já demonstrado. Selecione TÉCNICAS EXPLORATÓRIAS MULTIVARIADAS e, a seguir, ANÁLISE DE CLUSTER:

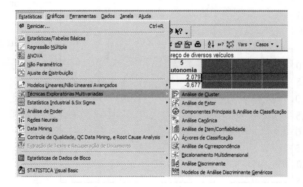

Após obter a seguinte caixa de diálogo, deverá selecionar AGRUPAMENTO (AGRUPAMENTO DE ÁRVORES) e, em seguida, OK:

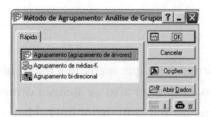

A resposta do STATISTICA será a mostrada a seguir: selecione inicialmente no campo *Cluster* como Casos (linhas) para aglomerar por tipo de veículo segundo características dos automóveis. Então, selecione TODAS AS VARIÁVEIS e clique OK para obter este resultado:

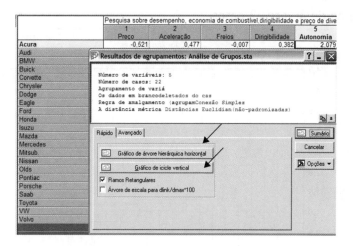

As duas opções gráficas, o Dendograma e o Icicle (móbile), estão indicadas por setas na figura. Nesse exemplo, o STATISTICA pode representar o grupo formado pelas distâncias das características dos veículos e pelas distâncias de cada quesito perguntado. Selecione ÁRVORE HORIZONTAL e obterá o Gráfico 18.2.

Gráfico 18.2 Diagrama de Árvore 22-casos

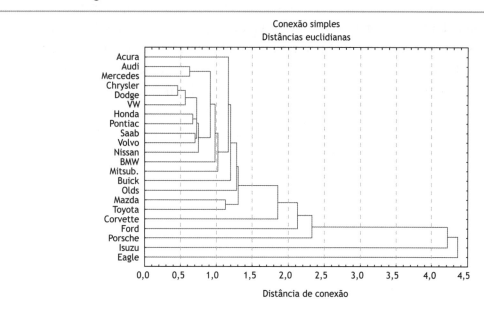

Fonte: elaborado pelos autores.

Selecione ICICLE para que a saída fique invertida.

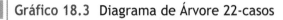

Gráfico 18.3 Diagrama de Árvore 22-casos

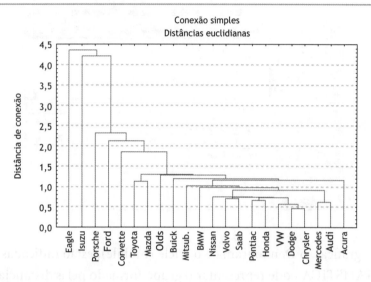

Fonte: elaborado pelos autores.

Como falamos na exposição inicial, cada automóvel forma um grupo em si mesmo. A primeira formação de grupo por semelhança ocorre à distância inferior a 0,5 no gráfico, entre os automóveis Dodge e Chrysler. A esses dois juntam-se o VW e o Nissan. Há três outros grupos formados pelos modelos Mercedes e Audi, Pontiac e Honda, e Volvo e Saab, todos quase nas mesmas distâncias, em torno de 0,65. Todos esses modelos formam, então, um grupo muito semelhante. A seguir, juntam-se a esse grupo os modelos BMW e Mitsubishi, que, com o Accura, formam um único bloco. À medida que nos afastamos da origem, juntam-se a esse bloco os modelos Buick, Oldsmobile, Mazda, Toyota, Corvette, Porsche, Isuzu e Eagle. Obviamente, estes últimos diferem dos demais pelas características esportivas.

É possível também agrupar por similaridade dos itens perguntados (preço, aceleração, freios, autonomia e dirigibilidade), pois essa informação representa os sentimentos dos respondentes a respeito da hierarquia dos fatores que mais têm importância na avaliação de um automóvel.

Para isso, basta clicar em CANCELAR na caixa de diálogo atual e, assim, voltar para a indicada a seguir, quando, então, o analista deverá selecionar VARIÁVEIS (colunas):

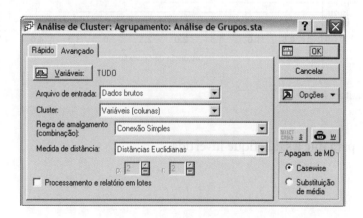

Assim, obteremos as semelhanças dos fatores selecionados, e se pode notar claramente que o consumidor relaciona o Preço com a Dirigibilidade do produto como os dois fatores principais. A seguir, a Aceleração e Autonomia formam outro grupo de importância, e a isso se adicionam os Freios.

Nessa pesquisa simples, temos já uma prévia informação sobre a importância do item Dirigibilidade, que é considerado, um item de segurança e conforto, o mais importante de todos, uma vez que todos nós queremos sempre pagar o preço justo por tudo o que nos é apresentado.

Gráfico 18.4 Diagrama de Árvores por variável

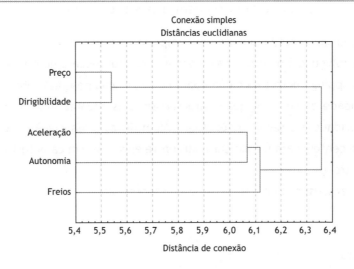

Fonte: elaborado pelos autores.

No caso de selecionarmos ICICLE, o resultado é invertido, e a figura ficaria como no Gráfico 18.5.

Gráfico 18.5 Diagrama de Árvores por variável

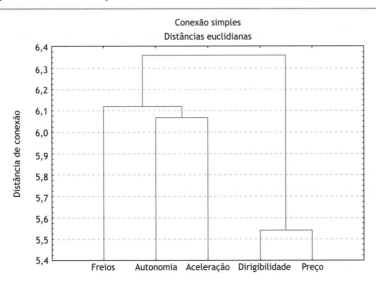

Fonte: elaborado pelos autores.

> Pesquisas detalhadas também são possíveis por meio dessa técnica, e recomendamos que, antes de formar questionários para a detecção de grupos de itens de interesse, o pesquisador aplique a técnica de validação de escalas para se assegurar de que os grupos formados pelas perguntas sejam os que realmente tenham afinidade e originem significados aproveitáveis nas campanhas mercadológicas.

Estudo de caso

Consultoria de Pesquisas Mercado Certo

A Consultoria de Pesquisas Mercado Certo é uma empresa de porte médio especializada em pesquisa de mercado. O senhor Avelino é o diretor da empresa a qual foi recentemente contatada pela direção da Associação dos Shopping Centers da cidade para conduzir uma pesquisa sobre os maiores shopping centers com a finalidade de verificar quais características os clientes julgam importantes e de que forma atribuem prioridade a essas características. Além disso, a associação pede à consultoria que compare os shopping centers para identificar quais entre eles possuem características semelhantes na visão dos clientes entrevistados.

Os atributos (dimensões) exploradas pelos pesquisadores são:

- shows;
- espaço cultural;
- conforto;
- distinção dos frequentadores;
- localização;
- aparência das lojas;
- cinemas;
- praça de alimentação;
- produtos oferecidos pelas lojas;
- atendimento médico;
- preços praticados pelos estabelecimentos;
- segurança.

O senhor Avelino reuniu-se com sua equipe de pesquisa e juntos decidiram que a técnica de estatística multivariada mais apropriada para responder às questões acima e, portanto, a que deverá ser usada nessa pesquisa, é a Análise de Conglomerados (Grupos).

Para responder à primeira parte da pesquisa foi elaborado o arquivo **Avaliação Shopping_2.sta** com os dados já tabulados. Abra esse arquivo para iniciar a pesquisa:

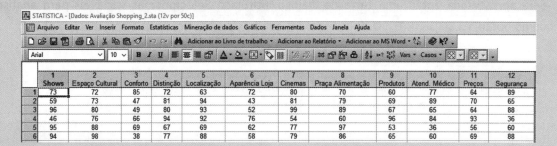

No menu principal selecione ESTATÍSTICAS\TÉCNICAS EXPLORATÓRIAS MULTIVARIADAS\ANÁLISE DE CONGLOMERADOS como mostrado abaixo:

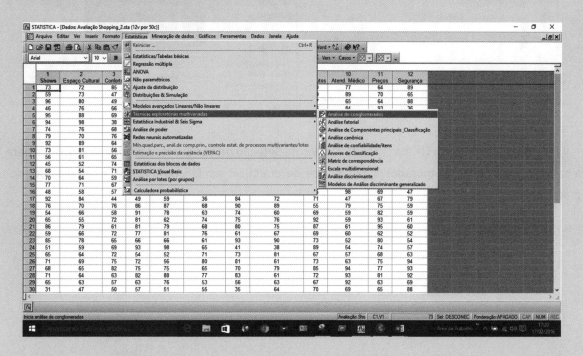

Aceite a opção **Juntado (árvore-aglomerando)** apresentada pelo quadro Menu básico e em seguida clique no botão **OK**:

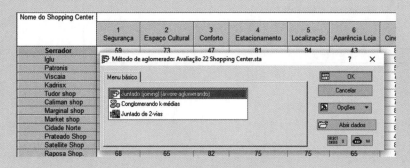

Na caixa de diálogo da **Análise de conglomerados**, clique no botão VARIÁVEIS. Não modifique a opção **Arquivo de Entrada**, deixe-a como **Dados Brutos**.

Será apresentada então uma caixa de diálogo intitulada **Selecionar as variáveis para análise**. Clique no botão SELECIONAR TUDO. O aspecto dos quadros deverá ficar como apresentado abaixo:

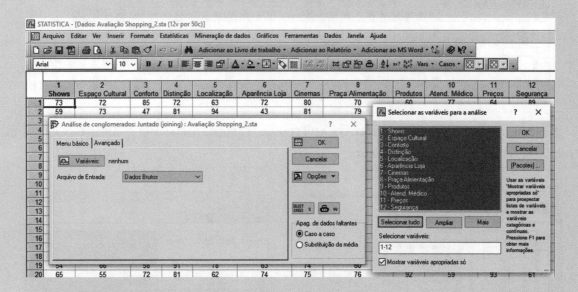

Em seguida, clique em OK na caixa de diálogo de **Seleção de variáveis**. O programa retornará para a caixa **Análise de conglomerados**, na qual você deverá clicar em OK novamente. A resposta do programa está abaixo:

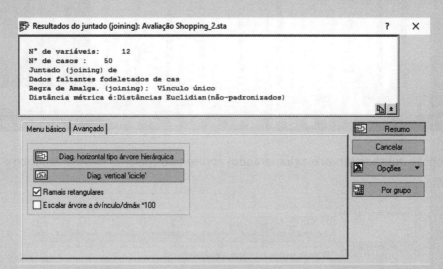

▶ Depois, clique no botão RESUMO e obterá o gráfico de aglomeração a seguir:

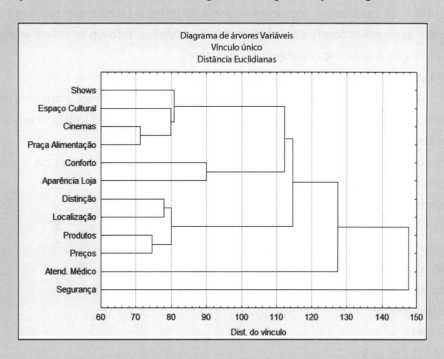

Como já dito anteriormente, quando foram explicados os detalhes dessa técnica, o eixo das abscissas, aqui identificado pelo nome **Distância do vínculo,** representa a intensidade atribuída por todos os entrevistados para o atributo em questão.

A priorização do atributo é identificada por meio da proximidade com a origem.

Note-se que os atributos **Cinemas** e **Praça de alimentação** estão "ligados" a uma distância de pouco mais de 70 unidades a partir do vínculo. Isto identifica a primeira aglomeração de atributos. Neste exemplo, os clientes atribuem maior importância a esses dois atributos em detrimento dos demais.

O segundo grupo de atributos é composto pelos **Preços** e **Produtos** a uma distância de aproximadamente 75 unidades no gráfico.

O terceiro agrupamento, por ordem de importância, é composto pelas variáveis **Distinção** (que o shopping confere a quem o frequenta) e **Localização**. Aqui pode-se imaginar que a localização do shopping é entendida pelos clientes como uma variável de distinção, ou seja, estar naquele local por si só já distingue o frequentador.

O **Espaço cultural** e os **Shows** juntam-se ao agrupamento de **Cinemas** e **Praça de alimentação**, quase simultaneamente à aglomeração entre o grupo composto pelas variáveis **Distinção** e **Localização** com o grupo formado pelas variáveis **Produtos** e **Preços**.

Em uma distância de 90 unidades, forma-se um novo agrupamento entre as variáveis **Aparência das lojas** e **Conforto**, sendo que esse agrupamento se une aos dois grupos anteriores a uma distância de aproximadamente 115 unidades gráficas.

Por último, unem-se a este grande agrupamento as variáveis **Atendimento médico e Segurança**.

▶

A princípio pode parecer estranho que a **Segurança** e o **Atendimento médico** sejam as últimas variáveis na ordem de prioridades, mas em verdade é intuitivo o fato de que todos nós acreditamos que nada de mal acontecerá dentro do ambiente de um shopping, seja em relação a atendimento médico, seja em relação à segurança coletiva de modo geral.

A primeira parte da pesquisa atingiu seu objetivo satisfatoriamente.

Para responder à segunda parte da pesquisa, comparando os shoppings entre eles para detectar quais possuem características semelhantes na visão dos clientes, devemos utilizar o arquivo **Avaliação 22 Shopping Centers.sta**.

As dimensões **Atributos pesquisados** já estão tabulados no formato ideal para a aplicação da técnica de Estatística Multivariada Análise de Conglomerados.

Enumeramos esses atributos a seguir:

- segurança;
- espaço cultural;
- conforto;
- estacionamento;
- localização;
- aparência das lojas;
- cinemas;
- praça de alimentação;
- produtos vendidos;
- atendimento médico;
- preços;
- espaço kids.

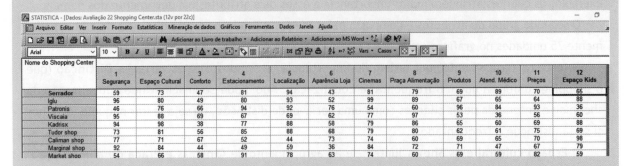

No menu principal, selecione ESTATÍSTICAS\TÉCNICAS EXPLORATÓRIAS MULTIVARIADAS\ANÁLISE DE CONGLOMERADOS como mostrado a seguir:

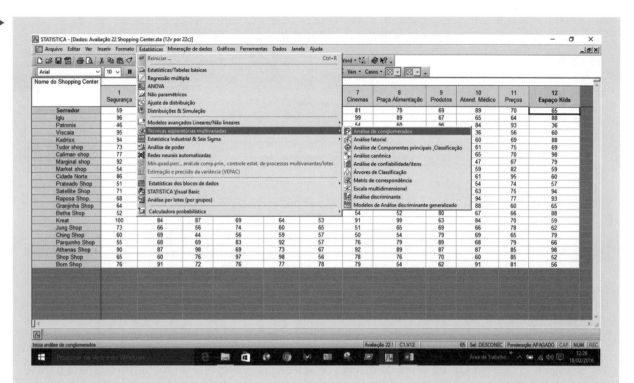

Aceite a opção **Juntado (árvore-aglomerando)** apresentada pelo quadro Menu básico e em seguida clique no botão **OK**:

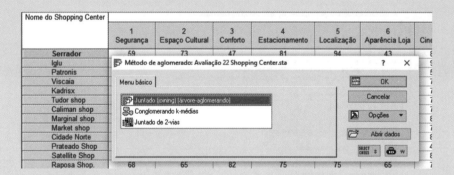

Agora clique na aba **AVANÇADO** e modifique o tipo de conglomerado para **Casos (filas)**. Esta ação fará com que o programa agrupe os shoppings pela semelhança dos atributos:

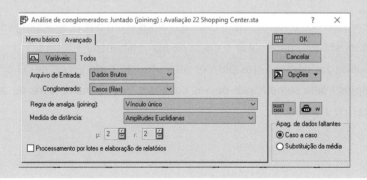

Clique no botão **OK**. Na caixa de diálogo apresentada, selecione todas as variáveis como mostrado abaixo:

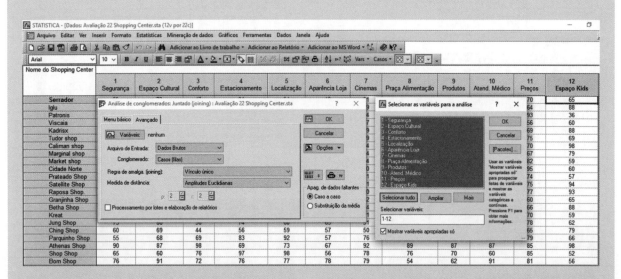

A seguir, clique em **OK** na caixa de diálogo de seleção de variáveis. O programa retornará para a caixa **Análise de conglomerados**, na qual você deverá clicar em **OK** novamente. A resposta do programa está abaixo:

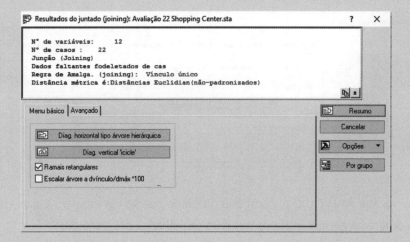

Note que existem 22 casos (linhas), onde cada um deles é um dos 22 shopping centers pesquisados. Agora clique no botão **Resumo** para obter o mapa de agrupamento.

Os clientes pesquisados deram notas para os atributos de cada shopping. O programa estatístico vai agrupar os shoppings pela semelhança desses atributos nos vários objetos de análise (shoppings). Vamos analisar o gráfico a seguir:

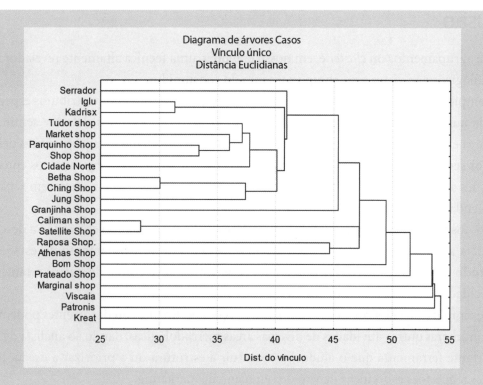

Aplicando-se o mesmo princípio de avaliação das distâncias de cada agrupamento até a origem (margem esquerda), note que os shopping centers Caliman e Satellite são os que possuem maior semelhança entre si, mediante a avaliação dos atributos pesquisados.

Em seguida vêm os shoppings Betha e Ching e depois os shoppings Iglu e Kadrisx.

Novo agrupamento ocorre entre o Parquinho Shop e o Shop Shop. Ao novo agrupamento une-se o Market Shop, depois o Tudor Shop, e assim por diante.

Note ainda que os shoppings mais dissemelhantes dos demais são aqueles aglomerados por último, ou seja, em uma distância maior da origem (margem esquerda do gráfico).

Esses shoppings são: Bom Shop, Prateado Shop, Marginal Shop, Viscaia, Patronis e Kreat.

Para descobrirmos se essa dissemelhança é decorrente do fato de os shoppings terem sido avaliados como muito superiores ou muito inferiores, novas e específicas pesquisas deverão ser conduzidas com a aplicação da técnica estatística apropriada.

A definição da classe social e poder aquisitivo dos clientes que frequentam cada shopping também podem ser alvo de novas pesquisas.

As informações colhidas com essas duas pesquisas servirão à Associação dos Shopping Centers para, por exemplo, avaliar em qual shopping center um investidor deverá optar por instalar sua loja mediante o tipo de produto, público-alvo que deseja atingir, exclusividade e preço de seus produtos, entre outros atributos. Agindo assim, o investidor encontrará suporte técnico apropriado para melhorar ou instalar novos negócios que terão maior probabilidade de sucesso.

Conclusão

A análise de agrupamentos ou *cluster* é, em nosso entender, uma técnica altamente reveladora de aspectos mercadológicos não visíveis no comportamento do consumidor.

Os exemplos aqui apresentados sobre a comparação de aspectos gerais e atributos específicos e de operação de automóveis revelou como, por meio dessa técnica, podemos detectar sentimentos dos consumidores e aspectos físicos de desempenho de cada tipo de veículo. O agrupamento dessas características por semelhanças, sejam físicas, de operação ou de sentimentos subjetivos dos consumidores, sugerem ações a serem tomadas por distribuidores de bens e serviços para melhorarem seus desempenhos com vendas ou de imagem da sua organização comercial.

O caso dos shoppings centers também vai na mesma direção quando se propõe a descobrir qual a importância atribuída pelos clientes aos diversos aspectos do funcionamento do estabelecimento como um todo e depois comparar esses atributos por semelhança com a de outros estabelecimentos na mesma cidade.

Esses exemplos são clássicos e os pensamentos e ações pertinentes ou decorrentes podem ser estendidos para inúmeras outras atividades de diversas áreas mercadológicas, dando ao analista de marketing uma importante ferramenta que o ajudará a construir a estrutura ou a priorizar a execução de ações direcionadas a questões específicas dentro do seu plano de marketing.

19 Análise de escala multidimensional

Introdução

A análise de escala multidimensional pode ser considerada uma alternativa para a análise de fatores.

Na análise fatorial, o objetivo era agrupar as variáveis em dimensões (fatores) que representassem significados latentes ou subjetivos dos respondentes. Na análise de escala multidimensional, o que se procura é detectar estruturas que possam representar as semelhanças ou dessemelhanças entre os objetos em investigação ou estudo.

Na análise fatorial, as semelhanças eram expressas nas matrizes de correlação. De fato, a base de dados de entrada devia ter este formato. Na análise de escala multidimensional, podemos verificar o tipo de semelhança em adição à análise da matriz de correlação.

Em outras palavras, a análise de escala multidimensional consegue detectar as dessemelhanças expressas pela observação do objeto em estudo. Estas, por sua vez, são transformadas em distâncias (euclidianas) para depois serem plotadas em um espaço tridimensional e, então, verificarmos quais objetos estão mais próximos uns dos outros.

A análise multidimensional não é uma técnica exata, segundo a StatSoft. Contudo, pode ser vista como uma forma de rearranjar os objetos em estudo, posicionando-os em um espaço tridimensional para propiciar a verificação das distâncias entre eles.

Em marketing, é uma técnica muito utilizada para verificar se um produto está próximo ou não de seus concorrentes diretos, considerando-se os diversos atributos.

Por exemplo, se comparamos duas marcas de eletrodomésticos que fabricam geladeiras, os atributos estudados poderão ser: tamanho, peso, rapidez no degelo automático, consumo de energia, nível sonoro de ruídos, entre outros. O cliente pode perceber se seu produto está mais próximo ou mais distante de outro produto semelhante e expressa essa distância de forma estruturada em uma pesquisa.

19.1 A lógica da técnica

Pense em um mapa de seu estado com três cidades distanciadas entre si por certo espaço. Se tivermos que descrever essas distâncias entre as cidades utilizando apenas uma dimensão (um eixo), por exemplo, de leste para oeste, a representação gráfica da observação será possivelmente:

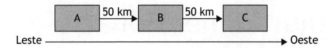

Dessa forma, em nossa percepção, não poderíamos produzir nenhuma opinião sobre a distância entre A e C, a não ser que essas duas estivessem, supostamente, a 100 km de distância.

No entanto, se tentássemos reproduzir a mesma observação com duas dimensões, por exemplo, Leste-Oeste e Norte-Sul, o poder de explicação sobre a distância existente entre elas aumentaria, porque poderíamos perceber melhor aquela distância não explicada na observação anterior:

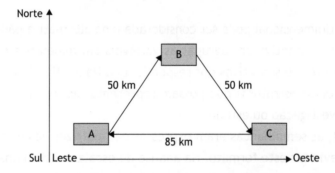

Assim, ficaria claro o fato de que as cidades não estão localizadas sobre uma linha reta, e sim em triângulo, o que faria perceber a dimensão que se encontrava oculta anteriormente.

Olhando em linha reta não há como estimar a distância entre AB e BC e pode dar a impressão de que as distâncias sejam AB = 50 e BC = 50, mas nada garante que o triângulo formado pelas três cidades seja equilátero.

Esta é a lógica: as percepções do consumidor a respeito dos atributos de certo produto geram distâncias entre si, e essa técnica consegue posicionar o juízo que o cliente faz sobre o atributo de um produto ou serviço e compará-lo com o mesmo atributo de outro produto. Assim, percebe-se a preferência do consumidor por um atributo, hábito em consumi-lo, serviço etc.

19.1.1 Diagrama de Shepard e medida de aderência

O diagrama de Shepard é o gráfico-padrão para análises do ajuste ou aderência das variáveis ao modelo. Desvio ou distância excessiva dos pontos em relação à escada formada pelo diagrama significa que o modelo possui pouca aderência (pouca representatividade). Esse diagrama reproduz em duas dimensões as distâncias reais entre os produtos (ou seus atributos) apontadas pelos respondentes e a distância entre a variável e o vetor formado pela equação de regressão entre todas as variáveis.[1]

A medida-padrão de aderência é a chamada medida de Stress Phi, que avalia o quão bem as distâncias reais entre os objetos aderem à matriz de distâncias:

$$Phi = \Sigma \left[d_{ij} - f\left(\delta_{ij}\right) \right]^2$$

Em que:

d_{ij} são as distâncias reproduzidas em uma matriz de distâncias dado o número de dimensões especificadas pelo analista (para o STATISTICA, máximo 9).

δ_{ij} (delta) são as distâncias reais informadas pelos respondentes.

19.1.2 Especificando dimensões

De maneira geral, conforme vimos, quanto maior for o número de dimensões, melhor será a representatividade da matriz de distâncias que será produzida e, assim, melhor a aderência do modelo.

Nessas condições, o valor da estatística denominada Stress será a menor possível.

O gráfico de entulho (*Scree plot*) ajuda-nos também a especificar o número de dimensões, assim como determinou o número de fatores no Capítulo 17.

19.2 Aplicação em marketing

Em uma pesquisa, o respondente deve classificar três produtos concorrentes dando nota de 0 a 100 (de dez em dez pontos), em termos de 0 (mais dessemelhante) a 100 (mais semelhante). Vamos denominá-los produtos A, B e C. Suponha que a matriz de notas dadas por um respondente apenas seja:

Produto	A	B	C
A	—		
B	15	—	
C	80	65	—

Ao analisarmos as distâncias, concluímos que AB < BC < AC. Se optarmos por uma dimensão apenas, poderemos representar graficamente essa relação como:

---

[1] Esta distância é denominada D-hats pelo STATISTICA. O cálculo matemático dessa regressão é chamado pela StatSoft (1999, p. 3.251) como **transformação monotônica de regressão**, apud Kruskal (1964) e Reynolds e Young (1981, p. 367-368).

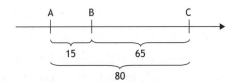

A opção por duas dimensões melhora essa percepção, que poderia ter aproximadamente este formato:

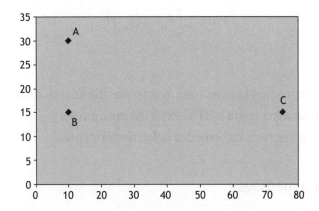

Se a escala de semelhanças é de 0 a 100, podemos dizer que, na percepção dos clientes, o produto A é mais semelhante (por estar mais próximo) de B e menos semelhante ao produto C. Por sua vez, B é mais semelhante a C do que o produto A.

19.3 Utilização de programas eletrônicos

Estudo de caso

Comparação de 15 marcas de cerveja

Procedeu-se a uma pesquisa de campo sobre a percepção que o consumidor tem da semelhança entre 15 marcas de cervejas. Foram entrevistados 135 clientes, entre universitários e profissionais. Obviamente, nem todos os respondentes puderam opinar sobre todas as marcas pesquisadas, pois alguns não haviam experimentado todas.

Solicitou-se aos respondentes para atribuir notas de 1 a 7 em uma escala de semelhança constituída por (1) menos semelhante até (7) mais semelhante a uma das marcas constantes na pesquisa que foi eleita como termo de comparação. A marca escolhida como *benchmark* foi a Cerveja A.

As dimensões analisadas para cômputo das distâncias foram 9, para que se pudesse igualar ao número máximo de dimensões que o programa STATISTICA admite. Dessa forma, consegue-se uma combinação de 9 dimensões tomadas 2 a 2 em um total de 36 análises gráficas multidimensionais possíveis (desde que tenham sentido prático):

$$C_{9;2} = \frac{9!}{2!(9-2)!} = \frac{9.8.7!}{2!.7!} = 36$$

As dimensões comparadas na pesquisa foram:

- Dimensão 1 – Formato da embalagem da Cerveja A em relação à dos concorrentes.
- Dimensão 2 – Sabor da Cerveja A em relação às outras cervejas concorrentes.
- Dimensão 3 – Forma de abertura da embalagem da Cerveja A em relação às outras.
- Dimensão 4 – Beber a Cerveja A confere distinção em relação a consumir outras.
- Dimensão 5 – As propagandas da Marca A em relação às outras.
- Dimensão 6 – Preço da Marca A comparado com o das outras.
- Dimensão 7 – Teor alcoólico da Marca A em relação às outras.
- Dimensão 8 – A Marca A tem mais malte que as outras cervejas concorrentes.
- Dimensão 9 – Facilidade de encontrar a Cerveja A em relação às outras.

Optou-se por esse tipo de pesquisa porque as condições de realização impediriam a comparação de 15 marcas entre si.

As notas dadas por cada respondente foram tabuladas, e a média de cada par comparado foi calculada e reproduzida na tabela de distâncias médias exibidas a seguir no arquivo **Nova_Cerveja_ Matriz_MDS.sta** do programa STATISTICA.

Por questões técnicas, o arquivo deve ser identificado como uma matriz do tipo 2. Não se trata de uma matriz de correlação, apesar da semelhança de aspecto. O sistema a entende como uma matriz de dados de distâncias, pelo fato de que esta deve trazer informações da média e do desvio-padrão em determinado formato, como será visto mais adiante.

	1 A	2 B	3 C	4 D	5 E	6 F	7 G	8 H	9 I	10 J	11 K	12 L	13 M	14 N	15 O
A	1,00	3,97	3,59	3,41	3,18	2,48	3,37	2,87	3,13	2,19	3,35	3,35	3,33	3,96	3,19
B	3,97	1,00	4,09	3,61	3,29	2,90	3,50	3,05	3,17	2,37	3,04	2,41	2,89	3,44	3,04
C	3,59	4,09	1,00	3,33	3,31	2,88	2,74	2,86	3,35	2,65	3,46	2,83	3,33	3,28	3,42
D	3,41	3,61	3,33	1,00	4,17	3,45	3,08	2,91	2,43	3,23	3,38	3,10	3,33	3,08	3,19
E	3,18	3,29	3,31	4,17	1,00	4,40	3,12	3,12	3,14	3,17	3,74	2,92	2,93	3,15	3,33
F	2,48	2,90	2,88	3,45	4,40	1,00	2,60	2,80	3,10	2,90	3,20	2,50	3,30	2,40	2,10
G	3,37	3,50	2,74	3,08	3,12	2,60	1,00	4,60	5,40	3,20	2,40	2,90	3,40	3,20	3,10
H	2,87	3,05	2,86	2,91	3,14	2,80	4,60	1,00	2,10	2,10	0,00	3,40	3,60	3,70	2,30
I	3,13	3,17	3,35	2,43	3,17	3,10	5,40	3,70	1,00	2,10	2,30	2,00	2,70	3,60	3,90
J	2,19	2,37	2,65	3,23	3,74	2,90	3,20	3,40	2,10	1,00	3,40	3,60	3,70	2,30	2,10
K	3,35	3,04	3,46	3,38	2,92	3,20	2,40	2,80	2,30	3,40	1,00	3,50	3,80	2,80	2,60
L	2,70	2,41	2,83	3,10	2,93	2,50	2,90	2,60	2,00	3,60	3,50	1,00	2,50	2,40	2,10
M	3,33	2,89	3,33	3,33	3,15	3,30	3,40	3,20	2,70	3,70	3,80	2,50	1,00	2,80	3,10
N	3,96	3,44	3,28	3,08	3,33	2,40	3,20	3,00	3,60	2,30	2,80	2,40	2,80	1,00	2,60
O	3,19	3,04	3,42	3,19	3,35	2,10	3,10	2,70	3,90	2,10	2,60	2,10	3,10	2,60	1,00
Médias	2,98	2,98	3,01	3,05	3,15	2,73	3,11	2,91	2,83	2,60	2,73	2,63	2,98	2,85	2,67
Desv.Pad.	0,96	0,96	0,91	0,92	0,97	0,93	1,15	0,95	1,17	0,92	1,20	0,88	0,91	0,93	0,92
No.Casos	600														
Matriz	2														

As marcas das cervejas foram **omitidas propositadamente**, pois a divulgação da pesquisa poderia originar alegações de danos à imagem das marcas pesquisadas por parte das respectivas empresas que não puderam autorizá-la.

Entretanto, enfatizamos que o exemplo pode ser reproduzido com qualquer cenário constituído por produtos concorrentes e que as respostas dadas podem e devem ser consideradas representativas da percepção dos clientes.

> Foram identificadas as faixas etárias dos consumidores, a sua profissão e o tipo de curso universitário, o que permite ainda que façamos com esse banco de dados a análise de correspondência para detectarmos qual faixa etária ou qual cliente prefere determinada cerveja. A técnica de análise de correspondência será vista no próximo capítulo.

19.3.1 Análise por meio do STATISTICA

Abra o arquivo **Nova_Cerveja_Matriz_MDS.sta** que consta no *site* da editora Saraiva Educação, disponível em: <http://www.saraivauni.com.br/9788547220938>. No menu principal, selecione Estatísticas/Técnicas exploratórias multivariadas/Escalonamento multidimensional. Aumente o número de dimensões para 9. Clique no botão Variáveis e, depois, em Selecionar tudo para selecionar todas as marcas pesquisadas:

A seguir, clique em **OK** e **OK** novamente. O programa processará as informações e avisará que o processo de estimação convergiu. Selecione **OK**:

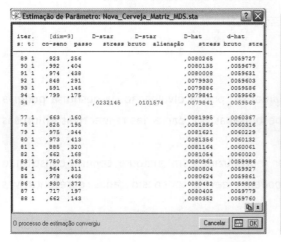
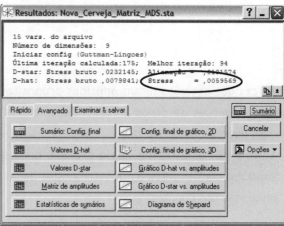

Observe o excelente valor de Stress, que significa o nível de aderência ao modelo. Para comprovar a aderência ao modelo, clique em DIAGRAMA DE SHEPARD. Percebe-se a excelente aderência dos pontos em relação ao diagrama formado pela linha em formato de escada.

Gráfico 19.1 Diagrama de Shepard

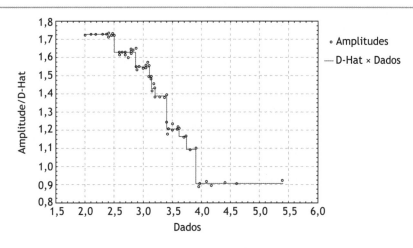

Fonte: elaborado pelos autores.

Clique em SUMÁRIO: CONFIGURAÇÃO FINAL para obter a posição de cada marca pesquisada em relação a cada dimensão formada:

	DIM. 1	DIM. 2	DIM. 3	DIM. 4	DIM. 5	DIM. 6	DIM. 7	DIM. 8	DIM. 9
A	-0,484007	0,513912	-0,321966	-0,309151	-0,073589	-0,180400	0,222441	0,270346	0,016649
B	-0,515059	0,405081	-0,037318	-0,328694	-0,088373	-0,128451	-0,500545	-0,160917	0,139796
C	-0,254554	0,536200	-0,139788	0,399940	-0,114014	0,031138	-0,265771	-0,487377	-0,036870
D	0,294865	0,421419	0,351285	-0,237611	0,179726	-0,451751	-0,111546	0,267823	-0,237892
E	0,267838	0,106085	0,664415	-0,155609	0,300679	-0,052089	0,228528	-0,204942	0,051358
F	0,471492	0,153120	0,777338	-0,063213	-0,084352	0,522370	-0,171466	0,148038	0,068840
G	-0,373829	-0,715094	-0,062548	-0,207502	-0,086346	-0,085849	-0,248019	0,214801	0,277646
H	-0,033555	-0,849461	-0,035668	-0,129125	-0,238612	-0,088846	-0,163441	-0,066734	-0,477698
I	-0,656736	-0,546555	0,177814	0,333599	0,125465	0,330166	0,031894	0,040717	0,027320
J	0,768342	-0,426850	-0,148345	-0,132529	0,026651	-0,283547	0,212479	-0,387951	0,128399
K	0,558908	0,390159	-0,495655	0,270117	-0,230137	0,379045	-0,035530	0,150349	-0,176219
L	0,580543	-0,128105	-0,657546	0,000352	0,726468	0,130790	-0,145696	0,118133	0,107344
M	0,388228	-0,020152	-0,082958	0,138302	-0,801680	-0,119200	0,246204	0,105157	0,203160
N	-0,635303	0,128745	-0,164976	-0,454822	0,112713	0,340306	0,514193	-0,142016	-0,094229
O	-0,377172	0,031495	0,175916	0,875946	0,245401	-0,343682	0,186275	0,134574	0,002397

Por exemplo, a Cerveja A ocupa a posição de distância –0,48 em relação à dimensão formato da embalagem, enquanto a Cerveja N tem distância –0,63 nessa mesma dimensão.

O programa utilizará essa matriz para gerar gráficos de percepção, comparando as marcas entre si dentro de cada dimensão.

19.3.2 Análise gráfica das dimensões afins

Vamos analisar as dimensões de duas em duas, desde que façam sentido. Por exemplo, é lícito comparar o formato da garrafa com a maneira de abrir o recipiente.

Clique em CONFIGURAÇÃO FINAL DE GRÁFICO 2D para obter uma caixa de diálogo na qual o analista deverá selecionar a Dimensão 1 – Formato da garrafa – com a Dimensão 3 – Forma de abertura da embalagem (ver legenda no item inicial desse estudo de caso):

19.3.2.1 Analisando formato da garrafa × facilidade em abrir

Para prosseguir a análise, clique em **OK** e obterá o Gráfico 19.2.

Gráfico 19.2 Gráfico de dispersão 2D

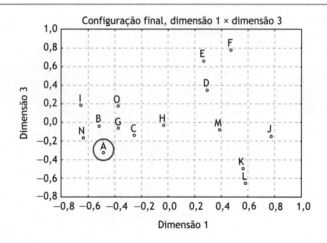

Fonte: elaborado pelos autores.

A Cerveja A ocupa uma posição desfavorável quanto à combinação desses dois quesitos em relação às outras marcas concorrentes. Verifique que as coordenadas (X, Y) da Cerveja A são aproximadamente (–0,5; –0,3). As cervejas que estão mais afastadas para a direita e em posições mais altas são vistas pelos consumidores como melhores no formato e na forma de abertura. Aquelas que estão mais para a direita e mais baixas são vistas como melhores no formato e piores na forma de abrir. As Cervejas B, I e N são vistas como piores no formato da garrafa e melhores na maneira de abrir em relação à Cerveja A.

19.3.2.2 Análise do sabor da cerveja × malte

Outra comparação interessante pode ser a percepção que o cliente tem do sabor da cerveja em relação à quantidade de malte adicionado ao produto pelas marcas.

Clique novamente em CONFIGURAÇÃO FINAL DE GRÁFICO 2D e escolha agora as dimensões 2 e 8 para repetir os passos do item 19.3.2 (Análise gráfica das dimensões afins). A seguir, clique em OK e obterá o Gráfico 19.3.

Gráfico 19.3 Gráfico de dispersão 2D

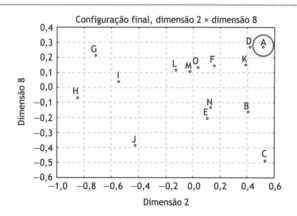

Fonte: elaborado pelos autores.

Nessa nova dimensão formada pela percepção de sabor, a percepção dos clientes aponta para a Cerveja A em posição de liderança, e as duas únicas cervejas mais próximas são as D e K.

19.3.2.3 Análise do sabor e teor alcoólico

Outro ponto importante é a percepção entre sabor e teor alcoólico que os clientes fazem das cervejas. As dimensões a serem cruzadas são as de número 2 e 7. Siga novamente os passos mencionados nos itens anteriores.

Gráfico 19.4 Gráfico de dispersão 2D

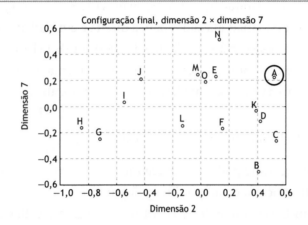

Fonte: elaborado pelos autores.

Outra vez, a Cerveja A ocupa uma posição de liderança, pois a percepção dos clientes aponta para o fato de que um maior teor alcoólico (Dimensão 7) é apreciado e não tira o sabor da cerveja de *benchmark* (Cerveja A).

19.3.2.4 Análise da propaganda × distribuição

Para produzirmos tal efeito, deveremos cruzar as informações das dimensões 5 e 9. Siga os passos anteriores para obter o efeito do Gráfico 19.5.

Gráfico 19.5 Gráfico de dispersão 2D

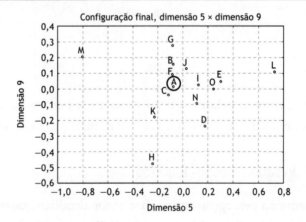

Fonte: elaborado pelos autores.

A percepção dos clientes aponta para a oportunidade de melhoras em propaganda e distribuição, pois muitas marcas (J, I, N, O, E, L) são percebidas como possuidoras de melhor combinação dos quesitos propaganda e distribuição por ocuparem uma posição mais alta e mais à direita no gráfico anterior.

19.3.2.5 Análise do preço × distinção conferida

Cruze agora as dimensões 6 e 4, seguindo os passos anteriores, para obter o Gráfico 19.6.

Gráfico 19.6 Gráfico de dispersão 2D

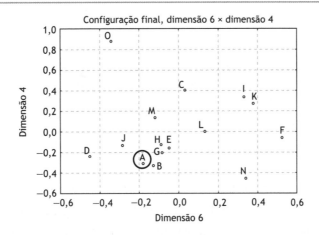

Fonte: elaborado pelos autores.

A percepção dos clientes aponta para a possibilidade de que o preço da Cerveja A esteja alto em relação às outras marcas e que a exclusividade não está dependendo do fato de se pagar mais caro pelo produto. Isso aponta para uma oportunidade em melhorar a campanha publicitária, mudando o foco para a exclusividade do produto. O formato da garrafa e a maneira de abrir podem influenciar essa percepção não favorável sobre a exclusividade. O sabor dessa marca (Cerveja A) dará suporte a essa estratégia de mudança, uma vez que existe a percepção indiscutível de liderança dessa cerveja neste quesito.

19.3.2.6 Opção tridimensional

O analista pode ainda optar por analisar três dimensões simultaneamente.

Por exemplo, podemos tirar informações sobre qual a percepção que os clientes têm da Marca A se cruzarmos três dimensões afins, tais como: Sabor (2), Malte (8) e Teor alcoólico (7).

> **Gráfico 19.7** Gráfico de dispersão 3D

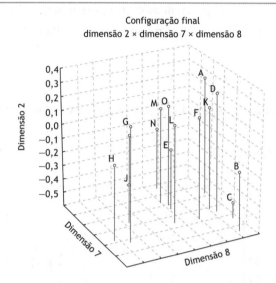

Fonte: elaborado pelos autores.

Novamente, a Cerveja A é imbatível no cruzamento das três dimensões, o que reafirma a necessidade de investir nas melhorias necessárias em relação a distribuição, imagem e funcionalidade do produto.

Assim, o analista de marketing poderá descobrir importantes informações a respeito de seu produto e sugerir mudanças que aumentem as vendas, melhorem a imagem, a funcionalidade, a durabilidade e a qualidade segundo o tipo de produto pesquisado.

Conclusão

Este capítulo foi escrito a partir de uma pesquisa de campo desenvolvida para servir como exemplo de pesquisa numa aula de Estatística Multivariada que ministrava aos sábados pela manhã para alunos em recuperação desta matéria. O resultado foi tão surpreendente que naquela ocasião pedi aos meus alunos para que as constatações a respeito dos atributos e sentimentos dos consumidores sobre os produtos (cervejas) pudessem integrar este livro que, naquele momento, estava em forma embrionária e quase pronto para sua primeira edição.

Mais tarde, ministrando aulas em outra universidade, recebi o reconhecimento público durante uma palestra sobre a importância da pesquisa em marketing, de que minha pesquisa tinha atingido o mesmo nível de respostas pretendidas pela empresa (que não revelei no texto) fabricante da cerveja analisada.

Este reconhecimento veio de outro professor que na ocasião do lançamento da cerveja A (como foi chamada no texto) era o gerente de Lançamento de Novos Produtos daquela marca no Brasil e este pode reconhecer, sem nenhuma dúvida, a intrínseca semelhança dos escritos deste capítulo com os resultados obtidos sobre o produto que lançava naquela ocasião, pelos quais sua organização teve de pagar alto preço a uma consultoria de marketing para obtê-los.

Todas as vezes que leio este capítulo fico encantado com o alcance das revelações de sentimentos dos consumidores que ela propicia, sejam estes aspectos objetivos ou subjetivos.

A análise de escala multidimensional é a técnica mais apropriada para detectar os sentimentos dos clientes quanto a aspectos físicos, objetivos ou aspectos subjetivos que só estão registrados na mente e no comportamento do consumidor.

E mais, esta técnica ajuda o analista de uma certa marca ou empresa a identificar como o valor subjetivo do seu produto está em comparação aos mesmos atributos do seu concorrente direto.

Isto sem falar que esta técnica revela quem é o seu concorrente na realidade, pois pode acontecer que uma empresa esteja direcionando seus esforços para se sobressair em certos aspectos que julgue importantes, a um competidor que pode não ser aquele que detém a maioria das intenções positivas dos clientes a seu respeito.

Aconselha-se aos analistas de marketing o estudo detalhado deste capítulo em particular, pois acreditamos que ele tenha aplicação prática imediata e continuada nas ações mercadológicas ou de pesquisa no dia a dia de suas organizações.

20 Análise de correspondência

Introdução

Logo após detectarmos as associações que a análise multidimensional escalar permite, fica evidente a necessidade de compô-las a partir de frequências.

A análise multidimensional é uma técnica de interdependência de segmentação. A análise de correspondência é uma técnica de interdependência em razão de sua habilidade de identificar correlações por meio da associação das frequências entre objetos em análise e suas características.

No exemplo visto no capítulo anterior, conseguimos detectar as preferências dos entrevistados em relação à bebida e suas características. Nenhuma referência foi feita a atributos do entrevistado e suas possíveis correlações com o objeto pesquisado (a cerveja).

A análise de correspondência nos permite essa associação para descobrirmos mais aspectos mercadológicos e hábitos do consumidor em relação ao produto em estudo. Em outras palavras, poderemos com essa técnica detectar o público consumidor de nosso produto, além de suas preferências já pontuadas.

20.1 Aplicação em marketing

A aplicação em marketing é clara, pois possibilita seccionar nosso mercado em termos de faixas etárias, profissões, preferências, assiduidade de consumo etc.

Por exemplo, vamos seccionar algumas características de nossos entrevistados.

O arquivo **Habito_bebida.sta** é uma extensão da pesquisa anterior e nos permite criar tabelas de tabulação cruzada e, assim, verificarmos as frequências associadas a cada característica estudada. Perguntou-se aos entrevistados a faixa etária, profissão ou ocupação, hábito ou assiduidade em consumir bebidas alcoólicas, e qual era sua primeira opção em termos de teor alcoólico. Esses resultados podem também ser obtidos pelas tabelas de tabulação cruzada:

	Faixa Etária	Hábito bebida semanal	Hábito bebida quinzenal	Hábito bebida casual	Linha Totais
		Tabela de Frequência de Sumário (Habito bebida.sta)			
		As células marcadas possuem10ontagens >			
		(Os sumários marginais não são marcados)			
Contagem	< 20	21	1	9	31
Percentual de		34,43%	10,00%	40,91%	
Percentual		67,74%	3,23%	29,03%	
Percentual To		22,58%	1,08%	9,68%	33,33%
Contagem	> 40	12	1	6	19
Percentual de		19,67%	10,00%	27,27%	
Percentual		63,16%	5,26%	31,58%	
Percentual To		12,90%	1,08%	6,45%	20,43%
Contagem	20 - 30	17	8	3	28
Percentual de		27,87%	80,00%	13,64%	
Percentual		60,71%	28,57%	10,71%	
Percentual To		18,28%	8,60%	3,23%	30,11%
Contagem	30 - 40	11	0	4	15
Percentual de		18,03%	0,00%	18,18%	
Percentual		73,33%	0,00%	26,67%	
Percentual To		11,83%	0,00%	4,30%	16,13%
Contagem	Todos os	61	10	22	93
Percentual To		65,59%	10,75%	23,66%	

Nessa tabela, podemos ver que, da faixa etária com menos de 20 anos, 21 respondentes (22,58% do total) têm opção semanal por beber cerveja e 9 respondentes (9,68% do total), opção casual. Assim, podemos verificar e interpretar os outros resultados e ainda incluir nessas tabelas o teste de significância de qui-quadrado.

Outra possibilidade é reproduzir as porcentagens de preferência de cada tipo de consumidor por determinada cerveja:

	Ocupação	1ª Preferência A	1ª Preferência B	1ª Preferência I	1ª Preferência J
		Tabela de Frequência de Sumário (Habito bebida.sta)			
		As células marcadas possuem10ontagens >			
		(Os sumários marginais não são marcados)			
Contagem	Profissional	10	3	5	4
Percentual de		41,67%	75,00%	62,50%	50,00%
Percentual		17,24%	5,17%	8,62%	6,90%
Percentual To		10,75%	3,23%	5,38%	4,30%
Contagem	Estudante	14	1	3	4
Percentual de		58,33%	25,00%	37,50%	50,00%
Percentual		40,00%	2,86%	8,57%	11,43%
Percentual To		15,05%	1,08%	3,23%	4,30%
Contagem	Todos os	24	4	8	8
Percentual To		25,81%	4,30%	8,60%	8,60%

Por exemplo, a Cerveja A é preferida por dez profissionais e 14 estudantes nos percentuais indicados em relação à categoria, à coluna e ao total dos respondentes.

Quanto à ocupação do entrevistado, podemos verificar que o maior público-alvo da cerveja (consumo) parece ser de profissionais, e o menor, de estudantes, como também indica o Gráfico 20.1.

	Hábito bebida	Ocupação Profissional	Ocupação Estudante	Linha Totais
		Tabela de Frequência de Sumário (Habito bebida.sta		
		As células marcadas possuem10ontagens >		
		(Os sumários marginais não são marcados)		
Contagem	semanal	35	26	61
Percentual de		60,34%	74,29%	
Percentual		57,38%	42,62%	
Percentual To		37,63%	27,96%	65,59%
Contagem	quinzenal	8	2	10
Percentual de		13,79%	5,71%	
Percentual		80,00%	20,00%	
Percentual To		8,60%	2,15%	10,75%
Contagem	casual	15	7	22
Percentual de		25,86%	20,00%	
Percentual		68,18%	31,82%	
Percentual To		16,13%	7,53%	23,66%
Contagem	Todos os	58	35	93
Percentual To		62,37%	37,63%	

Gráfico 20.1   Gráfico de interação hábito: bebida × ocupação

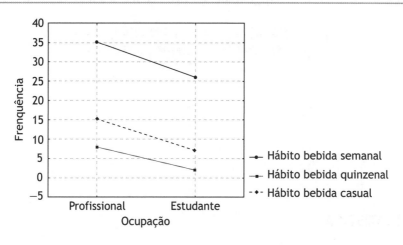

Fonte: elaborado pelos autores.

Dessa maneira, o ponto de partida da análise de correspondência são as tabelas de tabulação cruzada, que foram explicadas anteriormente.

20.2 A lógica computacional dessa técnica

O programa transforma as tabelas de tabulação cruzada em mapas de percepção associando a característica do objeto estudado às frequências declaradas e vice-versa.

O banco de dados disposto para a análise pode ter a forma tabular em razão da grande flexibilidade do programa em propiciar as duas tarefas ao mesmo tempo.

20.3 Utilização de programas eletrônicos

Estudo de caso

Comparação de 15 marcas de cerveja

A partir da mesma pesquisa de campo do capítulo anterior, perguntou-se aos respondentes a faixa etária, profissão, a primeira cerveja preferida e o hábito de consumo.

O banco de dados do arquivo **Habito_bebida.sta** ficou com o seguinte aspecto:

	1 Faixa Etária	2 Hábito bebida	3 Ocupação	4 1ª Preferência
1	20 - 30	semanal	Profissional	A
2	< 20	quinzenal	Estudante	A
3	30 - 40	casual	Profissional	B
4	> 40	casual	Profissional	B
5	< 20	casual	Profissional	A
6	20 - 30	quinzenal	Profissional	H
7	> 40	quinzenal	Profissional	I
8	20 - 30	quinzenal	Estudante	J
9	20 - 30	quinzenal	Profissional	K
10	20 - 30	quinzenal	Profissional	L
11	20 - 30	quinzenal	Profissional	M
12	20 - 30	semanal	Estudante	F
13	> 40	semanal	Estudante	G

Hábito bebida, Idade, Preferência Teor alcoólico, Profissão

Análise pelo STATISTICA

Abra o arquivo **Habito_bebida.sta** que consta no *site* da editora Saraiva Educação, disponível em: <http://www.saraivauni.com.br/9788547220938>.

No menu principal, selecione ESTATÍSTICAS/TÉCNICAS EXPLORATÓRIAS MULTIVARIADAS/ANÁLISE DE CORRESPONDÊNCIA. Aceite a opção-padrão para **Dados Brutos** e selecione o botão VARIÁVEIS DE LINHA E COLUNA.

Análise gráfica das dimensões afins

Vamos analisar as dimensões em relação simples entre elas e em relação à cerveja de *benchmark*, que é a Cerveja A.

Analisando faixa etária × 1ª preferência

Indique como variável de linha a faixa etária e como variável de coluna a primeira preferência em cerveja pelo entrevistado:

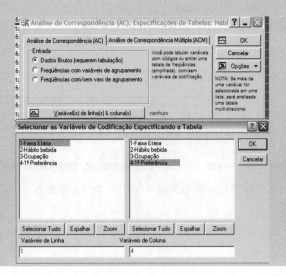

Em seguida, selecione **OK** e, depois, o botão **CÓDIGOS PARA VARIÁVEIS DE AGRUPAMENTO**. Feito isso, clique em **TUDO** para as duas variáveis:

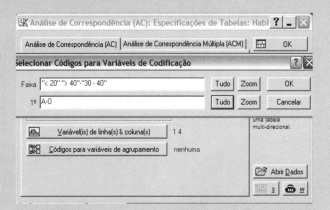

A seguir, clique em **OK** e **OK** novamente:

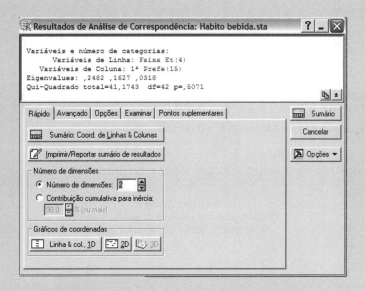

Observe o valor extremamente alto da estatística qui-quadrado (41,17) atestando que o modelo possui significância estatística, pois está fora da área de rejeição da hipótese inicial. Lembramos que, para o teste de qui-quadrado, a **hipótese inicial** é a de que **as variáveis não estão correlacionadas** e, portanto, não possuem significado.

Clique no botão 2D EM GRÁFICOS DE COORDENADAS para obter o mapa perceptual dessa relação.

Perceba as associações existentes entre faixas etárias e primeira preferência. Claramente, a Cerveja A está associada ao público jovem, enquanto as outras cervejas estão associadas aos profissionais e pessoas com idades superiores. Isso reforça a análise feita no capítulo anterior de que a Cerveja A deveria empreender campanhas publicitárias para reforçar a imagem de distinção e exclusividade, uma vez que seu sabor era muito superior ao das outras.

Gráfico 20.2 Gráfico de coordenadas de linhas e colunas 2D

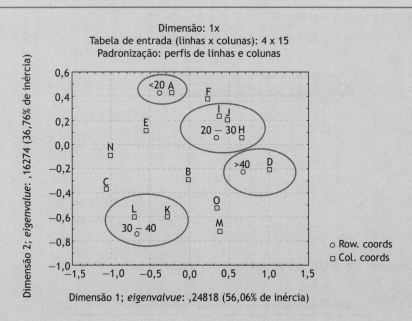

Fonte: elaborado pelos autores.

A opção tridimensional também é possível nessa oportunidade e, para isso, basta aumentar o número de dimensões para 3 e solicitar um gráfico de três dimensões.

Gráfico 20.3 Gráfico de coordenadas de linhas e colunas 3D

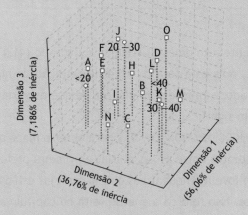

Fonte: elaborado pelos autores.

Novamente, fica clara a associação entre a idade e as marcas de cerveja. Essa informação é muito valiosa para o departamento de marketing, pois poderá empreender campanhas visando consolidar o público existente e alcançar novos nichos de mercado.

Agora, clique em CANCELAR e mude as variáveis de análise.

Análise da faixa etária × hábitos de consumo

Outra comparação interessante pode ser o hábito de consumo por faixa etária.

Após mudar as variáveis em análise para faixa etária como variável de linha e hábitos de consumo como variável de coluna, repita os passos para gerar os códigos de agrupamento já descritos para cada variável e, a seguir, clique em OK e OK novamente. Depois, clique no botão 2D EM GRÁFICOS DE COORDENADAS e obterá o mapa perceptual dessa relação, conforme o Gráfico 20.4.

Gráfico 20.4 Gráfico de coordenadas de linhas e colunas 2D

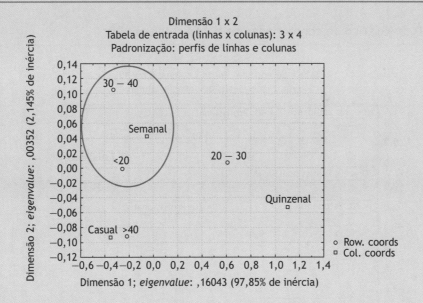

Fonte: elaborado pelos autores.

Claramente, existe uma relação de hábitos e faixas etárias: as faixas mais jovens consomem semanalmente o produto, ao passo que as faixas etárias mais altas estão mais próximas de consumos quinzenais e casuais. Entre as faixas etárias mais baixas, os jovens com menos de 20 anos estão mais próximos do padrão de consumo mais frequente.

Análise da preferência × faixa etária × ocupação

Essa opção de cruzamento é muito interessante, pois relaciona o consumo de determinada marca com a faixa etária e a ocupação.

Siga os passos anteriores e selecione a Primeira Preferência como variável de linha e a Faixa Etária e a Ocupação como variável de coluna. Clique em **OK** e **OK** novamente. Depois, clique no botão 2D EM GRÁFICOS DE COORDENADAS para obter o mapa perceptual dessa relação.

Recortou-se o gráfico para melhorar a visualização:

Observe que o estudante com menos de 20 anos é fiel à cerveja Marca A, enquanto os estudantes com idade entre 30 e 40 anos e com mais de 40 anos têm preferência pelas Cervejas G e E. O estudante entre 20 e 30 anos aparenta consumir qualquer cerveja que lhe é oferecida, dada a proximidade que tem com diversas marcas.

Novamente, a cerveja de *benchmark* (Cerveja A) ocupa uma posição de liderança entre o público jovem de estudantes.

Gráfico 20.5 Gráfico de coordenadas de linhas e colunas 2D

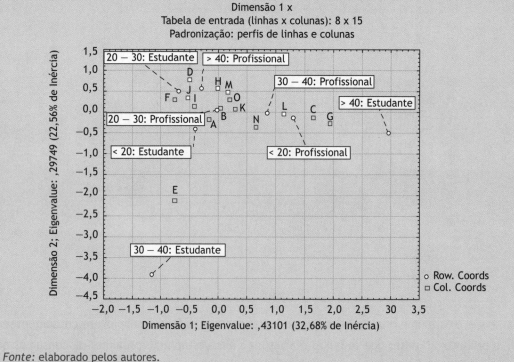

Fonte: elaborado pelos autores.

Conclusão

Observa-se que, com a análise de correspondência, podemos complementar as análises feitas anteriormente com a escala multidimensional. Por serem técnicas de interdependência, elas nos fornecem importantes informações sobre o mercado. Os levantamentos feitos por meio de questionários são relativamente baratos e rápidos de serem efetuados em situações de campo sem que o cliente se sinta impaciente ou invadido com a pesquisa. Muito ao contrário, essa pesquisa obteve excelente predisposição à resposta pelo público-alvo.

Os departamentos de marketing devem investir nesse tipo de formulações, as quais permitem detectar, inclusive, diferenças regionais ou culturais nos padrões de consumo, caracterizando essas duas ferramentas como de muita flexibilidade e baixo custo operacional.

21 Regressão múltipla

Introdução

Nos exemplos anteriores, focalizou-se a importância de se minimizar os "resíduos" (variação não explicada), que aqui chamaremos de **erro**. Deve ser o objetivo de todo pesquisador atingir o maior grau de acerto possível em suas projeções.

A regressão simples (uni ou bivariada) é utilizada na maioria das pesquisas. No entanto, nem sempre ela consegue mostrar a dependência correta das variáveis que realmente afetam o fenômeno mercadológico em estudo. O motivo é simples: nas questões entre duas variáveis apenas, a escolha fica restrita à experiência do analista, e se ele se equivocar no fator determinante, comprometerá as análises e conclusões.

A regressão múltipla é mais flexível, pois permite que se estudem mais de duas variáveis que afetam o fenômeno em questão, propiciando amplitude maior que a técnica anterior na detecção de quais variáveis afetam o fenômeno em estudo ou têm maior poder de modificá-lo.

Para conceituarmos essa questão, e antes de entrarmos em estudos de casos um pouco mais complexos, reproduziremos o enfoque dado por Anderson[1] à minimização das variações não explicadas.

Esse método é uma extensão direta da regressão simples, com uma diferença: enquanto a regressão simples interpreta a relação entre duas variáveis métricas, a regressão múltipla interpreta a possível relação existente entre **uma única variável quantitativa dependente e duas ou mais variáveis quantitativas independentes**.

Por exemplo, suponha que um médico queira estudar o número de surgimentos (variável quantitativa) de certa moléstia vascular a partir de três variáveis também quantitativas: número de casos precedentes em família, número de cigarros fumados ao dia e número de anos sem atividade física.

---

[1] ANDERSON, D. R.; SWEENEY, D. J.; WILLIAMS, T. A. *Quantitative Methods for Business*, 8th Cincinnati – Ohio – USA: South-Western College Publishing, 2000. CD-ROM.

Suponha o leitor outro exemplo: verificar entre dois grupos de trabalhadores qual dos fatores (variáveis) envolvidos nos processos de trabalho e o que mais concorre para a realização de uma tarefa em um tempo predeterminado.

Haverá, portanto, uma variável categórica dependente: sucesso ou falha, como muitas variáveis independentes quantitativas, que poderão ser tempo de experiência na tarefa, anos de escolaridade, idade, tempo de serviço na empresa etc.

O mesmo exemplo pode ser pensado em termos da análise de duas equipes responsáveis por propaganda e marketing para se determinar qual fator concorre mais para que uma delas tenha mais sucesso do que a outra nas várias campanhas encomendadas por clientes.

Outro exemplo pode ser o estabelecimento de políticas salariais, em que a remuneração de determinado cargo seria "desenhada" a partir da comparação de variáveis como número de subordinados, seu grau de instrução, anos de casa, desempenho das vendas ou gastos realizados entre a empresa e seu respectivo setor de atividade.

De uma maneira geral, pode-se dizer que a análise de regressão múltipla pode ser utilizada para verificar qual ou quais entre as variáveis analisadas têm maior influência sobre a classificação de um elemento analisado neste ou naquele grupo, ou para classificar desempenhos de indivíduos dentro do mesmo grupo tomando por base diversos indicadores.

21.1 Equação de regressão múltipla

Johnson e Wichern[2] descrevem que a equação de regressão simples será dada por $Y = a + bX$, em que a é uma constante, b é a inclinação da reta de regressão (ou coeficiente de regressão) e X é a variável em estudo. A obtenção da reta de regressão simples pode também ser verificada no Capítulo 13.

Dessa forma, define-se que a equação de regressão múltipla será dada por:

$$Y = a + b_1X_1 + b_2X_2 + b_3X_3 + \ldots + b_nX_n + \varepsilon$$

Em que:

a = intercepto
b = coeficiente de regressão da variável
X = variável estudada
ε = erro (desvio ou resíduos)

21.1.1 Coeficiente de determinação R^2

O coeficiente de determinação no caso da regressão múltipla, assim como na regressão simples, assume o valor entre 0 e 1 (não confundir com o coeficiente de correlação, que pode assumir os valores entre -1 e $+1$).

---

[2] JOHNSON, R. A.; WICHERN, D. W. *Applied multivariate statistical analysis*. 4th ed. New Jersey: Prentice-Hall, 1998. p. 378.

Sua interpretação é também a mesma vista no Capítulo 13, ou seja, se o coeficiente de regressão for igual a 0,73, significa que 73% das variações de uma variável são explicadas pela variação da(s) outra(s) variável(eis) em estudo.

Para que possamos saber se a correlação entre as variáveis é positiva ou negativa, temos duas possibilidades. A primeira é a análise gráfica, verificando se a reta de regressão está inclinada positiva ou negativamente. Dessa forma, a correlação também será positiva ou negativa. A segunda é verificar o sinal do coeficiente b da equação de regressão, pois ele determinará se a correlação é positiva ou negativa.

21.1.2 Estudando os resíduos (erros) na regressão

Como visto anteriormente, os resíduos constituem um valor que mostra o quanto a equação de regressão errou no acerto da variação em relação à variável dependente.

Anderson[3] ilustram uma interessante situação que reproduzimos como exemplo didático inicial. Mais adiante, serão abordados outros exemplos com dados aleatoriamente colhidos para verificarmos a teoria mencionada.

21.2 Aplicação em marketing

Estudo de caso

Empresa de cartões Crédito Fácil

A empresa de cartões Crédito Fácil deseja deseja estudar quais fatores influenciam no número de cartões de crédito utilizados por clientes dessa modalidade de crédito ao consumidor. A empresa suspeita que as variáveis *Renda familiar, Tamanho da família e Número de automóveis* possam formar um modelo com um excelente grau de predição. Para tal finalidade, colhe uma amostra hipotética de oito famílias, conforme especificado a seguir:

Y = Dependente	X = Independentes		
Número cartões	Tam. fam.	Renda familiar	N. de automóveis
4	2	14	1
6	2	16	2
6	4	14	2
7	4	17	1
8	5	18	3
7	5	21	2
8	6	17	1
10	6	25	2

[3] ANDERSON; SWEENEY; WILLIAMS, 2000.

Vamos supor inicialmente que se quisesse explicar o número de cartões utilizados pela média aritmética. Em outras palavras, o analista pretende explicar o número de cartões utilizados sem lançar mão de nenhum motivo (nenhuma variável independente), mas simplesmente utilizando-se da média aritmética do número de cartões por família.

Aplicaremos o conceito de distância entre o valor da média aritmética (que no caso é 7) e o número real de cartões utilizados:

Família n.	V_1 = Cartões utilizados	Variável preditora	Erro de projeção	Erro ao quadrado
		$Y' = \bar{y}$	$V_1 - \bar{y}$	$(V_1 - \bar{y})^2$
1	4	7	−3	9
2	6	7	−1	1
3	6	7	−1	1
4	7	7	0	0
5	8	7	1	1
6	7	7	0	0
7	8	7	1	1
8	10	7	3	9
Total	56		0	22

Somando-se os valores dos afastamentos ao quadrado (erro ao quadrado) do número de cartões de cada família, temos um valor de erro total de 22.

A média aritmética é um estimador muito importante em estatística. Entretanto, em certos casos, não propicia a aproximação desejada da realidade.

Outra forma de tentarmos estimar a equação de regressão nesse caso, **sem nenhum ponto de intersecção entre a curva de projeção e o eixo das ordenadas**, pode ser pela introdução do coeficiente angular da curva que descreve o fenômeno em estudo, o qual pode ser estimado pelo analista (incremento do número de cartões).

Então, hipoteticamente, o analista espera que, a cada incremento de 1 **membro na família**, ocorrerá um **incremento de 1 unidade (1 cartão)**. Se chamarmos o número de pessoas possíveis em cada família de V_1, teremos os seguintes dados:

Valor de V_1	Cartões utilizados/variável dependente	$Y' = 2 \times V_1$	Erro de projeção
1	4	2	2
2	6	4	2
3	8	6	2
4	10	8	2
5	12	10	2
Total			10

Capítulo 21 · **Regressão múltipla**   437

Considerando-se, então, a experiência do analista, pode-se verificar que o erro de predição foi diminuído à metade do anterior.

Se levarmos em conta agora que o mínimo de cartões em uma família seja sempre de duas unidades [conceito de intercepto, ponto em que a curva representada pela equação encontra o eixo das ordenadas (Y) em um plano cartesiano], teremos então uma situação hipotética em que a equação de projeção reduzirá a zero o erro de projeção.

Valor de V_1	Cartões utilizados/variável dependente	$Y' = 2,0 + (2V_1)$	Erro de projeção
1	4	4	0
2	6	6	0
3	8	8	0
4	10	10	0
5	12	12	0
Total			0

Obviamente, trata-se de um exemplo conceitual, mas essencial para ilustrar os pontos críticos da análise na regressão múltipla.

A obtenção da equação de regressão pela maneira empírica é muito trabalhosa e impossibilita a utilização desse método pela maioria dos analistas de marketing, restringindo seu entendimento apenas aos matemáticos com formação específica nas técnicas multivariadas. Por sorte, o módulo de regressão do Excel considera a utilização da regressão múltipla, que pode então ser aplicada nesse caso, bastando, para isso, o conhecimento dos conceitos teóricos mencionados anteriormente.

Para podermos sentir na prática de que forma essa técnica reduz o erro de projeção, utilizaremos o mesmo exemplo, de maneira a introduzirmos **uma a uma** as **variáveis independentes**.

Exemplificaremos agora a obtenção da equação de regressão múltipla por meio do Excel, incluindo todas as três variáveis no modelo. Primeiro, o leitor encontrará uma tabela com os cálculos efetuados de forma empírica conforme a teoria e, logo após, a resposta do Excel, que comprovará os resultados. Pretende-se que o leitor ganhe confiança não só na técnica mas também nos conceitos envolvidos.

Observe-se a seguir a equação de regressão no caso de incluirmos uma variável apenas: então, o analista espera que o tamanho da família por si só explique o número de cartões utilizados.

Insira em uma planilha em branco, em duas colunas distintas, mas adjacentes, a variável dependente Y (Cartões utilizados) e a independente V_1 (Tamanho da família).

Efetue os cálculos com o Excel: menu **Ferramentas/Análise de Dados/Regressão**, selecione conforme indicado, escolhendo uma célula, a partir da qual o Excel deverá lançar os resultados. O aspecto da caixa de diálogo deverá assim:

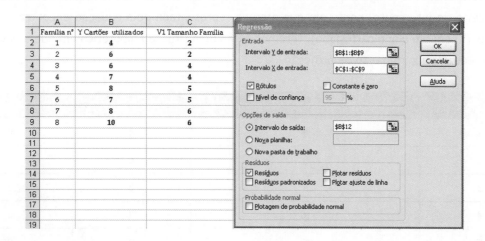

Clique em **OK** e obterá esta resposta:

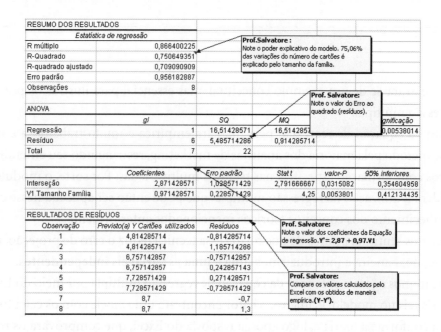

A seguir, os cálculos empíricos para comparação dos coeficientes e da variável de predição (previstos):

Família n.	Cartões utilizados	Tamanho família	Variável de predição	Erro de projeção	Erro ao quadrado
	Y	V_1	$Y' = 2,8714 + (0,9714\ V_1)$	$Y - Y'$	$(Y - Y')^2$
1	4	2	4,81	−0,81	0,66
2	6	2	4,81	1,19	1,41
3	6	4	6,76	−0,76	0,57
4	7	4	6,76	0,24	0,06
5	8	5	7,73	0,27	0,07
6	7	5	7,73	−0,73	0,53
7	8	6	8,70	−0,70	0,49
8	10	6	8,70	1,30	1,69
Total					5,48

Agora vamos repetir o exemplo incluindo a segunda variável, V_2 (Renda familiar), no modelo e, assim, obter os cálculos e a equação de regressão com duas variáveis.

A única diferença está na seleção das variáveis **independentes**, que agora incluirá a variável V_2. Na figura a seguir se faz essa inclusão:

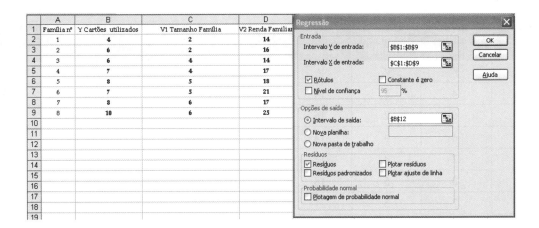

Clique em **OK** e obterá as seguintes respostas:

RESUMO DOS RESULTADOS			
Estatística de regressão			
R múltiplo	0,928103472		
R-Quadrado	0,861376056		
R-quadrado ajustado	0,805926478		
Erro padrão	0,780989984		
Observações	8		
ANOVA			
	gl	*SQ*	*MQ*
Regressão	2	18,95027322	9,4751
Resíduo	5	3,049726776	0,6099
Total	7	22	
	Coeficientes	*Erro padrão*	*Stat t*
Interseção	0,481693989	1,461412101	0,3296
V1 Tamanho Família	0,632240437	0,252311243	2,5057
V2 Renda Familiar	0,215846995	0,108007507	1,9984
RESULTADOS DE RESÍDUOS			
Observação	Previsto(a) Y Cartões utilizados	Resíduos	
1	4,768032787	-0,768032787	
2	5,199726776	0,800273224	
3	6,032513661	-0,032513661	
4	6,680054645	0,319945355	
5	7,528142077	0,471857923	
6	8,17568306	-1,17568306	
7	7,944535519	0,055464481	
8	9,671311475	0,328688525	

Como falamos na teoria, a inclusão de uma segunda variável pode aumentar o poder explicativo do modelo. Nesse caso, o poder explicativo, que antes era de 0,75, aumentou para 0,86, visto que o erro (resíduo) diminuiu para 3,049.

Note o leitor que a equação de regressão fica representada por: $Y' = 0,482 + (0,632V_1) + (0,216V_2)$.

Verifique os cálculos empíricos efetuados de forma tabular com a ajuda do Excel e de acordo com a teoria. Perceba a coincidência dos valores dos resíduos e do total do erro (resíduo):

Família n.	Cartões utilizados	Tamanho família	Renda familiar	Variável preditora	Erro de projeção	Erro ao quadrado
	Y	V_1	V_2	$Y' = 0,482 + (0,632V_1) + (0,216V)_2$	$Y - Y'$	$(Y - Y')^2$
1	4	2	14	4,77	−0,77	0,59
2	6	2	16	5,20	0,80	0,64
3	6	4	14	6,03	−0,03	0,00
4	7	4	17	6,68	0,32	0,10
5	8	5	18	7,53	0,47	0,22
6	7	5	21	8,18	−1,18	1,39
7	8	6	17	7,95	0,05	0,00
8	10	6	25	9,67	0,33	0,11
Total						3,05

Vamos agora incluir a terceira variável no modelo e verificar se ela também aumentará o poder de explicação, diminuindo o erro (resíduos). Alertamos que, em certos casos, a inclusão de mais variáveis pode não só não aumentar o poder de explicação mas também, às vezes, diminuí-lo.

Repita os passos anteriores, mas inclua a terceira variável V_3 (Número de automóveis) na lista das variáveis **independentes**:

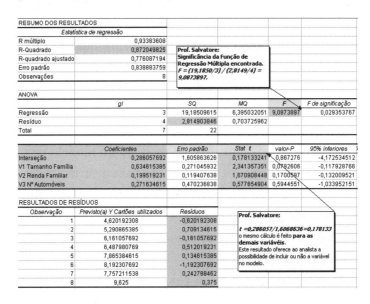

Selecione **OK** para obter o **Resumo dos Resultados** da figura a seguir.

Foram assinalados no **Resumo dos Resultados** diversos quadros com o intuito de introduzir o conceito de duas outras estatísticas muito úteis para a inferência e verificação do grau de significância da equação encontrada. Falamos das estatísticas **t** de **student** e da estatística **F** de **Fisher-Snedecor** e suas respectivas tabelas.

Dessa forma, ao mesmo tempo em que serão interpretados os resultados do exemplo após a introdução da última variável, apresentaremos o significado dessas estatísticas na pesquisa mercadológica.

Mostraremos também o método *Stepwise* (passo a passo), técnica que coloca à disposição do analista o controle de qual variável deve ou não entrar no modelo. Essa inclusão ou exclusão depende das estatísticas **t** e **F** mencionadas e, por isso, serão apresentadas, como mostrado abaixo:

O F de significância (0,029353767) é a probabilidade de que a equação de regressão não seja significativa, isto é, não consiga explicar as variações dos dois grupos de variáveis (a dependente e as independentes) e que, portanto, as variações encontradas se devem ao acaso.

Em nosso exemplo, essa probabilidade é muito pequena, 2,9%. Por ser menor que o grau de significância de 5%, comprova a hipótese de que as variáveis que compõem o modelo atual de fato explicam o que está acontecendo com o fenômeno estudado.

Para encontrar o valor dessa estatística, deve-se recorrer à função DISTF nas funções estatísticas em **Inserir Função**. Selecionar, a seguir, a função estatística DISTF e ingressar no valor da variável aleatória o valor de $F = 9,087$ para 3 graus de liberdade no numerador e 4 no denominador, conforme esse exemplo, obtendo-se 0,0293537:

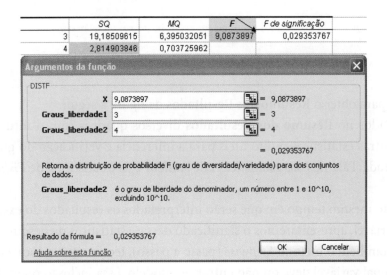

Perceba-se ainda que a estatística t indica que a variável Número de carros é a que adiciona menor poder de explicação, pois tem menor valor (0,577) e pode ser removida do modelo sem grandes prejuízos ao poder de explicação. De fato, como veremos mais adiante, quando apresentarmos a ferramenta *Stepwise*, o programa estatístico **não a incluirá**.

21.2.1 Estatística *F* de Fisher-Snedecor

A estatística F testa a hipótese de que o valor total de variação do modelo de regressão é maior que a variação da média das amostras, ou seja, que a explicação para a variação detectada pela equação de regressão múltipla encontrada se deve ao acaso (erro de amostragem, por exemplo).

A estatística F é representada pela divisão entre o quociente da soma do quadrado dos erros da regressão e os graus de liberdade da regressão, e o quociente da soma do quadrado dos resíduos totais da regressão e os graus de liberdade dos resíduos.

Os **graus de liberdade da regressão** são dados pelo número de coeficientes estimados (incluindo o intercepto) menos 1 unidade. No nosso exemplo, 4 variáveis – 1 = 3 graus de liberdade da regressão.

Os graus de liberdade dos resíduos (ver partição da média no Capítulo 11) são dados pelo tamanho da amostra menos o número de coeficientes estimados: 8 – 4 = 4. Veja o cálculo feito pelo STATISTICA para o teste F:

	Sumário de Regressão para Variável DependenNum_CartõesC R= ,93383608 R²= ,87204983 R² ajustado= ,77608719 F(3,4)=9,0874 p<,02935 Erro Pad. de estimativa,83888					
N=8	Beta	Err.Pad. de Beta	B	Err.Pad. de B	t(4)	nível-p
Interseção			0,286058	1,605864	0,178133	0,867276
n° Pessoas	0,566002	0,241741	0,634615	0,271046	2,341357	0,079261
Renda Fam.x1000	0,415695	0,248784	0,199519	0,119408	1,670908	0,170060
n° Carros	0,108345	0,187560	0,271635	0,470237	0,577655	0,594455

Com a análise da variância, pode-se chegar ao mesmo resultado do programa aplicando a metodologia empírica supradescrita:

	Análise de Variância; DV: Num_CartõesCred. (F t				
Efeito	Somas de Quadrado	df	Média Quadrado	F	nível-p
Regress.	19,18510	3	6,395032	9,087390	0,029354
Residual	2,81490	4	0,703726		
Total	22,00000				

21.2.2 Significado da estatística F: o F-test

A significância estatística é o resultado desejado de qualquer estudo, e o planejamento para atingir um alto grau de significância deve ser a meta de todo pesquisador. Entretanto, em virtude de sua complexidade, o F-test é, na maioria das vezes, omitido nas pesquisas.

Além disso, esse teste pode ser utilizado para estimar quais variáveis devem tomar parte do modelo para, depois, formá-lo com o método de regressão logística.

Na verdade, quando se utiliza o método da regressão *Stepwise*, esses testes já são verificados pelo programa estatístico.

Hair Junior[4] refere-se, assim ao teste de significância estatística:

> Depois que a função de regressão múltipla ou a discriminante tenham sido computadas, o pesquisador deve verificar o seu nível de significância.
>
> Alguns métodos estatísticos estão disponíveis para isto. As medidas de lambda Wilks, Hotellings-Lawey e o critério de Pillai e o método de Roy, todos eles, avaliam a significância estatística do poder discriminante das funções. Outra forma de testar a significância estatística é por meio do teste de Mahalanobis D^2 ou teste V de Rao. O teste de Mahalanobis executa uma análise discriminante Step by Step, similar à Regressão Logística. Todos os métodos estão disponíveis na maioria dos *softwares* estatísticos.

Como já mencionado, o **F-test** é efetuado na formação do modelo e serve, portanto, para verificar se uma variável entrará ou não nesse modelo. Pode-se, a partir disso, reduzir ainda mais o número de variáveis que devem compor o modelo, efeito obtido pela elevação do valor de F para incluir. Essa decisão, entretanto, é deixada para o analista.

---

[4] HAIR JUNIOR, J. F.; ANDERSON, R. E.; TATHAM R. L.; BLACK W. C. *Multivariate data analysis*. 5th ed. New Jersey: Prentice-Hall, 1998. p. 262.

No teste *Stepwise*, Johnson e Wichern[5] relatam que a condição de inclusão são os valores altos para F (**F to include**). Havendo um acréscimo significativo no nível de significância, por exemplo, de um modelo de 2 para 3 variáveis, aceita-se o modelo de 3, e não ocorrendo aumento significativo de F quando da inclusão da *n-ésima* variável, o modelo terá $n - 1$ variáveis.

Spiegel[6] relata que, na prática, os níveis de significância mais utilizados são de 0,05 (5%) e 0,01 (1%), embora possam ser aplicados outros valores. Um nível de significância de 5% significa que há uma confiança de 95% de que um elemento pertença àquela população.

Então, poderemos dizer que a função de regressão múltipla (ou a função discriminante, que será vista mais adiante) **é significativa**, isto é, consegue explicar as variações que ocorrem com a variável dependente quando o valor da estatística F para a amostra estudada for significativamente maior que o valor de **F-crítico**, devendo este ser comparado com a tabela da distribuição F disponível no *site* da editora Saraiva Educação, disponível em: <http://www.saraivauni.com.br/9788547220938>.

Os testes estatísticos para a escolha das variáveis mediante o F-test e a quantidade delas que formarão o modelo foram conduzidos com a utilização do *software* STATISTICA da StatSoft.

Para efeito do teste *Stepwise*, escolheu-se **0,01** como valor de F para **ingressar** a variável no modelo e **0,00** como valor de F para **removê-la** para que tivéssemos a certeza de poder contar com todas as 19 variáveis nesse **modelo didático**.

Observe que o algoritmo da teoria – fórmulas para o cálculo da estatística F e t – extraída da obra de Anderson[7] coincide com o algoritmo utilizado pelo programa estatístico.

O mesmo cálculo está disponível também no teste MDA (análise multivariada discriminante) do programa STATISTICA, quando for possível aplicar essa técnica para a discriminação entre duas amostras. Exemplificamos o cálculo do valor da estatística F e t nos itens seguintes.

21.2.3 A estatística *t*

A estatística t, quando utilizada para testar a significância nos testes entre médias de duas populações, é representada pelo quociente entre a diferença das **médias** entre duas amostras e o **erro-padrão de estimativa** entre elas:

$$t = \frac{\mu_1 - \mu_2}{\varepsilon_{\mu_1\mu_2}}$$

Em que:

μ_1 = média da amostra 1

μ_2 = média da amostra 2

$\varepsilon_{\mu_1\mu_2} = \sqrt{\dfrac{\sigma^2}{n}}$ erro-padrão da estimativa da média entre amostra 1 e 2 = raiz quadrada do quociente entre a variância e o número total de elementos da amostra.

---

[5] JOHNSON; WICHERN, 1998. p. 408.

[6] SPIEGEL, M. R. *Estatística*. 3. ed. São Paulo: Makron Books, 1993.

[7] ANDERSON; SWEENEY; WILLIAMS, 2000.

Em linguagem matemática, diz-se que a estatística t representa a diferença entre as amostras em quantidades de erros-padrão da estimativa das médias.

Alguns programas utilizam-se dessa estatística para aceitar ou rejeitar a próxima variável a ser incluída no modelo de regressão múltipla.

Quando, porém, utilizada para testar o grau de significância de uma variável, sua forma de cálculo é representada por:

$$t = \frac{intercepto}{Erro\text{-}padrão}$$

O STATISTICA, em vez disso, utiliza-se da estatística **F de Snedecor**.

21.2.4 Cálculo empírico de R^2 e das estatísticas F e t

Com a ajuda de uma planilha eletrônica, calcula-se a variância da amostra total em relação à média (Média 56/8 = 7). Observe a partição da variância total = 22, já verificada anteriormente com o Excel:

Família	N. cartões	Média	Erro predito	Erro pred.^{2}
1	4	7	−3	9
2	6	7	−1	1
3	6	7	−1	1
4	7	7	0	0
5	8	7	1	1
6	7	7	0	0
7	8	7	1	1
8	10	7	3	9
	56			22

Família	N. cartões	V_1 Pessoas	V_2 Renda	V_3 Carros	Regressão Y	Erro predito	Erro predito^2
1	4	2	14	1	4,620189	−0,620189	0,384634
2	6	2	16	2	5,290862	0,709138	0,502877
3	6	4	14	2	6,161054	−0,161054	0,025938
4	7	4	17	1	6,487976	0,512024	0,262169
5	8	5	18	3	7,86538	0,13462	0,018123
6	7	5	21	2	8,192302	−1,192302	1,421584
7	8	6	17	1	7,757206	0,242794	0,058949
8	10	6	25	2	9,624993	0,375007	0,14063
Equação de regressão $Y = 0,286 + (0,6346*V_1) + (0,1995*V_2) + (0,2716*V_3)$							2,814904

$$R^2 = \frac{22 - 2,8149}{22} = 0,87205$$

O valor da estatística *F* será dado, então, por:

$$F = \frac{\frac{19,18512}{4-1}}{\frac{2,81490}{8-4}} = 9,0874$$

O valor da estatística *t* será dado, então, por:

$$t = \frac{intercepto}{Erro\text{-}padrão} = \frac{0,286057}{1,605864} = 0,17813$$

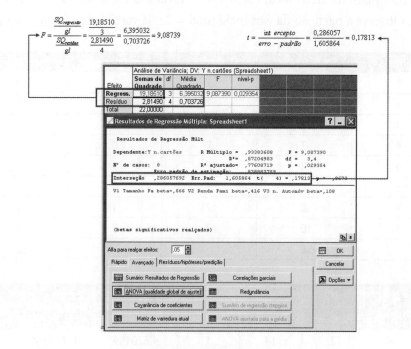

Em que:

$SQ_{regressão}$ = Soma dos quadrados da regressão
$SQ_{residual}$ = Soma dos quadrados dos resíduos (variação não explicada da regressão)
$Df = gl$ = Graus de liberdade da regressão e dos resíduos

Foram demonstrados, assim, os cálculos do Excel, do STATISTICA e a convergência com o método empírico.

21.3 Utilização de programas eletrônicos

A regressão passo a passo tem duas vantagens adicionais em relação ao modelo de regressão múltipla padrão apresentado no item anterior.

A primeira delas é a possibilidade de controlar *a priori* a inclusão e a exclusão das variáveis não desejadas ou menos significativas para o modelo.

A segunda é a possibilidade de controlar o valor do grau de significância pretendido pelo analista para que ocorra a inclusão ou a exclusão de tal variável no modelo que está sendo construído.

Como mencionado, a inclusão ou a exclusão de uma variável no modelo dependem do grau de significância. Para determinar o grau de significância, temos duas estatísticas possíveis, a estatística *t* e a estatística *F*.

21.3.1 Regressão passo a passo com o STATISTICA

Seja uma pesquisa para determinar quais variáveis predizem melhor o número de cartões de crédito utilizados por uma família. Foram colhidas as seguintes variáveis: Número de membros da família, Número de carros, Número de cartões de crédito utilizados e Renda familiar.

Forme uma planilha com oito famílias e essas variáveis:

Família nº	1 Num_CartõesCred.	2 nº Pessoas	3 Renda Fam.x1000	4 nº Carros
1	4	2	14	1
2	6	2	16	2
3	6	4	14	2
4	7	4	17	1
5	8	5	18	3
6	7	5	21	2
7	8	6	17	1
8	10	6	25	2

Inicie a análise com a tabela ativa na tela, selecione ESTATÍSTICAS/REGRESSÃO MÚLTIPLA e indique a variável dependente Número de Cartões, sendo as demais variáveis independentes. Selecione também a OPÇÃO AVANÇADA STEPWISE (Passo a Passo):

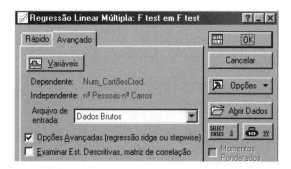

Em seguida, selecione OK.

O STATISTICA apresentará uma nova caixa de diálogo na qual o pesquisador deverá indicar se deseja apenas um resumo da regressão ou se deseja controlar cada variável a ser incluída ou rejeitada no modelo, por meio da comparação da estatística F. Observe que as variáveis serão excluídas apenas se não acrescentarem poder de explicação ao modelo.

Após preenchida, a caixa de diálogo deverá ter o seguinte aspecto:

Selecione **OK**.

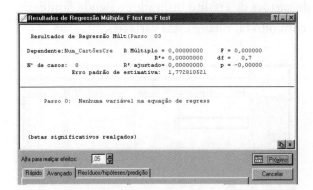

Nenhuma variável é incluída no modelo (equação de regressão) nesse momento. Selecione **PRÓXIMO**:

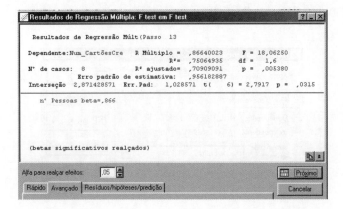

O programa inclui no modelo a primeira variável (Número de pessoas) por ter esta um grau de significância *F* superior a 1. Selecione PRÓXIMO:

O sistema termina o processo de modelagem, pois atesta que nenhuma outra variável acrescentará significância ao modelo.

Dessa forma, a equação de regressão poderia ser representada apenas por duas variáveis, mais o intercepto, e teria o mesmo efeito que a equação encontrada pelo método empírico.

Selecione OK e SUMÁRIO DE REGRESSÃO para ter como resposta:

	Sumário de Regressão para Variável DependenNum_CartõesCr R= ,92810347 R²= ,86137606 R² ajustado= ,80592648 F(2,5)=15,534 p<,00715 Erro Pad. de estimativa ,78099					
N=8	Beta	Err.Pad. de Beta	B	Err.Pad. de B	t(5)	nível-p
Interseção			0,481694	1,461412	0,329609	0,755056
nº Pessoas	0,563884	0,225032	0,632240	0,252311	2,505796	0,054105
Renda Fam. x1000	0,449714	0,225032	0,215847	0,108008	1,998444	0,102142

Veja que, dessa maneira, a equação de regressão seria dada por:

$$Y = 0,481694 + (0,632240 \times \text{n. pessoas}) + (0,215847 \times \text{renda familiar})$$

A equação com três variáveis encontrada anteriormente produziria o mesmo efeito que a encontrada acima pelo método empírico. Porém, se o leitor deseja encontrar a mesma equação com o STATISTICA, basta, então, selecionar o **modelo padrão** de regressão passo a passo em vez do *Stepwise* para Frente, como feito no exemplo acima, para encontrar a seguinte resposta:

	Sumário de Regressão para Variável DependenNum_CartõesCr R= ,93383608 R²= ,87204983 R² ajustado= ,77608719 F(3,4)=9,0874 p<,02935 Erro Pad. de estimativa,83888					
N=8	Beta	Err.Pad. de Beta	B	Err.Pad. de B	t(4)	nível-p
Interseção			0,286058	1,605864	0,178133	0,867276
nº Pessoas	0,566002	0,241741	0,634615	0,271046	2,341357	0,079261
Renda Fam.x1000	0,415695	0,248784	0,199519	0,119408	1,670908	0,170060
nº Carros	0,108345	0,187560	0,271635	0,470237	0,577655	0,594455

Desse modo, os coeficientes abaixo da coluna B serão os mesmos encontrados pelo método empírico. É importante notar que por ser *t* o menor entre seus valores (excluindo o intercepto), a variável **Número de carros** não acrescenta poder de explicação ao modelo e poderá ser excluída. Neste caso, os cálculos deverão ser refeitos, como acima demonstrados, pelo método passo a passo.

Como conclusão, por meio da análise numérica dos coeficientes, o analista de marketing poderá verificar qual das variáveis é mais importante, ou a que mais concorre para a determinação ou modificação da variável **Dependente**. No nosso exemplo, o número de cartões de crédito que uma família pode concordar em ter depende muito mais do número de pessoas que a integram, coeficiente 0,566 (em idade de poder ter um cartão), do que a renda familiar, coeficiente 0,415. Assim, podemos dizer que, a cada duas pessoas ($2 \times 0,5 = 1$), a família tenderá a adquirir mais 1 cartão.

Essa informação importa muito para as instituições financeiras que procuram aumentar a aceitação de seu cartão de crédito no mercado e que por esse motivo desejam saber quantos cartões uma família, com certo número de pessoas e certa renda familiar, poderá vir a aceitar.

Em outras situações empresariais, um produtor pode estar interessado em otimizar suas ações de propaganda dentro de seu plano de marketing. Vamos estudar esse caso.

Estudo de caso

Empresa Dizzy Ltda: otimização de um plano de propaganda

A empresa Dizzy fabrica móveis para cozinhas residenciais. Seus projetos incluem móveis em medidas padrão que atendem boa parte dos lares brasileiros e também os chamados "ambientes planejados", idealizados por meio de projetos especiais e personalizados para o público de alto poder aquisitivo.

O senhor Aristeu, proprietário da empresa, quer tentar um aumento na sua participação de mercado aumentando sua produção. O proprietário percebeu que seus clientes são atraídos por dois tipos de veículos de propaganda: a televisão e as revistas de móveis, economia e negócios, construções de casas e apartamentos e as de decoração de ambientes. A senhorita Cleonice, diretora do departamento financeiro da empresa, acredita que o montante total mensal vendido depende da quantidade de anúncios em cada um desses veículos. O departamento de finanças forneceu a tabela a seguir, que contém a quantidade mensal de anúncios em cada um dos veículos de propaganda e as respectivas vendas. Utilize seus conhecimentos de Estatística Multivariada para responder à empresa, calculando a equação de regressão múltipla associada ao problema e verificando qual das variáveis independentes é a mais determinante das vendas. Este exemplo didático é constituído por duas variáveis independentes para que seja possível calcular de forma manual e breve o plano de regressão. Além disso, serve também para mostrar ao leitor/aluno que as técnicas descritivas ou indutivas aplicadas em marketing não estão dissociadas das técnicas matemáticas. É claro que, no dia a dia da empresa, as tomadas de decisão baseiam-se em cálculos feitos por meio de planilhas eletrônicas ou programas estatísticos, mas para isso o analista deve saber exatamente o que procura e como alcançar esse objetivo.

mês	Vendas Y	TV X1	Revistas X2
Jan	6	3	1
Fev	7	4	2
Mar	15	8	3
Abr	18	8	5
Mai	20	10	8
Jun	23	11	6

O primeiro passo é identificar qual das variáveis depende das outras duas. No caso, os montantes vendidos (variável dependente) dependem da quantidade de anúncios veiculados na TV (X1, primeira variável independente) e da quantidade de anúncios veiculados nas revistas (X2, segunda variável independente). Em nosso exemplo, para efeito de simplicidade, não iremos diferenciar as diversas revistas, mas, na prática, isso deve ocorrer, uma vez que cada veículo, ainda que seja do mesmo tipo, atinge um público diferente.

- ■ **Determinação do plano (equação) de regressão múltipla**

  Para determinar o plano de regressão, devemos produzir as somas das variações existentes entre as variáveis independentes e a dependente, como a variação total das sequências de dados levantadas para o estudo (variáveis). Essas variações são calculadas a partir das médias de cada variável. Note que para este exemplo temos seis observações.

  Vejamos a tabela abaixo:

mês	Vendas Y	TV X1	Revistas X2	Y.X1	Y.X2	X1.X2	Y^2	X1^2	X2^2
Jan	6	3	1	18	6	3	36	9	1
Fev	7	4	2	28	14	8	49	16	4
Mar	15	8	3	120	45	24	225	64	9
Abr	18	8	5	144	90	40	324	64	25
Mai	20	10	8	200	160	80	400	100	64
Jun	23	11	6	253	138	66	529	121	36
	89	44	25	763	453	221	1563	374	139

- ■ **Cálculo das médias**

  Inicialmente, calculam-se as médias da variável dependente e das variáveis independentes:

$$\overline{Y} = \frac{\Sigma Y}{n} = \frac{89}{6} = 14,833 \qquad \overline{X}_1 = \frac{\Sigma X}{n} = \frac{44}{6} = 7,333 \qquad \overline{X}_2 = \frac{\Sigma Y}{n} = \frac{25}{6} = 4,166$$

■ Cálculo das variações

Para calcular as variações: total (YY), entre a primeira variável independente X_1 e a dependente Y, e da segunda variável independente X_2 e a dependente Y.

$$SY_1 = \Sigma YX_1 - \frac{\Sigma Y \times \Sigma X_1}{n} = 763 - \frac{89 \times 44}{6} = 110,333$$

$$SY_2 = \Sigma YX_2 - \frac{\Sigma Y \times \Sigma X_2}{n} = 453 - \frac{89 \times 25}{6} = 82,166$$

$$SYY = \Sigma Y^2 - \frac{(\Sigma Y)^2}{n} = 1563 - \frac{(89)^2}{6} = 243,833$$

Calculam-se também as variações dentro da primeira e da segunda variável independente e entre as duas variáveis independentes:

$$S_{11} = \Sigma X_1^2 - \frac{(\Sigma X_1)^2}{n} = 374 - \frac{(44)^2}{6} = 51,333$$

$$S_{22} = \Sigma X_2^2 - \frac{(\Sigma X_2)^2}{n} = 139 - \frac{(25)^2}{6} = 34,833$$

$$S_{12} = S_{21} = \Sigma(X_1 \times X_2) - \frac{\Sigma X_1 \times \Sigma X_2}{n} = 221 - \frac{(44 \times 25)}{6} = 37,666$$

■ Cálculo dos coeficientes do plano de regressão

Para calcularmos os coeficientes do plano de regressão, devemos utilizar os valores obtidos acima e inseri-los no sistema de mínimos quadrados, como mostrado abaixo:

$$\begin{cases} SY_1 = b_1 \times S_{11} + b_2 \times S_{12} \\ SY_2 = b_1 \times S_{21} + b_2 \times S_{22} \end{cases}$$

$$\begin{cases} 110,333 = 51,333b_1 + 37,666b_2 \\ 82,166 = 37,666b_1 + 34,833b_2 \end{cases}$$

Resolvendo o sistema de equações do primeiro grau com duas incógnitas, chega-se aos valores de $b_1 = 2,03$ e de $b_2 = 0,16$.

Daí, podemos calcular o valor de b_0 por meio da fórmula abaixo:

$$b_0 = \bar{Y} - b_1 \bar{X}_1 - b_2 \bar{X}_2$$
$$b_0 = 14,833 - (2,03 \times 7,333) - (0,16 \times 4,166)$$
$$b_0 = -0,72$$

O plano de regressão ficará assim definido:

$$\hat{Y} = b_0 + b_1 X_1 + b_2 X_2$$
$$\hat{Y} = -0,72 + 2,03 X_1 + 0,16 X_2$$

■ **Conclusão**

Note o leitor que o coeficiente associado à variável independente X_1 é igual a 2,03 e muito maior que o coeficiente associado à variável X_2. Dessa forma, conclui-se que os anúncios na TV são muito mais importantes do que as inserções em revistas. O anúncio na TV contribui para duas novas vendas enquanto que cada anúncio em revistas aumenta as vendas em apenas 0,16 (novas cozinhas).

Essa equação revela que a empresa deve basear sua campanha de propaganda para aumento das vendas nos anúncios televisivos em uma escala maior que nas revistas.

■ **Confirmando os cálculos com o Excel**

Em primeiro lugar, habilite o suplemento **Ferramentas de análise**.

Em uma planilha em branco, siga os seguintes passos: clique em ARQUIVO/OPÇÕES/SUPLEMENTOS.

Note que, em nosso caso, esse suplemento já está ativo. É possível que em seu computador ele apareça um pouco mais abaixo, na relação dos **Suplementos inativos**, pois talvez ainda não tenha sido habilitado:

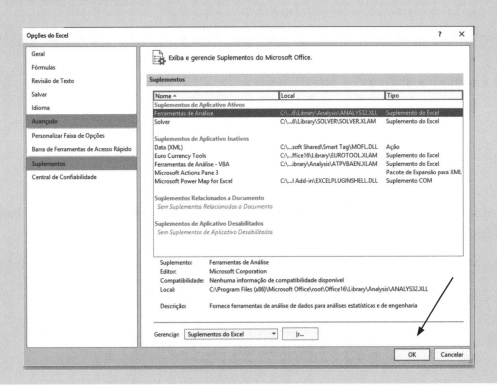

Agora, aponte para o suplemento **Ferramentas de análise** e em seguida clique no botão **IR** para que o Excel exiba a caixa de diálogo abaixo:

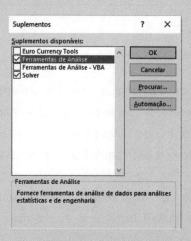

Habilite novamente o suplemento **Ferramentas de análise** e clique em **OK**.

No menu principal do seu Excel, na aba **Dados**, aparecerá o botão **ANÁLISE DE DADOS**, como mostrado a seguir:

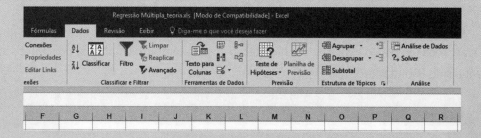

Nessa mesma planilha, insira a base de dados:

	A	B	C
1	Vendas Y	TV X1	Revistas X2
2	6	3	1
3	7	4	2
4	15	8	3
5	18	8	5
6	20	10	8
7	23	11	6
8			

Agora selecione, na aba **Dados**, o botão **ANÁLISE DE DADOS**, em seguida, **REGRESSÃO** e depois clique em **OK**:

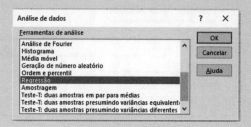

▶ Selecione agora a variável dependente **Vendas**:

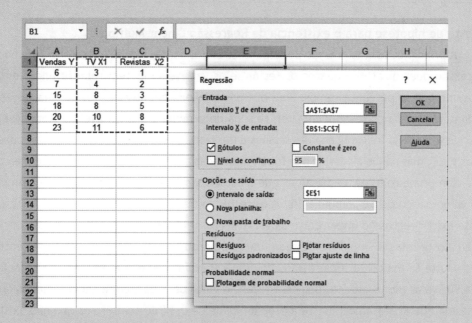

Selecione agora as duas variáveis independentes e indique que existem Rótulos para os seus dados na primeira linha da tabela. Aproveite a mesma tela para indicar onde o Excel deverá mostrar a resposta de seus cálculos, no caso na célula E1.

Veja a seguir:

Clique em **OK** e receberá a seguinte resposta:

RESUMO DOS RESULTADOS					
Estatística de regressão					
R múltiplo	0,988640575				
R-Quadrado	0,977410187				
R-quadrado ajustado	0,962350312				
Erro padrão	1,352227738				
Observações	6				
ANOVA					
	gl	*SQ*	*MQ*	*F*	*F de significação*
Regressão	2	237,34777	118,6739	64,90161	0,003395228
Resíduo	3	5,4855596	1,82852		
Total	5	242,83333			
	Coeficientes	*Erro padrão*	*Stat t*	*valor-P*	*95% inferiores*	*% superior*
Interseção	-0,724729242	1,6109249	-0,44988	0,683314	-5,851411152	4,401953
TV X1	2,026173285	0,4152772	4,879086	0,016458	0,704575841	3,347771
Revistas *X2*	0,167870036	0,5041274	0,332991	0,761054	-1,436488412	1,772228

Note a convergência dos resultados para os coeficientes.

> **Nota:** o Excel não faz qualquer oposição à quantidade de variáveis independentes nem ao número de linhas do banco de dados. Assim o analista, ao obter o Plano de Regressão, pode analisá-lo e tomar as decisões mais apropriadas para seu plano de propaganda.

- **Teste de hipótese para e existência de Regressão Linear Múltipla**

A princípio, essa expressão pode parecer estranha. Na verdade, testar a existência de **Regressão** quer dizer que queremos testar se as variáveis mantêm relação linear entre si. É o mesmo que se perguntássemos: Será que as variáveis têm correlação, ou seja, essas variáveis mantêm alguma correspondência entre si na determinação da variável dependente?

Esse teste já foi explicada nas sessões anteriores, quando mostramos os cálculos das estatísticas t e F, mas naquela ocasião não foram mostradas as conclusões com o enfoque mercadológico.

Em primeiro lugar, verificamos que a estatística F de significação 0,003 é bem menor que o valor crítico de 5% comum a todos os testes, o que indica que a hipótese inicial que afirma não existir regressão linear entre as variáveis foi rejeitada. Ora, se a afirmação inicial de que não existe relação linear é rejeitada, então é porque existe, sim, relação linear entre elas.

Outra forma de verificar essa conclusão é pelo fato de que a estatística F calculada foi de 64,90, valor muito alto, e, por essa razão, o valor de F de significância é menor que 5%. É o mesmo que disséssemos: Existe a probabilidade de 0,3% de aceitarmos que não existe relação linear entre as variáveis. Alguns estatísticos gostam de dizer que se pudéssemos realizar esse mesmo experimento com 100 novas amostras, em apenas 0,3% delas a hipótese inicial da **não existência** de relação linear seria aceita.

Capítulo 21 · **Regressão múltipla** 457

Assim, podemos ficar tranquilos que o nosso modelo de regressão captura a essência do comportamento entre as variáveis em questão e prova que realmente existe uma associação linear entre elas.

Olhando mais criticamente, podemos verificar que a estatística p ou **valor-p** associado ao coeficiente b_1 (minúsculo da amostra) da variável **Anúncios em TV** é menor que 5%, ou seja, verifica-se por meio de uma amostra que existe apenas 1,6% de probabilidade de que o coeficiente B_1 (maiúsculo da população) seja **zero** na população. Esse teste reafirma a importância da variável **Anúncios em TV**. Já no caso dos anúncios em revistas, a probabilidade de que o coeficiente B_2 seja **zero** é muito alta. Esse fato reafirma que essa variável, apesar de sua contribuição no modelo, não pode ser considerada como decisiva no processo, ou seja, anunciar em revistas, no caso, não é uma variável que adiciona muito nas vendas. Se fossem feitos anúncios apenas nas revistas, as vendas certamente revelariam valores ou retornos muito pequenos.

22 Análise discriminante múltipla

Introdução

Essa técnica estatística encontra aplicação nos casos de pesquisas em todos os campos da ciência. O problema típico que ela ajuda a elucidar é saber quais características identificam melhor a pertinência de um respondente (caso) a um grupo predeterminado.

Em marketing, é utilizada em diversas situações, por exemplo, quando se deseja diferenciar a(s) característica(s) de um cliente que identifica(m) o potencial comprador de um dado produto (segmentação de mercado), quais características em uma loja, em um produto ou serviço atraem o consumidor, que fatores o impulsionam para a aquisição e quais deles têm maior peso nessa decisão etc.

Esses estudos normalmente são conduzidos em bancos de dados de clientes existentes que possuem registro das características ou maneira de ser e agir dos clientes e dos motivos que o impulsionam a tomar decisões. Uma vez equacionadas essas características e identificado o potencial, a vontade etc., essa equação pode ser utilizada para avaliar se um novo cliente ou outro item qualquer possui essas características que interessam ao observador e distinguem o objeto, tornando possível a sua classificação nos grupos de pertinência conforme característica avaliada (potencial comprador ou não).

Em estudos de prospecção, essa técnica pode ser utilizada para identificar quais características influenciam mais no processo de tomada de decisão por parte dos clientes quanto ao produto/serviço e, assim, projetá-los para atender a essas expectativas.

A análise discrimante e múltipla demanda a existência de mais de um grupo (por exemplo, homem ou mulher, sim ou não, sucesso ou fracasso ou, ainda, alto, mediano, baixo), que, na maioria dos casos, é dicotômica e será denominada variável dependente. Como mencionado em outros trechos, a **variável dependente é qualitativa e possui duas ou mais características**, ao passo que a **variável independente – ou variáveis – é quantitativa**.

Nas pesquisas financeiras, o analista poderá aplicar essa técnica para verificar se determinado padrão de investimento agressivo, moderado, conservador (**variável dependente qualitativa**) é característica de homens, jovens ou mulheres de certa idade (**variável independente quantitativa**), de certo nível de renda, ou juntar essas duas características com outras adicionais, como grau de instrução etc. e, assim, determinar que combinação dessas variáveis identifica o investidor com determinado perfil ou padrão de investimentos realizados.

Em termos de empresas, podemos identificar se determinado comportamento de índices financeiros (**variáveis independentes quantitativas**) de certo setor de atividade econômica pode caracterizar uma empresa como falida ou não falida (**variável dependente qualitativa**).

No presente estudo, será utilizado o programa STATISTICA em uma pesquisa de caráter socioeconômico em que se quer identificar, em três grupos de pessoas graduadas (Economistas, Administradores e Contabilistas) se existe consenso na sua forma de pensar a respeito da importância atribuída às variáveis que concorrem, positiva ou negativamente, para o empreendedorismo no Brasil.

O objetivo da técnica é, portanto, verificar e entender as diferenças entre os grupos considerados e predizer as semelhanças que fazem um indivíduo (observação) pertencer a este ou àquele grupo, tomando por base as variáveis independentes quantitativas. No nosso estudo, foi solicitado que se atribuíssem notas de 1 a 10 (com tolerância de uma casa decimal) para as variáveis: Grau de educação do empreendedor, Estabilidade da economia e risco-país, Taxa de juro como limitador do desenvolvimento econômico, Impostos e taxas existentes para se abrir e manter uma atividade produtiva, e Nível salarial vigente no País.

Um cuidado básico deve ser tomado, e diz respeito à normalidade das variáveis em estudo.

Quando uma amostra não tiver comportamento normal (distribuição de frequências semelhante ou próxima à curva de Gauss), aconselha-se utilizar a regressão passo a passo (LOGIT), pois ela não tem como pressuposto a normalidade das variáveis.[1]

Para efeito do exemplo que será abordado, entende-se o comportamento das variáveis como normal (apesar de que serão efetuados testes para identificar se os dados têm comportamento normal ou não) e, então, a problemática transfere-se para a identificação da equação discriminante que identificará um indivíduo (respondente) como pertencente a este ou àquele grupo.

Cuidados adicionais dizem respeito à verificação de dados muito discrepantes, os chamados *outliers,* que, por possuírem valores muito acima ou abaixo da média do grupo em questão, distorcem o comportamento das variáveis. Essas observações devem ser excluídas.

Durante o processo, deve-se verificar qual variável ou quais adicionam maior poder discriminante. Isso poderá ser feito pela verificação dos valores assumidos pelas estatísticas *F* e Wilks' *Lambda* e *Lambda* **parcial**, que descreveremos mais adiante.

Finalmente, classificaremos nos grupos os casos observados.

---

[1] HAIR JUNIOR, J. F.; ANDERSON, R. E.; TATHAM R. L.; BLACK W. C. *Multivariate data analysis*. 5th ed. New Jersey: Prentice-Hall, 1998. p.17.

22.1 Significado gráfico da discriminação

Como mencionado, a discriminação de uma observação ou indivíduo entre dois grupos depende unicamente de suas características ou das características quantitativas de seu comportamento – ou, como em nosso caso, de suas opiniões a respeito de variáveis condicionantes (independentes).

No Gráfico 22.1, observa-se claramente uma área de sobreposição entre os dois grupos representados.

Essa área de sobreposição caracteriza o comportamento de algumas de suas variáveis, que, em razão da natureza de seu comportamento, sobrepõem-se, deixando clara a demanda de sua discriminação. Alguns elementos pertencentes a um dos grupos podem pensar, agir ou ter características muito semelhantes às do outro, o que reforça a exigência de identificação e classificação corretas.

O Z crítico (ponto de corte) pode ser obtido com diversas metodologias, mas, para o entendimento desse exemplo, será referido como o valor médio entre a média dos valores de Z de cada grupo de empresas. O valor Z de cada empresa individualmente é obtido pela aplicação das fórmulas discriminantes à cada empresa. Desse modo, as observações classificadas aquém ou além desse valor (Z crítico) serão ditas como pertencentes ao grupo A ou B. No nosso exemplo, haverá três grupos.

Os grupos, por sua vez, podem ter tamanhos iguais ou diferentes. Para grupos com o mesmo tamanho, Hair Junior[2] sugerem que:

$$Z_{CE} = \frac{Z_A + Z_B}{2}$$

Em que:

Z_{CE} = valor crítico de Z para grupos de mesmo tamanho
Z_A = mediana do Grupo A
Z_B = mediana do Grupo B

Gráfico 22.1 Visualização de Z crítico para grupos de tamanhos iguais

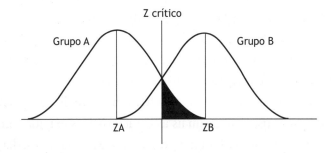

Fonte: HAIR JUNIOR, 1998, p. 266.

---

[2] HAIR JUNIOR; ANDERSON; TATHAM; BLACK, 1998. p. 266.

A metodologia anterior difere quando as amostras dos grupos não têm o mesmo tamanho. Para grupos com tamanhos diferentes, deve-se optar por determinar o valor de Z crítico pela média ponderada entre os valores de Z de cada grupo e seus respectivos tamanhos:

$$Z_{CE} = \frac{[(N_A \times Z_B) + (N_B \times Z_A)]}{N_A + N_B}$$

em que:

Z_{CE} = valor crítico de Z para grupos de tamanhos diferentes
N_A = número de empresas no Grupo A
N_B = número de empresas no Grupo B
Z_A = mediana do Grupo A
Z_B = mediana do Grupo B

Gráfico 22.2 Visualização de Z crítico para grupos de tamanhos diferentes

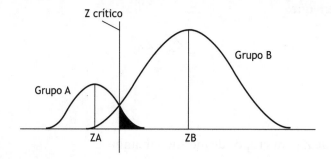

Fonte: HAIR JUNIOR, 1998. p. 266.

O mesmo enfoque pode ser aplicado a quaisquer outros campos de atividade, por exemplo, na educação, sociologia ou psicologia, quais fatores predizem a escolha de um estudante por determinado curso de pós-graduação, quais as características de estudantes de determinada universidade etc.

Na medicina, pode-se avaliar a recuperação parcial ou total de pacientes mediante estudo de características observadas durante sua recuperação ou não recuperação.

No campo social, é possível estudar as características individuais na escolha de tipos de carreiras profissionais. Em recursos humanos, estudar quais as características exigidas, no entender da empresa, para que um indivíduo a ser admitido tenha uma performance acima da média em determinadas funções e, com isso, estabelecer critérios de cargos e salários e políticas de RH em geral. Em investimentos, estudar quais características o investidor individual tem e os motivos que o levam a escolher aplicações de risco em detrimento das aplicações em fundos de investimento.

Em marketing, podemos pensar nos fatores quantitativos individuais que condicionam a compra de determinados produtos ou a escolha de determinadas campanhas promocionais.

Assim, mesmo que esse exemplo tenha como foco a análise de características socioeconômicas, a análise discriminante múltipla pode ser aplicada a inúmeras situações, bastando colher as amostras com critérios válidos e direcionados para as respostas que o analista procura.

22.2 Relação com outras técnicas multivariadas

A análise discriminante múltipla é uma técnica muito semelhante à regressão múltipla, pois ambas constituem uma combinação linear de variáveis independentes – que, nesses casos, são de natureza métrica – e são utilizadas para predizer uma única variável dependente categórica, em nosso exemplo, Economistas, Administradores e Contabilistas.

Entretanto, alerta-se que alguns programas estatísticos não admitem que se trabalhe com variáveis categóricas e que, nessas situações, mesmo se tratando da análise discriminante, teremos que modificar a variável de saída (dependente) para números 0, 1 e 2, dependendo da quantidade de grupos.

Se considerarmos que a discriminação ocorre pela comparação das médias dos diversos grupos de variáveis independentes, podemos pensar que a análise discriminante múltipla tem semelhança com a análise da variância, que determina se a média entre dois ou mais grupos é significativa. Isso sugere que há semelhanças e diferenças sutis entre as técnicas multivariadas.

A análise discriminante é, em termos das variáveis envolvidas, o inverso da ANOVA/MANOVA, pois a natureza da variável dependente na análise discriminante é categórica, enquanto na ANOVA a natureza da variável independente é métrica. Malhotra[3] elabora o quadro a seguir sobre as diferenças entre as três técnicas relacionadas:

Quadro 22.1 Diferenças entre ANOVA, regressão múltipla e análise discriminante

	ANOVA	Regressão múltipla	Análise discriminante
Semelhanças			
Variáveis dependentes	Uma	Uma	Uma
Variáveis independentes	Múltiplas	Múltiplas	Múltiplas
Diferenças			
Natureza da variável dependente	Métrica	Métrica	Categórica
Natureza das variáveis independentes	Categórica	Métrica	Métrica

Fonte: MALHOTRA, 1993, p. 592.

Outra relação importante é dada entre a análise discriminante e a regressão logística, sendo ambas as técnicas aplicáveis a casos de discriminação. Algumas diferenças devem ser ressaltadas:

- Na análise discriminante e na regressão logística, a variável dependente é categórica, e em ambas as técnicas os coeficientes de discriminação representam o impacto ou a contribuição de cada variável para o poder discriminante do modelo.

---

[3] MALHOTRA, N. *Marketing research:* an applied orientation. New Jersey: Prentice Hall, 1993. p. 592.

- A análise discriminante múltipla pressupõe que as variáveis analisadas tenham comportamento normal ou próximo da normalidade. A regressão logística não tem esse pressuposto teórico, sendo, assim, mais flexível em suas aplicações, especialmente em pesquisas de opinião pública e em marketing.
- A análise discriminante múltipla é comumente utilizada de forma que se ingressem no modelo todas as variáveis de uma só vez, mas nada impede que se empregue o método passo a passo. Na regressão logística, utiliza-se mais comumente o método passo a passo para ingresso das variáveis no modelo, podendo-se decidir quais aquelas que adicionam maior poder de explicação ao modelo e, portanto, são as mais desejadas para fazerem parte do modelo.
- A análise discriminante múltipla pode ser aplicada para mais de dois grupos, já a regressão logística, apesar de existirem formulações para sua aplicação em mais de dois grupos, é mais utilizada para dois grupos apenas.[4]

22.3 Normalidade dos dados

Esse é um pressuposto da técnica discriminante e não deve ser transgredido, sob pena de se obterem resultados não facilmente interpretáveis ou significativos.

Em uma análise gráfica, que pode ser obtida pela simples produção de histograma dos dados analisados, pode-se verificar essa condição e, assim, decidir por essa técnica ou trocá-la pela regressão logística, que não sofre distorções em tais casos.

Com essa análise, é necessário também analisar as médias de tantos quantos forem os grupos nos quais devemos classificar os dados das amostras disponíveis, objetivo que pode ser alcançado com a análise gráfica de médias, que também veremos mais adiante.

22.4 Funções discriminantes e funções de classificação

As funções discriminantes são aquelas que identificam a contribuição individual de cada variável ao poder de discriminação do modelo.

Pelo fato de fornecerem informações do poder de discriminação que cada uma das variáveis independentes acrescenta ao modelo, as funções discrimantes propiciam sua inclusão ou exclusão no modelo. Nesse caso, a resposta procurada é qual ou quais, entre as variáveis independentes, concorrem mais na discriminação entre os dois grupos. O número de funções discriminantes será sempre uma unidade menor que o número de grupos previamente estabelecidos.

As funções de classificação, por sua vez, depois de estimadas, propiciam que, ao incluirmos um novo objeto no estudo, ele possa ser classificado como pertencente ao grupo cuja função fornecer melhor resultado. Alerta-se que existirá um número igual de funções de classificação e de grupos a serem discriminados.

---

[4] HAIR JUNIOR; ANDERSON; TATHAM; BLACK, 1998. p. 244.

Em nosso exemplo, por termos três grupos, serão duas as funções discriminantes e três as funções de classificação. Essa diferença ficará evidente durante o processo que será abordado com o programa STATISTICA.

A equação linear discriminante ou a equação de classificação é semelhante àquela que foi apresentada no Capítulo 21 e assume a seguinte forma:

$$Y = a + b_1 \times x_1 + b_2 \times x_2 + b_3 \times x_3 + ... + b_n \times x_n$$

Em que $b_1, b_2, b_3 ... b_n$ são os coeficientes de regressão múltipla da função de classificação.

22.5 Discriminação múltipla

O exemplo clássico mostrado na maioria dos livros de estatística avançada refere-se ao tradicional trabalho do estatístico inglês *Sir* Ronald Aylmer Fisher, de 1936, e o problema de classificação por meio da identificação das características singulares entre três tipos de plantas da mesma espécie a Íris, **variáveis dependentes**, Setosa, Versicolor e Virgínica. R. A. Fisher iniciou seu estudo a partir de medidas como largura, comprimento da folha e da sépala (flor da planta), considerando-as **variáveis independentes**.

O nosso exemplo é semelhante apenas no número de grupos, não no tipo de variáveis envolvidas.

Estudo de caso

Como identificar a categoria profissional do respondente

A figura a seguir mostra o conjunto de dados do arquivo **Empreendedorismo Discriminante.sta** observados nessa pesquisa socioeconômica em que se deseja verificar se existe coesão nas opiniões das três categorias de profissionais, Economistas, Administradores e Contabilistas, a respeito dos motivos que inibem o empreendedorismo dos indivíduos no País. Será que cada categoria poderá ser identificada pela importância que atribui a cada uma das variáveis envolvidas? Dependendo das notas atribuídas pelo respondente, será possível afirmar em que especialidade foi a sua graduação universitária?

1 Graduação	2 Educação	3 Estabilidade	4 Taxa de Juros	5 Impostos	6 Salários
Economia	1,0	3,2	5,5	2,6	6,8
Administração	1,2	3,4	5,6	7,7	9,2
Economia	1,2	3,4	5,6	2,1	3,2
Contabilidade	1,5	3,7	5,7	3,4	6,5
Administração	1,6	3,8	6,3	7,0	8,7
Contabilidade	1,6	3,8	6,7	4,8	6,5
Administração	1,7	3,9	5,6	7,5	8,4
Administração	1,8	4,0	5,6	7,4	8,2
Contabilidade	1,9	4,1	6,1	5,0	6,7
Economia	2,0	4,2	6,4	2,3	4,1
Economia	2,1	4,3	6,9	1,8	4,6
Contabilidade	2,2	4,4	6,3	4,5	5,8

> Perguntou-se aos profissionais das três áreas qual a importância (peso) que cada uma das variáveis – Nível de escolaridade, Estabilidade econômica, Risco das flutuações da taxa de juro no mercado, Impostos e Níveis salariais – teria como condicionante na inibição dos indivíduos quanto a abrirem novas atividades comerciais ou industriais em sua cidade ou região de residência. Solicitou-se que atribuíssem notas de 1 a 10 com a possibilidade de notas quebradas de uma casa decimal.

22.6 Utilização de programas eletrônicos

Com o arquivo aberto, iniciamos o procedimento apontando para a técnica estatística desejada: a análise discriminante multivariada.

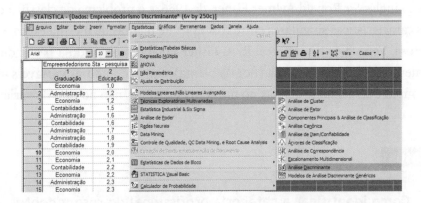

O programa retornará à caixa de diálogo a seguir, na qual o analista deverá alimentar o sistema com as variáveis, indicando qual delas é a variável dependente e quais as independentes. No caso, a variável dependente Graduação é aquela que se quer explicar com as notas atribuídas às variáveis **independentes**: Educação, Estabilidade, Taxa de Juros, Impostos e Salários.

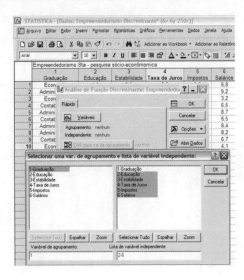

Ao selecionarmos **OK**, devemos ainda informar qual é o nome da variável de agrupamento, ou seja, as três especialidades de graduação (economia, administração e contabilidade). Para isso, selecione CÓDIGO PARA VARIÁVEL DE AGRUPAMENTO e, depois, TUDO, conforme indicado a seguir. Selecione as opções avançadas de análise *Stepwise* (passo a passo), pois se deseja estimar se todas as variáveis têm condição de tolerância mínima e controlar a entrada delas no modelo discriminante. A explicação do que é tolerância será vista mais adiante.

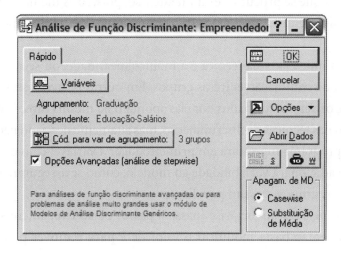

A seguir, selecione **OK** e obterá a seguinte caixa de diálogo:

Aceite as demais opções-padrão do STATISTICA, mas observe que, se o analista desejar controlar o ingresso de cada variável no modelo, deverá selecionar na caixa **Método** a opção STEPWISE PARA A FRENTE com o objetivo de que o programa permita especificar o valor desejado de *F* para que a variável ingresse no modelo e para que seja removida, pois o programa calcula o valor da próxima variável a ingressar no modelo e, se ela tiver o valor de *F* maior que 1, ingressará. Entretanto, depois disso, o programa calculará o novo valor de *F* total e excluirá aquela que possuir o menor valor se ele estiver abaixo do valor **F para remover** mostrado na caixa de diálogo anterior.

Lembre-se (da teoria da ANOVA) que o valor de *F* maior que o *F-crítico* indica que devemos rejeitar a hipótese inicial de que as médias são iguais.

Ora, nessa técnica, o que se procura é exatamente isso, pois, se as médias forem iguais, haverá dificuldade para se discriminar entre as três categorias profissionais e o analista poderá optar por não incluir essa variável.

Outra característica indesejada na técnica é a multicolinearidade, ou seja, a alta correlação entre as variáveis, que dificulta a discriminação entre os grupos. Em outras palavras, se as variáveis possuem alta correlação, significa que os vetores formados por elas apontam na mesma direção e com a mesma intensidade, o que é indesejado nas técnicas de discriminação, mas altamente desejado naquelas de agrupamento.

Dessa maneira, o programa ingressará em primeiro lugar a variável com o maior valor da estatística *F*, visto que assim se adicionará variabilidade ao modelo, como se assegurará o maior poder possível de discriminação entre os grupos, e assim por diante.

Se o analista optou pela opção *Stepwise* (passo a passo) e não tiver interesse em excluir nenhuma das variáveis do estudo, então basta modificar o valor de **F para remover** para zero. Mesmo assim, o programa **incluirá apenas três variáveis**.

Para que possamos incluir **todas** as variáveis no modelo, antes de prosseguir na discriminação entre os grupos, assegure-se de que a opção **Método** esteja em **Padrão**:

Em seguida, clique em **OK** nesse quadro e na alça DESCRITIVAS. Selecione EXAMINAR ESTATÍSTICAS DESCRITIVAS e obterá a seguinte resposta:

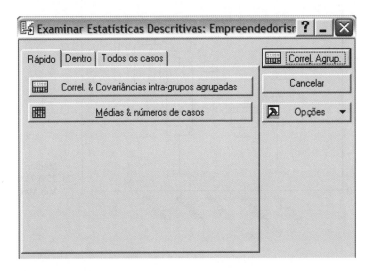

Selecione MÉDIAS & NÚMERO DE CASOS para obter a média de cada variável dentro de cada grupo e a média total:

| Graduação | Médias (Empreendedorismo Discriminante) ||||||
	Educação	Estabilidade	Taxa de Juros	Impostos	Salários	N válido
Economia	5,180075	4,424311	6,226193	2,252082	5,732707	62
Administração	5,572708	4,412094	6,261187	7,627442	8,916779	94
Contabilidade	5,889270	4,299285	6,308505	4,466255	6,450457	94
Todos os	5,594362	4,372708	6,270300	5,105746	7,199792	250

Observe que as médias têm diferenças de grande magnitude para cada grupo de profissionais, o que é uma primeira indicação de que, se os dados analisados tiverem comportamento normal, deveremos obter ao longo do processo equações (funções) de classificação que resultarão em um excelente índice de discriminação entre os grupos.

22.6.1 Comparação das medianas dos grupos

Na caixa de diálogo **Estatísticas Descritivas**, clique na alça TODOS OS CASOS e obterá o gráfico comparativo entre os valores das medianas, os 50% casos centrais em volta da mediana e a amplitude total dos dados.

Para as respostas dessas variáveis, há pouca sobreposição dos 50% elementos centrais, o que reforça a ideia de se obter uma boa discriminação entre os grupos.

Gráfico 22.3 Box & Whisker Plot Summary for all combined

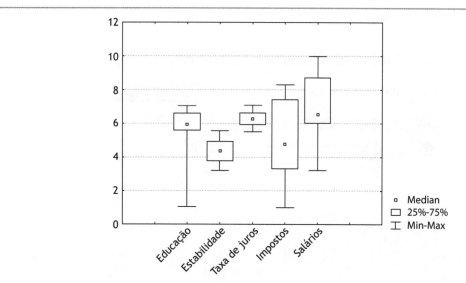

Fonte: elaborado pelos autores.

22.6.2 Teste gráfico de normalidade das variáveis

Antes de prosseguirmos propriamente com o processo de análise discriminante, é oportuno considerarmos algum tipo de teste de normalidade para as variáveis em estudo. No nosso exemplo, consideraremos apenas os testes gráficos, mas alerta-se que outras técnicas podem ser utilizadas, como já vimos o teste de qui-quadrado de Pearson, o teste de Kolmogorov-Smirnov, e, para as diferenças de média, a própria ANOVA é recomendável.

Volte para a caixa de diálogo **Examinar Estatísticas Descritivas**, selecione a alça DENTRO e, a seguir, GR. (GRÁFICO) DE PROBABILIDADE NORMAL CATEGORIZADO POR GRUPO e aponte para uma variável por vez – nesse primeiro exemplo, aponte para a variável IMPOSTOS:

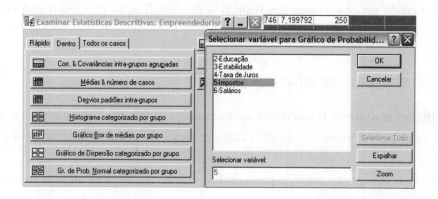

A seguir, clique em **OK** e obterá esta resposta:

Gráfico 22.4 Gráfico de probabilidade — categoria impostos

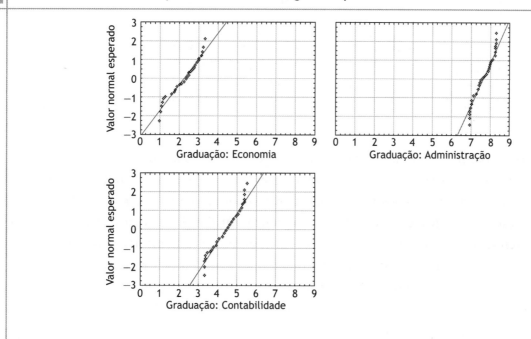

Fonte: elaborado pelos autores.

Procedendo da mesma forma para as demais variáveis, perceberemos que os pontos indicados por pequenos círculos estão bem próximos ao longo de toda a extensão da linha reta diagonal desse gráfico, que representa o comportamento normal esperado.

Essa linha é equivalente à curva de probabilidade normal. Talvez algum dos leitores se recorde que, quando ainda não existiam os computadores pessoais nem programas estatísticos para tais testes, utilizava-se uma folha semelhante a um papel com divisões aparentemente em milímetros (logNormal), a qual era graduada pela escala de frequência relativa acumulada, para que se pudesse fazer exatamente esse teste de normalidade que hoje integra os programas estatísticos mais avançados como o STATISTICA.

A folha graduada da curva normal possibilitava ainda o cálculo do desvio-padrão das variáveis, que é igual à média aritmética da distância compreendida entre os valores −1 (16%) e +1 (84%) desvios-padrões, porque, consultando-se a tabela normal, entre esses valores está compreendida a probabilidade de 34% para cada lado a partir da mediana 50%.

Olhando para o gráfico do nosso exemplo, podemos avaliar que os valores compreendidos entre −1 e +1 desvios-padrões para a variável Impostos para o grupo dos Economistas (primeiro gráfico à esquerda) são, respectivamente, 1,6 e 3,0, o que resulta em uma diferença de 1,4 que, dividida por 2 (média das distâncias entre os pontos), resultaria em um desvio-padrão de 0,70 aproximadamente.

Alerta-se que não se define em estatística a média entre dois desvios-padrões, mas, sim, a raiz quadrada de suas variâncias. A média à qual nos referimos é a média das distâncias.

Para comprovar essa teoria, pressione o botão DESVIOS-PADRÕES INTRAGRUPOS e obterá a resposta a seguir. Veja a excelente aproximação que o método gráfico oferece para a determinação do desvio-padrão, que no nosso exemplo foi estimado em 0,70:

Graduação	Desvios padrões (Empreendedorismo Discriminante)					
	Educação	Estabilidade	Taxa de Juros	Impostos	Salários	N válido
Economia	1,577357	0,707887	0,437729	0,698036	0,952766	62
Administração	1,512930	0,681816	0,486852	0,418639	0,578383	94
Contabilidade	1,100884	0,623460	0,398045	0,616741	0,999323	94
Todos os	1,411678	0,666970	0,442391	2,215756	1,606589	250

Quanto mais próximos os pontos estiverem da reta que representa a distribuição de frequências normais esperadas da(s) variável(eis) em estudo, tanto mais "normal" será o seu comportamento. No exemplo, fica claro que as variáveis possuem comportamento normal, o que também acontece com as demais variáveis estimadas pelos respondentes de cada grupo profissional, à exceção da variável Salário, cujos pontos descrevem um S atravessado pela reta em diversos pontos. Mesmo assim, isso não chega a ser um problema que nos faça desistir da opção por essa técnica e trocá-la pela regressão logística.

Para retornar ao quadro **Definição do Modelo**, devemos clicar CANCELAR e, a seguir, selecionar novamente a alça AVANÇADO. Certifique-se de que a opção **Método** esteja em **Padrão**, o que desabilita a caixa **Exibir resultados**. A seguir, clique em OK para que todas as variáveis ingressem no modelo independentemente de sua contribuição[5] individual:

Assim, o analista obterá como resultado a caixa de resposta exibida no item seguinte.

---

[5] Se o analista optar pelo método *Stepwise*, no passo zero nenhuma variável é ingressada e, portanto, não existe o valor de *F*, mas o valor de **Wilks' Lambda** é igual a 1, ou seja, se nenhuma variável está no modelo, o valor é 1 (sem poder discriminante), pois o modelo com nenhuma variável não possui poder discriminante. Ao selecionarmos o botão **Próximo** no canto inferior esquerdo da caixa de diálogo, avançaremos para o passo seguinte e, assim, incluiremos a primeira variável no modelo de discriminação: aquela que possui o maior valor de *F* para ingressar.

22.6.3 A estatística Wilks' *Lambda*

É uma estatística que quantifica o poder discriminante do modelo. Seu valor varia de 0 a 1. Quanto mais próximo de 1 essa estatística, mais baixo o poder discriminante do modelo, e, ao contrário, quanto mais próximo de 0, mais alto o poder discriminante:

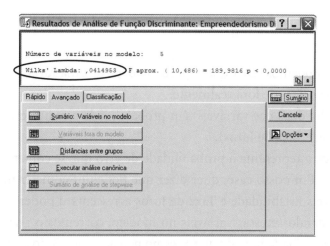

No nosso exemplo, podemos esperar um ótimo poder de discriminação, pois o valor total dessa estatística é muito baixo, 0,04149.

22.6.4 Variáveis no modelo

Voltando à mesma caixa de diálogo e clicando agora na alça RÁPIDO ou AVANÇADO, selecione o botão VARIÁVEIS NO MODELO. Poderemos ver por esse quadro de respostas diversas estatísticas de interesse do analista.

O nome das variáveis ingressadas não fica claro no quadro apresentado no item anterior. Entretanto, se o analista clicar em SUMÁRIO, obterá esta resposta:

N=250	Sumário de Análise de Função Discriminante (Empreendedoris Nº de vars no modelo: 5; AgrupamentGraduação (3 grps) Wilks' Lambda: ,04150 F aprox. (					
	Wilks' Lambda	Parcial Lambda	F para r (2,243)	nível-p	Toler.	1-Toler. (R-Sqr.)
Educação	0,044276	0,937192	8,1425	0,000378	0,929454	0,070546
Estabilidade	0,042232	0,982566	2,1558	0,118024	0,959735	0,040264
Taxa de Juros	0,041736	0,994223	0,7060	0,494636	0,970406	0,029594
Impostos	0,253875	0,163448	621,8569	0,000000	0,952322	0,047678
Salários	0,062699	0,661818	62,0853	0,000000	0,897268	0,102732

Observe na coluna **F para r (remover)** que não existe nenhum valor de *F* inferior a 1, a não ser pela variável Taxa de Juros (0,70). As variáveis Educação, Impostos e Salários são relevantes para ingressarem no modelo discriminante, pois não possuem nível *p* maior que o grau de significância de 5%. As outras duas, Estabilidade e Taxa de Juros, podem ser questionadas ou seu nível p ignorado e ingressadas assim mesmo. Optamos por esta última decisão para esse estudo. Observe que o botão **Variáveis** fora do modelo foi desabilitado automaticamente pelo modelo discriminante, uma vez que o analista tenha optado por ingressar todas as variáveis. De outra forma, poderia também verificar qual o valor de F e p das variáveis excluídas e, ainda assim, decidir por sua inclusão ou manutenção fora do modelo.

22.6.5 Estatística p

Pelo nível da estatística p podemos saber qual a probabilidade de uma variável não ingressar no modelo e, assim, decidir se ela deve ficar de fora realmente.

No presente exemplo, duas das variáveis têm probabilidade p maior que o nível de significância (alfa) de 5% (Estabilidade e Taxa de Juros).

O nível da estatística p representa a probabilidade de erro que se comete em aceitar que uma variável seja representativa. Em nosso caso, quer dizer que podemos cometer um erro de 0,11 e 0,49 se aceitarmos que as variáveis Estabilidade e Taxa de Juros acrescentam poder discriminante ao modelo. Em outras palavras, aceitando-se essas variáveis no modelo, corremos o risco de decrescermos o seu poder discriminante. Porém, nada impede que, mesmo não acrescentando poder discriminante ao modelo, a variável em questão seja mantida.

22.6.6 *Lambda* parcial

Representa a contribuição individual de cada variável ao poder discriminante do modelo. Em nosso exemplo, os Impostos têm o menor valor entre todos os valores de *lambda* parcial, 0,16, o que significa que essa variável recebeu respostas de valores muito coesos e, assim, possui bom poder de discriminação isoladamente. A segunda melhor variável (Salários) tem valor 0,66 para essa estatística. Quanto menor o valor dessa estatística, significa que a variável em questão individualmente possui bom poder de discriminação. Alguns analistas utilizam essa estatística para decidir se mantêm uma variável no modelo ou a retiram. Novamente, note-se que no quadro anterior as variáveis com alto valor de *lambda* parcial podem ser questionadas quanto a sua manutenção no modelo discriminante.

22.6.7 Coeficiente de determinação R^2

Como já se sabe, o R^2 representa o percentual de explicação que as variáveis independentes conseguem fornecer da variável dependente. A interpretação dessa estatística é análoga à do R^2 da regressão linear.

22.6.8 Tolerância

A estatística $(1 - R^2)$ é tida como o grau de redundância de uma variável com as outras variáveis que integram o modelo discriminante. Sua interpretação decorre da definição de colinearidade (redundância). Dizer que duas variáveis são colineares é o mesmo que afirmar que uma delas pode ser totalmente explicada pela outra. Imagine uma pesquisa com duas variáveis de medidas de alturas: uma em centímetros e outra em polegadas. As duas são totalmente **redundantes** e causarão o mesmo efeito ao modelo discriminante, seja eliminando uma ou outra. **Quanto mais próximo o valor de tolerância estiver de zero, quer dizer que a variável em questão é uma combinação linear (alta redundância) com as outras variáveis já existentes no modelo, o que *diminui* o seu poder discriminante. No entanto, uma tolerância próxima a 1 significa que a variável é totalmente independente (baixa redundância) das outras variáveis do modelo, o que *aumenta* seu poder discriminante**.

Então, no caso da variável Educação, sua tolerância é 0,929454 ou $1 - R^2 = 1 - 0,070546 = 0,929454$, significando um **baixo grau** de redundância, o que aumenta o poder de discriminação que ela acrescenta ao modelo composto pelas variáveis estudadas. De fato, todas as variáveis têm **baixo grau** de redundância, fazendo-nos suspeitar desde já que deveremos obter boa discriminação entre os grupos.

Novamente, pode-se perceber que as duas variáveis questionadas quanto ao seu poder de discriminação pelas estatísticas anteriores (Estabilidade e Taxa de Juros) encontram nessa estatística (tolerância) a mesma interpretação, ou seja, por terem o valor mais alto (respectivamente, 0,9597 e 0,9704) entre as cinco, são as que contribuem menos para a discriminação entre os grupos.

Todavia, no nosso exemplo, os valores são muito próximos, o que reforça a ideia de manutenção de todas as variáveis no modelo.

É recomendável não alterar o padrão do programa estatístico, que é de 0,01 ou 1%, pois incluir variáveis com mais de 0,99 ou 99% de grau de redundância diminuiria excessivamente o poder de discriminação do modelo e faria com que o programa originasse uma mensagem de erro, visto que não conseguiria inverter as matrizes de variâncias e covariâncias.

22.6.9 Raízes canônicas (função discriminante)

As raízes canônicas são indicações indispensáveis para o analista, porque com elas se pode chegar à conclusão de quais variáveis têm maior contribuição na discriminação e qual das equações (raízes) é mais importante para a finalidade mencionada.

Na figura a seguir, observa-se que a primeira função não padronizada (coeficientes brutos) é responsável por conseguir explicar 99,19% da variância total do modelo, enquanto a segunda raiz explica apenas $1 - 0,9919 = 0,0081$ ou 0,81%:

Variável	Coeficientes brutos (Empreendedorismo Discriminante) para Variáveis Canônicas				
	Raiz	Raiz			
Educação	0,06031	0,477932			
Estabilidade	0,17891	-0,273811			
Taxa de Juros	0,11681	0,354687			
Impostos	-1,66072	0,537902			
Salários	-0,65746	-0,883266			
Constant	11,36062	-0,087484			
Eigenval	19,77539	0,159984			
Cum.Prop	0,99197	1,000000			

22.6.10 *Eigenvalue*

A proporção cumulativa da variância explicada pelas funções é denominada ***Eigenvalue.***

A raiz 1 possui *eigenvalue* de 19,77, sendo responsável por 99,19% da discriminação e, por isso, é a mais importante em relação à raiz 2, que é responsável por 0,81%, com um valor de *eigenvalue* de 0,1599. Alerta-se ainda que esse programa estatístico só executa a análise canônica se houver pelo menos três grupos a serem discriminados e pelo menos duas variáveis no modelo.

22.6.11 A distância entre os grupos (distância de Mahalanobis)

Os valores das variáveis podem ser representados em gráficos.

Se o analista dispõe de apenas duas variáveis, elas podem ser representadas em um gráfico cartesiano ortogonal (90° graus) entre os eixos. Nesse caso, a distância entre os pontos medida pelo método de Mahalanobis será idêntica à euclidiana, ou seja, a distância em linha reta entre as duas coordenadas.

Se possuir três variáveis, também é possível representar a distância por uma linha reta entre os pontos, pois os três eixos continuam sendo ortogonais e até aqui as distâncias de Mahalanobis coincidem com as euclidianas. Contudo, quando se tem mais de três, não existirá nenhuma garantia de ortogonalidade, e a distância euclidiana não será mais correta.

Essas distâncias são medidas entre as suas respectivas centroides, o que indica ao analista o quão próximos estão os grupos um do outro e, assim, a possibilidade de classificações incorretas.

No nosso exemplo, há duas formas de análise que podem ser obtidas a partir da caixa de diálogo **Resultado de Análise de Função Discriminante,** pressionando-se o botão DISTÂNCIA entre grupos na alça **Avançado.** Pela resposta a seguir, conclui-se que a média (característica) do grupo dos Economistas está mais próxima dos Contabilistas (17,88) do que dos Administradores (120,96). Por sua vez, o grupo dos Administradores está mais próximo do grupo dos Contabilistas (47,73) do que dos Economistas (120,96):

	Distâncias Mahalanobis Quadra (Empreended		
Graduação	Economia	Administração	Contabilidade
Economia	0,0000	120,9648	17,88658
Administração	120,9648	0,0000	47,73466
Contabilidade	17,8866	47,7347	0,00000

Esse fato pode ser comprovado pelo gráfico mostrado a seguir no item Coeficientes da Estrutura de Fatores.

22.6.12 Coeficientes da estrutura dos fatores

Os fatores são os responsáveis pelo agrupamento de cada característica e representam a correlação entre as variáveis e a sua função discriminante, sendo utilizadas para verificar áreas de sobreposição na discriminação.

Retornando à caixa de diálogo Análise Discriminante, clique no botão ANÁLISE CANÔNICA e, depois, em GRÁFICO DE DISPERSÃO DE RESULTADOS DE CORRELAÇÕES CANÔNICAS para obter o resultado a seguir, no qual claramente se pode notar a distância entre os três grupos de variáveis, como que ocorrerá pouca (entre os Economistas e Contabilistas) ou nenhuma (Administradores) sobreposição com os elementos dos outros dois grupos.

Gráfico 22.5 Raiz 1 × Raiz 2

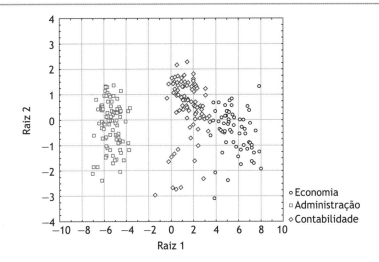

Fonte: elaborado pelos autores.

22.6.13 Matriz de classificação

A matriz de classificação é outro resultado importante em que se poderá quantificar a possível sobreposição na discriminação entre os grupos.

Observe-se que, como mencionado anteriormente, o grupo dos Administradores não se sobrepõe a nenhum outro e, assim, todas as classificações (94 respondentes) são corretas. No caso do grupo dos Economistas, existe uma observação (um respondente) que pode ser confundida como pertencente ao grupo dos Contabilistas. No caso do grupo dos Contabilistas, há uma observação (um dos respondentes) com características semelhantes ao grupo dos Economistas:

Grupo	Porcento Correto	Economia p=,24800	Administração p=,37600	Contabilidade p=,37600
Economia	98,3871	61	0	1
Administração	100,0000	0	94	0
Contabilidade	98,9362	1	0	93
Total	99,2000	62	94	94

Matriz de Classificação (Empreendedorismo Discriminante)
Linhas: Classificações observadas
Colunas: Classificações preditas

Assim, será possível determinar o grau de acerto total do modelo discriminante, que no caso é de 99,2%.

22.6.14 Funções de classificação

Sempre haverá um número de funções de classificação idêntico ao de grupos nos quais se deseja classificar as observações. No nosso caso, existem três:

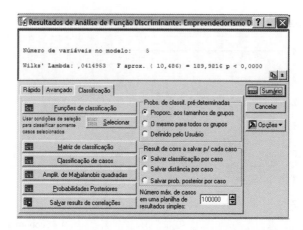

A partir da caixa de diálogo **Resultado de Análise de Função Discriminante**, selecione a alça CLASSIFICAÇÃO e pressione o botão FUNÇÕES DE CLASSIFICAÇÃO para obter este resultado:

Variável	Economia p=,24800	Administração p=,37600	Contabilidade p=,37600
Educação	1,219	0,691	1,429
Estabilidade	5,869	3,824	4,869
Taxa de Juros	29,457	28,272	29,316
Impostos	6,727	25,138	14,083
Salários	7,764	14,743	9,625
Constant	-139,066	-261,452	-170,616

Funções de Classificação; agrupamentGradua

Por exemplo, a função de classificação que direcionará a observação considerada para o grupo dos Economistas é composta da seguinte forma:

$$Y = -139,06 + 1,219 \times \text{Educação} + 5,869 \times \text{Estabilidade} + 29,457 \times$$
$$\text{Taxa de Juros} + 6,727 \times \text{Impostos} + 7,764 \times \text{Salários}.$$

Para que cada observação (respondente) seja classificada em algum dos grupos, temos que aplicar as *funções de classificação* às respectivas medidas de cada caso e, assim, decidir por classificá-la no grupo **cuja função produzir o maior resultado**.

As funções de classificação para os demais grupos podem ser obtidas de forma análoga com os coeficientes de classificação calculados pelo sistema e que se encontram no quadro a seguir.

22.6.15 Classificação de casos

Se houver necessidade, o analista ainda pode dispor de uma ferramenta de análise que lhe indicará se determinada observação tem características para ser classificada em outro grupo. Na caixa de diálogo **Resultado de Análise de Função Discriminante**, selecione CLASSIFICAÇÃO DE CASOS e obterá a resposta a seguir:

| | Classificação de Casos (Empreendedorismo Discriminante) As classificações incorretas estão marcadas | | | |
Caso	Observad Classif.	1 p=,24800	2 p=,37600	3 p=,37600
1	Economia	Economia	Contabilidade	Administração
2	Administração	Administração	Contabilidade	Economia
3	Economia	Economia	Contabilidade	Administração
4	Contabilidade	Contabilidade	Economia	Administração
5	Administração	Administração	Contabilidade	Economia
6	Contabilidade	Contabilidade	Economia	Administração
7	Administração	Administração	Contabilidade	Economia
8	Administração	Administração	Contabilidade	Economia
9	Contabilidade	Contabilidade	Economia	Administração
10	Economia	Economia	Contabilidade	Administração
11	Economia	Economia	Contabilidade	Administração
12	Contabilidade	Contabilidade	Economia	Administração
13	Economia	Economia	Contabilidade	Administração
14	Administração	Administração	Contabilidade	Economia
15	Economia	Economia	Contabilidade	Administração

Retorne para a mesma caixa de diálogo e pressione PROBABILIDADES POSTERIORES para obter como resultado a classificação atual da observação (caso) estudada e qual a probabilidade de que as características apresentadas por ela a fizessem ser classificada em outro grupo:

| Caso | Probabilidades Posteriores (Empreendedorismo Discriminante As classificações incorretas estão marcadas | | | |
	Observad Classif.	Economia p=,24800	Administração p=,37600	Contabilidade p=,37600
1	Economia	0,978147	0,000000	0,021853
2	Administração	0,000000	1,000000	0,000000
3	Economia	0,999999	0,000000	0,000001
4	Contabilidade	0,259557	0,000000	0,740443
5	Administração	0,000000	1,000000	0,000000
6	Contabilidade	0,000009	0,000000	0,999991
7	Administração	0,000000	1,000000	0,000000
8	Administração	0,000000	1,000000	0,000000
9	Contabilidade	0,000003	0,000001	0,999996
10	Economia	0,999994	0,000000	0,000006
11	Economia	1,000000	0,000000	0,000000
12	Contabilidade	0,000593	0,000000	0,999407
13	Economia	0,971088	0,000000	0,028912
14	Administração	0,000000	1,000000	0,000000
15	Economia	0,956656	0,000000	0,043344

No caso, vemos que a observação número 1 foi classificada como pertencente ao grupo dos Economistas, com 97,81%, mas com 2,18% de chances de pertencer ao grupo dos Contabilistas.

Já a observação número 14 foi classificada com 100% de probabilidade de pertencer ao grupo dos Administradores.

Conclusão

Nesse exemplo, ilustrou-se uma das formas básicas da análise discriminante. Essa técnica pode ser aplicada a vários outros casos em que seja necessário identificar diferenças entre os objetos (casos) e sua pertinência a este ou àquele grupo. Em marketing, poderíamos pensar em diferenciar os clientes potenciais dos não potenciais, com base na pesquisa em atributos que aproximem os clientes do produto ou marca em questão.

No entanto, recomenda-se que, ao encontrar a função discriminante (ou funções), o analista tome a precaução de testá-la em outra amostra (amostra de validação) que não seja aquela a partir da qual a função foi computada (amostra de construção ou teste).

23 Data Mining (Mineração de Dados)

Introdução

Data Mining é definida como uma técnica emergente. Trata-se de uma ferramenta dinâmica que manuseia de forma rápida todas as demais técnicas multivariadas exploratórias ou de inferência.

Data Warehousing é definida como uma técnica de construção e manutenção de grandes bancos de dados com a finalidade de dar suporte às técnicas gerenciadas pela ferramenta *Data Mining*. Em outras palavras, para que se possam tomar decisões gerenciais eficazes em marketing, devemos manter bancos de dados confiáveis desde a coleta dos dados por meio de técnicas apropriadas até a atualização sistemática que permita aplicar as técnicas descritas e obter respostas que não violem pressupostos básicos para sua aplicação.

As variáveis adquiridas para compor o banco de dados deverão:

- ter origem em fontes confiáveis do assunto pertinente;
- possuir a condição de serem integradas e complementadas por outras bases de dados;
- manter a possibilidade de serem filtradas para análises.

23.1 Utilização do STATISTICA

23.1.1 O ambiente do *Data Mining*

O módulo do Minerador de Dados (*Data Mining*) no STATISTICA gerencia qualquer banco de dados dentro dos parâmetros mencionados, com módulos específicos para adquirir as amostras dos bancos de dados, filtrá-las, analisá-las e reportá-las de maneira rápida e segura.

O quadro abaixo representa esse ambiente:

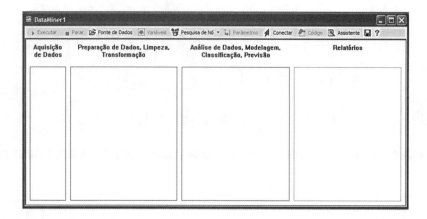

Este módulo permite importar dados de outros aplicativos e filtrá-los, preparando-os para as análises que serão feitas por meio dos **nós** (pontos de decisão das técnicas estatísticas a serem utilizadas), que nada mais são do que decisões tomadas pelo analista, dependendo da necessidade da aplicação desta ou daquela metodologia de análise, e, finalmente, gerar relatórios interativos para que o analista de marketing possa tomar ou sugerir mudanças nas políticas estabelecidas pela empresa onde trabalha ou para a qual presta serviços.

Nesta obra, como já fizemos até agora, abordaremos esta técnica de maneira básica para mostrar a mecânica dos procedimentos adotados e, com isso, incentivar o leitor a procurar as soluções mais apropriadas para suas necessidades de pesquisa.

Quando tratávamos dessas técnicas por meio do menu **Estatísticas** do programa STATISTICA, os quadros de seleção de variáveis indicavam o tipo de variável requerida para cada tipo de aplicação específica em estudo.

Por exemplo, na Análise Multivariada Discriminante, ao referirmo-nos ao arquivo dos índices das empresas e selecionarmos a partir de menu principal ESTATÍSTICAS/TÉCNICAS EXPLORATÓRIAS MULTIVARIADAS/ANÁLISE DISCRIMINANTE, recebíamos como resposta uma caixa de diálogo que pedia para indicarmos as **variáveis dependentes** e as **independentes**, como mostrado a seguir:

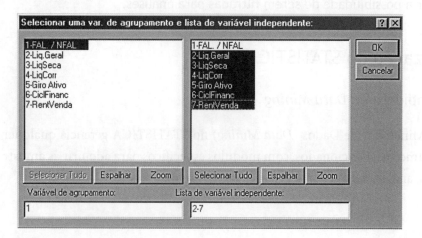

Note o leitor que para esta técnica estatística o quadro de seleção da variável dependente (de agrupamento) por padrão, **não habilita** o botão para que se possa **Selecionar Tudo.**

Isto ocorre porque tal técnica só admite **uma variável como dependente qualitativa** (que, em nosso caso, é dicotômica Falida ou Não falida), e, portanto, no nosso exemplo só podemos selecionar uma única coluna (variável).

Se o exemplo acima envolvesse uma variável dependente dicotômica de natureza (alto-baixo-médio), a variável continuaria a ser qualitativa e, na coluna dessa variável, encontraríamos as três denominações. Entretanto, só poderíamos escolher uma variável, como no exemplo anterior.

No *Data Mining*, ao serem acionados os **nós**, o programa abre uma opção de quatro tipos de variáveis que serão preenchidas pelo observador. É, portanto, em alguns casos, mais abrangente nas análises.

Note que este quadro abre opções para abrigar qualquer uma das técnicas estudadas. Porém, a indicação se torna mais técnica, pois agora o analista deverá **saber antecipadamente** os **tipos de variáveis** que podem ser abrigadas em cada uma das técnicas e indicá-las de tal forma que façam sentido para o programa e que este possa aceitar continuar a tarefa solicitada. Caso contrário, o leitor receberá uma mensagem de erro com a indicação de qual variável e que tipo, ou qual técnica, está sendo violada.

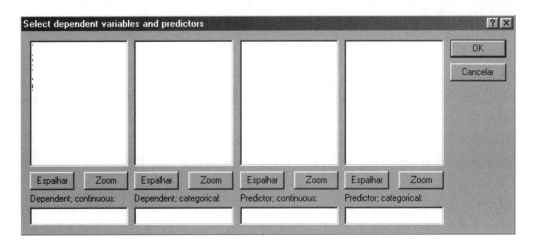

Como nem todas as técnicas foram aqui descritas, ilustraremos um exemplo fictício acrescentando algumas outras técnicas multivariadas e suas peculiaridades numa aplicação característica de marketing.

Estudo de caso

Identificação do perfil dos clientes do seu negócio

Suponha que uma rede de lojas com filiais em todo o território nacional queira identificar algumas características dos seus clientes e de seu mercado, que vem expandindo favoravelmente.

A loja vende, por meio de folhetos e propaganda na mídia impressa e televisiva, central de telemarketing e também por meio da internet, diversos produtos eletrônicos de linha branca e móveis residenciais. Seu público é constituído por homens e mulheres de idades, classes sociais, graus de instrução e local de residência diferentes.

Suponha que tenha sido feito um levantamento em todas as lojas de venda nos diversos estados da federação e os dados colhidos foram encaminhados para a central de marketing para análise.

A alta diretoria e a gerência de nível intermediário querem definir, entre outras coisas:

- a localidade que mais vende;
- o produto mais vendido;
- o perfil das pessoas que mais compram e qual o tipo de produto que é mais adquirido; e
- o canal de distribuição mais empregado para a compra.

Tudo isto para que se possa definir futuras estratégias de compra de produtos e negociação de preços com fornecedores.

Para tanto, foi criada uma planilha hipotética, contendo uma amostra de 297 compradores, com variáveis colhidas em cada um dos pontos de venda da rede de lojas AA, BB, CC, onde foram registradas as seguintes variáveis:

- Estado.
- Produto vendido e quantidade.
- Venda (por canal de distribuição e/ou atração/pedido pela internet, folheto ou telemarketing).
- Idade, sexo e grau de instrução do comprador.
- Quantidade de compras efetuadas no ano passado.
- Valor unitário da compra.
- Valor total.
- Desconto obtido.
- Valor líquido da compra.

Por meio das técnicas de análise multivariada aplicadas com a ferramenta *Data Mining*, tentar-se-á responder a estas perguntas para que a diretoria trace os planos estratégicos para o próximo ano.

Em primeiro lugar será demonstrado como tirar proveito de algumas ferramentas de **classificação e exploração do banco de dados** à disposição, para depois construirmos um **projeto** específico que pode ser utilizado novamente no futuro para as mesmas análises, bastando para isto **trocar a base de dados**.

Alerta-se que ao longo deste capítulo utilizaremos diversas bases de dados, mas todas elas estão à disposição do leitor, como material de apoio, no site da editora Saraiva Educação.

Capítulo 23 · *Data Mining* (Mineração de Dados) 485

No menu principal, abra, inicialmente, a planilha com a base de dados **Rede de Lojas.sta**:

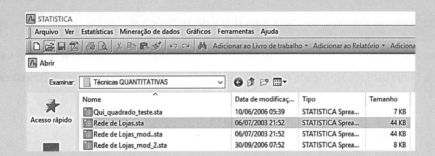

Selecione MINERAÇÃO DE DADOS/MINERAÇÃO DE DADOS – ÁREA DE TRABALHO/MINERADOR DE DADOS – NAVEGADOR GERAL COM DRILL-DOWN/INTERATIVO DRILL-DOWN:

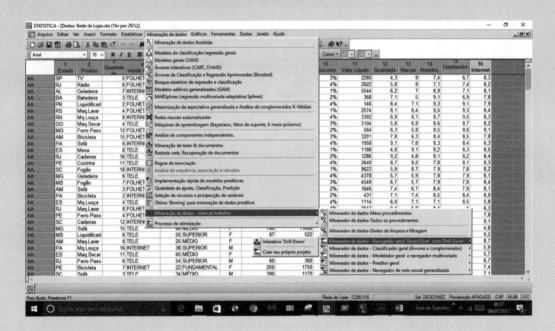

O programa responderá:

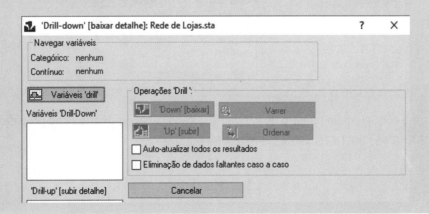

Desse momento em diante, o pesquisador começa a obter respostas às suas perguntas.

Qual a quantidade de vendas de cada canal de distribuição?

Para selecionar a variável de interesse, pressione o botão VARIÁVEIS DRILL. Selecione a variável **Categórica** (número ou informação), **Venda Através** e selecione a variável **Contínua** (métrica) **quantidade:**

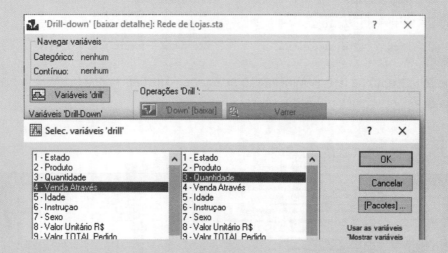

Selecione **OK** e, logo após, **DOWN [baixar],** para obter a contagem das quantidades vendidas ou atraídas de cada canal de distribuição, como mostrado abaixo:

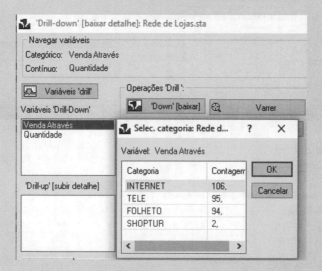

Note o leitor a contagem do número de vendas que cada canal de distribuição propiciou: INTERNET 106, ELEMARKETING 95, FOLHETO MÍDIA IMPRESSA 94 etc.

Qual a quantidade de compras por grau de instrução?

Para responder a essa pergunta, estando na caixa de diálogo DRILL DOWN [baixar detalhe], mude a variável categórica para **instrução** e a variável contínua para **quantidade**:

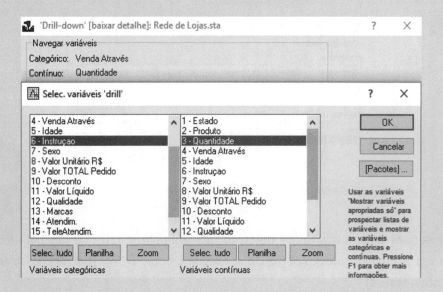

A seguir selecione OK e novamente DOWN [baixar] para obter a seguinte resposta:

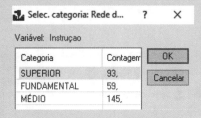

Quem barganha mais por preço, Homem ou Mulher?

Mude a variável categórica para **sexo** e a variável contínua para **desconto** e repita o procedimento anterior para obter a seguinte resposta:

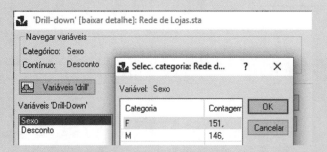

▶ **Quantas vendas (clientes) obtiveram qual percentual (nível) de desconto?**

Para responder a essa pergunta, volte à caixa de diálogo DRILL DOWN, selecione o botão VARIÁVEIS "DRILL", escolha a variável **Desconto** e a seguir o botão DOWN **[baixar]** e obterá a resposta a seguir:

Logo após, selecione uma das faixas de desconto, por exemplo, a faixa de desconto entre 1% e 2% (onde aparecem 54 respondentes). Aperte **OK** e a seguir o botão DOWN **[baixar]** novamente para ganhar a resposta a seguir:

Esse nível de desconto foi obtido por 26 clientes do sexo feminino e 28 do sexo masculino.

Outra maneira de se obter muitas outras respostas de uma só vez e de maneira gráfica é selecionar todas as variáveis categóricas (informações) e do outro lado todas as contínuas (números e/ou escalas de medidas):

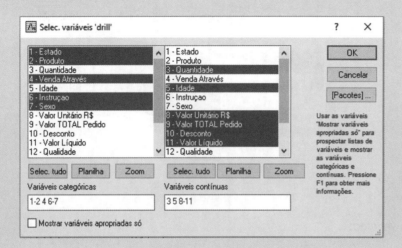

Em seguida, selecione GRÁFICOS DE PIZZAS e o STATISTICA fará de uma só vez todos os gráficos, como relacionado abaixo:

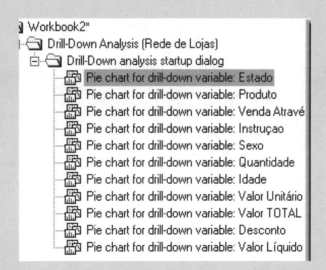

Obter-se-ão os gráficos de vendas por Estado:

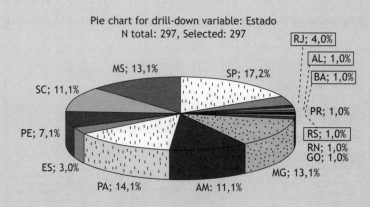

Por produto vendido:

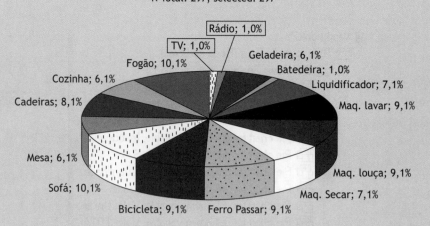

▶ Por valor de mercadoria vendida:

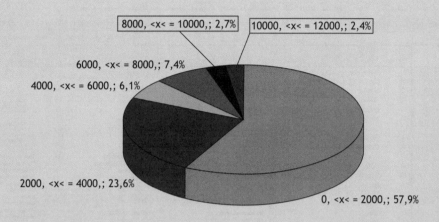

Além disso, dependendo das variáveis que o analista selecionar, podem ser obtidos muitos outros gráficos.

Há um vasto leque de opções proporcionadas pelo programa. Acreditamos que com este primeiro contato, o leitor já pode ter ideia de como explorar e obter valiosas informações de sua base de dados.

Da mesma maneira, podemos solicitar uma análise da formação de grupos de características com a ferramenta **análise de grupos** (*cluster analysis*).

Com o mesmo arquivo **Rede de Lojas.sta,** selecione MINERAÇÃO DE DADOS/MAXIMIZAÇÃO E ANÁLISE DE CONGLOMERADOS K-MÉDIAS, como mostrado abaixo:

A seguir, selecione todas as variáveis, com exceção daquelas cujas escalas de medidas apresentem valores fracionados (não aceitos por este tipo de análise):

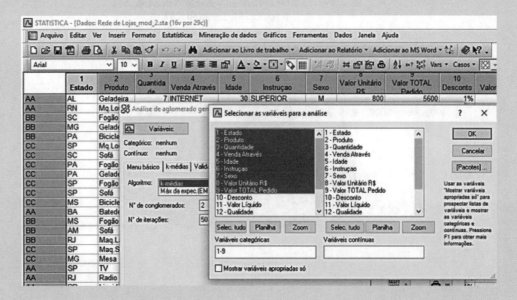

A seguir, selecione OK, OK novamente e pressione o botão MÉDIAS DOS CONGLOMERADOS:

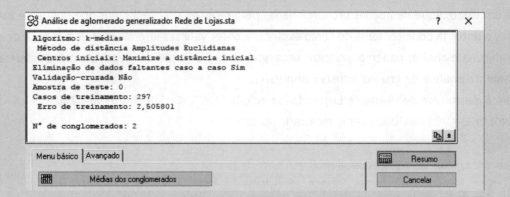

O STATISTICA formou dois grupos de qualidades afins relacionadas resumidamente a seguir:

Conglomerado	Estado	Produto	Quantidade	Venda Através	Idade	Instrução	Sexo	Valor Unitário R$	Valor TOTAL Pedido	Número de casos	Porcentagem (%)
1	SP	Fogão	4	TELE	25	MÉDIO	F	650	1120	195	65,65657
2	PA	Cadeiras	6	INTERNET	38	MÉDIO	M	490	360	102	34,34343

Capítulo 23 · *Data Mining* (Mineração de Dados)   493

> Os dois grandes grupos de atenção são aqueles formados por compradores com idade média de 25 e 38 anos, que compram por meio da Internet e do Televendas, tem formação do ensino médio e focalizam suas compras em fogões e cadeiras. Compram em média 4 a 6 unidades por ano, proporcionando um valor médio unitário de vendas de $ 490,00 e $ 650,00, tendo sido registrados em nossa amostra um total de 195 mulheres e 102 homens nessa condição.
>
> Da mesma maneira que nas tabelas de tabulação cruzada, com as análises de prospecção do banco de dados feitas anteriormente, os administradores podem tomar decisões a respeito do tipo e quantidade de mercadorias que deverão comprar para satisfazer uma previsão de demanda.

23.2 Projetos de Estatística Multivariada com o Minerador de Dados (*Data Mining*)

Uma base de dados, em geral, é construída para atender a diversos aspectos da pesquisa e responder a diversas questões mercadológicas relacionadas ao produto ou serviço.

Em outros tipos de projetos, pode haver a necessidade de, na mesma pesquisa, mais do que um banco de dados seja necessário. O Minerador de Dados (*Data Mining*) permite inserir diversas técnicas num mesmo projeto e combinar diversos bancos de dados com diferentes formatos, se necessário.

A seguir, exemplificaremos um pequeno projeto baseado nos mesmos bancos de dados dos capítulos anteriores, para mostrar as funcionalidades básicas e algumas avançadas do ambiente do Minerador de Dados (*Data Mining*). Aproveitaremos assim para fazer uma revisão de conceitos das diversas ferramentas de Análise Multivariada.

Alerta-se que, dependendo da velocidade do processador de seu computador, combinar diversas análises num só ambiente do Minerador de Dados pode diminuir muito a velocidade de processamento e execução dos cálculos. Assim, mostraremos mais adiante como inserir duas análises no mesmo ambiente e depois continuaremos a mostrar uma análise por vez.

23.2.1 Fluxo Lógico básico nos projetos de *Data Mining*

Sugerimos adotar a abordagem a seguir por ser básico e comum em todos os projetos que utilizam o ambiente de *Data Mining*.

1. Posicionar a base de dados na área de Aquisição de Dados do Minerador de Textos.
2. A partir do Navegador de nós, selecionar o tipo de análise (técnica estatística) necessária para aquela aplicação.

3. Escolher as variáveis do banco de dados que serão empregadas naquele tipo de análise. Isto pode ser feito dando um duplo clique na base de dados já inserida na área de aquisição de dados.
4. Executar o(s) procedimento(s).

Caso o projeto ou procedimento envolva mais de uma base de dados, posicione-a também na área de aquisição de dados, refazendo os procedimentos dos passos 1, 2 e 3 acima.

O STATISTICA permite que o analista mude a visualização dos menus para um formato que alguns denominam de "mais moderno" e que se parece com o Excel. Para isto, no menu principal (em qualquer momento), selecione o botão VER/BARRA TIPO FAIXA DE OPÇÕES:

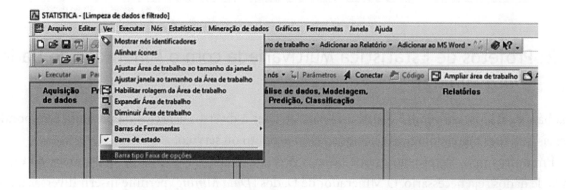

O leitor obterá uma modificação de todos os menus de sua planilha, sem prejuízo das técnicas do programa estatístico. Mostramos a seguir a modificação do menu Mineração de Dados (Data Miner):

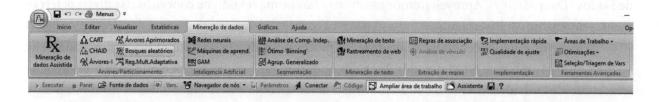

Todos os demais menus também serão alterados, podendo voltar ao Menu Clássico clicando novamente em VER e depois selecionando o botão MENU CLÁSSICO:

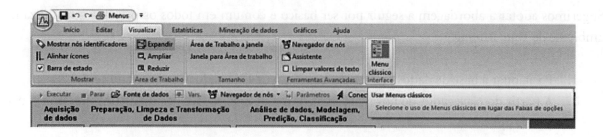

Capítulo 23 · *Data Mining* (Mineração de Dados)   495

Para efeito de simplicidade, **adotamos em todo o livro a visualização de Menu Clássico** que **continuaremos a adotar daqui em diante**.

23.2.2 Análise de Fatores com o Minerador de Dados

Relembramos o propósito geral da Análise de Fatores e outras peculiaridades desta ferramenta de Análise Multivariada:

1. Reduzir o número de variáveis para facilitar a análise.
2. Detectar alguma **estrutura** na correlação dessas variáveis que identifique os efeitos dos **fatores**.
3. Utilizar esta ferramenta como **classificador** da importância das variáveis na análise.

A pergunta óbvia a seguir é: Como saberemos quais e quantos são os **fatores** e quais **variáveis** eliminar?

Como regra geral, devemos eliminar as variáveis que não acrescentarem **variabilidade** ao modelo, e, para isto, neste módulo básico, utilizar-se-á a análise gráfica, como veremos a seguir. Muitos analistas preferem que este tipo de análise ocorra no início do projeto, para depois aplicar outras ferramentas de análise multivariadas.

Para este exemplo, vamos selecionar a mesma base de dados utilizada no Capítulo 17, para que o leitor note a convergência dos resultados pelos dois métodos.

Abra o ambiente do *Data Mining* selecionando no menu principal MINERAÇÃO DE DADOS/MINERAÇÃO DE DADOS – ÁREA DE TRABALHO/MINERAÇÃO DE DADOS – DADOS DE LIMPEZA E FILTRAGEM, e o programa responderá com o ambiente já mostrado anteriormente:

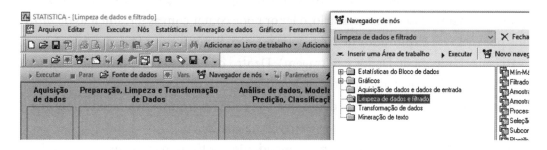

No **Navegador de Nós**, selecione TODOS OS PROCEDIMENTOS:

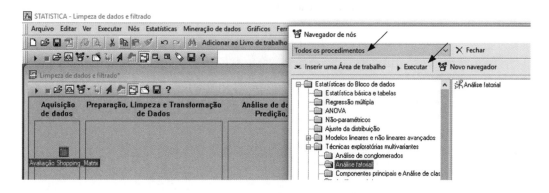

Dê um duplo clique no ícone ANÁLISE FATORIAL, como indicado na figura anterior, e apertando o botão CONECTAR (identificado como uma seta preta apontando para cima no menu do programa), conecte manualmente a base de dados com o ícone de Análise Fatorial transferido para o campo **Análise de Dados** no ambiente de Mineração de Dados.

Logo após, selecione o botão ARQUIVOS, como indicado pela seta na figura abaixo, e procure o arquivo **Avaliação Shopping Matrix.sta**, que a esta altura deverá ter sido baixado do site da Editora e gravado dentro do seu computador:

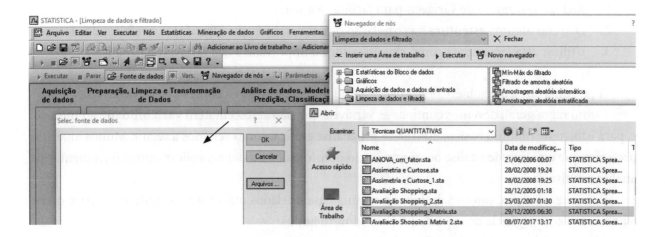

Note que a planilha com a base de dados é carregada pelo sistema como **Aquisição De Base De Dados** (*Data Aquisition*). Como a base de dados é primária, portanto proveniente de fontes internas, supõe-se que não existam células em branco sem dados que foram colocados em colunas que não as especificadas. Entretanto, caso seja necessário, o leitor pode contar com as ferramentas de filtro e limpeza de dados por meio do **Explorador de Nós**, onde estarão disponíveis as ferramentas necessárias para filtrar as variáveis (Limpeza de Dados e Filtragem). Dentro de um intervalo mínimo-máximo, selecionar uma amostra aleatória ou uma amostra sistemática etc.

Dê um duplo clique sobre a base de dados que representa o arquivo **Avaliação Shopping_2.sta**, na área de Aquisição de Dados, para escolher as variáveis da análise.

Selecione agora **todas** as variáveis como **dependente contínua** para as quais pretende aplicar as técnicas de Análise Fatorial, e assim, agrupá-las em fatores que contenham significados latentes semelhantes para o público-alvo, como mostrado a seguir:

Capítulo 23 · *Data Mining* (Mineração de Dados)   497

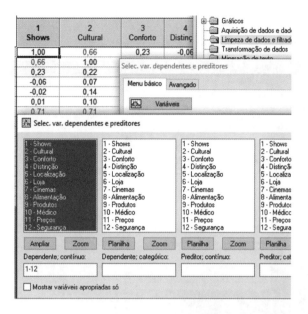

Clique em **OK**.

A esta altura o **Navegador de Nós** já deve ter sido alterado para **Todos os Procedimentos**. O aspecto do ambiente de Mineração de Dados deverá ficar como mostrado abaixo:

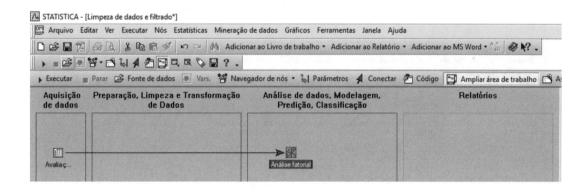

Agora dê um duplo clique sobre o ícone da **Análise Fatorial** do quadro acima e receberá como resposta um ambiente onde (minimamente) deverão ser indicados os parâmetros dessa análise. Para efeito de convergência de alguns resultados, serão inseridos os mesmos parâmetros deste exemplo quando apresentado no Capítulo 17.

Na imagem a seguir, verifique o campo **Número de Fatores** e mude essa opção para 3. Em seguida, no campo MÉTODO DE EXTRAÇÃO DE FATOR, mude essa opção para COMUNALIDADES R-QUADRADO, assim como feito no Capítulo 17.

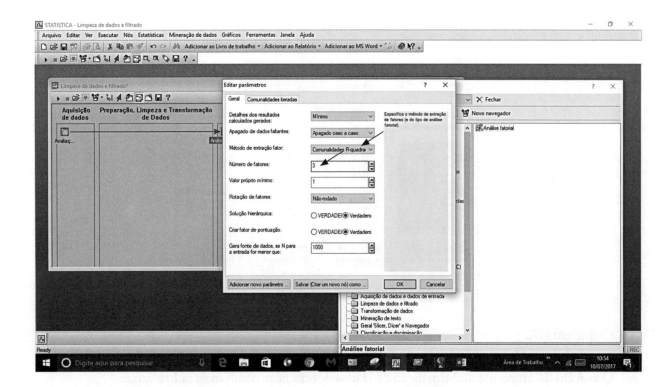

Clique em **OK** e depois no botão Executar e obterá a resposta abaixo:

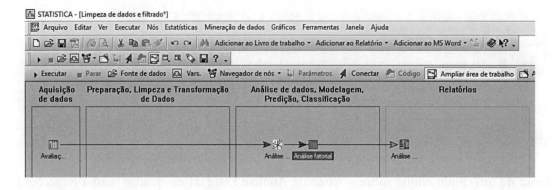

Dê um duplo clique no ícone Análise de fatores criado pelo programa, localizado agora no campo denominado **Relatórios do ambiente de Mineração de Dados** acima, e encontrará **todas** as respostas descobertas no Capítulo 17.

Capítulo 23 · *Data Mining* (Mineração de Dados)   499

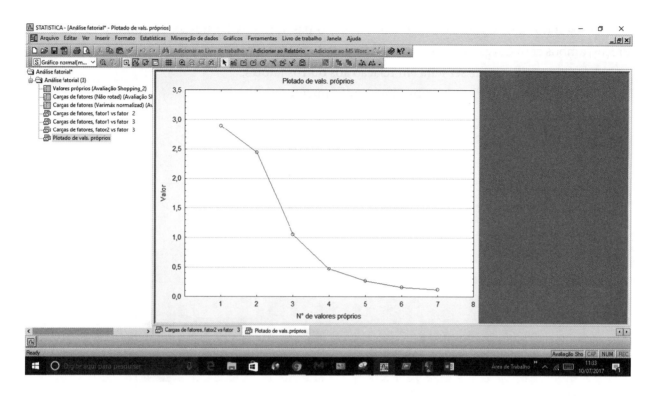

Na lista acima, à esquerda da imagem, estão relacionadas diversas respostas do sistema conforme seleção efetuada anteriormente. Clique em CARGA DE FATORES NÃO ROTACIONADOS e obterá a resposta abaixo:

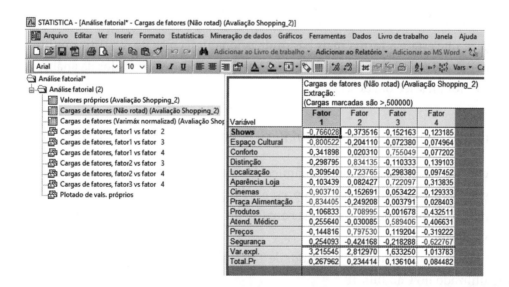

Exatamente como no Capítulo 17 (mas com outra base de dados), estes resultados também podem ser comprovados pela análise da tabela que fornece os valores dos *Eigenvalues* (**Valores Próprios**) ou **Valor da Variância** que cada um dos três **fatores** consegue extrair do modelo.

As variáveis Shows, Espaço Cultural, Cinemas e Praça de Alimentação possuem cargas fatoriais altíssimas e muito próximas, agrupando-se, assim, em um fator que denominaremos Lazer, por exemplo.

O segundo fator é formado pelo agrupamento das variáveis Distinção, Localização, Produtos e Preços, ambos com Carga de Fator muito próximas.

A mesma análise pode ser feita em relação aos outros fatores.

Podemos comprovar esse agrupamento graficamente:

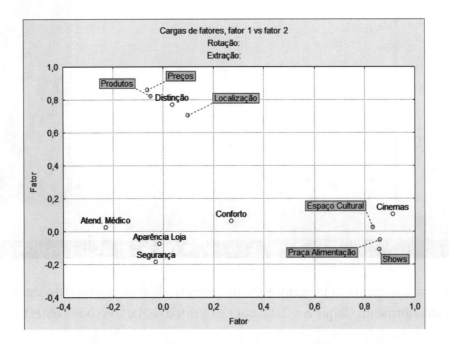

Salienta-se que esta é a forma mais básica de acionar a técnica de estatística multivariada que se deseja aplicar por meio do Minerador de Dados e que nem todos os resultados da análise completa feita no Capítulo 17 foram selecionados.

23.2.3 Análise de Grupos (*Cluster Analysis*) com o Minerador de Dados

Para esta técnica, adotaremos a mesma dinâmica descrita no item anterior quando abordamos a Análise de Fatores. Algumas variações serão apresentadas para mostrar o funcionamento do programa estatístico, mas continuaremos a inserir esta análise no mesmo espaço do Data Miner já estabelecido no exemplo anterior.

Continuando no ambiente do Minerador de Texto, abriremos o arquivo **Análise de Grupos.sta** que é o mesmo utilizado no Capítulo 18.

Com o ambiente de Mineração de Dados ativo, selecione NAVEGADOR DE NÓS/TODOS OS PROCEDIMENTOS/ANÁLISE DE CONGLOMERADOS/K-MÉDIAS e também ÁRVORE DE CONGLOMERADOS, usando as duas técnicas ao mesmo tempo.

Note agora que, ao tentar trazer o arquivo aberto para o ambiente do Minerador de Dados, o leitor obterá uma imagem onde já estará incluída a caixa de diálogo FONTE DE DADOS, apontando para o arquivo aberto anteriormente em seu procedimento:

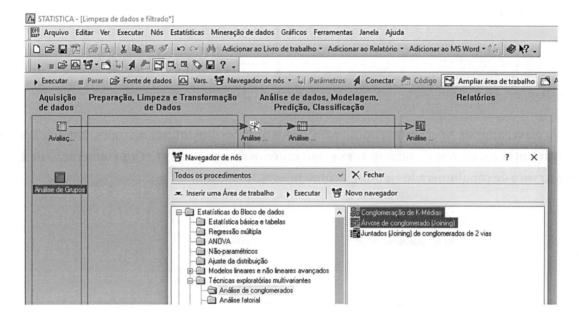

Selecione o arquivo **Análise de Grupos** que se encontra na área de **Aquisição de dados,** como mostrado acima, e depois clique em **OK**.

O STATISTICA responderá com a caixa de SELEÇÃO DE VARIÁVEIS dependentes e preditoras, como mostrado abaixo.

A seguir, clique no botão VARIÁVEIS e selecione **todas** as variáveis, como indicado na imagem que segue:

Agora clique em **OK** e **OK** novamente e a base de dados será inserida no campo AQUISIÇÃO DE DADOS:

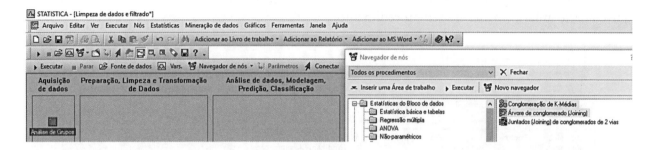

No **Navegador de Nós,** mude a opção para **Todos os Procedimentos**. Logo após, indique **Técnicas Multivariantes** e selecione de uma só vez os dois critérios de agrupamento **Conglomeração de K-Médias** e **Árvore de conglomerado (*joining*),** como mostrado abaixo:

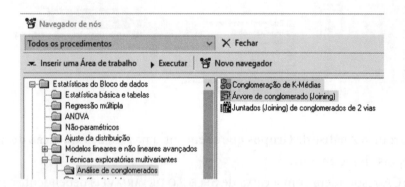

Agora clique em EXECUTAR e verá que ao ambiente de análises foram acrescentados dois novos ícones correspondentes às técnicas selecionadas. Ligue as rotinas manualmente com o botão CONECTAR. O aspecto do ambiente do Minerador de Dados deverá ficar como segue:

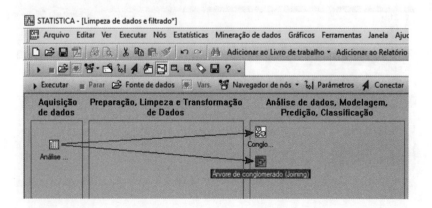

Dê um duplo clique em cada ícone da área de **Análise de Dados e Modelagem** para selecionar as opções de cálculos que o programa deverá executar, por exemplo, método de agrupamento, tipo de gráfico requerido etc. Exemplificamos um desses quadros já com as seleções estabelecidas:

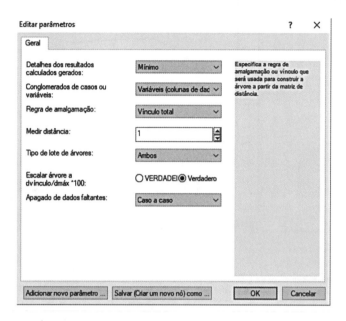

Agora clique no botão EXECUTAR para obter:

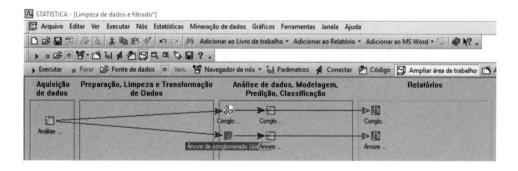

Dê um duplo clique em cada um dos relatórios e a seguir selecione a análise que deseja visualizar. Compare os resultados com aqueles obtidos no Capítulo 18:

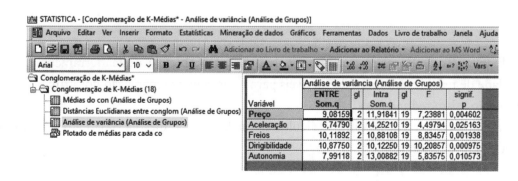

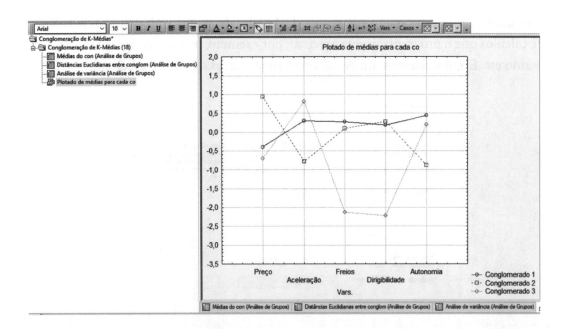

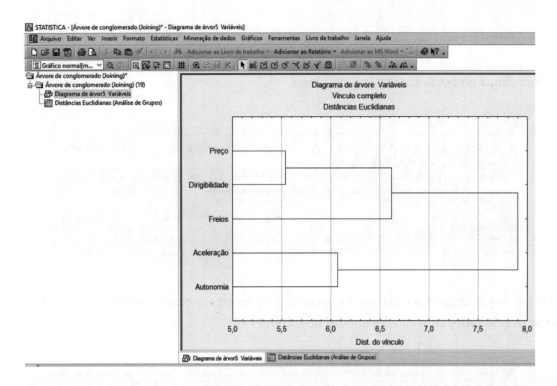

Acreditamos ter ficado claro o caráter exploratório e o objetivo destas ferramentas de análise: a possibilidade de reduzir o número de variáveis para a subsequente formação dos grupos apenas com aquelas que não sejam redundantes.

Note ainda a convergência com os cálculos efetuados com a mesma base de dados no capítulo dedicado a esta técnica estatística.

23.2.4 Análise de Escala Multidimensional (*Multidimensional Scaling*)

O objetivo deste método é transformar os julgamentos subjetivos de consumidores a respeito de aspectos sobre produtos ou serviços em distâncias, num espaço multidimensional.

Este método adiciona aos dois métodos já vistos o posicionamento necessário no espaço multidimensional, para que depois se formem os grupos de preferências ou grupo de fatores que determinam compra ou utilização de produtos. Os grupos das variáveis que estarão juntas, por serem correlacionadas, serão formados pela Análise de Grupos (*Cluster Analysis*).

Como o objetivo é semelhante aos dois métodos anteriores, a estrutura das variáveis não poderia ser diferente e não deve ser modificada.

Com o ambiente do *Data Mining* ativo, abra o arquivo **Rede de Lojas.sta** e selecione NAVEGADOR DE NÓS/TODOS OS PROCEDIMENTOS/ESCALONAMENTO MULTIDIMESIONAL/ESCALONAMENTO MULTIDIMESIONAL:

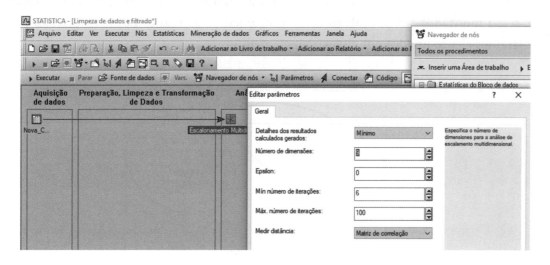

Dê um duplo clique no ícone ESCALONAMENTO MULTIDIMENSIONAL e, em seguida, conecte de forma manual o procedimento atual com a base de dados:

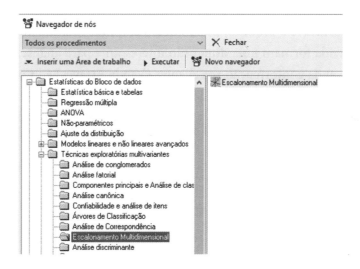

Agora, ao ambiente de análises foi acrescentado a Análise Multidimensional que modificou seu aspecto. A seguir, selecione EXECUTAR (processar para este nó):

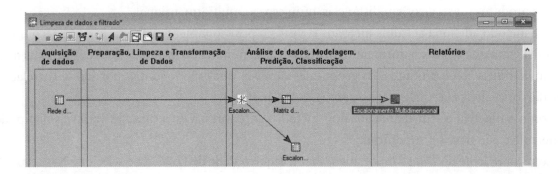

Alertamos que os parâmetros da análise foram alterados de **2 Dimensões** para **9 Dimensões**. Portanto, serão mostrados vários gráficos com agrupamentos de fatores nas mais diversas possibilidades. Ilustramos abaixo um dos que chamam mais atenção:

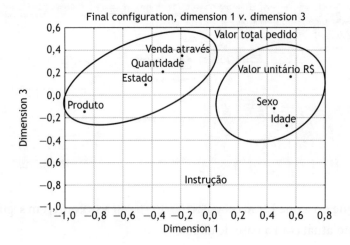

Note o leitor que as **variáveis** Produto, Estado que o adquire, Quantidade e Venda Através (canal de distribuição), sem dúvida formam uma **dimensão** interessante para análise. Desta forma, podemos concluir que o canal de venda e informação aos clientes (Venda Através) é importante para vendas em estados mais distantes. O Valor unitário e a Idade do cliente parecem ser as variáveis que mais influenciam as vendas (acima e à direita). O grau de instrução parece não ser condicionante das vendas e se encontra nos quadrantes baixos.

23.2.5 Análise de componentes principais e comuns com o Minerador de Dados

Esta técnica pode ser vista como uma decorrência da anterior e está intrinsecamente relacionada, pois analisa a inter-relação das variáveis e explica a relação dos componentes **principais** em termos das dimensões que possuem em **comum**.

O objetivo é o mesmo da ferramenta Análise de Fatores, ou seja, reduzir o número de variáveis para análise, de forma a não perder o sentido da informação.

Para iniciar esse tipo de análise, volte ao ambiente do Minerador de Dados (*Data Mining*) e abra o arquivo **Rede de Lojas.sta**.

Selecione MINERAÇÃO DE DADOS/MINERAÇÃO DE DADOS – ÁREA DE TRABALHO/MINERAÇÃO DE DADOS – DADOS DE LIMPEZA E FILTRAGEM.

Agora selecione NAVEGADOR DE NÓS/TODOS OS PROCEDIMENTOS/COMPONENTES PRINCIPAIS/COMPONENTES PRINCIPAIS E ANÁLISE DE CLASSIFICAÇÃO e, em seguida, selecione EXECUTAR. Propositalmente omitimos os procedimentos intermediários.

Como a base das variáveis é a mesma do capítulo dedicado a esta técnica, não será necessário desta vez alterá-la. Agora, porém, existe mais de uma análise no mesmo ambiente e, portanto, as **conexões** entre a base de dados e a análise que se pretende utilizar deverão ser feitas de forma manual, pois o STATISTICA não conseguirá por si só determinar qual a análise que se pretende processar. O leitor deverá proceder a ligação desta com o arquivo de dados, selecionando o botão CONECTAR e conectando de maneira manual.

Logo após, clique com o lado direito do mouse sobre o ícone **Componentes Principais**, selecione EXECUTAR e processe para este nó, ou no botão RUN TO NODE na versão em inglês, e, em seguida, o programa responderá:

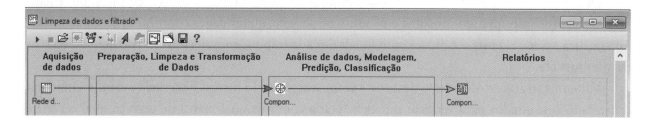

Clicando duas vezes no relatório processado pelo programa, encontraremos nove fatores. Entretanto, apenas o primeiro e o segundo são importantes.

De fato, encontramos para as variáveis os mesmo valores (pesos) de contribuição que no processo anterior. Veja as variáveis Produto, Valor Unitário e Valor Total, por exemplo:

Variable	Factor coordinates of the variables, based on correlations (Rede de Lojas)								
	Factor 1	Factor 2	Factor 3	Factor 4	Factor 5	Factor 6	Factor 7	Factor 8	Factor 9
Estado	0,207960	-0,650579	0,168006	0,065631	-0,237894	0,177653	0,511353	-0,388950	0,006919
Produto	-0,060003	0,758733	0,108941	0,128493	-0,191211	0,014083	-0,017080	0,595778	-0,018490
Quantidade	0,584283	-0,395266	0,247352	0,541578	0,114989	-0,040463	-0,339106	-0,041838	0,127618
Venda Através	-0,276601	0,023956	0,723155	0,236115	0,203795	-0,193793	0,485956	0,170209	0,001360
Idade	0,122297	0,375924	0,275882	0,490659	0,100700	0,643050	0,196782	0,253876	-0,006103
Instruçao	0,020058	0,005794	0,617692	0,330141	0,322666	-0,605646	0,184085	0,064284	-0,009354
Sexo	-0,006739	0,344855	0,023340	0,362129	-0,821674	-0,266173	0,008404	0,057241	-0,001917
Valor Unitário R$	0,727546	0,345189	0,052685	0,456155	-0,049255	-0,083875	0,278948	0,179401	0,145636
Valor TOTAL Pedido	0,961338	0,033739	0,175299	0,004990	0,040250	-0,076275	-0,005685	0,026718	-0,189083

Dessa forma, vemos que este método é uma complementação do anterior, pois no gráfico do número de *Eigenvalues* (Valores Próprios, como traduzido, ou variabilidade dos fatores), vemos que temos mais do que dois **fatores,** porém, não conseguíamos identificá-los por meio do método anterior.

Cada fator destaca a importância de cada variável e sua contribuição dentro dele. Assim, o analista poderá excluir aquelas variáveis que menos acrescentam para a variabilidade do modelo.

Alerta-se que excluir variáveis é por demais fascinante, sendo que se esta técnica for utilizada excessivamente, poderá comprometer a efetividade da pesquisa.

23.2.6 Análise de Correspondência (CA)

A Análise de Correspondência (CA) é a ferramenta estatística ideal para segmentar o seu mercado consumidor ou público-alvo em potencial.

Desde que o desenho do formulário de pesquisa tenha sido feito visando identificar, por exemplo, idade, profissão, quando consome o produto ou serviço, quantidades compradas ou consumidas, esta técnica associará essas condições individuais de cada respondente ao consumo do bem ou serviço de sua empresa.

Voltemos ao arquivo do estudo de caso da comparação das 15 marcas de cerveja e vamos segmentar o mercado consumidor para verificar que faixa etária consome qual marca de cerveja, qual cerveja é consumida por profissionais e qual profissional aprecia mais a cerveja de benchmarking (cerveja A).

Seguindo a dinâmica já conhecida de operação dos menus do STATISTICA, abra o ambiente do Minerador de Dados e, logo em seguida, o arquivo **Habito Bebida.sta,** conforme mostrado a seguir:

Capítulo 23 · *Data Mining* (Mineração de Dados)

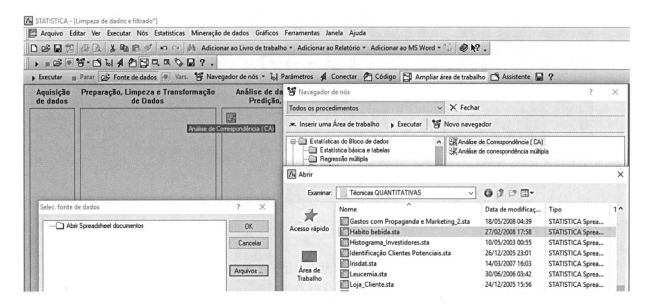

Selecione a variável **Faixa Etária** como sendo Dependentes Categórico e **1ª Preferência** como sendo Preditor Categórico:

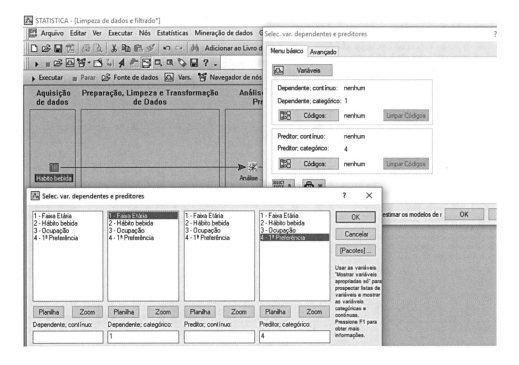

Selecione o botão CÓDIGOS para ambas as variáveis e selecione TODOS. Logo após, clique em **OK** e **OK** novamente. Agora, dê um duplo clique no ícone ANÁLISE DE CORRESPONDÊNCIA que se encontra dentro do ambiente do Minerador de Dados e obterá:

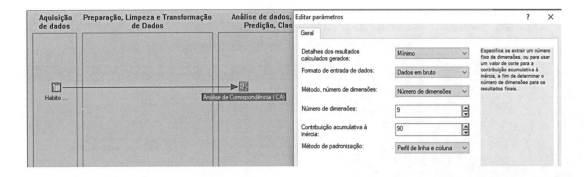

Altere o número de Dimensões para 9, mas aceite todas as outras opções apresentadas pelo programa. Em seguida clique **OK** e, logo após, clique no botão Executar. Na caixa de diálogo que se apresentar a seguir, clique **OK**.

Você obterá um quadro de respostas semelhante ao mostrado abaixo com diversas tabelas e gráficos para análises, das quais destacamos a figura abaixo, semelhante às respostas obtidas no Capítulo 20:

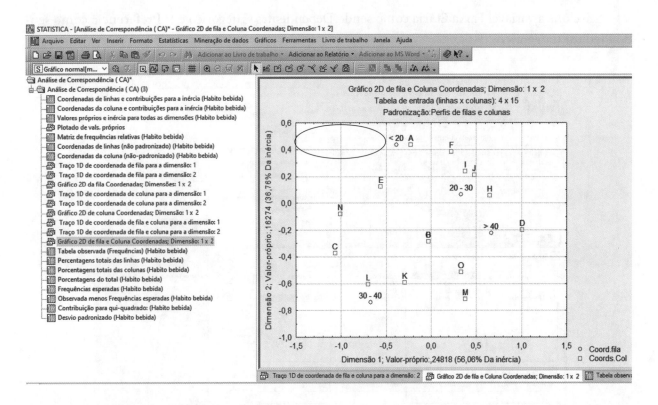

23.2.7 Análise de Correspondência Múltipla (MCA)

Continuando a análise anterior, podemos mudar as variáveis de cruzamento. Por exemplo, para saber qual a **ocupação** e **idade** do público que consome minha marca, devemos selecionar opções como Análise de correspondência múltipla.

Carregue a base de dados para o ambiente do Minerador de Dados e selecione as variáveis Faixa Etária, Hábito Bebida e Ocupação como Dependente Categórico e a variável 1ª Preferência como Preditor Categórico, como mostrado abaixo:

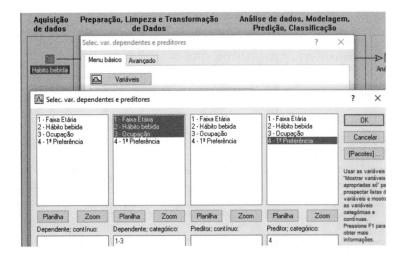

A seguir, clique em **OK**. Logo após, selecione os Códigos das variáveis Dependentes Contínuos e clique em **OK**:

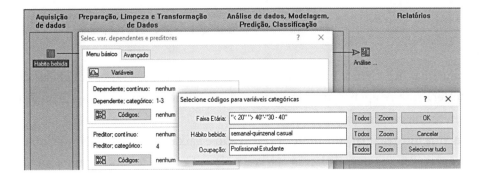

Selecione o botão CÓDIGOS no campo Preditor Categórico, como mostrado abaixo. A seguir, clique em **OK** e **OK** novamente. Dê um duplo clique no ícone de ANÁLISE DE CORRESPONDÊNCIA para especificar os parâmetros múltiplos:

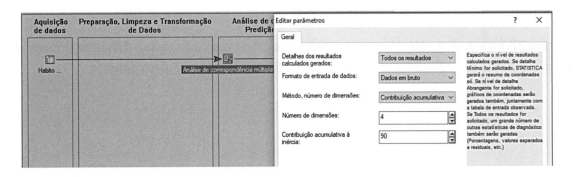

A seguir, clique em **OK** no canto inferior direito da imagem mostrada. Logo após, clique no botão EXECUTAR para receber todas as possíveis análises e todos os possíveis cruzamentos de segmentação de seu mercado consumidor:

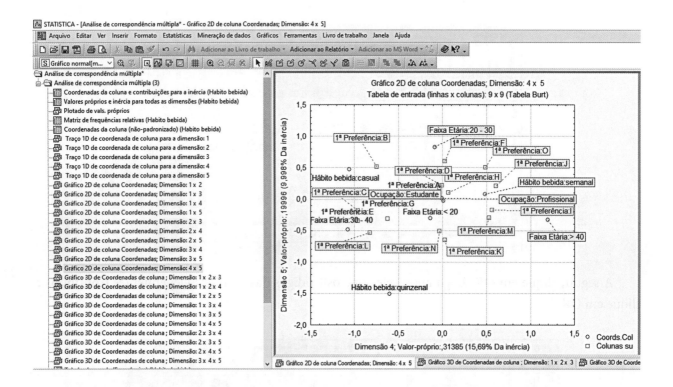

Pela figura acima, fica claro a quantidade de opções de análises gráficas e tabelas de resultados e estatísticas de teste. Exibe-se apenas um dos **gráficos de proximidade** que cruza a Ocupação com a faixa Etária e a 1ª Preferência de cerveja.

O gráfico acima mostra qual consumidor (Profissão e Faixa Etária) tem a Nova Cerveja A como sua primeira preferência. Para as demais faixas etárias, a Nova Cerveja A não se caracteriza como sendo a primeira opção de bebida no momento. Outras análises são deixadas a cargo do leitor/analista.

A empresa deverá desenvolver ações mercadológicas para se aproximar das outras faixas etárias e profissões, para, assim, aumentar sua participação no mercado expandindo a aceitação de seu produto.

23.2.8 Correlação canônica

Esta é uma técnica de dependência muito importante, pois ajuda o analista a definir as dimensões necessárias para análise de um dos conjuntos de variáveis em relação ao outro conjunto.

Segundo Anderson,[1] não se deve utilizar apenas um critério de avaliação para determinar as relações importantes entre os conjuntos de variáveis, sugerindo a utilização de três critérios:

- O nível de significância estatística χ^2 (qui-quadrado) da correlação do conjunto de variáveis dependentes e independentes.
- O grau desta correlação por meio dos pesos atribuídos às variáveis de cada uma de suas raízes.
- O grau de **redundância** (*eigenvalues* R^2) entre os dois conjuntos de variáveis deve ser entendido como uma medida que indica a variância do conjunto de variáveis dependentes, explicado pela função de regressão das variáveis independentes.

A interpretação é similar, porém, mais complexa do que o coeficiente de correlação de Pearson (r de –1 a +1), mas suas magnitudes são diferentes.

Desta forma, quando o estudo é conduzido com dois conjuntos de variáveis (um dependente e outro independente), a ferramenta **Correlação Canônica** identifica quais os subconjuntos de variáveis em cada conjunto que tem correlação e o grau desta correlação, ajudando assim a interpretação da questão de análise.

Note o leitor que o número de **raízes** (funções) será igual **ao número de variáveis do conjunto dependente** ou do menor número de variáveis entre os dois conjuntos.

Continuando o exemplo do projeto em análise, foram incluídas variáveis em nossa base de dados onde os respondentes também indicam seu grau de satisfação com os itens indicados: qualidade dos produtos vendidos, marcas dos produtos vendidos, atendimento nas lojas pelos vendedores, interatividade da página na internet, atendimento da equipe de telemarketing.

Com o ambiente do *Data Mining* ativo, selecione o arquivo **Rede de Lojas.sta**, como já feito anteriormente. Logo após, selecione EXPLORADOR DE NÓS/TODOS OS PROCEDIMENTOS/TÉCNICAS MULTIVARIANTES EXPLORATÓRIAS/ANÁLISE CANÔNICA e clique no ícone ANÁLISE CANÔNICA:

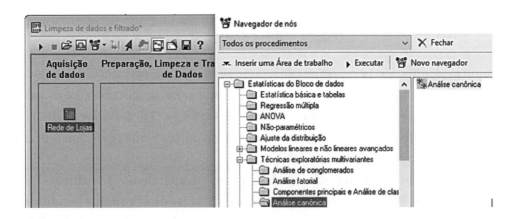

---

[1] ANDERSON, R. E.; TATHAM, R. L.; BLACK, W. C.; HAIR JUNIOR, J. F. *Multivariate data analysis*. 5. ed. New Jersey: Prentice-Hall, 1998. p. 450.

A seguir, conecte de forma manual o procedimento atual com a base de dados. Selecione as variáveis **dependentes Atendimento, Tele-Atendimento e Internet**. Selecione as variáveis **independentes Idade e Instrução,** e, a seguir, selecione EXECUTAR OU RUN TO NODE (**Processar Para Este Nó**), dependendo da versão do seu programa.

Note que o STATISTICA calcula as duas funções, apresentando apenas os resultados de suas redundâncias.

O conjunto chamado pelo programa de **Left** (esquerdo) tem 3 variáveis, sendo, portanto, as variáveis dependentes, e o **Right** (direito), com duas variáveis, identifica o conjunto de variáveis indicados pelo leitor como independentes:

		Canonical Analysis Summary Canonical R: ,08281 Chi²(6)=2,4817 p=,87051	
N=297		Left Set	Right Set
No. of variables		3	2
Variance extracted		67,5154%	100,000%
Total redundancy		,235708%	,414798%
Variables:	1	Atendim.	Idade
	2	TeleAtendim.	Instruçao
	3	Internet	

Note que as variáveis Atendimento, Tele-atendimento e Internet explicam 67% da variabilidade no atendimento de loja; Idade e Instrução explicam a diferença até 100%. Em outras palavras, os três primeiros canais de distribuição são responsáveis por 67% da procura pela rede de lojas.

As indicações das Raízes canônicas, do R e R^2 e do Qui-quadrado, revelam que o teste não é significante. Nesses casos, espera-se R em valores mais próximos a 100% e os maiores possíveis para qui-quadrado. O valor de qui-quadrado sugere a aceitação da hipótese inicial de não correlação entre as variáveis:

	Chi-Square Tests with Successi		
Root Removed	Canonicl R	Canonicl R-sqr.	Chi-sqr.
0	0,082806	0,006857	2,481683
1	0,039852	0,001588	0,465714

Assim como já identificado pelos valores de redundância, que indicaram um baixo poder de explicação da idade e do grau de instrução quanto à procura pelo canal de distribuição, os valores de R e R-sqr indicam baixa correlação entre os dois conjuntos de variáveis. O observador analista deverá procurar em outro conjunto de variáveis a explicação para a procura do cliente pelos canais de distribuição indicados como variáveis dependentes.

Vamos tentar novamente, agora selecionando como independentes (preditoras) as variáveis **Desconto, Qualidade dos Produtos Vendidos pela Loja** e **Marcas dos Produtos Vendidos nas Lojas**, mantendo inalteradas as variáveis dependentes **Atendimento dos Vendedores da Loja, TELE-ATEND, Central de Telemarketing** e **Internet**.

Processe novamente e o STATISTICA responderá em uma de suas análises:

N=297	Canonical Analysis Summ Canonical R: ,13894 Chi²(9)=8,0886 p=,52525	
	Left Set	Right Set
No. of variables	3	3
Variance extracted	100,000%	100,000%
Total redundancy	,832002%	,942988%
Variables: 1	Atendim.	Desconto
2	TeleAtendim.	Qualidade
3	Internet	Marcas

Note que agora as variáveis independentes Desconto, Qualidade e Marcas, que representam a percepção dos consumidores em relação à rede de lojas em vários estados e cidades, explicam 83,20% da procura pela loja por meio dos canais de distribuição indicados como variáveis dependentes.

Assim sendo, a alta gerência dessa empresa deverá direcionar esforços para manter essa percepção do cliente com técnicas de RH, incentivo aos vendedores de loja, manutenção de seu quadro de atendentes de telemarketing, treinamento constante e investimentos em suas propagandas e portal da internet.

Ao término de seu projeto e **dependendo das técnicas e arquivos selecionados**, se todas as análises forem abrigadas dentro de um único ambiente do Minerador de Dados, esse ambiente deverá estar, aproximadamente (na imagem a seguir não está inserido a Análise de Correspondência simples e nem a Análise de Correspondência Múltipla), com o seguinte aspecto:

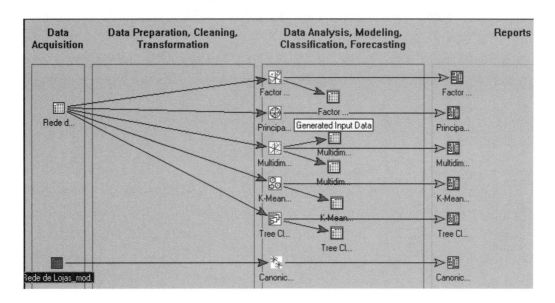

Lembre-se o leitor que para esta análise a base de dados foi modificada e foram inseridas as variáveis já mencionadas anteriormente.

Conclusão

Ao fim destas séries de exemplos básicos, tentamos ilustrar a natureza do Minerador de Dados (*Data Mining*), ao mesmo tempo que discorríamos a respeito de algumas das ferramentas estatísticas de análise multivariada e de suas interações com o programa.

Salienta-se mais uma vez que o programa STATISTICA tem inúmeras outras funções (inclusive *on-line* pela internet, estatísticas industriais, processos de controle de qualidade), que podem ajudar o leitor a desenhar seus próprios projetos de análise e mantê-los atualizados. Para isso, basta assegurar a integridade de sua base de dados e a possibilidade de sua atualização para futuras análises.

Deixamos claro que este trabalho de pesquisa envolveu consultas às mais diversas fontes (aqui devidamente citadas) e uma tentativa de traduzir ao nível mais básico (sob risco de negligenciar até mesmo alguns cuidados metodológicos pertinentes) as complexas técnicas de análise multivariadas para propiciar ao leitor um primeiro contato com tais técnicas.

Nem este capítulo, tampouco este livro, tem a pretensão de esgotar o assunto, mas sim de ser um primeiro passo para motivar o leitor a aprimorar seu conhecimento na pesquisa de marketing por meio de ferramentas eletrônicas e de um programa moderno que propicie análises e tomadas de decisão.

24 Pesquisas pela internet (*Text Mining* e *Web Crawling*)

Introdução

O propósito dessa técnica é a análise de documentos ou registros textuais que possuam ou não uma estrutura identificada em sua redação inicial. Dessa forma, a técnica de *Text Mining* representa uma importante ferramenta para análises qualitativas quando as pesquisas em marketing (ou em qualquer outro campo) envolvem entrevista com inúmeras perguntas abertas e que possibilitem ao entrevistado a resposta individualizada, utilizando os termos e expressões que melhor expressem seus sentimentos, dentro do assunto da pesquisa especificada.

Podem-se analisar palavras, grupos de palavras utilizadas nos documentos ou semelhanças entre os documentos (entrevistas) ou, ainda, como essas palavras se relacionam com as variáveis de interesse em outros projetos de *Data Mining*.

A partir das palavras e/ou expressões utilizadas e da quantidade de suas repetições,[1] poderão ser aplicadas outras técnicas, dessa feita, para análises quantitativas, como análise de conglomerados, *Data Mining*, entre outras.

24.1 Aplicações do *Text Mining*

Em marketing, são muito comuns as pesquisas que se baseiam em informações desprovidas de qualquer estrutura preconcebida pelo pesquisador. Destacamos quatro categorias de dados ou informações em que isso ocorre com maior frequência.

24.1.1 Análise de respostas a perguntas abertas

Em pesquisas de opinião realizadas em marketing, não é incomum a utilização de questionários que contenham apenas **perguntas abertas**, que o entrevistado poderá responder com suas próprias palavras e expressões, as quais reproduzirão suas vontades e seus sentimentos em relação ao assunto tratado.

---

[1] MANNING, C.; SCHÜTZE, H. *Foundations of statistical natural language processing*. Cambridge: Mit Press, 2002.

Isso propicia que cada entrevistado expresse de maneira individualizada sua opinião sem se restringir a formatos particulares ou padrões preestabelecidos de respostas.

Quando a pesquisa conduzida é sobre serviços, fica claro que cada pessoa tem sentimentos e expectativas diferentes sobre temas como: tratamento, pontualidade, qualidade, honestidade, entrega do que foi prometido, valor adicionado com o serviço, exclusividade proporcionada pelo serviço etc.

Os especialistas em análises qualitativas afirmam que questionários estruturados não conseguem captar inteiramente os sentimentos dos entrevistados em relação ao tema pesquisado, o que seria, então, possível com análises de caráter qualitativo.

24.1.2 *Text Mining* buscando documentos afins

Existe outro tipo de aplicação do *Text Mining* que consiste na procura automática de documentos afins entre milhares de documentos, tomando por base palavras únicas empregadas em certos campos de atuação ou assuntos. Por exemplo, em assuntos parlamentares, jurídicos, na internet, entre outros.

Não se deve esquecer que a função primária do *Text Mining* é efetuar contagens de palavras e expressões que possam identificar um padrão de ação ou comportamento quanto aos assuntos enfocados nos documentos.

24.1.3 Processamento automático de *e-mails* e outras mensagens

A classificação de palavras contidas em determinadas mensagens ajuda na filtragem dos textos que realmente interessam para análises. Empresas de programas de informática utilizam essa ferramenta para filtrar *e-mails* não desejados, pois, na maioria dos casos, textos que não interessam ao usuário contêm quase sempre as mesmas palavras e/ou expressões.

Hoje em dia, fala-se muito em automatizar os órgãos de Justiça por meio da racionalização de processos. Essa ferramenta possibilita, por exemplo, que determinados processos, petições, solicitações a órgãos públicos, dependendo das palavras utilizadas, sejam automaticamente classificados e enviados às varas competentes com maior rapidez. Da mesma maneira, mensagens contendo textos indesejados podem ser excluídas.

24.1.4 Análise de garantia, seguros, reclamações e diagnósticos

Pesquisas mercadológicas que envolvam o sentimento de pesquisados em temas que se referem à satisfação com o tratamento oferecido, garantias, seguros e outros podem ser colhidas pelos próprios atendentes do público ou pelas centrais de atendimento ao consumidor por gravação ou anotações da narrativa do cliente.

Normalmente, o cliente apontará os problemas e dificuldades que sentiu ao confrontar o que foi prometido com aquilo por que pagou e que, finalmente, foi obtido. Essas informações são únicas e podem diferir de cliente para cliente.

Capítulo 24 · Pesquisas pela internet (*Text Mining* e *Web Crawling*)   519

O que importa, entretanto, é o conjunto dessas informações, isto é, se um número elevado de clientes apontar determinado problema. Por tais informações terem sido colhidas de maneira individualizada, o modo de apontar determinado problema também será diferente para cada cliente.

O *Text Mining* ajuda a capturar a essência do problema pela análise dessas entrevistas.

24.1.5 Investigação dos competidores

Outro tipo de aplicação é a leitura de páginas web pertencentes a determinado domínio.

Utilizando o *Text Mining*, se apontarmos para a URL de determinada universidade, hospital, banco ou órgão público, poderemos determinar qual a importância que essas organizações atribuem a cada um de seus serviços ou rotinas e, assim, ter uma ideia exata da maneira como elas operam ou da relevância que dão a determinados assuntos e a seus clientes.

Podemos facilmente imaginar que essa prática é capaz de revelar informações importantes de outras empresas que competem por um mercado comum.

24.2 Abordagens do *Text Mining*

O processo do *Text Mining* descrito anteriormente pode ser resumido como um processo de **numeração do texto** a ser analisado.

De maneira simples, o programa irá indexar as palavras encontradas nos documentos de entrada e simplesmente as contará para construir uma matriz de frequências que revelará o número de vezes que cada palavra aparece citada no total dos documentos analisados.

O processo é muito complexo e fará com que palavras como **ou, a, à, de** sejam excluídas, e outras como **estudo, estudar** e **estudando** sejam combinadas em formas gramaticais.

Uma vez que essa tabela seja extraída dos textos, ela estará apta a receber tratamentos que possam revelar dimensões, agrupamentos ou outras relações importantes capazes de indicar qual será o resultado (saída) de interesse.

Essa técnica pode, a princípio, parecer utópica, mas sua utilização é bastante simples se comparada a programas que requerem maior interação do pesquisador com o assunto pesquisado.

A importância se revela quando os textos a serem pesquisados derivam de outros idiomas. Quando o pesquisador aplica tradutores automáticos a textos editados em outros idiomas, observa que determinadas expressões são tratadas como padrão e sua repetição aparecerá em momentos em que o significado original não faz nenhum sentido.

Assim, a contagem das palavras e sua classificação, por meio de algoritmos quantitativos, é muito importante e exclui erros quando o pesquisador não possui muita experiência em análises qualitativas. Outra forma de abordagem que o programa oferece é a procura pelos documentos eletrônicos que utilizam determinadas expressões, oferecendo ao pesquisador a possibilidade de relacionar assuntos que aparentemente não tenham correlação.

24.2.1 Número apropriado de entrevistas

Os resultados dessa técnica são mais bem aproveitados quando há um número elevado de entrevistas (documentos), cada uma com um tamanho – de pequeno a moderado (20 linhas).

Pesquisas de percepção de imagem, garantias, seguros, serviços e funcionalidade de produto encontram nessa técnica a forma ideal para análise.

Não se aconselha produzir poucas entrevistas de tamanho grande, pois haveria pouca interatividade entre os documentos em razão do número elevado de palavras diferentes.

24.2.2 Transformando palavras em frequências

O programa estatístico produz diversas transformações das contagens efetuadas. A frequência bruta das palavras observadas reflete geralmente a importância daquela palavra naquele documento. É lógico pensarmos que maiores frequências da ocorrência de determinadas palavras em um documento descrevem melhor o seu conteúdo. Entretanto, **não é razoável** admitir que a maior incidência de determinadas palavras em um documento (entrevista) o tornará mais importante que outro.

Essa incidência pode refletir apenas uma forma de expressão do entrevistado decorrente de razões culturais ou de formação.

O programa estatístico transforma a contagem bruta das palavras para poder utilizá-las. A forma e o motivo dessa transformação não serão aqui abordados, pois fogem ao objetivo da nossa exposição.

A **função** de transformação sugerida pela StatSoft é:

$$f(wf) = 1 + \log(wf), \text{ para } wf > 0$$

Em que:

$wf = word\ frequency$ ou frequência das palavras

O programa estatístico utiliza o logaritmo natural para essa finalidade.

24.2.3 Indexação semântica

O propósito central da indexação semântica é reconhecer os significados latentes para que se possa mapear os documentos – o resultado é a correta identificação dos significados dentro dos temas discutidos no documento – e também identificar em quantos documentos e quantas vezes aquele sentido é abordado.

O programa utiliza a criação de **espaço semântico** para agrupar e interpretar o significado das palavras.

Dos dois exemplos seguintes, um será abordado com algumas visualizações básicas do funcionamento do programa estatístico.

Suponha que você pesquisou documentos na web e em revistas especializadas sobre clientes que tenham adquirido automóveis novos de diversas marcas.

Capítulo 24 · **Pesquisas pela internet (*Text Mining* e *Web Crawling*)** 521

Lendo esses artigos ou entrevistas, será comum encontrarmos expressões como "autonomia de quilometragem", "consumo de combustível", "espaço de frenagem", "superaquecimento", "estabilidade", "confiabilidade", entre outras ligadas.

Contudo, não existe um padrão nessa utilização. Algumas dessas palavras ou expressões poderão indicar satisfação e confiança no produto, enquanto elas mesmas ou outras palavras poderão indicar problemas técnicos nesses aspectos.

24.2.4 Tipos de documentos apropriados e idiomas

Os textos geralmente devem ser reproduzidos em arquivos eletrônicos do tipo *.txt, *.rtf, *.pdf, *.doc, *.html ou XML (*Extensible Markup Language*). Por se tratar de reconhecimento eletrônico, os idiomas em que os documentos são produzidos podem ser os mais variados.

24.2.5 Lista de sinônimos e frases para exclusão

O programa exibe diversas formas para que o analista construa uma lista própria para excluir da procura automática palavras ou frases que ele julgue desnecessárias ou que não propiciem identificações válidas. Tais listas podem ser construídas, editadas e modificadas, como gravadas para utilização futura em outras pesquisas, constituindo, assim, o banco de dados de referência para o analista.

24.2.6 Utilizando o *Text Mining* com o *Data Mining*

Após a indexação e contagens de palavras e frases, há diversas técnicas uni e multivariadas que podem ajudar a identificar outros significados. Assim, a utilização dos resultados obtidos pelas técnicas de *Data Mining* pode trazer benefícios adicionais no esclarecimento de situações de interesse do analista. A isso se denomina *Data Mining* **preditivo**, que ajudará a identificar e mesclar documentos para obtenção de novos significados.

24.3 Utilização do STATISTICA

24.3.1 Pesquisa na internet com o Text Miner

O módulo do Text Miner do STATISTICA propicia fazer pesquisas abertas na internet com a ferramenta *Web Crawling*, que é ideal para essa finalidade.

Como sabemos, as empresas devem sempre estar em contato com seus clientes e ouvir a opinião deles em todos os momentos. Isso é um princípio mercadológico do qual já falamos. Para essa finalidade, essas empresas possuem o chamado Serviço de Atendimento ao Cliente (SAC), por meio dos quais se relacionam com seus clientes de forma a valorizá-los, escutando e atendendo seus anseios.

Esse atendimento assume diversas formas: telefone, cartas, carta-resposta e, atualmente, internet. No Capítulo 9, falou-se sobre esse assunto, como demonstrou-se o modo pelo qual as empresas podem, por conta própria, conduzir suas pesquisas por meio da construção desses formulários pela internet. Nesses casos, é necessário que possuam profissionais altamente especializados em marketing.

No entanto, as empresas também podem solicitar às consultorias terceirizadas para que conduzam tais pesquisas e, assim, estabelecer um contato um pouco mais distante com seus clientes, mas nem por isso, acreditamos, menos apreciado por eles.

Todavia, também há em diversos países institutos ou empresas de pesquisas que estimulam seus clientes a opinarem em *sites* na internet de maneira livre e não estruturada. Assim, os textos que os clientes escrevem a respeito de certo produto não sofrem nenhum tipo de indução, pois eles opinam de maneira anônima, na hora em que quiserem e, principalmente, se quiserem.

Mais comumente, são encontrados *sites* de pesquisa de opinião ligados a veículos de mídia especializados em certos segmentos. O segmento automobilístico é especialmente sensível a esse fenômeno, e as revistas especializadas em autos e motocicletas estimulam os consumidores a opinarem sobre os mais diversos veículos produzidos. Essa forma de pesquisa mostra aspectos dos produtos das empresas montadoras que elas nem sempre desejam revelar. Aspectos como qualidade, durabilidade, tratamento dado pelas concessionárias autorizadas pela marca aos clientes após certo tempo de posse do veículo, custos de manutenção, facilidade de obtenção de peças, entre outros, são detalhes importantíssimos para os clientes, que poderão optar ou não por uma marca da qual esperam muito. Se democrático por um lado, esse recurso pode condicionar a procura por determinados tipos de veículos e, desse modo, influenciar positiva ou negativamente o seu preço de mercado.

O estudo de caso que conduziremos a seguir mostra exatamente esse tipo de pesquisa.

O Text Miner do STATISTICA possui essa facilidade e faz a varredura das URL's, capturando os textos de documentos desejados para a pesquisa. Vamos ver como isso funciona no estudo de caso a seguir.

24.4 Pesquisa de opinião com proprietários de automóveis

Estudaremos as opiniões de leitores que, em texto não estruturado, escreveram pela internet sobre seus veículos para determinado *site* de pesquisa de opiniões. Serão omitidos os nomes dos veículos pesquisados, assegurando-se apenas ao leitor que se trata de veículos concorrentes, mas de marcas diferentes.

Para evitar possíveis problemas com interpretações que não sejam aquelas puramente acadêmicas, mostraremos apenas os resultados positivos dessas pesquisas, pois as exibições de opiniões negativas, apesar de não revelarmos as marcas dos veículos, podem ferir interesses diversos, o que não é o foco desse estudo acadêmico.

Antes de iniciar essa técnica, o leitor deverá estar conectado à internet e com o programa STATISTICA aberto. Logo após, selecione STATISTICS/TEXT & DOCUMENT MINING, WEB CRAWLING/FILE, DOCUMENT WEB (URL)RETRIEVAL, como indicado na figura:

Capítulo 24 · Pesquisas pela internet (*Text Mining* e *Web Crawling*)   523

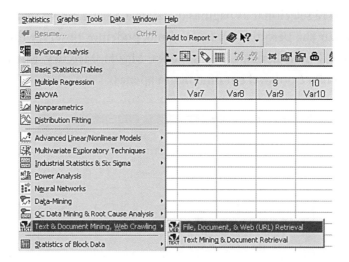

O programa responderá exibindo a caixa de diálogo a seguir. No campo DESTINATION (URL OR FOLDER), escreva o endereço (URL) desejado na internet como mostrado e, a seguir, aperte o botão ADD TO CRAWL apontado pela seta da figura. O programa passará o destino da URL que o analista deseja para o campo CRAWLING TREE:

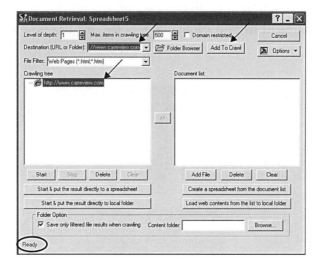

Selecione o botão START e aguarde que o sistema faça a varredura das páginas que estiverem ligadas a essa URL principal. Quando ele terminar de fazer a varredura, exibirá a palavra **Ready** no canto esquerdo inferior da caixa de diálogo, como também mostrado no passo anterior.

Observe que o sistema capturou grande número de páginas ligadas a esse mesmo *site* <http://www.carreview.com> e listou todos no campo Crawling Tree.

Agora o analista deverá selecionar as páginas que deseja, verificando a marca e o tipo de automóvel sobre o qual quer conduzir sua pesquisa. Nesse exemplo, podemos observar diversas marcas e tipos de veículos, tais como: Land Rover, Lexus, Lincoln, Lotus, Mazda, Mercury, Mitsubishi, entre **inúmeros outros**, cuja visualização não é possível em uma figura apenas.

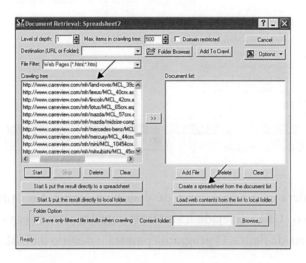

Selecionamos os veículos indicados na figura a seguir. Depois de selecionadas as URL's desejadas, passe-as para o campo **Document list**, pressionando o botão que fica no meio dos dois campos e que está indicado pela seta:

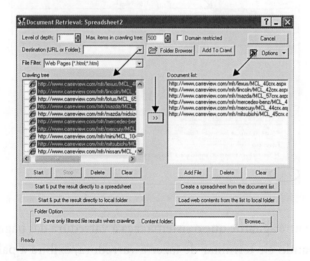

Agora o analista deverá selecionar os veículos sobre os quais conduzirá a pesquisa e, a seguir, pressionar o botão CREATE A SPREADSHEET FROM THE DOCUMENT LIST. O sistema responderá com o seguinte arquivo:

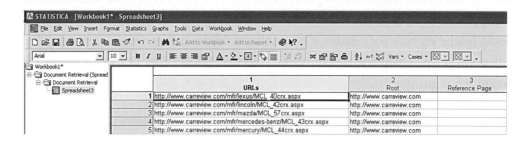

Nesse ponto, o STATISTICA pode capturar automaticamente os documentos de texto (não estruturado) de cada proprietário para que se possa proceder aos passos seguintes, que são as análises estatísticas baseadas no espaço semântico gerado pelas distâncias entre as palavras dos textos selecionados.

Entretanto, para não expor o nome dos veículos e, ao mesmo tempo, para que o exemplo seja mais curto e mais didático, optamos por construir o banco de dados manualmente.

Após identificarmos as URL's desejadas, devemos ingressar em cada uma delas para capturarmos os textos escritos pelos proprietários. Visualizaremos a seguir o caso do automóvel Lexus:

O *site* está estruturado para receber quatro campos de comentários livres: Sumário ou resumo (Summary), Potencialidades Positivas (Strengths), Pontos Fracos (Weaknesses) e Produtos semelhantes usados (Similar Products used). Dentro desses quatro enfoques, o proprietário pode utilizar as palavras, os comentários e as ideias que quiser, salvaguardadas a moral, a ética e a boa educação, pois o *site* é público.

Entramos em cada URL, copiamos o texto com a ferramenta do Windows XP (selecionar, copiar) e colamos o texto em cada coluna, conforme indicado no banco de dados ilustrado a seguir.

Como nesse exemplo conduziremos uma pesquisa puramente acadêmica e demonstrativa, os nomes dos seis carros de luxo, daqui em diante, serão omitidos por uma questão de preservação de suas imagens. Seus nomes foram recodificados para AA, BB, CC, DD, EE e GG, tendo sido colhidos 10 depoimentos apenas para cada tipo de automóvel.

O **aspecto inicial** do banco de dados, cujo resultado final está disponível no *site* da editora Saraiva Educação, disponível em: <http://www.saraivauni.com.br/9788547220938> sob o nome **Text_Miner_Car_Review.sta**, é o seguinte:

A partir desse estágio, podemos analisar, para os seis carros, todos os quatro aspectos ao mesmo tempo ou cada um que se acredita ser mais conveniente separadamente.

> Nota: serão conduzidos testes para cada aspecto (resumo, positivos, negativos e produtos semelhantes) dos quatro revelados pelos leitores do *site*. Assim, alerta-se o leitor que para reproduzir esse exemplo deverá restaurar o banco de dados à sua condição original, ou seja, com apenas as cinco colunas e 60 linhas, conforme já mostrado parcialmente. Para tanto, basta que escolha no menu principal **Editar**, **Excluir**, **Variáveis** e mencione o número das colunas a serem excluídas. Exemplo: **Editar**, **Excluir**, **Variáveis**, 6 a 150.

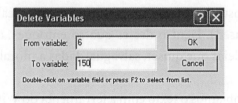

24.4.1 Estudo da migração de clientes para os veículos estudados

Uma primeira preocupação do analista pode ser estudar a migração dos clientes para aquele tipo de veículo. Perguntas como: "Qual veículo o proprietário do automóvel GG ou AA tinha antes?" podem revelar aspectos importantes do comportamento do cliente e do mercado, mostrando a maior qualidade do veículo para o qual o cliente migrou ou a falta desta no veículo anterior. De outra forma, pode revelar uma batalha de preços entre os veículos que dividem a mesma faixa de preços no mercado de automóveis zero quilômetro – que, no nosso exemplo, é de aproximadamente U$ 40.000,00.

A exploração se dará por meio de mapas que representam espaços semânticos que revelam a distância em que cada veículo se encontra do sentimento expresso pelo cliente. Esse mesmo conceito já foi estudado anteriormente nos Capítulos 18 e 19. O analista poderá ainda verificar que o conceito de agrupamento fatorial e por componentes principais também estará presente.

Com o banco de dados **Text_Miner_Car_Review.sta** aberto, selecione DATA MINING/TEXT E DOCUMENT MINING na figura a seguir:

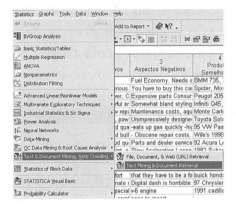

Habilite as opções conforme indicadas na próxima figura. Na alça **Advanced**, habilite a opção **from variable** que está no campo **Retrieve text contents** e escolha como **Stemming language** o **English**, pois os textos estão em idioma inglês. Observe que o sistema também possui opções para o idioma português, quando for o caso:

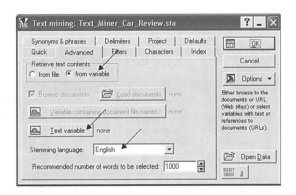

As variáveis para análise não foram escolhidas.

Selecione o botão Text variable e, a seguir, indique as variáveis que deseja analisar. No nosso exemplo inicial, o **Código** que identifica o carro e a variável **Produtos Semelhantes**. Veja o aspecto a seguir:

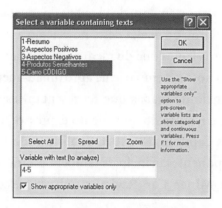

Clique em **OK**. Selecione a alça Index da caixa de diálogo *Text Mining*. Nessa alça, devemos indicar o idioma em que se encontra a lista de palavras que desejamos excluir das análises, uma vez que palavras como **eu, e, a etc.** não possuem significado semântico no programa. Observe que, inicialmente, nesse caso, o campo **Stop Word File** está em português, mas deve ser trocado para o inglês, pois os textos estão dispostos:

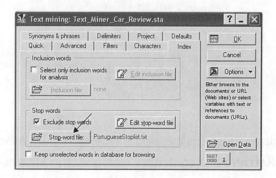

Pressione o botão indicado e obterá a caixa a seguir, na qual deverá selecionar **EnglishStopList.txt**; depois, clique no botão Abrir:

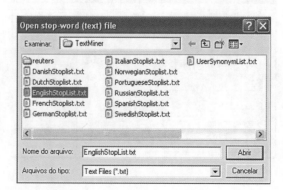

Você perceberá que no lugar do Stop Word File em português agora está o **EnglishStopList.txt**. A seguir, na caixa de diálogo *Text Mining*, selecione **OK**.

O programa responderá com a caixa de diálogo a seguir, na qual você deverá pressionar **SIM** (ou **OK** se o programa estiver em inglês):

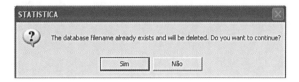

O programa exibirá a caixa de diálogo, **TM Results** como a seguir, em que já processou todo o texto da coluna de referência e fez as contagens das palavras. Obviamente, no caso da contagem dos veículos AA e BB, haverá 10 ocorrências, uma vez que foram considerados 10 respondentes por tipo de veículo. Observe também que foram considerados 60 documentos, pois temos 60 respostas, ou seja, um documento para cada linha de respostas (60 respondentes). Quarenta e três palavras foram selecionadas:

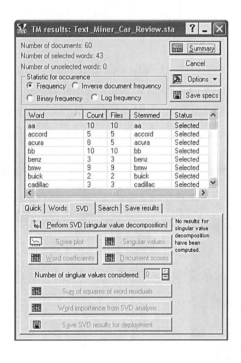

Selecione a alça SVD e, a seguir, pressione o botão PERFORM SVD (SINGULAR VALUE DECOMPOSITION). Notará que todos os outros botões que se encontravam "velados" ou não habilitados estarão agora prontos para que você solicite análises.

Gráfico 24.1 Scree Plot: importância das palavras utilizadas

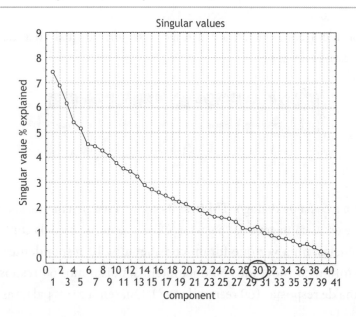

Fonte: elaborado pelos autores.

Ao pressionarmos o botão SCREE PLOT (Gráfico de Entulho, como na análise fatorial), descobrimos que existem 30 palavras que possuem variância explicada maior que 1 e, portanto, merecem atenção.

Pressione o botão WORD COEFFICIENTS e obterá o seguinte resultado, no qual deverá selecionar os dois primeiros componentes (os mais importantes), como mostra a figura:

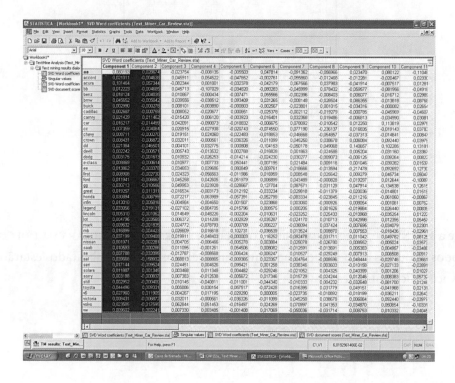

Clique com o botão direito do *mouse* sobre a área selecionada de cor preta e selecione a opção GRAPHS OF BLOCK DATA e CUSTOMIZE LIST conforme indicado. Essa ação serve para incluir um tipo qualquer de gráfico que não esteja presente. No nosso exemplo, o tipo Scatterplot já é visível, mas vamos instruir o leitor a obtê-lo e a fazer com que ele seja mostrado na barra de menu de gráficos:

Ao selecionar **Customize List**, o leitor ganhará a seguinte caixa de diálogo:

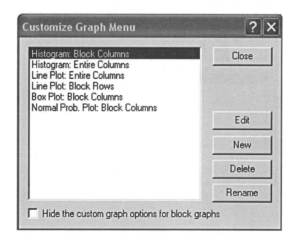

Selecione a seguir NEW e obterá a caixa mostrada a seguir, na qual deverá digitar a palavra **Scatterplot** para que o sistema entenda que é esse tipo de gráfico que você deseja:

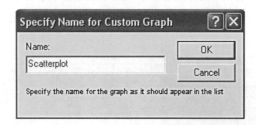

A seguir, clique em **OK** e indique o tipo de gráfico **Scatterplots**:

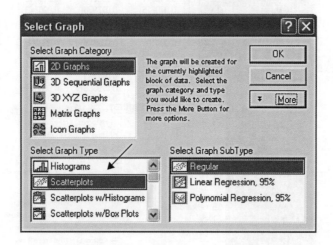

Clique em **OK** para ver que o gráfico Scatterplot estará inserido na lista de opções:

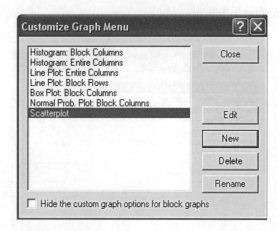

A seguir, selecione CLOSE. Agora aponte novamente para a área das duas colunas que foi selecionada anteriormente, clique com o botão direito do *mouse* e selecione GRAPHS OF BLOCK DATA E SCATTERPLOT, como indicado nesta figura:

Inicialmente, o leitor ganhará um gráfico-padrão que deve ser modificado para reproduzir as análises desejadas. Veja o Gráfico 24.2 inicial a seguir, no qual os pontos estão sem nenhuma marcação e, portanto, não fornecem informações para o gerenciamento da situação analisada.

Gráfico 24.2 Scatterplot (SVD Word coefficients (Text_Miner_Car_Review.sta) 40v*43c)

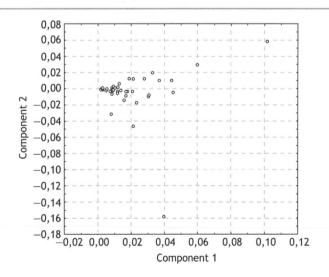

Fonte: elaborado pelos autores.

Entretanto, as marcações não visíveis inicialmente, na realidade, estão no gráfico, basta que o modifiquemos.

Clique com o botão direito do *mouse* sobre o gráfico e selecione GRAPH OPTIONS; assim poderá editar o gráfico e fazer aparecer as etiquetas dos pontos que mais interessam e estudar os relacionamentos entre as palavras:

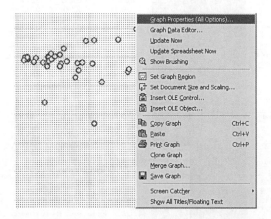

Após obter a caixa de diálogo **Graph Options**, selecione o menu PLOT/POINT LABELS.

Perceba que entre as palavras estão também relacionados os Códigos dos Veículos que temos interesse que apareçam de maneira destacada no gráfico, pois queremos estudar as distâncias existentes entre estes e as marcas dos veículos predecessores. Basta apontar o *mouse* para o campo dos códigos dos veículos e, a seguir, clicar nos botões **B** para transformar em negrito e mudar a cor da fonte para vermelho. Não se esqueça de habilitar o campo *Display Point Labels*. O aspecto de todos os códigos dos veículos deverá ficar como no quadro a seguir:

A seguir, selecione **OK** e obterá o gráfico inicial acrescido das respectivas legendas, conforme Gráfico 14.3.

Gráfico 24.3 Scatterplot (SVD Word coefficients (Text_Miner_Car_Review.sta) 40v*43c)

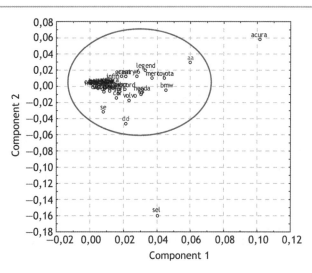

Fonte: elaborado pelos autores.

Para melhorar o aspecto do gráfico e ampliá-lo, devemos proceder como a seguir.

Na barra de ferramentas indicada na figura, selecione o botão ZOOM IN (indicado pelo círculo na figura):

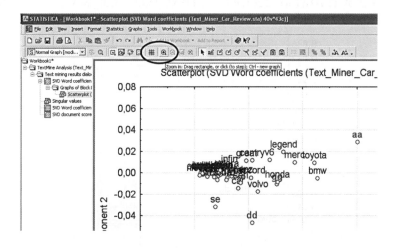

O cursor se transformará em um pequeno sinal de soma ou cruz para que o leitor possa selecionar a área do gráfico que deseja ampliar e, assim, verificar o que há em volta ou mais próximo do código do automóvel que quer estudar. Então, o programa STATISTICA automaticamente recalcula as posições e refaz as escalas dos gráficos mostrados.

Se o leitor quiser retornar ao gráfico imediatamente anterior, basta selecionar a seta **voltar** da barra de ferramentas do programa.

Gráfico 24.4 Scatterplot (SVD Word coefficients (Text_Miner_Car_Review.sta) 40v*43c)

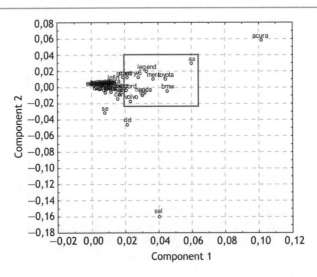

Fonte: elaborado pelos autores.

Com o **botão esquerdo** do *mouse*, aponte para o ponto a partir do qual deseja destacar a nova área e ampliá-la. Ao soltar o botão, o sistema responderá com o Gráfico 24.5.

Gráfico 24.5 Scatterplot (SVD Word coefficients (Text_Miner_Car_Review.sta) 40v*43c)

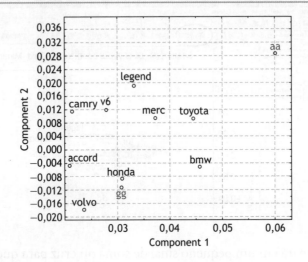

Fonte: elaborado pelos autores.

Agora, podemos notar claramente que os proprietários atuais do veículo GG possuíram em algum momento do passado automóveis modelo/marca como: Toyota, Mercury, BMW, Honda, Volvo, Accord, Legend. Isso pode mostrar a migração ocorrida. Observe que, por estar muito próximo ao carro GG, a marca Honda foi a que mais sofreu com desistências em favor do veículo GG. Em outras palavras, muitos proprietários que hoje possuem o veículo GG possuíram no passado o veículo da marca Honda. De fato, a caixa **TM Results** indica que o maior número de ocorrências de palavras Honda foi exatamente na indicação do campo Produtos Semelhantes (que é o foco desse estudo) em relação ao veículo da marca GG. Veja a figura a seguir:

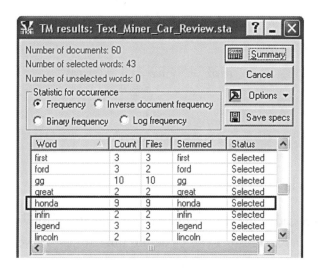

Aqui poderia ser sugerida uma ação mercadológica da marca GG em relação à marca concorrente, pois haverá possibilidade de ganho de mercado se abordadas as estratégias cabíveis.

Se agora o leitor voltar ao gráfico original e ampliar por diversas vezes o foco (**Zoom In**) em outra área, poderá identificar a migração ocorrida para o veículo CC, como podemos ver a seguir. Observa-se que os proprietários atuais dos veículos da marca CC anteriormente possuíam Lincoln, Nissan, Dodge, Cadillac, Buick, pois estes pontos são os que se encontram mais próximos (do lado esquerdo) ao veículo atual.

Gráfico 24.6 Scatterplot (SVD Word coefficients (Text_Miner_Car_Review.sta) 40v*43c)

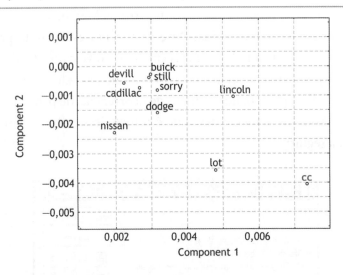

Fonte: elaborado pelos autores.

24.4.2 Mudando as variáveis do estudo

O analista pode estar interessado em verificar quais os sentimentos positivos dos proprietários dos veículos de AA a GG e com quais expressões eles os definiram. Para isso, devemos repetir todos os passos mostrados até agora, porém trocando as variáveis.

Ao selecionar STATISTICS/TEXT & DOCUMENT MINING/TEXT MINING & DOCUMENT RETRIEVAL, o leitor deverá indicar as novas variáveis e não se esquecer de trocar o **Stemming language** (idioma) e o **StopWordList** para o inglês, como mostramos a seguir:

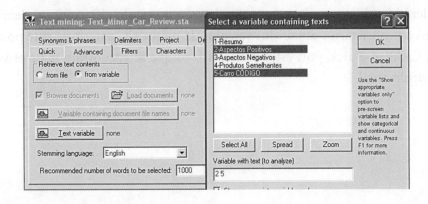

Repetindo os passos indicados anteriormente a partir da seleção de variáveis, chegamos ao **TM Results** e podemos observar a diferença de contagens das palavras – que, agora, chegam a 133:

Capítulo 24 · Pesquisas pela internet (*Text Mining* e *Web Crawling*)   539

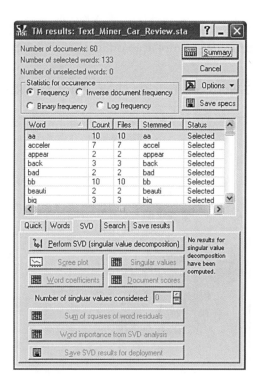

Devemos pressionar PERFORM SVD e, a seguir, o botão WORD COEFFICIENT para produzirmos os dois componentes principais dos quais serão derivados os gráficos do espaço semântico a ser analisados. Os resultados estão dispostos no Gráfico 24.7 (não esqueçamos que o foco agora são os aspectos positivos e os correspondentes sentimentos dos proprietários dos novos veículos):

Gráfico 24.7 Scatterplot (SVD Word coefficients (Text_Miner_Car_Review.sta) 59v*133c)

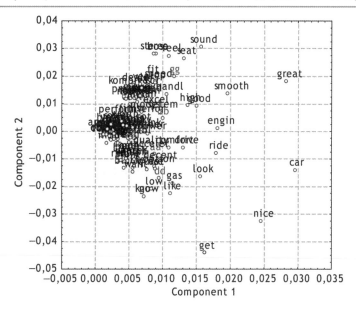

Fonte: elaborado pelos autores.

Como aconteceu anteriormente, o gráfico inicial é muito sobreposto por causa da escala-padrão adotada pelo programa, e devemos proceder à ampliação ou focar mais em espaços de interesse (**Zoom In**).

Gráfico 24.8   Scatterplot (SVD Word coefficients (Text_Miner_Car_Review.sta) 59v*133c)

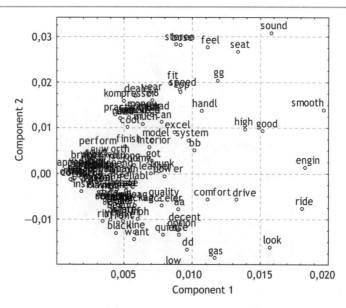

Fonte: elaborado pelos autores.

Nesse gráfico, podemos ver melhor que os veículos AA e DD se aproximam mais em relação a certos sentimentos de seus proprietários – certamente, por possuírem características muito parecidas. O veículo GG parece estar em um patamar acima dos outros e deslocado para o canto superior direito do gráfico (como em uma matriz BCG). Os modelos EE e CC são os que estão mais próximos e, por isso, vamos estudá-los juntos.

Vemos que ambos os modelos estão cercados por adjetivos que representam sentimentos de custo-benefício (*value* ou *price for money*), *cost*, *price*, *beautiful*, *reliability*, *style*. Vemos também que devem ser veículos luxuosos, com bons freios, e consumo relativamente baixo MPG (*miles per galon*) citado como positivo.

O veículo GG, por sua vez, apresenta aspectos diferenciados (Gráfico 24.8), visto que os sentimentos em relação a ele empregam palavras totalmente distintas como: *feel*, *fit*, *top speed* (velocidade máxima), *steer pose* (estilo ao dirigir), *excellent* etc.

Gráfico 24.9 Scatterplot (SVD Word coefficients (Text_Miner_Car_Review.sta) 59v*133c)

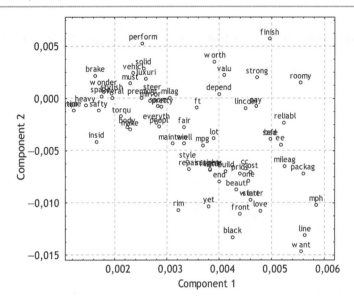

Fonte: elaborado pelos autores.

Gráfico 24.10 Scatterplot (SVD Word coefficients (Text_Miner_Car_Review.sta) 59v*133c)

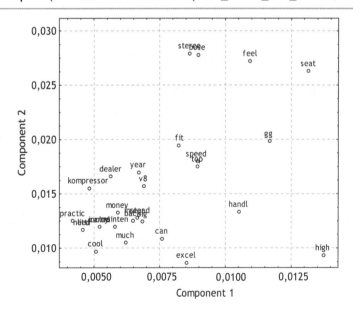

Fonte: elaborado pelos autores.

Já os veículos AA e DD exibem adjetivos como *comfort*, *quiet* (silencioso), *decent*, *acceleration*, *quality* etc.

Gráfico 24.11 Scatterplot (SVD Word coefficients (Text_Miner_Car_Review.sta) 59v*133c)

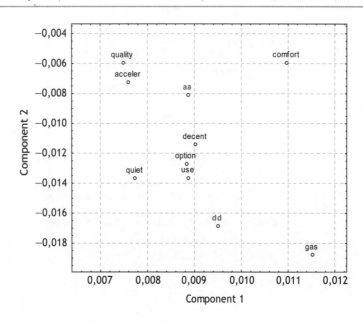

Fonte: elaborado pelos autores.

24.4.3 Mudando novamente as variáveis do estudo

Como não expusemos os nomes dos veículos, resolvemos focalizar os seus aspectos negativos e mudamos as variáveis para Código do Veículo e Aspectos Negativos. Agora, obtivemos 165 resultados, palavras que expressam os sentimentos dos proprietários em relação às dificuldades enfrentadas com seus automóveis. Vejam que resultados interessantes.

Aumentando algumas vezes o gráfico inicial, percebemos claramente uma divisão entre os demais veículos e o da marca DD, isoladamente o mais criticado, pois se encontra deslocado no gráfico para o canto superior direito em valores mais altos da graduação das distâncias. Os veículos AA e CC também estão deslocados em relação aos demais, assim como GG, BB e EE estão mais próximos entre si.

Gráfico 24.12 Scatterplot (SVD Word coefficients (Text_Miner_Car_Review.sta) 57v*165c)

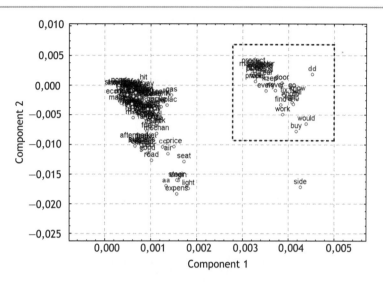

Fonte: elaborado pelos autores.

Vamos focar primeiro no veículo DD. Observemos o resultado a seguir:

Gráfico 24.13 Scatterplot (SVD Word coefficients (Text_Miner_Car_Review.sta) 57v*165c)

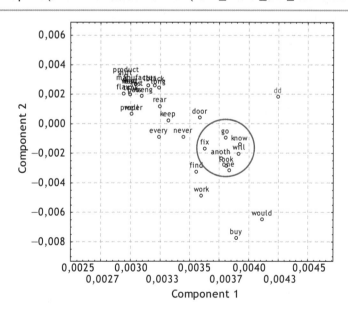

Fonte: elaborado pelos autores.

Aparecem palavras como *never*, *fix*, *door*, *rear*, indicando diversos sentimentos em relação ao que possa ter apresentado defeitos, e frases como "**Will look another one**" ("Vou procurar por outro veículo"), que sugerem sentimento de abandono à marca.

Gráfico 24.14 Scatterplot (SVD Word coefficients (Text_Miner_Car_Review.sta) 57v*165c)

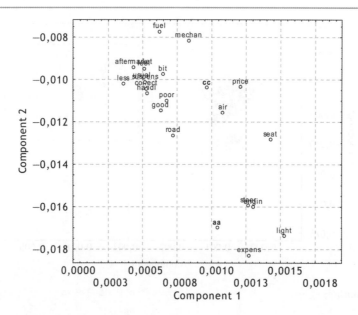

Fonte: elaborado pelos autores.

O veículo CC desperta sentimentos negativos em relação ao equipamento de ar condicionado, ao preço, à dirigibilidade (*handling*), às partes mecânicas, enquanto o veículo AA ganhou adjetivos que expressam seu alto custo e dificuldade de dirigibilidade (*steering*).

Em relação ao veículo GG, apesar de focarmos aspectos negativos, não aparecem palavras que expressem sentimentos dessa natureza, como comprova o Gráfico 24.15.

Gráfico 24.15 Scatterplot (SVD Word coefficients (Text_Miner_Car_Review.sta) 57v*165c)

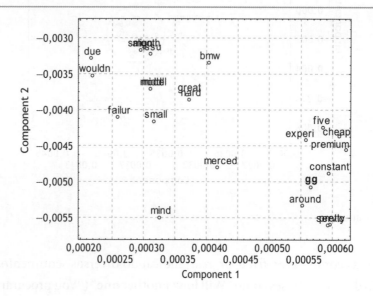

Fonte: elaborado pelos autores.

Conclusão

As análises aqui demonstradas seriam muito mais abrangentes se pudéssemos revelar os nomes específicos das marcas e dos veículos envolvidos. O leitor poderia agregar às análises seu conhecimento sobre automóveis e, assim, construir significados mais realistas.

Por exemplo, se dissermos que o veículo GG é da marca Mercedes Benz, fica claro que poucos – ou quase nenhum – aspectos negativos venham a ser apontados em virtude do alto padrão de qualidade que a marca alcançou mundialmente.

Entretanto, ficamos surpresos com **outros veículos** cujas expressões incluem (na leitura completa da declaração feita no *site*) frases como: "Esta tarde estava procurando por um veículo desta marca e ainda bem que me lembrei de ler este *site*, assim jamais comprarei este veículo".

Essa frase reforça a sensação do poder que tais veículos de comunicação alcançam e da influência que podem exercer sobre o mercado.

Alerta-se que há *sites* em português que fizeram exatamente a mesma estrutura do *site* norte-americano (<http://www.bestcars.com>). Consumidores do nosso mercado expressaram seus sentimentos em relação aos seus veículos e às respectivas concessionárias da marca. O resultado é surpreendente e inspira cuidados importantes com a imagem de cada um deles. O leitor, quando de posse do programa STATISTICA completo, poderá pesquisar e tirar conclusões importantes sobre cada tipo de veículo nacional e os sentimentos latentes que seus consumidores nutrem a seu respeito e quanto a serviços de suas concessionárias etc.

Os exemplos aqui enfocados não pretendem ser suficientes para explicar a enorme diversidade de aplicações em marketing. Julgamos que, para a proposta deste trabalho, atingimos um nível bastante satisfatório e temos a certeza de que, uma vez empreendida essa abordagem pelo analista, não haverá regressão para estágios anteriores e menos sofisticados na apresentação de seus trabalhos.

Aposta-se, ao contrário, que o leitor, uma vez assimilado o conteúdo deste livro, virá a tê-lo como um manual de procedimentos e diretrizes para buscar patamares ainda mais altos de conhecimento na pesquisa de marketing.

Referências

AAKER, D. A.; KUMAR, V.; DAY, G. S. *Pesquisa de marketing*. São Paulo: Atlas, 2001.

AAKER, D. A.; KUMAR, V.; DAY, G. S. *Pesquisa de marketing*. 2. ed. São Paulo: Atlas, 2004. 745 p.

AGAR, M. H. The right brain strikes back. In: FIELDING, N. G.; LEE, R. M. (ed.). *Using computers in qualitative research*. London: Sage, 1991.

ANASTASI, A. *O teste psicológico*. São Paulo: EPU, 1976.

ANDERSON, D. R.; SWEENEY, D. J.; WILLIAMS, T. A. *Quantitative Methods for Business*, 8th Cincinnati – Ohio – USA: South-Western College Publishing, 2000. CD-ROM.

ATHERTON, A.; ESLMORE, P. Structuring qualitative enquiry in management and organization research: a dialogue on the merits of using software for qualitative data analysis. *Qualitative Research in Organizations and Management: An International Journal*, v. 2, n. 1, p. 62-77, 2007.

BANDEIRA DE MELLO, R. Softwares em pesquisa qualitativa. In: SILVA, A. B. da; GODOI, C. K.; BANDEIRA DE MELLO, R. (Org.). *Pesquisa qualitativa em estudos organizacionais:* paradigmas, estratégias e métodos. 2. ed. São Paulo: Saraiva, 2010.

BARDIN, L. *Análise de conteúdo*. Lisboa: Edições 70, 2004.

BAUER, M. W.; GASKELL, G. *Pesquisa qualitativa com texto, imagem e som*: um manual prático. Rio de Janeiro: Vozes, 2007.

BAZELEY, P. *Qualitative data analysis with NVivo*. London: Sage, 2007.

BLEGER, J. *Temas de psicologia:* entrevistas e grupos. São Paulo: Martins Fontes, 1993.

BLISMAS, N.; DAINTY, A. Computer-aided qualitative data analysis: panacea or paradox? *Building Research & Information*, v. 31, n. 6, p. 455-463, nov. 2003.

BOOTH, W. C.; COLOMB, G. G.; WILLIAMS, J. M. *A arte da pesquisa*. São Paulo: Martins Fontes, 2005.

BOURDIEU, P. *A miséria do mundo*. Petrópolis: Vozes, 1999.

BOWDEN, R. Feedback forecasting games: an overview. *Journal of Forecasting*, Kensington, Australia, v. 8, 1989. Disponível em: <http://onlinelibrary.wiley.com/doi/10.1002/for.3980080205/full>. Acesso em: 21 ago. 2017.

BOX, G.; JENKINS, G. *Time series analysis:* forecasting and control. San Francisco: Holden-day, 1976.

BRENNER, M. *The research interview:* uses and approaches. London: Academic Press, 1985.

BRYMAN, A. *Social research methods*. Oxford: University Press, 2004.

BUTKOV, E. *Física matemática*. Rio de Janeiro: Guanabara Dois, 1978. (Capítulos 4 e 7).

CATERALL, M. Using computer programs to code qualitative data. *Marketing Intelligence and Planning*, v. 14, n. 4, p. 29-33, 1996.

CHURCHILL, G. A. *Marketing research*: methodological foundations. 3. ed. New York: The Dryden Press, 1998.

COLLINS, J.; HUSSEY, R. *Pesquisa em administração*. Porto Alegre: Bookman, 2005.

COOPER, D. R.; SCHINDLER, P. S. *Métodos de pesquisa em administração*. Porto Alegre: Bookman, 2003.

CRONBACH, L. J. Coefficient alpha and the internal structure of tests. *Psychometrika*, Cambridge, v. 16, n. 3, p. 297-334, sept. 1951.

DAJANI, J. S.; SINCOFF, M. Z.; TALLEY, W. K., Stability and agreement criteria for the termination of delphi studies. *Technological Forecasting and Social Change*, v. 13, 1979.

DALKEY, N.; HELMER, O. An experimental application of the Delphi method to the use of experts. *Management Science*, v. 9, 1963.

DEMBKOWSKI, S.; LLOYD, S. H. Computer applications: a new road of qualitative data analysis? *European Journal of Marketing*, v. 29, n. 11, p. 27-37, 1995.

DOLAN, A.; AYLAND, C. Analysis on trial. *International Journal of Market Research*, v. 43, quarter 4, p. 377-389, 2001.

EASTERBY-SMITH, M.; THORPE, R.; LOWE, A. *Management research:* an introduction. London: Sage, 1991.

EDHLUND, B. M. *NVivo essentials*: the ultimate help when you work with qualitative analysis. Sweden: Form&Kunskap AB, 2007.

EDHLUND, B. M. *Nivo essentials:* the ultimate help when you work with qualitative analysis. Form&Kunskap AB, Sweden, 2007.

GECHELE, G. B. Evaluating industrial technology forecasting. *Long Fange Planning*, Nanaimo, Canada, v. 9, n. 4, 1976.

GILBERT, L. S. Going the distance: "closeness" in qualitative data analysis software. *International Journal of Social Research Methodology*, v. 5, n. 3, p. 215-228, 2002.

GODOY, A. S. Pesquisa qualitativa: tipos fundamentais. *Revista de Administração de Empresas*, São Paulo, v. 35, n. 3, p. 20-29, 1995.

GOODE, W. J.; HATT, P. K. *Método em pesquisa social.* São Paulo: Editora Nacional, 1979.

GORDEN, R. *Interviewing:* strategy, techiniques and tactics. Illinois: Dorsey Press, 1975.

GOULDING, C. *Grounded theory:* a practical guide for management, business and market researchers. London: Sage, 2002.

GRANGER, C. W. J. *Forecasting in business and economics.* New York: Academic Press, 1980.

GUTIERREZ, O. Experimental techniques for information requirement analysis. *Information and Management*, Amsterdam, v. 16, 1989. Disponível em: <http://portal.acm.org/citation.cfm?id=68211.68215&coll=GUID E&dl=GUIDE>. Acesso em: 21 ago. 2017.

HAIR JUNIOR, J. F.; ANDERSON, R. E.; TATHAM R. L.; BLACK W. C. *Multivariate data analysis.* 5th ed. New Jersey: Prentice-Hall, 1998. 730 p.

HELMER, O.; RESCHER, N. On the epistemology of the inexact sciences. *Management Science*, v. 6, n. 1, 1959.

HILL, T.; LEWICKI, P. *Statistics methods and applications:* a comprehensive reference for science, industry and data mining. 1 Tulsa: Statsoft, 2006. 832 p.

JOHNSON, R. A.; WICHERN, D. W. *Applied multivariate statistical analysis.* 4th ed. New Jersey: Prentice-Hall, 1998. 816 p.

KELLE, U. Introduction: an overview of computer-aided methods in qualitative research. In: KELLE, U. (Org.). *Computer-aided qualitative data analysis*: theory, methods and practices. London: Sage, 1998.

LUNA, S. V. *O falso conflito entre tendências metodológicas.* São Paulo: EPU, 1998.

MALHOTRA, N. *Introdução à pesquisa de marketing.* São Paulo: Pearson, 2005. 425 p.

MALHOTRA, N. *Marketing research:* an applied orientation. New Jersey: Prentice Hall, 1993. 857 p.

MALHOTRA, N. *Pesquisa de marketing:* uma orientação aplicada. Porto Alegre: Bookman, 2001.

MANNING, C.; SCHÜTZE, H. *Foundations of statistical natural language processing.* Cambridge: Mit Press, 2002.

MASSER, I.; FOLEY, P. Delphi revisited: expert opinion in urban analysis. *Urban Studies*, Londres, v. 24, 1987. Disponível em: <http://journals.sagepub.com/doi/pdf/10.1080/00420988720080351>. Acesso em: 21 ago. 2017.

MATTAR, F. N. *Pesquisa de marketing:* metodologia planejamento execução e análise. São Paulo: Atlas, 2000. v. 2.

MINAYO, M. C. S. *O desafio do conhecimento científico:* pesquisa qualitativa em saúde. Rio de Janeiro: Hucitec-Abrasco, 1993.

MORETTIN, L. G. *Estatística básica.* 7. ed. São Paulo: Makron Books, 1999. v. 2.

MORISON, M.; MOIR, J. The role of computer software in the analysis of qualitative data: efficient clerk, research assistent or Trojan horse? *Journal of Advanced Nursing*, v. 28, n. 1, p. 106-116, 1998.

MUKAMURERA, J.; LACOURSE, F.; COUTURIER, Y. Des avancées en analyse qualitative: pour une transparence et une systématisation des pratiques. *Recherches Qualitatives*, v. 26, n. 1, p. 110-138, 2006.

NORTH, Q.; PYKE, D. Probes' of the technological future. *Harvard Business Review*, v. 47, n. 3, may/jun. 1969.

NORUSIS, M. J. *Guide to data analysis*. New Jersey: Prentice-Hall, 1999. CD-ROM.

OLIVEIRA, A. B. S. *Método de técnicas de pesquisa em contabilidade*. São Paulo: Saraiva, 2003.

ÖSTERAKER, M. To put your cards on the table: collection of data through silent interviews. *Management Decision*, Vasa, Finlândia, v. 39, n. 7, 2001. Disponível em: <http://www.ecsocman.edu.ru/images/pubs/2002/12/27/0000034593/phenomenography.pdf>. Acesso em: 21 ago. 2017.

PUEBLA, C. A. C. Analisis cualitativo asistido por computadora. *Sociologias*, n. 9, p. 288-313, jan./jun. 2003.

QSR INTERNATIONAL. *Help me choose*. Disponível em: <http://www.qsrinternational.com/products_help-me-choose.aspx >. Acesso em: 23 ago. 2009.

QUALTRICS. *Survey builder*. Construção de formulários para pesquisas na internet. Disponível em: <http://www.qualtrics.com>. Acesso em: 10 fev. 2007.

QUEIRÓZ, M. I. P. Relatos orais: do indizível ao dizível. *Ciência e Cultural*, São Paulo, n. 39, v. 3, 1987.

QUEIRÓZ, M. I. P. *Variações sobre a técnica de gravador no registro da informação viva*. São Paulo: T.A., 1991.

RETTIE, R. CAQDAS: a supplementary tool for qualitative market research. *Qualitative Market Research: An International Journal*, Emerald Group Publishing Limited, v. 11, n. 1, p. 76-88, 2008.

RICHARDS, L. Closeness to data: the changing goals of qualitative data handling. *Qualitative Health Research*, v. 8, n. 3, p. 319-328, 1998.

_____. Qualitative computing: a methods revolution? *International Journal of Social Research Methodology*, n. 5, v. 3, p. 263-276, 2002.

_____; MORSE, J. *Readme first for a user's guide to qualitative methods*. 2. ed. London: Sage, 2007.

ROWE, G.; WRIGHT, G. The impact of task characteristics on the performance of structured group forecasting techniques. *International Journal of Forecasting*, Glasgow, v. 12, 1996. Disponível em: <http://www.forecastingprinciples.com/paperpdf/delphi%20technique%20Rowe%20Wright.pdf>. Acesso em: 21 ago. 2017.

RYAN, G. W. Using a Word processor to tag and retrieve blocks of text. *Field Methods*, v. 16, n. 1, p. 109-130, 2004.

SACKMAN, H. *Delphi critique*. Massachussets: Lexington Books, 1975.

SAMARA, B. S.; BARROS, J. C. *Pesquisa de marketing, conceitos e metodologia*. São Paulo: Pearson, 2002.

SAMPIERI, R. H.; COLLADO, C. F.; LUCIO, P. B. *Metodologia de la investigación*. México: McGraw-Hill, 1998.

SAMPIERI, R. H.; COLLADO, C. F.; LUCIO, P. B. *Metodologia de pesquisa*. São Paulo: McGraw-Hill, 2006.

SELLTIZ, C. *Métodos de pesquisa nas relações sociais*. São Paulo: EPU, 1987.

SILVERMAN, D. *Interpreting qualitative data:* methods of analyzing talk, text, and interactions. Thousand Oaks: Sage Publications, 2001.

SPEED, R. *Marketing strategy and performance in UK retail financial service industry*. Unpublished doctoral thesis. Loughborug: University of Techonology, Loughborug, 1991.

SPIEGEL, M. R. *Estatística*. 3. ed. São Paulo: Makron Books, 1993. 640 p.

STATSOFT INC (Usa Tulsa). *STATISTICA for Windows*. 2. ed. Tulsa: StatSoft, 1999. v. III, 782 p. (pages from 3000 to 3782).

STATSOFT INC (Usa Tulsa). *STATISTICA electronic text book*. Disponível em: <www.statsoft.com>. Acesso em: 04 jan. 2001.

STATSOFT INC (Usa Tulsa). *STATISTICA*. 2. ed. Tulsa: Statsoft, 1999. v. III, 782 p.

STORY, V.; HURDLEY, L.; SMITH, G.; SAKER, J. Methodological and practical implications of the Delphi technique in marketing decision making: a re-assessment. *The Marketing Review*, London, v. 1, 2001.

STRAUSS, A.; CORBIN, J. *Pesquisa qualitativa*: técnicas e procedimentos para o desenvolvimento de teoria fundamentada. 2. ed. Porto Alegre: Artmed, 2008.

TEIXEIRA, M. L. M. *Utilização de determinantes de qualidade de serviços para desenvolvimento de metodologia de avaliação de serviços de treinamento*. 1988. Dissertação (Mestrado) – Pontifícia Universidade Católica do Rio de Janeiro, Rio de Janeiro, 1988.

THURSTONE, L. L. Attitudes can be measured. *American Journal of Sociology*, Chicago, n. 33, p. 529-54, 1928.

TORRES, R. R. *Estudo sobre os planos amostrais das dissertações e teses em administração da Faculdade de Economia, Administração e Contabilidade da Universidade de São Paulo e da Escola de Administração da Universidade Federal do Rio Grande do Sul:* uma contribuição crítica. 247 f. 2000. Dissertação (Mestrado) – Faculdade de Economia, Administração e Contabilidade da Universidade de São Paulo, São Paulo, 2000.

VIRGILLITO, S. B. *Estatística aplicada*. São Paulo: Saraiva, 2017.

WEITZMAN, E. A. Software and qualitative research. In: DENZIN, N. K.; LINCOLN, Y. S. (Ed.). *Handbook of qualitative research*. 2nd. ed. Thousand Oaks: Sage, 2000, p. 803-820.

WOUDENBERG, F. An evaluation of Delphi. *Techonological Forecasting and Social Change*, v. 40, 1991.

Índice remissivo

A

Alfa de Cronbach, 340, 341, 350, 351, 352, 358, 371, 386, 387, 388

Amostragem, 89-109
- aleatória simples, 92
  - com o STATISTICA, 94
  - no Excel, 92-93
- bola de neve, 102
- conglomerados, 100
- de múltiplos estágios, 100
- dimensionamento das, 103
- estratificada, 97-99
  - com o STATISTICA, 99-99
  - inversamente proporcional, 98
  - proporcional, 98
- importância da, 90-91
- intencional, 101-102
- não probabilística, 100-101
- por conveniência, 101
- por cotas, 102
- probabilística, 91-92
- sistemática, 94-97
  - com o STATISTICA, 96-97
  - no Excel, 94-96
- tamanho para estimar
  - médias populacionais, 103-106
    - populações finitas, 105-106
      - estimativa por intervalos de confiança, 105-106

populações infinitas, 106-107
- estimativa por intervalos de confiança, 108-109
- proporções populacionais, 106-109
  - populações finitas, 107-109
    - estimativa por intervalos de confiança, 108-109
  - populações infinitas, 106-107
    - estimativa por intervalos de confiança, 106-107
- tipos de, 91-102
- viés de seleção, 97

Análise
- da variância, 199, 200, 341, 342, 391, 463
- das distâncias euclidianas em relação às médias, 395-396
- de conglomerados, 4-5, 352
- de correspondência, 423-431
  - análise gráfica das dimensões afins, 416-420
  - aplicação em marketing, 423-425
  - lógica computacional dessa técnica, 425
- de escala multidimensional, 409-421
  - aplicação em marketing, 411-412
  - especificando dimensões, 411
  - lógica da técnica, 410-411
- de fator principal, 368, 369, 371, 384
- de Fourier de séries simples, 323
- de grupos, 389-408

discriminante múltipla, 459-480
   funções discriminantes e funções de classificação, 464-465
   normalidade dos dados, 464
   relação com outras técnicas multivariadas, 463-464
   significado gráfico da discriminação, 461-463
   utilização de programas eletrônicos, 466-480
      a estatística Wilks' *Lambda*, 473
      classificação de casos, 479-480
      coeficientes da estrutura dos fatores, 477
      comparação das medianas dos grupos, 469-470
      coeficiente de determinação R^2, 474
      distância entre os grupos, 482-483
      Eigenvalue, 476
      estatística *p*, 474
      funções de classificação, 478-479
      lambda parcial, 474
      matriz de classificação, 477-478
      raízes canônicas (função discriminante), 475-476
      teste gráfico de normalidade das variáveis, 470-472
      tolerância, 475
      variáveis no modelo, 473-474
   espectral, 323
   fatorial, 361-388
      como tabular as variáveis para a análise, 366-367
      componente principal e fator principal, 368
      métodos de associação das variáveis em fatores, 367-368
   gráfica das médias, 395
   multidimensional escalar, 5, 423
   multivariada em pesquisa de marketing, 337-347
      pesquisa multivariada em marketing, 338-340
      relações entre as variáveis nas técnicas de análise multivariada, 346-347
      técnicas de análise multivariada, 340-347
         técnicas
            de dependência, 442
            de interdependência, 442-443
            emergentes, 443
            preparatórias ou exploratórias, 441

variáveis
   e suas medidas, 344
   fictícias, 344, 353
   qualitativas, 344
   quantitativas, 344-345
      categórica, 344
      contínua, 344
      discreta, 344
   variável
      dependente, 345
      independente, 345
ANOVA, 199, 200, 201, 209, 211, 213, 215, 219, 221, 227, 240, 468
   fator duplo
      com repetição, 215-225
      sem repetição, 209-213
   fator único com
      Excel, 212-213
      STATISTICA, 213-215
   hipóteses da, 199
ARIMA, 295, 319-336
   generalidades da, 320-321
   introdução, 319-320
   método avançado de projeção e previsão, 319-336
   previsão de embarques na Projeção Airlines, 321
   utilização de programas eletrônicos, 321-335
      alisamento das observações extremas, 326-327
      autocorrelações, 327-328
      definindo frequências e períodos, 321-322
      descobrindo os ciclos com o teste de Fourier, 322-324
      especificações técnicas na análise, 324-326
      parâmetros de diferenciação, 320, 329-332
      projeção anual dos embarques, 332-335
Árvore
   agrupamento de, 396
      diagrama de, 397, 398, 399
      por variável, 399
   horizontal, 397
Atividade fim, 338
Autoregressive
   Integrated Moving Average Model, 320
   Moving Average Model, 295, 320

B

Base móvel, 195-196
BBDO Worldwide, 39
Benchmark, 412, 416, 426
BMW, 398, 537
Bugs, 84

C

Cálculo
empírico de R^2 e das estatísticas F e t, 445-446
pelo método
das médias, 202, 210, 217, 451
dos desvios-padrões, 107, 471
Canonical correlation, 342
CAQDAS (*Computer Aided Qualitative Data Analysis Software*), 51, 52, 56, 57, 63, 83-84, 85
estratégia de análise, 84
processo de codificação, 85
salva do projeto, 84
uso na pesquisa de marketing
benefícios, 83-84
cuidados, 84-85
Carrefour, 116
Casas Bahia, 116
Catering, 321
Cluster, 347, 352, 392, 394, 408
analysis, 342, 491, 500, 505
Codificação, 54
automática, 74-76
o processo de, 24, 54, 76-82
Código, 54
Coeficiente de
contingência, 289-290
determinação, 312
R^2, 434-435, 474
Coeficientes, 194
Communalities, 369, 370, 385
Composição das médias populacionais, 200
Comunalidades, 370-371
Conglomerados, 100, 389-408
amostragem por, 100
Conjoint analysis, 342

D

Constructo, 5, 349, 358
Core business, 338
Correlação
canônica, 342, 347, 512-515
espúria, 365
Custo de Mercadorias Vendidas (CVM), 297

D

Data
Mining, 481-516, 343
análise de
componentes principais e comuns com o, 507-508
fatores em, 495-500
grupos, 500-504
identificação do perfil dos clientes do seu negócio, 483-493
o ambiente do, 481-493
projetos de estatística multivariada com o, 493-515
Warehousing, 343, 481
Debriefing, 83
Dendograma, 396, 397
Diagrama de Shepard, 410-411, 415
e medida de aderência, 410-411
Distância de Mahalanobis, 476-477
Drill Down, 485, 487, 488, 490, 491
Dummy variables, 344

E

Eagle, 398
Eigenvalue 369, 370, 371, 372, 373, 374, 380, 385, 476, 499, 508, 513
e o número de fatores a extrair, 370
mínimo, 369
plotagem de, 374
Embraer, 339
Entrevistador, 8, 9, 10, 38
Entrevistas, 7-17
aberta, 10
análise de conteúdo, 15, 23
associação de atributos às, 71-74
com grupos de foco, 11

condução, 14
desvantagens, 12
elementos
externos, 10
internos, 10
estruturada, 10
livre, 10
macrossituação, 10
microssituação, 10
número apropriado de, 520
preparação, 13-14
profundidade, 13
projetiva, 11
semiestruturada, 10
tipos de, 10-13
transcrição e tratamento de dados, 15
vantagens, 12
Escalas
classificação constante, 129-130
comparativas, 125-129
contínuas, 123, 130
diferenciais semânticas, 132-133
intervalares, 119-121
de Thrustone, 121-123
Likert, 131-133
múltiplos itens, 130-134
não
balanceadas, 134
comparativas, 129-130
nominais, 116-117
nominal de valores, 344
ordenação, 125
em pares, 127-128
Q, 125-126
ordinal, 117-119
razão, 122-126
soma constante, 129
Stapel, 133
tipos de, 116
único item, 123
Estatística
descritiva, 89, 119, 123, 139, 190, 191, 192, 277
no Excel, 190-191
no STATISTICA, 191-193

F de *Fisher-Snedecor*, 250, 392, 441, 442-443
graus de liberdade da regressão, 442
inferência, 59, 103, 117, 141, 172, 199, 342, 441, 481
multivariada, 5, 347, 361, 400, 404, 420, 493
p, 474
qui-quadrado, 281-290
coeficiente de contigência, 289-290
graus de liberdade e valor crítico de, 285-289
nas tabelas de contingência, 283-285
teste nas tabelas de contingência, 290-292
t de *student*, 444-445
tabulação dos dados para obtenção de, 139-142
casos múltiplos, 141-142
variáveis
de resposta única, 139-140
emparelhadas, 140
múltiplas, 140
Exclusividade, 377

F

Factor analysis, 341
Fast Shop, 116
Fator, 367
Fatores
carga dos, 374-376
examinando e interpretando a, 376-377
de probabilidade máxima, 378, 379
nomeando os, 377-378
rotação dos, 380-384
Fixação de marca, 339
Formulários de pesquisa, 134-139
conforme necessidade específica, 143
mensagens aos clientes, 155-159
motores de construção de, 143
pela internet, 142-170
programas para construção de formulários
eletrônicos (Qualtrics), 143-170
Framework, 55, 56, 84
Frequências
esperadas e observadas, 275-277
gráficos
explicativos conjugados com as tabelas de,
188-190

no Excel, 173-174

no STATISTICA, 175-180

tabelas de distribuição de, 171-172

tabulação cruzada para estudar as, 277-281

utilização de programas eletrônicos, 172-193

F-test, 443

Função

de Autocorrelação, 328, 330, 331

discriminante, 464-465

Funções de classificação, 464-465

G

Gráfico de

dispersão

2D, 416, 417, 418, 419

3D, 420

Kaiser, 374

Box e Whisker, 356

Interação de Frequências, 190

Grau de significância, 246, 281, 441, 442, 443, 445, 447

Graus de liberdade, 201

Grounded theory, 56, 57, 84

Grupos de

foco, 19-25

análise dos resultados, 23-24

caracterização, 19-20

composição dos, 20-21

condução dos, 22-23

local de reunião, 23

quantidade de, 23

roteiro de discussão, 22

seleção do moderador, 22

tempo de duração, 23

Guia para as ações de marketing, 309

H

Headings, 68, 75

Help, 63

Histograma

3D, 189

Categorizado, 189

Honda, 394, 398, 537

I

Icicle, 396, 397

Índice Alfa de Cronbach, 351-352

Índices, 193-194

acumulando variações periódicas, 194-195

base móvel e as variações mensais nas vendas, 195-196

índice

geral de preços (IGP), 194

nacional de preços ao consumidor (INPC), 194

variações

acumuladas, 195

negativas, 196

Insights, 59, 85

Investimentos em propaganda, 179, 294, 305, 309, 311, 313

J

Jumbo Eletro, 116

K

Kaiser-Meyer-Olkin (KMO), 352, 371

L

Lag, 320, 322, 327, 329

sazonal, 324, 332, 334, 335

Lambda parcial, 460, 474

Layout, 151, 153

Leasing, 321

Library, 155

Links, 59

LOGIT, 342, 347, 460

Lojas

Americanas, 116

Cem, 116

M

MANOVA, 227-269

Mapa conceitual, 60, 82

Market share, 339
Matriz de
classificação, 477-478
correlação, 354-368, 369
dados, 366
gráfico de dispersão, 354
resposta, 115
Maximum Likelihood, 379
Measure of Sample Adequacy (MAS), 371
Médias e Desvios-Padrões, 355
Memos, 59
Método
de extração de fatores, 368
de projeção, 304-305
determinação do coeficiente de variação, 304
menor variação não explicada, 304
variação explicada, 304
de regressão aplicados ao marketing, 294-305
ajuste periódico da equação de regressão, 310-311
coeficiente de correlação, 297
comportamento individual, 294
curva de ajustamento, 296
ajuste pela equação da
parábola, 297
reta, 296
método gráfico, 306-309
interpretando a equação linear obtida, 309-310
representação gráfica, 296-297
séries temporais, 298-299
tendências individuais, 312-313
variáveis se movem no mesmo sentido, 311
variável
de interesse, 294
dependente, 294
independente, 294
dos mínimos quadrados, 297, 299-300
Microsoft
Excel, 58, 92, 94, 139, 141, 142, 172, 173, 181, 182, 183, 190, 191, 200, 201, 212, 213, 215, 216, 219, 286, 289, 291, 295, 296, 305, 306, 307, 308, 437, 438, 445
ANOVA fator único com, 201-209
estatística descritiva no, 190-191
regressão simples utilizando o, 305-306

tabelas de tabulação cruzada no, 181-182
Outlook, 58
SQL Server Express, 58
Word, 53, 54, 55, 58, 68
Mineração de dados, 343, 481-516
Mitsubishi, 394, 398, 524
Moda, 48, 117, 118, 123
Modelo de Média Móvel Autorregressiva, 295, 320
Integrada, 320
Multidimensional scaling, 342, 389, 505-508

N

N6, 57, 58
Nestlé, 338
Neural network, 343
Node Browser, 491, 492
NUD*IST (*Non-Numerical, Unstructured Data Indexing, Searching and Theorinzing*), 57
NVivo, 4, 51, 57, 63, 71, 72
1, 57
7, 57
11, 51, 57-63, 64, 65, 67, 68, 77
analisando dados com o suporte do, 63-83
carga de documentos nas bases do, 68-70
decidir entre XSight e, 57-58
organizando arquivos de dados no, 64-65
principais componentes de um projeto, 59
representação das estruturas por meio de modelos, 82-83
visão geral, 58-60
workspace, 59

O

Observação
ambientes de, 31-32
análises e interpretação dos dados, 32-33
levantamentos de informações, 32
observador, 29-30
roteiro de, 30-31
técnica de, 27-33
utilizações da, 23-29
Opção tridimensional, 419-420

Orçamento a realizar, 309
Outliers, 320, 321, 354, 460

P

Parábola, 297, 302, 305, 317
Participação no mercado, 339
Perform SVD (singular value decomposition), 515
Perguntas
  abertas, 114
  dicotômicas, 115
  fechadas, 113
  semiabertas, 115
  sequenciais
    com matriz de resposta, 115
    ou encadeadas, 115
  tipos de, 112-115
Pesquisa
  gerenciando os resultados, 154-155
  qualitativa, 3-4
    análise de dado na, 56
      processo típico de, 53-56
      visão geral das ferramentas de apoio à, 56-57
    formato dos dados textuais na, 52-53
      exemplo de codificação, 54
  quantitativa, 4-6
    relatório
      de gerenciamento, 167-169
      por pergunta, 159-164
    tabulações cruzadas, 164-167
    teste de criação, 157
Photosort, 39
Pie chart, 490, 491
Plotar, 323, 326
Pré-verbal, 9
Previsão de vendas ou de gastos, 305
Price for Money, 540
Probabilidade de Laplace, 91
Problema mercadológico, 305
Projeção Airlines, 321, 326
Projeções e suas variações, 299
Projetando suas vendas
  linearmente, 300-302
  não linearmente, 302-304

Q

QSR International Pte Ltda, 57
Qualtrics, 143-170
Questionários
  definição, 138
  exemplos, 139-143
  finalidades, 139-143
  pesquisa de satisfação, 139-143
Qui-quadrado, 121, 172, 271, 272, 275, 277, 281, 282, 283, 284, 285, 286, 288, 289, 290, 291, 378, 380, 424

R

Raízes canônicas, 475-476
RAND Corporation, 41
Rapport, 15
Redes neurais, 343
Regressão
  linear simples, 297-298, 317
  múltipla, 433-457
    aplicação em marketing, 435-446
    coeficiente de determinação R^2, 434-435
    equação de regressão múltipla, 434-435
    estudando os resíduos na regressão, 435
  não linear, 315-317
  polinomial, 316, 317
Reliability and item analysis, 341
Resíduos de regressão, 299
Respondentes, 65
Respostas e evidências, 76-82
Results, 159
R-quadrado, 312, 340, 370, 376

S

Sadia, 339
Satisfação, 97, 130, 131, 135, 136, 137, 143, 149, 162, 181, 183, 190, 338, 345, 362, 364, 513, 518, 521
Sazonalidade, 310
Scree plot, 411, 494, 516
Serviço de Atendimento ao Cliente (SAC), 106, 507
Shoulder, 321
Significância estatística do modelo, 378-380

Similar Products Used, 511
Softwares, 4, 51, 56, 57, 62, 63, 444
Square of Sums, 393
STATISTICA, 6, 94, 96, 98, 139, 175, 177, 179, 180,
183, 184, 188, 191, 192, 206, 213, 214, 215, 221, 222,
228, 230, 241, 279, 290, 292, 295, 313, 314, 315, 322,
324, 325, 326, 327, 328, 329, 343, 346, 352, 368, 384,
391, 392, 414, 426, 447, 481, 521
  análise de
    componentes principais com o, 368-380
    fator principal com o, 384-388
  ANOVA fator único com o, 201-209
  como enxerga as variáveis, 346
  estatística descritiva no, 191-193
  estudo de caso com o, 228-240, 392-393
  regressão
    passo a passo com o, 447-457
    simples utilizando o, 313-314
  tabelas de tabulação cruzada no, 183-190
  teste de qui-quadrado nas tabelas de contingência
    com o, 290-292
  utilização do, 352-359, 481-493, 521-522
StatSoft, 6, 114, 139, 247, 290, 319, 342, 351, 369, 378,
391, 409, 444, 520
Stepwise, 342, 441, 442, 443, 444, 449, 467, 468, 472
Strengths, 525
Structural equation modeling, 343
Student, 62, 441
Sumário Estimação de Parâmetros, 333
Summary, 470, 525
Survey
  create a, 149
  distribute, 157, 158
  edit a, 157
  Wizard, 149
  Z, 147, 150

T

Tabelas
  de contingência, 271, 275, 277, 279-281, 283, 290
  de frequência, 277
  de tabulação cruzada, 141, 181-182, 183-190, 277, 283
  unidirecionais, 277-279

Taxa, 163, 194, 195, 460
Técnica
  de agrupamento
    e ligação, 390-392
      consistência da escala de medida das variáveis,
        391
      esquemas das técnicas de, 390-391
      objetivo do agrupamento, 391-392
    não estatístico, 389
  de dependência, 512
  de interdependência, 319, 423
  Delphi, 41-49
    elaboração das perguntas, 47
    escolha dos especialistas, 46-47
    evolução do consenso, 48
    procedimentos para aplicação da, 42-46
    vantagens e desvantagens, 48-49
  escalares, 123-125
    diagrama de, 124
  projetivas, 35-40
    avaliações dos resultados, 40
    tipos de testes projetivos, 36-40
      associação de fotografias, 39
      complementação de sentenças ou histórias, 38
      contar histórias, 39
      desenho de um tema, 38-39
      técnica da terceira pessoa, 40
      teste de
        associação de palavras, 38
        figuras, 36-37
    utilizações das, 36
Template de análise, 55
Tendência, 300
Testes
  de hipóteses, 199, 281
  de Kolmogorov-Smirnov, 271, 470
  não paramétricos, 271, 281
Text
  Mining, 517-545
    abordagens do, 463-464
    análise de
      garantia, seguros, reclamações e diagnósticos,
        518-519
      respostas a perguntas abertas, 517-518

aplicações do, 517-519

buscando documentos afins, 518

e *Web Crawling*, 517-545

estudo da migração de clientes, 527-538

indexação semântica, 520-521

investigação dos competidores, 519

lista de sinônimos e frases para exclusão, 521

mudando as variáveis do estudo, 538-542

número apropriado de entrevistas, 520

pesquisa

de opinião, 522-544

na internet com o Text Miner, 521-522

processamento automático de *e-mails* e outras mensagens, 518

tipos de documentos apropriados e idiomas, 521

transformando palavras em frequências, 520

utilizando com o *Data Mining*, 521

Tolerância, 475

Top of mind, 339

Transformação

de variáveis, 330, 332

logarítmica, 326-327

Variações

explicadas, 302, 304

não explicadas, 299, 300, 302

Variância

comum, 370

dentro de cada amostras, 200

entre as amostras, 200

explicada, 370

Variáveis

categóricas, 271, 434, ,463, 489

dependentes, 227, 230, 241, 294, 295, 312, 345, 450

independentes, 294, 307, 312, 313, 314, 345

qualitativas, 272-275, 344

que compõem os fatores, 374

Variável

dependente qualitativa, 460

fictícia, 298, 305, 314, 345

independente quantitativa, 460

VARIMAX, 380

Vendas projetadas, 300, 302

View Results, 159

Votorantim, 339

V

Validação de escalas, 349-359

considerações e erros associados às escalas, 350

medindo a confiabilidade da escala, 350-352

confiabilidade da somatória das escalas das variáveis, 351

consistência interna do modelo, 352

elementos descritivos, 355-358

índice Alfa de Cronbach, 351-352

matriz de correlação, 354

medindo e avaliando a consistência interna, 357-359

Variação média de comportamento passado, 320

W

Wilks' *Lambda*, 460, 472, 473

Windows, 57, 59, 61, 62, 525

Word

Coefficient, 530, 533, 535, 536, 538, 539, 540, 541, 542, 543, 544

frequency, 520

X

XSight, 58

codificação de dados no, 54